MOTIVATIONSFORSCHUNG • BAND 19

Persistenz und Zielablösung

D1703177

MOTIVATIONSFORSCHUNG

HERAUSGEGEBEN VON JULIUS KUHL UND FRANK HALISCH
BEGRÜNDET VON HEINZ HECKHAUSEN

BAND 19

Persistenz und Zielablösung

von
Veronika Brandstätter
Zürich

Hogrefe · Verlag für Psychologie
Göttingen · Bern · Toronto · Seattle

Persistenz und Zielablösung

Warum es oft so schwer ist, los zu lassen

von

Veronika Brandstätter

Hogrefe · Verlag für Psychologie
Göttingen · Bern · Toronto · Seattle

Prof. Dr. Veronika Brandstätter, geb. 1963. 1982-1987 Studium der Psychologie in München. 1988-1991 Promotionsstipendium des Max-Planck-Instituts für Psychologische Forschung in München. 1991 Promotion. 1992-1993 Wissenschaftliche Mitarbeiterin im Bereich des Kontaktstudiums der Universität Augsburg. 1993-2003 Wissenschaftliche Assistentin am Lehrstuhl für Sozialpsychologie der Ludwig-Maximilians-Universität München. 2000 Habilitation. Ab Sommer 2003 Professorin für Allgemeine Psychologie an der Universität Zürich.

Bibliografische Information Der Deutschen Bibliothek

Die Deutsche Bibliothek verzeichnet diese Publikation in der Deutschen Nationalbibliografie; detaillierte bibliografische Daten sind im Internet über <http://dnb.ddb.de> abrufbar.

© by Hogrefe-Verlag, Göttingen • Bern • Toronto • Seattle 2003
   Rohnsweg 25, D-37085 Göttingen

http://www.hogrefe.de
Aktuelle Informationen • Weitere Titel zum Thema • Ergänzende Materialien

Druck: Druckerei Kaestner GmbH & Co. KG, 37124 Rosdorf
Printed in Germany
Auf säurefreiem Papier gedruckt

ISBN 3-8017-1743-7

Für meine Mutter
Für meinen Vater

Inhaltsverzeichnis

Vorwort der Herausgeber

Wenn du entdeckst, dass du ein totes Pferd reitest, steig ab!
Doch wir ...
... sagen: „So haben wir das Pferd schon immer geritten".
... wechseln den Reiter.
... ändern die Kriterien, die besagen, wann ein Pferd tot ist.
...

Diese angebliche „Weisheit der Dakota-Indianer unbekannter Herkunft" wird gerne und oft zitiert, meist angereichert mit einer großen Anzahl weiterer, wenig realitätsangemessener Verhaltensalternativen. So hat sie allein im deutschen Sprachraum Eingang in unzählige Web-Seiten gefunden, wie eine simple Internet-Recherche zeigt. Offenbar drückt sie etwas aus, das in unser aller Alltagserleben präsent und auch aus eigener Erfahrung sehr wohl bekannt ist: Nicht selten fällt es uns äußerst schwer, von einem einmal gefassten Vorhaben abzulassen, auch wenn längst überdeutlich geworden ist, dass ein weiteres Verfolgen sinnlos geworden ist und unnötig Zeit, Anstrengung, Einsatz oder Geld erfordert. Da werden von Kommunen unverdrossen Gewerbegebiete in einer Größenordnung ausgewiesen, die niemand braucht, überdimensionierte „Multifunktionshallen" oder „Spaßbäder" gebaut, deren Nutzen bereits im Stadium der fortgeschrittenen Planung fraglich und deren laufender Unterhalt nach Fertigstellung nicht rentabel zu gewährleisten ist. Auch im persönlichen Bereich ist ein solches Festhalten an nicht realisierbaren und verlustreichen Zielen wohlbekannt. Manch ein Karriereziel wird weiter gehegt, auch wenn eine Realisierung nicht mehr möglich ist. Partnerschaften werden aufrecht erhalten, obwohl beide Partner keine Erfüllung mehr darin finden. Eigenheime werden gebaut, Lebensluxus aufrecht erhalten, obwohl klar ist, dass die Finanzierung nicht mehr erbracht werden kann; Schuldnerberatungsstellen können ein Lied davon singen.

Was macht es so schwer, rechtzeitig auszusteigen, von einem Ziel abzulassen, von dem man längst erkannt hat, dass die tatsächlichen Kosten den erhofften Nutzengewinn weit übersteigen werden? Wie kann man in den Teufelskreis immer neuer vergeblicher Investitionen in ein nicht mehr realisierbares Projekt, ein nicht mehr erreichbares Ziel geraten? Was hat die Psychologie, was hat die Motivationspsychologie zur Erklärung solch „unvernünftigen" Handelns zu sagen?

Vor allem in sozial- und organisationspsychologischen Forschungen hat man sich bislang systematisch mit der Frage des Festhaltens an verlustreichen Handlungen beschäftigt, wobei der Fokus in erster Linie auf wirtschaftsökonomischen Aspekten lag: Wie kommt es, dass Gruppen, Organisationen, Firmen an Projekten festhalten, deren Scheitern unausweichlich ist, und dadurch zum Teil immense Kosten „in den Sand setzen"? In der Motivations- und Volitionspsychologie hingegen hat man sich diesem anscheinend doch allgegenwärtigen Phänomen bislang nicht in besonderer Wiese zugewandt oder es gar systematisch analysiert. Natürlich beschäftigt sich moderne Motivationstheorie mit Zielen - Prozesse der Zielauswahl, Fragen der Wirkung von Zielsetzungen, usw. Volitionspsychologie thematisiert Fragen der Aufrechterhaltung von Zielen und ihrer Durchsetzung gegen Widerstände. Und auch die einschlägigen

Untersuchungen zum Persistenzverhalten haben in erster Linie mehr oder weniger ausdauernde Aufgabenhaltungen zum Inhalt, wobei Ausdauer meist implizit als erstrebenswert, mangelnde Ausdauer hingegen als problematisch angesehen wird. Immer ging es dabei darum, Bedingungen für unterschiedlich stark ausgeprägtes Zielstreben zu spezifizieren und dessen Funktionsmechanismen aufzuklären, nicht zuletzt aber auch um die eher anwendungspraktische Frage der Motivierung von Individuen, sich Ziele zu setzten und Strategien zu entwickeln, diese durchzusetzen und nicht vorzeitig aufzugeben. Die Fragen einer *rechtzeitigen Zielablösung,* also des Verzichts auf weitere verlustreiche Zielverfolgung angesichts sicheren Scheiterns hingegen standen eher nicht im Blickpunkt.

Veronika Brandstätter schließt mit der vorliegenden Arbeit diese Lücke. Eingangs stellt sie in einem exzellenten, kenntnisreichen Überblick die sozial- und organisationspsychologischen Forschungen zum Festhalten an verlustreichen Handlungsverläufen („entrapment", „escalation of commitment") dar und erörtert den Erklärungswert, aber auch die Mängel der gängigen Erklärungsansätze und wendet sich dann den motivations- und volitionstheoretischen Theorien von Zielsetzung, Zielverfolgung und Ausdauer zu. Daraus entwickelt sie ihr eigenes Modell, in dem die kognitiven, emotionalen und selbstregulatorischen Prozesse von Persistenz und Zielablösung im Mittelpunkt stehen. Dieses Modell bezieht Überlegungen aus der Zieltheorie (Dweck), der Volitionstheorie (Heckhausen, Gollwitzer), der Handlungskontrolltheorie (Kuhl), der Zielablösungstheorie (Klinger) und schließlich auch der neuen funktionsanalytischen „Persönlichkeits-System-Interaktion-Theorie" (PSI) von Kuhl ein. Kennzeichnend für Brandstätters „nutzen-kosten-theoretisches Modell" ist, dass Zielablösung nicht als ein singuläres Phänomen betrachtet wird, sondern Zielverfolgung *und* Zielablösung innerhalb desselben theoretischen Rahmens analysiert werden. Nutzen und Kosten beziehen sich dabei auf die positiven und negativen Anreize sowohl der Zielverfolgung als auch diejenigen des Zielabbruchs. Festhalten an einem problematischen Ziel, d. h. mangelnde Zielablösung, wird als spezielle Form des Zielstrebens betrachtet.

In einer Serie von insgesamt sieben einfallsreichen Gedankenexperimenten und Feldstudien, Laborstudien ebenso wie Studien im realen Lebenskontext, werden die Annahmen des Modells einer kritischen Prüfung unterzogen. Die Aussagekraft der Ergebnisse wird durch eine bemerkenswerte thematische Bandbreite dieser Untersuchungen unterstrichen: Im Fokus stehen Beziehungsprobleme, Studienprobleme, sportliche Betätigung oder persönliche Alltagsziele; die letzte Studie schließlich ist eine Längsschnittstudie über ein Jahr zur Entwicklung von Partnerschaften. In allen Studien geht es um unbefriedigende Handlungsverläufe, länger andauernde Handlungskrisen, die Gefahr des Scheiterns von Zielvorhaben.

Brandstätter zeigt, dass die Erfassung und Berücksichtigung aller vier Anreizkomponenten, des Nutzens und der Kosten der Zielverfolgung *ebenso* wie des Nutzen und der Kosten eines möglichen Zielabbruchs einen ganz wesentlichen Betrag zu Erklärung zielverfolgenden Handelns leisten können. Die Studien belegen, dass bei einem unproblematischen Handlungsverlauf vor allem die Nutzenaspekte der Zielverfolgung und die Kostenaspekte eines Zielabbruchs kognitiv repräsentiert sind. Das heisst, die Nachentscheidungsphase der Zielrealisation ist, ganz wie das Rubikonmodell der Volition vorhersagt, durch eine „volitionale Voreingenommenheit" gekennzeichnet, bei der die Durchsetzung des gewählten Ziels im Vordergrund steht.

Zeichnet sich jedoch eine krisenhafte Entwicklung ab und droht die Zielrealisation zu scheitern, treten – anders als nach dem Rubikonmodell zu erwarten – wieder motivationale Aspekte, d. h. Kosten-Nutzen-Erwägungen sowohl von weiterer Zielverfolgung *als auch* von Abbruch, in den Vordergrund und beeinflussen den weiteren Handlungsverlauf.

Überzeugend wird des Weiteren in mehreren der Studien belegt, dass die Zielbindung einerseits und der Impuls zur Zielablösung andererseits durch eine unterschiedliche Fokussierung auf die Anreize von Zielverfolgung und Zielabbruch gekennzeichnet ist. Stehen Nutzen von Zielverfolgung und Kosten von Zielabbruch im Vordergrund, steigt die Zielbindung. Zielablösung dagegen wird durch stärkeres Elaborieren der Kosten der Zielverfolgung und des Nutzens des Zielabbruchs gefördert. Dass dies mehr als ein bloß korrelativer Zusammenhang ist, belegt Brandstätter durch zwei Untersuchungen, in denen experimentell die gedankliche Beschäftigung mit bestimmten Kosten-Nutzen-Aspekten induziert wurde. Gelenkte Fokussierung auf die entsprechenden Kosten-Nutzen-Aspekte erhöht die Zielbindung bzw. den Impuls zum Zielabbruch.

Bereits dieser kurze Abriss der von Veronika Brandstätter vorgelegten Arbeit zeigt, dass es sich um eine selten gelungene Verbindung von wissenschaftlicher Analyse und praxisrelevantem Anwendungsbezug handelt. Wer neue Wege finden will, Entscheidungsprozesse zu optimieren, die das irrationale Festhalten an Investitionen von Arbeitszeit, Geld und persönlichem Einsatz verhindern helfen, wird in dieser Arbeit reichhaltige Anregungen finden - im organisationspsychologischen Bereich ebenso wie auf dem Gebiet persönlicher Zielsetzungen.

November 2002   Frank Halisch
                                                                Julius Kuhl

Vorwort der Autorin

Seit meiner Zeit als Doktorandin am Max-Planck-Institut für Psychologische Forschung in München interessiere ich mich für Fragen des Zielstrebens. Ich hatte damals die große Chance, in der Arbeitsgruppe von Heinz Heckhausen und Peter M. Gollwitzer die neuesten theoretischen Entwicklungen auf dem Gebiet der Motivations- und Volitionspsychologie kennen zu lernen. Mit dem wieder erwachten Interesse an Fragen der Zielrealisierung hatte damals eine neue Ära in der Motivationspsychologie begonnen. Besonders faszinierte mich der Nachweis spezifischer kognitiver Prozesse, die nach der verbindlichen Entscheidung für ein Handlungsziel das Handeln auf Zielkurs halten und somit die Ausdauer beim Zielstreben fördern.

Später, als Mitarbeiterin bei Dieter Frey am Lehrstuhl für Sozialpsychologie der Ludwig-Maximilians-Universität München, stieß ich in der sozial- und organisationspsychologischen Literatur auf ein Phänomen, das unter dem Begriff „Gefangen-Sein in einem Handlungsverlauf" (entrapment) bzw. „Eskalierendes Engagement" (escalation of commitment) das Festhalten an verlustreichen Handlungsverläufen untersucht wurde. Angesprochen ist der Fall, bei dem die handelnde Person mehr und mehr in ein zunehmend unrealisierbares Handlungsziel investiert, und es ihr nicht gelingt, sich von dem fraglichen Ziel zu lösen.

Die Beschäftigung mit der „entrapment"-Forschung machte mir zwei Dinge deutlich: Zum einen nahmen die betreffenden Autoren keinen Bezug zu motivations- und volitionspsychologischen Ansätzen, was um so erstaunlicher ist, als beim „entrapment" ganz offensichtlich Fragen der Ausdauer bei der Zielrealisierung angesprochen sind. Zum anderen sparte die motivations- und volitionspsychologische Forschung Fragen übermäßiger Ausdauer bzw. Fragen der Zielablösung weitgehend aus. Notwendig erschienen mir daher theoretische Überlegungen, die bisherige Befunde zum Festhalten an verlustreichen Handlungen mit motivations- und volitionspsychologischen Erkenntnisse zur Ausdauer beim Zielstreben in Beziehung setzen. Mit dem in dieser Arbeit vorgestellten Nutzen-Kosten-Modell der Zielverfolgung und Zielablösung wird der Versuch einer Integration dieser beiden unabhängig voneinander agierenden Forschungsbereiche unternommen.

Bei der vorliegenden Monographie handelt es sich um die überarbeitete Version meiner Habilitationsschrift, die ich im Oktober 1999 an der Ludwig-Maximilians-Universität eingereicht habe. Sie ist wie folgt aufgebaut: Nach einer Einführung in die Fragestellung in Kapitel 1 wird in Kapitel 2 die sozial- und organisationspsychologische Forschung zum Festhalten an verlustreichen Handlungen („entrapment" und „escalation of commitment") dargestellt. In Kapitel 3 erfolgt eine Zusammenfassung der motivations- und volitionspsychologischen Literatur zur Persistenz beim Zielstreben. Kapitel 4 referiert den Forschungsstand zur Zielablösung. In Kapitel 5 wird schließlich das im Mittelpunkt dieser Arbeit stehende integrative nutzen-kosten-theoretische Modell des Zielstrebens vorgestellt, dessen empirische Überprüfung in Kapitel 6 dokumentiert ist. Kapitel 7 bildet mit einer zusammenfassenden Diskussion der Befunde und weiterführender Forschungsfragen den Abschluss.

Ich möchte all jenen meinen Dank ausdrücken, die mich in so vielfältiger Weise unterstützten und großen Anteil am Gelingen der Arbeit haben.

Viele der hier vorgetragenen Ideen basieren auf den theoretischen Arbeiten von Heinz Heckhausen und Peter M. Gollwitzer. Die Mitarbeit in ihrem Forschungsprogramm, das einer rigorosen theoretischen Orientierung verpflichtet und streng experimentell ausgerichtet war, hat mich geprägt. Von den Erfahrungen, die ich am Max-Planck-Institut für Psychologische Forschung vor allem in der Zusammenarbeit mit Peter M. Gollwitzer gewinnen konnte, profitiere ich noch heute.

Die hier referierten Untersuchungen entstanden im Rahmen des Projekts „Persistenz beim Handeln" innerhalb der Münchner Forschergruppe „Wissen und Handeln". Ich möchte der Deutschen Forschungsgemeinschaft für die großzügige finanzielle Unterstützung des Projekts danken[1]. Auch möchte ich mich bei allen Mitgliedern der Forschergruppe bedanken, die mir in zahlreichen Diskussionen vielerlei Anregungen für meine Arbeit gegeben haben. Mein besonderer Dank gilt Jürgen Beckmann, Joachim Brunstein, Jutta Heckhausen und Gabriele Oettingen, den Gästen der Forschergruppe, für ihre äußerst hilfreichen Anmerkungen zu den theoretischen Überlegungen im Projekt „Persistenz beim Handeln".

Besonders zwei Menschen bin ich zu großer Dankbarkeit verpflichtet: Dieter Frey und Elisabeth Frank. Dieter Frey hat mich in allen Phasen meiner Arbeit in jeder erdenklichen Weise unterstützt und gefördert. Er hat mir den Freiraum gegeben, eigene Wege zu gehen, mich dabei aber nie aus den Augen verloren. Sein Enthusiasmus für psychologische Theorien und ihre Anwendung wirkte in all den Jahren anregend und ermutigend. Auch Elisabeth Frank möchte ich sehr für die schönen Jahre der Zusammenarbeit danken. Ihr Einsatz, ihre Hilfsbereitschaft und ihre kritische Aufmerksamkeit machten die gemeinsame Projektarbeit zu einer persönlichen Bereicherung. In vielen Diskussionen mit ihr haben sich Ideen geformt, Widersprüche geklärt, neue Fragen ergeben. Sie hat auch eine frühere Fassung des Manuskripts mit vielen nützlichen Anmerkungen versehen.

Auch meinen Kollegen und Kolleginnen am Lehrstuhl für Sozialpsychologie, Michaela Bölt, Felix Brodbeck, Tobias Greitemeyer, Eva Jonas, Doro Kleeblatt, Albrecht Schnabel, Stefan Schulz-Hardt und Beate Schuster, danke ich sehr für die freundliche und gleichzeitig anspornende Atmosphäre in unserer Arbeitsgruppe.

Den studentischen Hilfskräften Claudia Ehrenhuber, Peter Fischer, Matthijs Groenewolt, Marketa Hanetslegrova, Rudolf Kerschreiter, Andreas Mojzisch und Eva-Verena Wendt möchte ich ebenfalls für ihre Mitarbeit danken. Sie haben nicht nur all die Arbeit der Datenerhebung und Dateneingabe geleistet, sie haben sich immer wieder als kritische Diskussionspartner erwiesen, die durch ihr interessiertes Nachfragen meinen Blick auf „blinde Flecken" gelenkt haben.

Mein Dank gilt auch in besonderer Weise Julius Kuhl und Frank Halisch, die mir viele wertvolle Anregungen für die Überarbeitung des Manuskripts gaben und mir die weiteren theoretischen Implikationen meiner Überlegungen aufzeigten.

Christine Ortenburger möchte ich dafür danken, dass sie den Text für den Druck editiert hat. Schließlich mein inniger Dank an Günter, Anna und Alexander für ihre Fröhlichkeit und Geduld in den Zeiten, als diese Arbeit entstand.

München, September 2002   Veronika Brandstätter

---

[1]   Förderkennzeichen der DFG: FR 472/16-1, 16-3, 16-4, 16-5, Teilprojekt 1.

1 Einführung in die Fragestellung
Persistenz und Zielablösung als wichtige Voraussetzungen erfolgreichen Zielstrebens

Zwei Aspekte sind für effektives Handeln wichtig: Zum einen sich angemessene Ziele zu setzen und diese ausdauernd zu verfolgen; zum anderen sich rechtzeitig von Zielen zu lösen, wenn die Verwirklichung mit zu großen Schwierigkeiten und zu geringen Erfolgsaussichten verbunden ist (Janoff-Bulman & Brickman, 1982). Der erste Aspekt – Zielsetzung und Zielverfolgung – nimmt einen breiten Raum in der motivations- und volitionspsychologischen Literatur ein. So finden sich zahlreiche Arbeiten zur Frage, wie Zielbindung entsteht und welche Prozesse den Einfluss von Zielen auf das Verhalten vermitteln (z.B. Bandura, 1991; Brunstein, 1995; E. S. Elliott & Dweck, 1988; Fishbein & Ajzen, 1975; Gollwitzer, 1993; Gollwitzer & Moskowitz, 1996; H. Heckhausen & Kuhl, 1985; Klinger, 1975; Kuhl, 1983a; Locke & Latham, 1990; Pervin, 1989; Wicklund & Gollwitzer, 1982). Im Vergleich dazu ist die Frage der Zielablösung ein weitgehend vernachlässigtes Forschungsfeld. Die existierenden Arbeiten befassen sich in erster Linie mit den kognitiven und affektiven Konsequenzen *nicht erfolgter* Zielablösung (z.B. P. Baltes & Baltes; 1990; Brandtstädter & Renner, 1990; Brunstein, 1993; Kuhl, 1992; Kuhl & Helle, 1986; Martin & Tesser, 1989; Martin, Tesser & McIntosh, 1993). Relativ wenig ist bekannt zur Frage, wovon die Ablösung von einem Ziel abhängt, was sie erleichtert bzw. verhindert und welche Mechanismen daran beteiligt sind (Beckmann, 1994; Brandtstädter & Greve, 1994; G. W. Maier & Brunstein, 1999).

Fragen der Zielablösung sind um so bedeutsamer, als sich in den verschiedensten Lebensbereichen Beispiele dafür finden, wie schwer es Menschen bisweilen fällt, einen einmal eingeschlagenen Handlungsweg aufzugeben, obwohl er mit großen Unannehmlichkeiten verbunden und ein erfolgreicher Abschluss mehr als fragwürdig geworden ist. Ein besonders drastisches Beispiel ist die Situation von Frauen, die von ihrem Lebenspartner misshandelt werden und sich dennoch nicht aus ihrer unglücklichen Partnerschaft lösen können (Strube, 1988). Weniger auffällig, aber ebenso problematisch ist es, ein Fach zu studieren, das den persönlichen Fähigkeiten und Neigungen zuwiderläuft (Bergmann, Brandstätter & Eder, 1994). Ein weiteres Beispiel aus dem Bereich persönlicher Lebensführung sind alte Menschen mit erheblich eingeschränkter Sehfähigkeit, die trotz einer Reihe von Unfällen daran festhalten, selbst Auto zu fahren (vgl. P. Baltes & Baltes, 1989).

Aber nicht nur im Kontext persönlicher Ziele lässt sich das oben beschriebene Phänomen beobachten. Auch in ganz anderen Bereichen, in Wirtschaft und Politik, finden sich Beispiele hartnäckiger Zielverfolgung trotz eines ungünstigen Handlungsverlaufs. So werden industrielle Projekte manchmal auch dann noch fortgeführt, wenn der Aufwand in keinem Verhältnis mehr zum erwarteten Ertrag steht (Gemünden & Lechler, ohne Jahr; Ross & Staw 1986, 1993; siehe auch das aktuelle Beispiel der Magnetschwebebahn Transrapid, z.B. Süddeutsche Zeitung vom 27.09.1999, 14.10.1999 und 25.02.2002), und so manche militärische Intervention wurde viel zu spät abgebrochen, nachdem die Verluste an Menschenleben und materiellen Ressourcen jedes vertretbare Maß überschritten hatten (z.B. Vietnam Krieg, UNO-Einsatz in Somalia).

Auch wenn die genannten Beispiele recht heterogen sind, besteht doch eine wesentliche Gemeinsamkeit zwischen ihnen. Es sind Fälle, bei denen im Handlungsverlauf nicht nur *vorübergehende* Schwierigkeiten auftreten, sondern bei denen die Zielverfolgung von *anhaltenden* Widrigkeiten beeinträchtigt wird, und das Festhalten am eingeschlagenen Handlungsweg für die handelnde Person oder andere davon betroffene Personen nachteilige Effekte hat.

Obwohl es sich offensichtlich um ein weit verbreitetes Phänomen mit hoher praktischer Relevanz handelt, hat sich die Motivationspsychologie bis auf wenige Ausnahmen (z.B. Brunstein, 1993; Kuhl & Beckmann, 1994b; G. W. Maier & Brunstein, 1999; Wrosch & Heckhausen, 1999) nicht explizit damit beschäftigt. Möglicherweise ist dies damit zu erklären, dass die Regulation der Verfolgung längerfristiger, alltagsnaher Ziele über Jahrzehnte hinweg nicht zum erklärten Forschungsgegenstand der Motivationspsychologie zählte. Erst seit relativ kurzer Zeit ist die Analyse persönlicher Ziele Gegenstand der motivationspsychologischen Forschung (Brunstein & Maier, 1996; Emmons, 1989; Klinger, 1975; Little, 1983, 1989). Zum Anderen könnte man argumentieren, dass das Festhalten an problematischen Zielen einfach Ausdruck hoher Ausdauer bei der Verfolgung eines Ziels ist und damit die in der Motivationspsychologie gängigen Erklärungsmodelle für Persistenz (z.B. Atkinson, 1957; Feather, 1962) relevant sind. Ob nun die persistente Zielverfolgung nachteilige Effekte hat oder nicht, würde aus dieser Perspektive für die theoretische Analyse nicht ins Gewicht fallen und daher auch keine spezifischen Erklärungsmodelle erforderlich machen – zumal es in der Regel äußerst schwierig ist, normativ festzulegen, wann Persistenz nachteilige Effekte hat und wann nicht. Vielleicht hat man auch deshalb Fälle „dysfunktionaler" Persistenz, wo sich die Frage der Zielablösung offensichtlich stellt, einfach ausgeklammert, um sich diesem Definitionsproblem nicht stellen zu müssen.

Ein ganz anderes Bild bietet sich in der sozial- und organisationspsychologischen Literatur, wo man sich unter dem Stichwort „Gefangen-Sein in einem Handlungsverlauf" (entrapment; Brockner, 1992; Brockner & Rubin, 1985), „Eskalation des Engagements" (escalation of commitment; Staw & Ross, 1987; Staw, 1997), und „Effekt versunkener Kosten" (sunk cost effect; Arkes & Ayton, 1999; Arkes & Blumer, 1985) explizit mit dem Festhalten an verlustreichen Handlungsverläufen befasst. In einer Vielzahl an Laborexperimenten und Feldstudien wurden Einflussfaktoren unterschiedlichster theoretischer Provenienz untersucht. Ein besonderes Merkmal dieser Studien ist, dass fast ausschließlich experimentelle Aufgabenziele oder Wirtschaftsprojekte untersucht wurden, bei denen Geld aufgewendet werden musste, um einen monetären Ertrag zu erzielen. Hier ist es also aufgrund ökonomischer Kenngrößen (wie z.B. der Relation zwischen Kosten und Nutzen) relativ einfach festzusetzen, wann die Fortsetzung einer Handlung nachteilig ist – und die Zielablösung einsetzen sollte. Damit erklärt sich, warum man in der „escalation of commitment[2]"-, „entrapment"- und „sunk cost"-Forschung die Analyse explizit auf jene Fälle beschränken konnte, bei denen die Ausdauer nachteilige ökonomische Effekte hat. Ein

---

[2]   Im Weiteren werden die englischen Originalausdrücke verwendet, da sich in der deutschsprachigen Forschung keine brauchbare Übersetzung findet.

daraus resultierendes Problem ist jedoch, dass die für „entrapment", „escalation of commitment" und den „sunk cost"-Effekt herangezogenen theoretischen Erklärungen nur im Kontext ökonomischer Ziele überprüft wurden und damit deren Gültigkeit für persönliche Alltagsziele, also nicht-monetäre Zielbereiche, ungeklärt ist.

Die beiden dominierenden Erklärungsansätze innerhalb dieser Forschung sind das aus der Dissonanztheorie (Festinger, 1957) abgeleitete Bedürfnis nach Selbstrechtfertigung und die im Rahmen der Prospect-Theorie (Kahneman & Tversky, 1979, 1984) beschriebene Risikoaversion im Bereich von Verlusten. Ferner findet sich eine Vielzahl an Arbeiten, die unterschiedlichste „entrapment"-fördernde Faktoren isolieren konnten, die bislang jedoch nicht in einem theoretischen Rahmen integriert sind (Staw, 1997). Insgesamt fällt auf, wie wenig diese Forschungsansätze motivations- und volitionspsychologische Erkenntnisse zur Regulation des Zielstrebens aufgegriffen haben. Nicht nur die klassische motivationspsychologische Forschung (Feather, 1962; H. Heckhausen, Schmalt & Schneider, 1985) zu den Bedingungen von Ausdauer beim Zielstreben, sondern auch die neueren volitionspsychologischen Arbeiten zu den handlungsregulativen Mechanismen bei Schwierigkeiten im Handlungsverlauf (Gollwitzer, 1990; 1996; J. Heckhausen, 1999; Klinger, 1975; Kuhl, 1984; Kuhl & Beckmann, 1994b; Martin & Tesser, 1989, 1996) sind hier relevant.

Insgesamt scheint es, dass sich beide Forschungsbereiche – die sozial- und organisationspsychologische Forschung zum Festhalten an verlustreichen Zielen einerseits, sowie die motivations- und volitionspsychologische Forschung andererseits – sehr gut ergänzen, da sie aus einer jeweils unterschiedlichen Perspektive Zielverfolgung und Zielablösung beleuchten. Die Erkenntnisse dieser beiden, unabhängig voneinander existierenden Forschungsbereiche in einem theoretischen Modell zu integrieren, wird ein Ziel der vorliegenden Arbeit sein. Dabei soll die besondere Situation problematischer Persistenz einer allgemeineren motivations- und volitionspsychologischen Analyse der Zielverfolgung und Zielablösung zu- und untergeordnet werden.

Ausgehend von den Befunden der „entrapment"- und „escalation of commitment"-Forschung wird unter Bezug auf motivations- und volitionspsychologische Erkenntnisse zum Zielstreben in der vorliegenden Arbeit ein *Nutzen-Kosten-Modell der Zielverfolgung und Zielablösung* formuliert. Es wird der Standpunkt vertreten, dass das Festhalten an einem problematischen Ziel (und damit mangelnde Zielablösung) als spezielle Form des Zielstrebens betrachtet werden sollte und damit Zielverfolgung und Zielablösung innerhalb *desselben* theoretischen Rahmens zu analysieren sind. Das Modell versucht, zwei wesentlichen Ansprüchen gerecht zu werden: Es soll einerseits Vorhersagen erlauben, unter welchen Bedingungen das Festhalten an verlustreichen Handlungen verstärkt bzw. die Ablösung von problematischen Zielen erleichtert wird; andererseits muss es der Tatsache Rechnung tragen, dass das Festhalten an problematischen Zielen eine Form des Zielstrebens ist, die zwar gewisse Besonderheiten aufweist, aber der Erklärung durch allgemeinere, für jede Art von Zielstreben relevante theoretische Konzepte bedarf. Die theoretischen Aussagen müssen sich also auf Fragen der Ausdauer und Zielablösung im allgemeinen – also auf monetäre wie nicht-monetäre Ziele sowie auf verlustreiche wie unproblematische Handlungsverläufe – anwenden lassen.

Im Mittelpunkt dieses nutzen-kosten-theoretischen Ansatzes steht eine differenzierte Analyse der handlungsleitenden positiven und negativen Anreize der Zielverfolgung und des Zielabbruchs, die hier als *Nutzen* und *Kosten* von *Zielverfolgung* und *Zielabbruch* bezeichnet werden. Im Nutzen-Kosten-Modell der Zielverfolgung und

Zielablösung wird also die Bedeutung der Anreizmotivation für die Verhaltenssteuerung hervorgehoben, die neben anreizunabhängigen Formen der Verhaltenssteuerung (z.B. Gewohnheiten, Ouellette & Wood, 1998; Implementierungsvorsätze, Gollwitzer, 1999) bei der motivationspsychologischen Analyse von Erleben und Verhalten herangezogen werden (siehe auch Kuhl, 2001).

Die nutzen-kosten-theoretische Betrachtung von Zielverfolgung und Zielablösung steht in der Tradition von Nutzen-Kosten-Modellen, wie sie beispielsweise in der Mikroökonomie (z.B., Northcraft & Neale, 1986; Ramb, 1993; Statman & Caldwell, 1987), aber auch in psychologischen Ansätzen wie der Interdependenztheorie von Thibaut und Kelley (1959; Kelley & Thibaut, 1978), dem Schutzmotivationsmodell von Rogers (1983), in Theorien zum Hilfeverhalten (Piliavin, Dovidio, Gaertner & Clark, 1981; Schroeder, Penner, Dovidio & Piliavin, 1995), dem Anstrengungskalkulationsmodell von Meyer (1973) oder in entscheidungstheoretischen Ansätzen (z.B. Gilliland, Schmitt & Wood, 1993) vertreten werden.

Anders als in den genannten Nutzen-Kosten-Modellen wird im hier vorzustellenden Nutzen-Kosten-Modell der Zielverfolgung nicht nur eine Aussage zu Verhaltensindikatoren gemacht, sondern gleichermaßen zur *kognitiven Repräsentation der verschiedenen Nutzen-Kosten-Aspekte* sowie zu den Auswirkungen spezifischer Nutzen-Kosten-Konstellationen auf die *Emotionsregulation von Annäherungs- und Vermeidungsorientierungen*.

Die Frage nach der kognitiven Repräsentation von Nutzen und Kosten in der Phase der Zielrealisierung ist insbesondere angesichts volitionspsychologischer Erkenntnisse von Interesse, wonach mit erfolgter Festlegung auf ein Ziel (also in der Phase der Zielrealisierung) motivationale Charakteristika des Ziels gedanklich unterrepräsentiert sind und bei der Handlungssteuerung eine untergeordnete Rolle spielen (siehe z.B. Gollwitzer, 1990). Die Bedingungen, unter denen Nutzen und Kosten kognitiv repräsentiert sind, sowie die Art der Repräsentation zu kennen, würde zu einer Präzisierung volitionspsychologischer Überlegungen beitragen.

Die Frage der Emotionsregulation betrifft unterschiedliche Funktionsmechanismen positiver und negativer Anreize. Die traditionsreiche und neuerdings wiederbelebte Forschung zu Annäherung und Vermeidung als zwei grundlegenden motivationalen Orientierungen zeigt, dass die Fokussierung auf positive Anreize (Annäherungsorientierung) und auf negative Anreize (Vermeidungsorientierung) mit Unterschieden in der Emotionsregulation verbunden ist (z.B. Gray, 1987; H. Heckhausen, 1963; Higgins, 1997). Bisher wurde in korrelativen Studien lediglich untersucht, welchen Einfluss das Vorherrschen vermeidungs- gegenüber annäherungsorientierten persönlichen Alltagszielen auf die generelle Lebenszufriedenheit hat (z.B. Coats, Janoff-Bulman & Alpert, 1996; A. J. Elliot & Sheldon, 1997; A. J. Elliot, Sheldon & Church, 1997). Eine auf der Ebene individueller Ziele angesiedelte „Mikro"-Analyse handlungsbezogener Emotionen würde den Kenntnisstand zu annäherungs- und vermeidungsorientierter Handlungssteuerung bei Alltagszielen erweitern.

Zusammenfassend soll das Nutzen-Kosten-Modell des Zielstrebens zu folgenden Fragen Vorhersagen erlauben:

1. Wann und in welcher Weise sind in der Phase der Zielrealisierung motivationale Inhalte (z.B. Abwägen zielbezogener Nutzen- und Kosten-Aspekte) kognitiv repräsentiert? Hierzu versuchen die Studien 1 („Beziehungsszenario"), 4 („Per-

sönliche Alltagsziele"), 5 („Sport im Studio") und 6 („Weiterstudieren oder aufhören?") eine Antwort zu geben.

2. Welchen Einfluss haben die verschiedenen Nutzen-Kosten-Aspekte auf Zielbindung, Zielablösungsimpuls und Verhalten? Eng damit verbunden ist die Frage, unter welchen Bedingungen das Festhalten an aussichtslosen Zielen (*entrapment*) verstärkt wird. „Entrapment" wird damit einem allgemeineren handlungsregulativen Prinzip untergeordnet. Diese Frage greifen die Studien 2 („Alex im Ausland"), 3 („Frauen im Fitness-Studio"), 4 („Persönliche Alltagsziele"), 5 („Sport im Studio") und 6 („Weiterstudieren oder aufhören?") auf.

3. Lassen sich Ausdauer bzw. der Impuls zur Zielablösung durch bestimmte anreizbezogene gedankliche Übungen verstärken bzw. vermindern? Hier stehen also mögliche Interventionen zur Förderung von Persistenz, wenn Persistenz erfolgversprechend ist, und zur Unterstützung von Zielablösungsprozessen, wenn die Erfolgsaussichten zu gering geworden sind, im Mittelpunkt. Der Interventionsaspekt ist in verschiedener Hinsicht von praktischer Relevanz. Es finden sich immer wieder sowohl Fälle vorzeitiger Resignation (z.B. Studienabbrecher kurz vor Beendigung des Studiums) als auch Fälle schädlicher Persistenz (z.B. ein verlustreiches Investitionsprojekt). So scheint es geboten, Unternehmen, Lebenspartnern, politisch Verantwortlichen und älteren Menschen Strategien an die Hand zu geben, die zur Regulation von Ausdauer und Zielablösung beitragen können. Hierzu werden die Ergebnisse einer experimentellen Studie (Studie 3 „Frauen im Fitness-Studio") vorgestellt.

4. Lassen sich aufgrund einer nutzen-kosten-theoretischen Analyse Vorhersagen zum Entstehen und zur Wirkung von Annäherungs- und Vermeidungsorientierungen bei der Verfolgung persönlicher Alltagsziele machen? Zu diesem Fragenkomplex werden Ergebnisse aus fünf Studien berichtet (Studie 3 „Frauen im Fitness-Studio"; Studie 4 „Persönliche Alltagsziele"; Studie 5 „Sport im Studio"; Studie 6 „Weiterstudieren oder aufhören?" sowie Studie 7 „Liebe über die Zeit").

Die vorliegende Arbeit umfasst neben dieser Einführung sechs weitere Kapitel. Im folgenden zweiten Kapitel wird ein Überblick über die sozial- und organisationspsychologische Forschung zum Festhalten an verlustreichen Handlungen gegeben. Kapitel 3 fasst die motivations- und volitionspsychologische Literatur zur Persistenz beim Zielstreben zusammen. Kapitel 4 referiert den Forschungsstand zur Zielablösung. In Kapitel 5 wird das im Mittelpunkt dieser Arbeit stehende integrative nutzen-kosten-theoretische Modell des Zielstrebens vorgestellt. In Kapitel 6 werden die empirischen Studien zur Überprüfung der hier formulierten Modellannahmen berichtet. Im abschließenden siebten Kapitel werden die Befunde zusammenfassend diskutiert und weiterführende Forschungsfragen angesprochen.

2 Die Forschung zum Festhalten an verlustreichen Handlungen

In diesem Kapitel wird ein Überblick über die sozial- und organisationspsychologische Forschung zum Festhalten an verlustreichen Handlungen gegeben. Zunächst wird dargestellt, wie die drei wichtigsten Forschungsprogramme hierzu (Forschung zum „Gefangen-Sein in einem Handlungsverlauf" [entrapment], zur „Eskalation des Engagements" [escalation of commitment] sowie zum „Effekt versunkener Kosten" [sunk cost effect]) ihren Forschungsgegenstand definieren und welcher Methoden sie sich bedienen. Danach werden die verschiedenen theoretischen Erklärungsversuche (Dissonanztheorie, Prospect-Theorie, eklektische Ansätze, integrative Modelle) referiert. Schließlich wird der Forschungsstand zusammenfassend bewertet.

Begriffsdefinitionen und methodisches Vorgehen

Die drei wichtigsten Forschungsprogramme, die sich mit dem Festhalten an verlustreichen Zielen beschäftigen, sind die sozialpsychologisch orientierten Studien zum „Gefangen-Sein in einem Handlungsverlauf" (entrapment; zusammenfassend Brockner & Rubin, 1985; Brockner, 1992), die organisationspsychologisch ausgerichtete Forschung zur „Eskalation des Engagements" (escalation of commitment; zusammenfassend Staw & Ross, 1987; Staw, 1997) sowie die der ökonomischen Entscheidungsforschung nahestehenden Arbeiten zum Effekt versunkener Kosten (sunk cost effect; zusammenfassend Arkes & Ayton, 1999; Arkes & Blumer, 1985; Thaler, 1980).

Obwohl die beiden erstgenannten Ansätze unterschiedlichen Forschungstraditionen entspringen, weisen sie eine hohe Übereinstimmung in der Definition ihres Forschungsgegenstandes auf. Brockner und Rubin (1985) verstehen unter „entrapment" „... a decision making process whereby individuals escalate their commitment to a previously chosen, though failing, course of action ..." (S. 5). Nach Staw (1981) ist „escalation of commitment ... a tendency to become locked into a course of action, throwing good money after bad or committing new resources to a losing course of actions" (S. 578). In beiden Ansätzen werden also Situationen untersucht, in denen für die Verfolgung eines Ziels schon Ressourcen (z.B. Zeit, Geld, Anstrengung) investiert wurden, die Handlung aber fehlgeht und die Person trotzdem am eingeschlagenen Handlungsweg festhält. Im Grunde ist damit eine strikte Trennung dieser beiden Forschungsrichtungen hinfällig – zumal die Begriffe „entrapment" und „escalation of commitment" von den meisten Autoren inzwischen synonym verwendet werden.

Ein etwas anderer Akzent findet sich beim „sunk cost"-Effekt, der von Arkes und Blumer (1985) folgendermaßen beschrieben wird: „... an irrational economic behavior, which will be termed the sunk cost effect. This effect is manifested in a greater tendency to continue an endeavor once an investment in money, effort, or time has been made" (S. 124). Die Existenz des „sunk cost"-Effekts konnte in zahlreichen Studien nachgewiesen werden (z.B. Arkes & Ayton, 1999; Arkes & Blumer, 1985; Garland, 1990; Garland & Newport, 1991; Moon, 2001; Northcraft & Wolf, 1984; Staw & Hoang, 1995; Whyte, 1993; für Ausnahmen siehe Boehne & Paese, 2000; D. E. Conlon & Garland, 1993; Garland, Sandefur & Rogers, 1990). Die Entscheidung, ob man eine Handlung fortsetzen soll oder nicht, wird demnach an den bisherigen Investitionen anstatt am subjektiv erwarteten Nutzen orientiert. Hier steht also die Investition von Ressourcen im Vordergrund und die Frage, inwieweit die Höhe der bisherigen Investitionen einen Einfluss darauf hat, ob eine bestimmte Handlungs-option beibehalten oder aber aufgegeben wird – unabhängig davon, ob sie verlust-reich ist oder nicht. Die allgemeinen Überlegungen hierzu lassen sich aber ohne wei-teres auf den Fall negativer Handlungsverläufe anwenden.

Gemeinsam ist den genannten Forschungstraditionen, dass der weitaus größte Teil der Untersuchungen Handlungen analysiert, die in einen monetären Kontext einge-bettet sind, d.h. bei denen Geld investiert werden muss, um ein monetäres Ziel zu erlangen (z.B. Antonides, 1995; Bazerman, Giuliano & Appelman, 1984; Brockner, Rubin & Lang, 1981; Brockner, Shaw & Rubin, 1979; Moon, 2001; Ross & Staw, 1986; Staw, 1976; Staw, Barsade & Koput, 1997; Ausnahmen sind z.B. Bobocel & Meyer, 1994; Schoorman, 1988; Schulz-Hardt, Thurow-Kröning & Frey, 1999). Eine weitere Gemeinsamkeit besteht darin, dass die Mehrheit der Studien das Phänomen auf der Ebene von Individuen und weniger auf Gruppenebene untersucht (Ausnah-men sind z.B. Studien von Bazerman, Giuliano & Appelman, 1984; Dietz-Uhler, 1996; Kameda & Sugimori, 1993; Whyte, 1993).

Hinsichtlich der eingesetzten Methoden lassen sich grob drei Vorgehensweisen unterscheiden. Es wurden entweder experimentelle Aufgaben verwendet, bei denen die Versuchsteilnehmer reales Geld gewinnen bzw. verlieren konnten (z.B. Brockner, Shaw & Rubin, 1979; Northcraft & Neale, 1986; Rubin & Brockner, 1975) oder man gab Versuchsteilnehmern Szenarien vor, bei denen sie in der Rolle eines Managers fiktive Investitionen tätigen mussten (z.B. Bornstein & Chapman, 1995; Garland, 1990; Heath, 1995; Staw, 1976). Eine dritte Variante sind Fallstudien aus der Wirt-schaft und der öffentlichen Verwaltung (z.B. Antonides, 1995; Ross & Staw, 1986, 1993). Die Art der Methode ist mit ganz unterschiedlichen Operationalisierungen für das Festhalten an einer verlustreichen Handlung verbunden, die im Folgenden an-hand eines jeweils typischen Versuchsablaufs verdeutlicht werden sollen.

Experimente mit realen Geldgewinnen bzw. Geldverlusten. Ein typisches experi-mentelles Paradigma dieser Gattung setzten beispielsweise Rubin und Brockner (1975) ein. Versuchsteilnehmer wurden eingeladen, an einer Studie zum Problemlö-sen teilzunehmen, bei der man zusätzlich zum vereinbarten Versuchsteilnehmerhono-rar einen Preis in Höhe von 8 Dollar gewinnen konnte, wenn man innerhalb einer vorgegebenen Zeit ein Kreuzworträtsel löste. Tatsächlich war das Kreuzworträtsel jedoch unlösbar. Den Teilnehmern wurde zu Beginn der Studie ihr Honorar in Höhe von 2.40 Dollar ausbezahlt. Ihnen wurde mitgeteilt, dass manche Wörter so schwer seien, dass man auf ein spezielles Wörterbuch zurückgreifen müsste, das man bei Bedarf vom Versuchsleiter anfordern könnte. Weiterhin wurde den Versuchsteilneh-mern mitgeteilt, dass der Betrag, den sie letztlich mit nach Hause nehmen würden (d.h. ihr Honorar plus der Gewinn im Falle, dass sie das Kreuzworträtsel lösten), davon abhängig sei, wie lange sie an der Aufgabe gearbeitet hätten. Ab der dritten Minute würden sie nämlich für jede weitere Minute einen bestimmten Prozentsatz ihres Honorars verlieren; gleichermaßen würde der potentielle Gewinn um einen bestimmten Prozentsatz sinken. Das Experiment war nun so arrangiert, dass die Lösung der Wörter nur unter Verwendung des Wörterbuchs möglich erschien. Wenn jedoch die Versuchsteilnehmer es vom Versuchsleiter anforderten, war es angeblich nicht sofort verfügbar und sie waren gezwungen, darauf zu warten – das Warten war aber teuer. Diese Anordnung führte nun dazu, dass die Teilnehmer in einen Konflikt gerieten. Entweder sie warteten auf das Wörterbuch, um an der Lösung des Kreuzworträtsels weiterarbeiten zu können, reduzierten dabei aber durch die Wartephase ihr Honorar und den potentiellen Gewinn, oder aber sie brachen die Aufgabenbearbeitung ab und nahmen sich damit die Möglichkeit, den Preis zu gewinnen. Als Indikator für „entrapment" wurde der Betrag herangezogen, den die Versuchsteilnehmer am Ende des Experiments mit nach Hause nehmen konnten (da der Preis nicht zu gewinnen war, erhielten die Versuchspersonen je nachdem, wie lange sie die Lösung des Rätsels versucht hatten, nur einen bestimmten Anteil ihres ursprünglichen Honorars). Je weniger Geld ihnen verblieben war, desto stärker waren sie also im Handlungsverlauf gefangen gewesen.

Fiktive Investitionen in Szenariostudien. Ein auch für weitere Studien beispielgebendes Szenarioexperiment stammt von Staw (1976). Studenten der Betriebswirtschaftslehre sollten sich in die Rolle des Finanzvorstandes einer großen Firma namens Adams & Smith hineinversetzen. Ihnen wurde erläutert, dass sich die Firma in einem schlechten wirtschaftlichen Zustand befände, und der Vorstand beschlossen habe, mehr Mittel für Forschung und Entwicklung einzusetzen. Im ersten Teil des Experiments sollten die Versuchsteilnehmer einer der beiden größten Abteilungen des Unternehmens 10 Millionen Dollar zu Verfügung stellen. Im zweiten Teil des Experiments erhielten die Versuchsteilnehmer Informationen darüber, wie sich in den fünf Jahren nach dieser ersten Investitionsentscheidung die Ertragslage des Unternehmens entwickelt hat. Sie erhielten insbesondere Rückmeldung über die wirtschaftliche Entwicklung der beiden größten Abteilungen. Dabei zeigte sich, dass die ursprünglich mit den Investitionsmitteln bedachte Abteilung im Hinblick auf Umsatz und Gewinn viel schlechter abschnitt als die bei der ersten Mittelzuweisung nicht bedachte Abteilung. Die Versuchsteilnehmer wurden dann gebeten, eine zweite Investitionsentscheidung zu treffen, bei der weitere 20 Millionen Dollar zwischen den beiden Abteilungen aufgeteilt werden sollten. Die abhängige Variable war, wie viel Mittel für Forschung und Entwicklung den beiden Abteilungen zugewiesen wurden. Die Tatsache, dass der ursprünglich gewählten, ökonomisch nicht erfolgreichen Abteilung mehr Geld zugesprochen wurde als der nicht gewählten, erfolgreicheren Abteilung, wird als Indikator für „escalation of commitment" gewertet.

Fallstudien aus Wirtschaft und Verwaltung. Ein Beispiel für eine Fallstudie, in der reale Investitionsentscheidungen untersucht wurden, stammt von Ross und Staw (1986). Sie analysierten den Fall der Weltausstellung Expo 86, die in Vancouver, Kanada, stattfand und für die Provinz British Columbia zu einem finanziellen Debakel wurde. Die Autoren werteten Dokumente der Provinzregierung von British Columbia, Medienberichte sowie Finanzanalysen von Wirtschaftsexperten aus und führten Interviews mit Mitarbeitern der Verwaltung der Expo 86.

Bei ersten Berechnungen hatte man im Jahre 1978 Kosten in Höhe von 78 Millionen Dollar und ein maximales Defizit in Höhe von 6 Millionen Dollar veranschlagt. Im Verlauf der Zeit mussten diese Schätzungen mehrfach nach oben korrigiert werden. Obwohl 1985 – also relativ kurz vor dem geplanten Termin der Expo – Kosten in Höhe von 1,2 Milliarden Dollar und ein Defizit von 300 Millionen Dollar aufgelaufen waren und keinerlei Aussicht mehr auf einen positiven ökonomischen Ausgang des Projekts bestand, hielt die Provinzregierung weiter an ihrem Plan fest, die Ausstellung stattfinden zu lassen. Ross und Staw betrachten dies als einen prototypischen Fall des Festhaltens an verlustreichen Handlungen (für weitere Fallstudien siehe z.B. Antonides, 1995; Ross & Staw, 1993; Staw & Hoang, 1995).

Theoretische Erklärungsansätze

In diesem Abschnitt werden die wichtigsten theoretischen Erklärungsansätze für das Festhalten an verlustreichen Handlungen beschrieben. Nach einer Darstellung der dissonanztheoretisch begründeten Selbstrechtfertigungshypothese wird die aus der Prospect-Theorie abgeleitete Erklärung skizziert. Danach werden Arbeiten berichtet, in denen ohne einen einheitlichen theoretischen Rahmen eine Vielzahl weiterer Einflussfaktoren isoliert werden konnten. Abschließend wird ein Ansatz vorgestellt, in dem eine Integration der verschiedenen relevanten Einflussfaktoren versucht wird.

Dissonanztheorie und Selbstrechtfertigung

Der in der „entrapment"- und „escalation of commitment"-Forschung dominierende Erklärungsansatz ist die aus der Dissonanztheorie (Festinger, 1957; D. Frey & Gaska, 1993) abgeleitete Selbstrechtfertigungshypothese (zusammenfassend Brockner, 1992). In einer der ersten Studien, in der sie getestet wurde, formuliert Staw (1976) sie folgendermaßen: „When negative consequences are incurred within an investment context, it is often possible for a decision maker to greatly enlarge the commitment of resources and undergo the risk of additional negative outcomes *in order to justify prior behavior or demonstrate the ultimate rationality of an original course of action*" (S. 28f; Hervorhebung durch die Verfasserin). Die Tendenz, an einem fehlgehenden Handlungsverlauf festzuhalten, geht demnach auf das Bedürfnis der handelnden Person zurück, die ursprüngliche Handlungsentscheidung und die damit verbundenen bisherigen Investitionen sich selbst gegenüber zu rechtfertigen. Die Handlung abzubrechen, käme dem Eingeständnis gleich, eine falsche Entscheidung getroffen zu haben. Dies würde Dissonanz erzeugen, da man nicht das Bild von sich aufrechterhalten könnte, vernünftige Entscheidungen zu treffen.

In der ursprünglichen Formulierung war nur dieser interne Rechtfertigungsdruck angesprochen. Verschiedene Autoren (z.B. Bobocel & Meyer, 1994; Brockner, Rubin & Lang, 1981; Fox & Staw, 1979, Teger, 1980) haben jedoch darauf hingewiesen, dass in manchen eskalierenden Situationen Selbstdarstellungsmotive (impression management; Schlenker & Weigold, 1992) angeregt würden, die einen sozialen Rechtfertigungsdruck erzeugen, oder die Furcht vor sozialer Zurückweisung dominiert. Aus dieser Perspektive geht es der in einem Handlungsverlauf gefangenen Person darum, das Gesicht zu wahren und anderen Personen gegenüber keinen Fehler eingestehen zu müssen.

Sehr ähnliche Überlegungen zu interner bzw. externer Rechtfertigung finden sich im Zusammenhang mit dem „sunk cost"-Effekt (Arkes & Blumer, 1985). Obwohl die Autoren nicht auf eine dissonanztheoretische Erklärung rekurrieren, werden bei ihnen doch auch Rechtfertigungsprozesse angeführt, nämlich „... the psychological justification for this maladaptive behavior is predicated on the desire not to appear wasteful" (S. 125), die sehr wohl dissonanztheoretisch interpretiert werden können. Der Unterschied besteht nur darin, dass ein anderer Aspekt des Selbstkonzepts angesprochen ist als bei der o.g. Selbstrechtfertigungsannahme. Dort geht es um das Selbstbild, jemand zu sein, der vernünftige Entscheidungen trifft; bei der Erklärung des „sunk cost"-Effekts geht es hingegen darum, als jemand zu gelten, der nicht verschwenderisch mit Ressourcen umgeht.

Es liegt eine ganze Reihe an Studien vor, in denen der Rechtfertigungsansatz geprüft wurde (für einen zusammenfassenden Überblick siehe Arkes & Blumer, 1985; Brockner, 1992; Schulz-Hardt et al., 1999; Staw, 1997). Das bereits oben erwähnte klassische Szenarioexperiment von Staw (1976) diente mehreren Studien als Vorlage (z.B. Bazerman, Giuliano & Appelman, 1984; Conlon & Parks, 1987; Davis & Bobko, 1986; Fox & Staw, 1979; Schoorman, Mayer, Douglas & Hetrick, 1994; Simonson & Staw, 1992; Staw & Fox, 1977). Nach dissonanztheoretischen Überlegungen (Festinger, 1957) ist die persönliche Verantwortlichkeit für die negativen Konsequenzen einer Handlungsentscheidung eine wichtige Bedingung für das Entstehen von Dissonanz und damit für das Selbstrechtfertigungsbedürfnis. Folglich manipulierte man in den o.g. Studien, ob die Versuchsteilnehmer in der Rolle eines Finanzvorstands selbst oder aber ein Vorgänger in dieser Position für eine erste, nicht erfolgreiche Investitionsentscheidung verantwortlich waren (für eine andere Operationalisierung siehe z.B. Fox & Staw, 1979). Im Einklang mit der Selbstrechtfertigungshypothese zeigte sich ein Verantwortlichkeitseffekt. Versuchsteilnehmer, die selbst für die erste Investitionsentscheidung verantwortlich waren, wiesen bei der zweiten Investitionsentscheidung der ursprünglich gewählten, ökonomisch nicht erfolgreichen Abteilung signifikant mehr Mittel für Forschung und Entwicklung zu, zeigten also ein höheres Maß an „escalation of commitment" als Versuchsteilnehmer, die nicht selbst für die erste Investitionsentscheidung verantwortlich waren.

In verschiedenen Studien, in denen die Versuchsteilnehmer nicht das übliche Investitionsszenario, sondern andere Aufgabenstellungen zu bearbeiten hatten, wie beispielsweise fiktive (Bazerman, Beekun & Schoorman, 1982) oder reale Mitarbeiter (Schoorman, 1988) beurteilen, einen Leistungstest bearbeiten (Bobocel & Meyer, 1994), entscheiden, ob man eine ungeliebte Freizeitbeschäftigung fortführen oder aufgeben würde (Bornstein & Chapman, 1995), zeigte sich der vergleichbare Befund, dass Versuchsteilnehmer an einer fehlgehenden Handlungsalternative eher festhielten, wenn sie selbstgewählt war.

Obwohl Brockner (1992) in einem Überblicksartikel aufgrund der empirischen Befundlage zu dem Schluss kommt, dass die Selbstrechtfertigungshypothese der erklärungskräftigste theoretische Ansatz im Kontext von „entrapment" und „escalation of commitment" sei, gibt es eine Reihe von kritischen Punkten, die die Aussage Brockners relativieren. Der erste Kritikpunkt betrifft die Tatsache, dass in der Mehrzahl der Studien Bedingungen für das Entstehen des postulierten Selbstrechtfertigungsbedürfnisses (negative Ergebnisrückmeldung und Verantwortlichkeit) variiert und nur aufgrund des Festhaltens am verlustreichen Handlungsverlauf Dissonanzprozesse erschlossen wurden (vgl. Schulz-Hardt, et al., 1999). Die Existenz des Verantwortlichkeitseffekts wurde als Beleg für die postulierten Dissonanzprozesse gewertet, d.h. Dissonanz als spezifischer kognitiver Zustand wurde nicht direkt belegt. Hinzukommt, dass sämtliche Versuche, dissonanztheoretisch interpretierbare vermittelnde Mechanismen nachzuweisen, nicht sehr erfolgreich waren (vgl. Schulz-Hardt et al., 1999). Zwar berichten Brockner und Rubin (1985, Kapitel 7) einen höheren selbstberichteten Rechtfertigungsdruck bei Versuchsteilnehmern, die in einem Laborexperiment ihr ganzes Geld einsetzten und verloren (also ein hohes Ausmaß an „entrapment" aufwiesen) im Vergleich zu Teilnehmern, die frühzeitig das Experiment abbrachen. Doch lässt sich aufgrund der Formulierung der Items (z.B. „I had already invested so much, it seemed foolish not to continue") aus einer hohen Zustimmung nicht auf ein hohes Selbstrechtfertigungsstreben schließen. Wer nur sehr wenig investiert hat, wird das Items für sich nicht als relevant erachten und daher der Aussage nicht zustimmen.

Wie Schulz-Hardt et al. (1999) aufzeigen, kann auch der Versuch von Conlon und Parks (1987) nicht als gelungen betrachtet werden, Rechtfertigungsprozesse anhand der Informationssuche nachzuweisen. Conlon und Parks boten ihren Versuchspersonen in dem üblichen Investitionsszenario-Experiment vor der zweiten Investitionsentscheidung sog. prospektive und retrospektive Informationen an. Prospektive Informationen umfassten beispielsweise eine statistische Prognose über die Wirtschaftsentwicklung der betroffenen Abteilungen der nächsten fünf Jahre. Als restrospektiv galten beispielsweise Informationen zum Verlauf und zu den Ursachen von Erfolg und Misserfolg abgeschlossener Forschungs- und Entwicklungsprojekte. Die Versuchsteilnehmer der Bedingung „Misserfolg mit Verantwortlichkeit" nutzten im Vergleich zu Versuchsteilnehmern der Bedingung „Misserfolg ohne Verantwortlichkeit" signifikant häufiger die o.g. retrospektive Informationsquelle. Conlon und Parks interpretieren dieses Ergebnis als Hinweis auf eine verzerrte (rechtfertigende) Informationssuche. Tatsächlich könnte jedoch viel eher das Bedürfnis, sich über Bedingungen von Erfolg und Misserfolg früherer Forschungs- und Entwicklungsprojekte zu informieren, um daraus Schlüsse für die eigene Entscheidung zu ziehen, und nicht der Versuch, sich zu rechtfertigen, im Vordergrund gestanden haben (für wietere Analysen vermittelnder Prozesse siehe Bazerman, Giuliano & Appelman, 1984; Brody & Bowman, 1997; Caldwell & O'Reilly, 1982).

Ein zweiter Kritikpunkt setzt an der internen Validität der Studien zur Prüfung der Rechtfertigungshypothese an und zielt auf die Tatsache, dass die Manipulation der Verantwortlichkeit zu einer Konfundierung mit Variablen geführt haben könnte, die für die Handlungssteuerung relevant sind. Für eine Entscheidung verantwortlich zu sein, geht mit Zielbindung (commitment) einher, die volitionale Handlungssteuerungsprozesse auf den Plan ruft (z.B. Anstrengungserhöhung bei Schwierigkeiten, Düker, 1975; volitionale Bewusstseinslage, Gollwitzer, 1990; H. Heckhausen, 1989; Handlungskontrollprozesse, Kuhl, 1984). Aus dieser Perspektive könnte man den Verantwortlichkeitseffekt alternativ mit volitionalen Mechanismen erklären, die bei Schwierigkeiten einsetzen, um die Zielverfolgung zu unterstützen, und bei Misserfolg zu einer Erhöhung des Engagements führen.

In eine ähnliche Richtung geht die Kritik von Schulz-Hardt et al. (1999), die den Verantwortlichkeitseffekt gar als methodisches Artefakt betrachten. Die Autoren sind der Auffassung, dass sich in all den einschlägigen Studien der Verantwortlichkeitseffekt nur aufgrund einer fehlerhaften Kontrollbedingung ergeben habe. Sie argumentieren, dass sich in der üblichen Kontrollbedingung jeweils etwa zu gleichen Anteilen Personen befunden hätten, die auch von sich aus die ihnen *zugewiesene* Entscheidungsoption (bei der Initialentscheidung) gewählt hätten, sowie Personen, die die ihnen zugewiesene Alternative *nicht präferiert* hätten. Für Schulz-Hardt et al. (1999) ist allein die Überzeugtheit von der Effektivität einer Handlungsstrategie (Präferenz für eine der Handlungsoptionen aufgrund ihres subjektiv erwarteten Nutzens) entscheidend, wie lange man beim Auftreten von negativen Rückmeldungen an dieser Handlung festhält (siehe auch Statman & Caldwell, 1987). Da sich das „Präferenzniveau" in der Experimental-(Verantwortlichkeitsbedingung) offensichtlich von dem der Kontrollbedingung unterscheidet – in der Verantwortlichkeitsbedingung hatten *alle* Versuchsteilnehmer gemäss ihrer Präferenz eine Handlungsalternative gewählt – kann sich nach Meinung der Autoren nichts anderes ergeben als höheres „escalation of commitment" in der Experimentalbedingung im Vergleich zur Kontrollbedingung, wofür jedoch nicht das immer wieder postulierte Selbstrechtfertigungsstreben verantwortlich zu machen sei.

In einer Serie von drei Experimenten prüften Schulz-Hardt et al. ihre These und fanden – wie vorhergesagt – keinen Unterschied zwischen der Bedingung Selbstwahl (entspricht der Verantwortlichkeitsbedingung früherer Studien) und der Bedingung Fremdwahl/Konsens (Initialentscheidung zugewiesen, der eigenen Präferenz entsprechend). Versuchsteilnehmer dieser beiden Bedingungen hielten signifikant länger an einer ungünstigen Handlungsstrategie fest als Versuchspersonen der Bedingung Fremdwahl/kein Konsens (Initialentscheidung zugewiesen, der eigenen Präferenz widersprechend), was die Hypothese der Autoren bestätigt, dass die anfängliche Überzeugtheit von der Effektivität der gewählten Lösungsstrategie die Dauer bestimmt, mit der an der gewählten Handlungsstrategie festgehalten wird.

Schulz-Hardt et al. vertreten damit einen erwartung-wert-theoretischen Ansatz, nach dem die Handlungsoption mit dem größten subjektiv erwarteten Nutzen nicht nur gewählt, sondern auch ausdauernd verfolgt wird. Offen bleibt jedoch auch bei Schulz-Hardt et al. die Frage, welche handlungsregulativen Prozesse dafür verantwortlich waren, dass die Versuchsteilnehmer trotz des Misserfolgs der von ihnen gewählten Handlungsstrategie (die Versuchsteilnehmer erhielten in regelmäßigen Abständen negative Rückmeldungen) an ihr festhielten.

Insgesamt machen die Befunde von Schulz-Hardt et al. (1999) jedoch deutlich, dass das üblicherweise zur Prüfung der Selbstrechtfertigungsthese gewählte methodische Vorgehen letztlich ungeeignet ist, da man nicht allein vom Festhalten an einer selbstgewählten ungünstigen bzw. verlustreichen Handlungsstrategie auf ein zugrundeliegendes Rechtfertigungsbemühen schließen kann. Es können eine ganze Reihe alternativer Mechanismen dafür verantwortlich sein (z.B. volitionale Handlungskontrollstrategien zur Abschirmung einer verbindlichen Intention, Kuhl, 1984; verzerrte Informationsverarbeitung in der volitionalen Bewusstseinslage, Gollwitzer, 1990; Erhöhung der Volitionsstärke nach Misserfolg, Brunstein, 1995; eine subjektive Nutzen-Kosten-Konstellation, die stärker für das Fortsetzen der gewählten Handlungsstrategie als für den Abbruch derselben spricht; siehe Kapitel 5 der vorliegenden Arbeit).

Ein dritter Kritikpunkt bezieht sich auf die postulierte Quelle der Dissonanzentstehung. Neben dem Bestreben, sich oder anderen gegenüber nicht eingestehen zu müssen, dass man mit der Entscheidung für die verlustreiche Handlung einen Fehler begangen hat, oder dem Bestreben, nicht verschwenderisch erscheinen zu wollen, könnten noch etliche andere Aspekte des Selbstkonzepts beim Festhalten an einer verlustreichen Handlung mitspielen. Zu denken wäre beispielsweise an die in westlichen Kulturen geltende soziale Norm, etwas Selbstinitiiertes nicht vorzeitig aufzugeben und sich von Schwierigkeiten nicht „unterkriegen" zu lassen. Somit stünde als allgemeineres Prinzip die dissonanzerzeugende Verletzung relevanter Aspekte des Selbstkonzepts im Mittelpunkt, die das Festhalten an verlustreichen Handlungen motiviert.

Insgesamt kommt dem Selbstrechtfertigungsansatz sicherlich nicht die prominente Rolle bei der Erklärung von „entrapment" und „escalation of commitment" zu (vgl. Brockner, 1992). Es wurden von verschiedenen Autoren theoretische Erklärungen vorgeschlagen, die darauf abzielen, den Rechtfertigungsansatz zu ergänzen (Brockner & Rubin, 1985; Staw & Ross, 1987) oder aber vollständig zu ersetzen (Garland & Newport, 1991; Schulz-Hardt et al., 1999; Whyte, 1986). Als Erklärungsalternative wurde u.a. die Prospect-Theorie von Kahneman und Tversky vorgeschlagen.

Die aus der Prospect-Theorie abgeleitete Erklärung

Ein mit der Selbstrechtfertigungshypothese konkurrierender Erklärungsansatz ist nach Whyte (1986, 1993) die Prospect-Theorie von Kahneman und Tversky (1979, 1984), die sich mit Entscheidungen unter Risiko befasst. Nach Meinung von Whyte sind nicht Selbstrechtfertigungsprozesse für das Festhalten an verlustreichen Handlungen verantwortlich, sondern eine generelle für den Bereich von Verlusten nachgewiesene *Risikofreudigkeit*. Um Whytes Position zu verdeutlichen, werden im Folgenden die zentralen Annahmen der Prospect-Theorie kurz dargestellt (für eine Zusammenfassung siehe Jungermann, Pfister & Fischer, 1998). Wie andere Erwartung-Wert-Theorien auch geht die Prospect-Theorie davon aus, dass Individuen bei der Entscheidung für eine von mehreren Handlungsoptionen deren subjektiv erwarteten Nutzen zugrunde legen, der sich als Produkt aus subjektiv gewichteten Eintretenswahrscheinlichkeiten und dem Nutzen der in Erwägung gezogenen Konsequenzen der einen oder anderen Entscheidung ergibt. Allerdings wird nach der Prospect-Theorie dabei nicht der absolute Wert einer Option (z.B. mein derzeitiges Guthaben von 6000 € wird sich bei Entscheidung A auf 5000 € belaufen, bei Entscheidung B auf 7000 €) betrachtet, sondern Veränderungen in bezug auf einen psychologisch neutralen Referenzpunkt. Bei obigem Beispiel wäre das derzeitige Guthaben von 6000 € der neutrale Referenzpunkt, von dem aus die beiden Handlungsoptionen A und B betrachtet würden (z.B. Entscheidung A ist verbunden mit einem *Verlust* von 1000 €, Entscheidung B ist verbunden mit einem *Gewinn* von 1000 €).

Zwei weitere zentrale Annahmen der Prospect-Theorie beziehen sich auf den Verlauf der Wertfunktion und die subjektive Gewichtung von Wahrscheinlichkeiten. So folgt zum einen die Wertfunktion einem nicht-linearen Verlauf und ist im Gewinnbereich konkav, im Bereich von Verlusten konvex (siehe Abbildung 1).

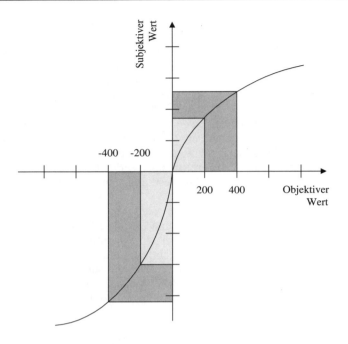

Abbildung 1: *Die hypothetische Wertfunktion der Prospect-Theorie* nach van der Pligt (1995)

Für den Gewinnbereich bedeutet das, dass mit steigendem Wert jede zusätzliche Werteinheit immer weniger positiv bewertet wird (abnehmender Grenznutzen). Sein Vermögen von 0 € auf 200 € zu vergrößern, wird positiver bewertet, als es von 200 € auf 400 € zu vergrößern. Analog gilt für den Verlustbereich, dass mit steigendem Verlust jede zusätzliche Verlusteinheit weniger negativ bewertet wird (abnehmender Grenzschaden). Ein Verlust von 200 € gegenüber keinem Verlust ist subjektiv schlimmer als ein Verlust von 400 € gegenüber einem Verlust von 200 €. Zum anderen zeigt sich die Tendenz, sichere Ereignisse gegenüber unsicheren Ereignissen stärker zu gewichten (sog. certainty effect).

Mit diesen Annahmen lässt sich nun vorhersagen, dass Personen im Verlustbereich risikofreudig entscheiden, im Gewinnbereich jedoch risikoscheu sind. Jungermann, Pfister und Fischer (1998) illustrieren das an folgendem Beispiel: Ein Entscheider wird die Option, mit einer 50%-igen Wahrscheinlichkeit 100 € und mit 50%-iger Wahrscheinlichkeit nichts zu *verlieren*, der Option, 50 € mit Sicherheit zu *verlieren*, vorziehen (Risikoneigung bei Verlusten). Bei der Wahl zwischen der Alternative, mit einer 50%-igen Wahrscheinlichkeit 100 € zu *gewinnen* und mit 50%-iger Wahrscheinlichkeit nichts zu *gewinnen*, und der Alternative, 50 € sicher zu *gewinnen*, wird die Person risikoscheu sein und den sicheren Gewinn bevorzugen (Risikoaversion bei Gewinnen). Daraus folgt auch, dass sich je nach der Formulierung (framing) ein und desselben Entscheidungsproblems als Gewinn- bzw. Verlustsituation Risikofreude bzw. Risikoaversion induzieren lässt (sog. reflection effect).

Übertragen auf die Situation eskalierenden Engagements würde eine prospect-theoretische Interpretation nun folgendermaßen lauten: Eine Person, die sich mit einem ungünstigen Handlungsverlauf konfrontiert sieht und sich – wie im „sunk cost"-Effekt beschrieben – an den bisherigen Investitionen orientiert, befindet sich in einer Verlustsituation. Sie ist vor die Wahl gestellt, den eingeschlagenen Handlungsweg aufzugeben und mit absoluter Sicherheit die bisherigen Investitionen zu verlieren oder aber weiterzumachen und mit einer gewissen Wahrscheinlichkeit entweder doch noch einen positiven Handlungsausgang zu erreichen oder aber noch größere Verluste hinnehmen zu müssen. Die im Bereich von Verlusten vorherrschende Risikoneigung führt schließlich dazu, die mit Risiko behaftete Alternative zu wählen und die fehlgehende Handlung fortzusetzen (Whyte, 1993).

Stellt man die beiden konkurrierenden Erklärungsansätze – Selbstrechtfertigung versus Risikoaversion – einander gegenüber, kommt man nur zum Teil zu unterschiedlichen Vorhersagen. Für den Fall, dass eine Person selbst für den fehlgehenden Handlungsverlauf verantwortlich ist, sagen beide Ansätze gleichermaßen „escalation of commitment" vorher. Für den Fall, dass eine Person nicht für den fehlgehenden Handlungsverlauf verantwortlich ist, weichen die Vorhersagen der beiden Ansätze voneinander ab. Die prospect-theoretische Sichtweise sagt eskalierendes Engagement vorher, die dissonanztheoretische Sichtweise hingegen nicht.

In einem Experiment von Whyte (1993) sollten die beiden Erklärungsansätze gegen einander getestet werden. Studentischen Versuchsteilnehmern wurden verschiedene Investitionsszenarien vorgelegt, bei denen sie entscheiden sollten, ob sie in ein wenig aussichtsreiches Projekt (weiter) investieren würden oder nicht. Manipuliert wurde, ob bereits Investitionen getätigt worden waren (Bedingung „*Bisherige Investitionen*") oder nicht (Bedingung „*Keine bisherigen Investitionen*", die der Autor als Kontrollgruppe betrachtet). Für die Bedingung „*Bisherige Investitionen*" wurde außerdem variiert, ob die Versuchsteilnehmer in der Rolle des verantwortlichen Finanzvorstandes für die Investitionen selbst verantwortlich waren oder nicht.

Das Ausmaß eskalierenden Engagements war signifikant geringer in der Bedingung, in der bisher keine Investitionen getätigt worden waren, als in den Bedingungen, in denen bereits Ressourcen investiert worden waren (Bedingung „*Bisherige Investitionen*" sowie Bedingung „*Bisherige Investitionen mit Verantwortlichkeit*"). Die beiden letztgenannten Bedingungen unterschieden sich ebenfalls signifikant; persönliche Verantwortlichkeit für die bisherigen Investitionen erhöhte das Ausmaß eskalierenden Engagements noch einmal signifikant gegenüber der Bedingung „*Bisherige Investitionen*".

Der Autor interpretiert seine Befunde folgendermaßen:

„The results of this study are consistent ... with a prospect-theory-based explanation for the escalation phenomenon. Support for the self-justification approach was also found. A negative decision frame (die Existenz von bisherigen Investitionen, Anmerkung der Verfasserin) was sufficient to induce a frequent and pronounced tendency toward escalation ... This propensity for escalation was exacerbated when individuals were ... assigned personal responsibility for initiating the failing policy. Personal responsibility ..., however, does not appear to be a necessary condition for inappropriate escalation." (S. 448).

Dass „escalation of commitment" auch in Abwesenheit von persönlicher Verantwortlichkeit auftrat (Bedingung „Bisherige Investitionen"), spricht für Whyte gegen
den Selbstrechtfertigungsansatz:

> „Escalating commitment in the absence of personal responsibility for previous
> expenditure is inexplicable when viewed through the lens of self-justification
> theory. Prospect theory determinants, in contrast, can be invoked to explain
> escalating commitment regardless of personal responsibility for previous failed
> choices" (S. 448).

Diese Interpretation basiert auf dem Vergleich der Bedingung „Bisherige
Investitionen" mit der Kontrollgruppe („Keine bisherigen Investitionen"), ist jedoch
angesichts der Tatsache, dass die Kontrollbedingung eigentlich gar keine „escalation
of commitment"-Situation darstellte, kritisch zu hinterfragen.

Die Szenarien war nämlich so formuliert, dass es in den Bedingungen, in denen
bereits Ressourcen investiert worden waren (Bedingung „Bisherige Investitionen"
und Bedingung „Bisherige Investitionen mit Verantwortlichkeit"), um eine Entscheidung hinsichtlich der Fortführung eines wenig aussichtsreichen Projekts ging, in der
Bedingung, in der noch nichts in das fragliche Projekt investiert worden war, hingegen um die Initiierung eines wenig aussichtsreichen Projekts. Damit bilden eigentlich nur die Bedingungen „Bisherige Investitionen" und „Bisherige Investitionen mit
Verantwortlichkeit" das in der „escalation of commitment"-Forschung im Mittelpunkt stehende Phänomen ab, in ein bereits begonnenes, verlustreiches bzw. wenig
aussichtsreiches Projekt weiterzuinvestieren. Strenggenommen dürfte man also –
wenn man dem Vorgehen in der „escalation of commitment"-Forschung folgen will
– nur die beiden Bedingungen „Bisherige Investitionen" und „Bisherige Investitionen
mit Verantwortlichkeit" vergleichen. So betrachtet, sprechen die Befunde Whytes
sehr wohl und ausschließlich für den Selbstrechtfertigungsansatz.

Insgesamt scheint die Vorgehensweise von Whyte nicht geeignet, um die prospect-theoretische gegen die dissonanztheoretische Erklärung für „escalation of commitment" zu testen. Ein stringenter Test würde verlangen, dass den Versuchsteilnehmern ökonomisch betrachtet ein und dieselbe negative Situation vorgelegt wird,
die sich jedoch hinsichtlich der Formulierung (framing) entweder als Verlust- oder
Gewinnsituation darstellt. Wenn nur das „framing" des Entscheidungsproblems einen
Einfluss hat auf das Ausmaß an „escalation", würde das für die prospect-theoretische
Interpretation sprechen, wäre hingegen nur der Grad persönlicher Verantwortlichkeit
bedeutsam, würde dies den Selbstrechtfertigungsansatz stützen.

In einer Reihe von Studien wurde in dieser Weise vorgegangen. Davis und Bobko
(1986) sowie Schoorman, Mayer, Douglas und Hetrick (1994) variierten sowohl das
Ausmaß persönlicher Verantwortlichkeit für eine wenig ertragreiche Investitionsentscheidung als auch das „framing" der Rückmeldung über den Misserfolg dieser
Investition. Brockner, Bazerman & Rubin (1984; zitiert in Brockner & Rubin, 1985)
manipulierten nur das „framing" der Rückmeldung. Bei Davis und Bobko lautete
beispielsweise das negative „framing": „after two years of operation the program has
failed to place 60.1% of all participants in either part-time or full-time jobs"; das
positive „framing" las sich: „after two years of operation the program has placed
39.9% of all participants in either part-time or full-time jobs".

In der Studie von Brockner, Bazerman & Rubin zeigte sich ein eindeutiger „framing"-Effekt. Während sich bei Davis und Bobko ein gewisse Stützung für beide Ansätze findet (ein Verantwortlichkeitseffekt bei negativem „framing"), sprechen die Ergebnisse von Schoorman et al. ausschließlich für die Rechtfertigungsthese (Verantwortlichkeitseffekt unabhängig vom framing, kein „framing"-Haupteffekt). Diese uneinheitlichen Befunde legen nahe, dass (zumindest derzeit) der Selbstrechtfertigungsansatz nicht durch die prospect-theoretische Erklärung ersetzt, sondern höchstens ergänzt werden kann (siehe auch Schaubroeck & Davis, 1994).

Der prospect-theoretische Erklärungsansatz bietet dabei einen wichtigen Vorzug. Er hebt hervor, dass in Situationen eskalierenden Engagements Entscheidungsprozesse beteiligt sind, bei denen verschiedene Anreize gegeneinander abgewogen werden müssen. Das Modell ist damit allgemeiner als der Rechtfertigungsansatz, der nur eine Art Anreiz betrachtet – die Gefahr, vor sich selbst oder anderen einen Fehler eingestehen zu müssen. Allerdings beschreibt die prospect-theoretische Erklärung für eskalierendes Engagement im Grunde nur, dass bei negativer Formulierung eines Entscheidungsproblems Risikoneigung vorherrscht, und erklärt nicht, aufgrund welcher psychologischer Mechanismen dies so ist.

Für diese Frage bietet sich die Analyse der in Frage stehenden Anreize aus einer motivationspsychologischen Perspektive an, um Erkenntnisse zu den vermittelnden Prozessen für Risikopräferenz bzw. Risikoaversion zugewinnen. Ausgehend vom hedonistischen Prinzip, nach dem Menschen sich bemühen, Angenehmes zu erleben und Unangenehmes zu vermeiden, wies Higgins (1997; siehe auch Gray, 1987) darauf hin, dass angenehme Zustände durch die Anwesenheit positiver Anreize (positive outcomes present), aber auch die Abwesenheit negativer Anreize (negative outcomes absent) vermittelt sein können. Analog dazu können unangenehme Zustände dadurch hervorgerufen werden, dass negative Anreize vorhanden sind (negative outcomes present) oder aber positive Anreize fehlen bzw. verloren gehen (positive outcomes absent). Um nun zu erklären, warum sich die Risikopräferenz bei Verlust- gegenüber Gewinnsituationen umkehrt, muss man nur die Entscheidungsalternativen anreiztheoretisch umformulieren. In einer Verlustsituation hat man die Wahl zwischen (a) einem sicheren Verlust und (b) einem nur mit einer gewissen Wahrscheinlichkeit eintretenden Verlust. Die Alternative (a) ist verbunden mit dem sofortigen Eintreten negativer Anreize; die Alternative (b) führt – in der subjektiven Wahrnehmung – zur zumindest vorläufigen Abwesenheit negativer Anreize. Und selbst, wenn spätere Verluste in Betracht gezogen werden, wiegen sie weniger schwer als sofort zu realisierende Verluste (Miller, 1944; siehe auch Statman & Caldwell, 1987). Legt man das hedonistische Prinzip zugrunde, folgt daraus logischerweise die Wahl der riskanten Alternative (b). Anders in Gewinnsituationen, bei denen man die Wahl hat zwischen (c) einem sicheren Gewinn und (d) einem nur mit einer gewissen Wahrscheinlichkeit eintretenden Gewinn. Die Alternative (c) ist verbunden mit dem Eintreten positiver Anreize, Alternative (d) mit der Abwesenheit positiver Anreize. Auch hier ist es ganz einsichtig, dass man aufgrund des hedonistischen Prinzips das Risiko scheut und die sichere Alternative (c) wählt (siehe dazu z.B. auch Brendl, Higgins & Lemm, 1995).

Die Überlegung, dass bei „escalation of commitment" die verschiedensten Anreize eine Rolle spielen können, verdeutlichen auch Arbeiten, bei denen eher unsystematisch Einflussfaktoren unterschiedlicher theoretischer Herkunft untersucht wurden.

Eklektische Ansätze

In den beiden letzten Abschnitten wurden mit der dissonanztheoretischen Selbstrechtfertigungshypothese und der prospect-theoretisch begründeten Hypothese zur Risikopräferenz die beiden wichtigsten Erklärungsversuche für „escalation of commitment" vorgestellt. In der „entrapment" und „escalation of commitment"-Literatur finden sich jedoch Arbeiten, in denen neben Verantwortlichkeit und Verlust-„framing" weitere Bedingungen für das Festhalten an verlustreichen Handlungen untersucht wurden (für eine Zusammenfassung siehe Brockner & Rubin, 1985; Staw, 1997; Staw & Ross, 1987). So ist das Festhalten an verlustreichen Handlungen u.a. umso wahrscheinlicher,

- je ertragreicher das Projekt erscheint (z.B. Rubin & Brockner, 1975),
- je weniger Kosten antizipiert werden (Brockner, Rubin & Lang, 1981, Studie 2),
- je größer der Anteil bereits investierter Ressourcen ist (z.B. Garland & Newport, 1991),
- je mehr instabile Ursachen für den Misserfolg des Projekts verantwortlich sind (z.B. Staw & Ross, 1978),
- je mehr man mit anderen Personen in Wettbewerb steht (z.B. Teger, 1980),
- je mehr Kosten mit dem Aufgeben des Projekts verbunden sind (z.B. Ross & Staw, 1993),
- je langsamer die Verschlechterung des Projekts verläuft (z.B. Rubin & Brockner, 1975).

Auch wenn mit der Analyse weiterer relevanter Variablen natürlich die wichtige Einsicht verbunden ist, dass beim Festhalten an verlustreichen Handlungen nicht ausschließlich Selbstrechtfertigung oder Risikoaversion eine Rolle spielen, bemerkt Staw (1997) dazu kritisch:

> „Although multidetermination is a realistic way of looking at escalation, the approach does not come without a price. ... Over the past decade, escalation determinants have been borrowed from disparate areas of behavioral research ... Such borrowing is not necessarily wrong or inappropriate in its own right. However, because this borrowing has occurred without the guidance of an overarching model or theory, ... we are left with little more than a laundry list of findings showing various effects on decision making." (S. 196)

Als einen ersten Schritt in Richtung eines umfassenden Modells entwarfen Staw und Ross (1987) ein Klassifikationsschema, um die Vielzahl an Prädiktoren für „escalation of commitment" zu ordnen. Obwohl sich die Überlegungen von Staw und Ross auf den organisationspsychologischen Bereich beziehen, lassen sich auch die Befunde sozialpsychologischer Laborexperimente hier gut einordnen. Staw und Ross unterscheiden die folgenden vier Klassen von Einflussfaktoren: (a) Projektdeterminanten, (b) psychologische Determinanten, (c) soziale Determinanten und (d) organisationale Determinanten. In einer späteren Arbeit (Ross & Staw, 1993) wurden (e) sozio-politische Determinanten (contextual determinants) als fünfte Kategorie hinzugefügt.

Projektdeterminanten (project determinants) umfassen nach Staw und Ross die objektiven ökonomischen Merkmale des Projekts bzw. des verfolgten Ziels, die das Festhalten an einem verlustreichen Handlungsverlauf fördern. Darunter fallen

- ein hoher Ertrag eines Projekts bzw. Wert des angestrebten Ziels (z.B. Rubin & Brockner, 1975; Schulz-Hardt et al., 1999),
- geringe Kosten (z.B. Brockner, Rubin & Lang, 1981),
- ein großes für das Projekt zur Verfügung gestelltes Budget (z.B. Brockner, Shaw & Rubin, 1979; Heath, 1995; Simonson & Staw, 1992; Tan & Yates, in press),
- eine hohe Erfolgswahrscheinlichkeit weiterer Investitionen (z.B. Staw & Fox, 1977),
- variable Ursachen für den Misserfolg (z.B. Staw & Ross, 1978),
- eine nur allmähliche Verschlechterung des Projekts (Rubin & Brockner, 1975),
- Fehlen von Alternativen zum aktuell verfolgten Projekt (z.B. Northcraft & Neale, 1986), Nähe zum Ziel (Rubin & Brockner, 1975) sowie
- hohe Kosten, die beim Beenden des fraglichen Projekts anfallen würden (z.B. Northcraft & Wolf, 1984; zitiert in Staw & Ross, 1987).

Unter psychologischen Determinanten (psychological determinants) subsumieren Staw und Ross folgende Variablen:

- Individualisierung des Nutzens und Kollektivierung der Kosten (Staw & Ross, 1987),
- Selbstrechtfertigungsprozesse (z.B. Staw, 1976),
- illusionärer Optimismus (Taylor & Brown, 1988) sowie
- die Risikopräferenz bei Verlusten (Whyte, 1993).

In diese Kategorie ließen sich auch interindividuelle Unterschiede einordnen, die das Festhalten an verlustreichen Handlungen begünstigen (Brockner & Rubin, 1985; Kapitel 8). Tatsächlich finden sich in den wenigen Untersuchungen, die es zur Bedeutung von Persönlichkeitsfaktoren für „escalation of commitment" gibt, jedoch keine Hinweise auf eine stabile, persönlichkeitsspezifische Disposition, an verlustreichen Handlungen festzuhalten – wobei dies möglicherweise mit der Art der untersuchten Persönlichkeitsmerkmale zusammenhängt (Risikobereitschaft, Kontrollüberzeugungen, Ambiguitätstoleranz und Machiavellismus; Teger, 1980; Dogmatismus und Selbstwert; Staw & Ross, 1978, zitiert in Brockner & Rubin, 1985; für eine Ausnahme hinsichtlich Typ-A-Persönlichkeit siehe z.B. Strube & Lott, 1984; Schaubroeck & Williams, 1993).

Zu den sozialen Determinanten (social determinants) zählen nach Staw und Ross

- soziale Wettbewerbssituationen (z.B. Rubin, Brockner, Small-Weil & Nathanson, 1980; Teger, 1980),

- das Vorbild eines Modells, das sich in einen fehlgehenden Handlungsverlauf verstrickt hat (z.B. Brockner, Nathanson, Friend, Harbeck, Samuelson, Houser, Bazerman & Rubin, 1984; Brockner & Rubin, 1985, Kapitel 5),
- sozialer Rechtfertigungsdruck (z.B. Caldwell & O'Reilly, 1982; Fox & Staw, 1979),
- Identifikation der eigenen Person mit einem Projekt (external binding, Staw & Ross, 1987) sowie
- der sog. „Heldeneffekt" (hero effect), nach dem Personen hohes Ansehen zuteil wird, wenn es ihnen gelingt, trotz größter Widrigkeiten ein Ziel zu erreichen (Staw & Ross, 1980).

Organisationale Determinanten (organizational determinants) und *sozio-politische Determinanten (contextual determinants)* betreffen das weitere organisationale bzw. sozio-politische Umfeld, in das ein Projekt eingegliedert ist. Hierzu zählen

- strukturelle Merkmale wie beispielsweise die Trägheit von Entscheidungsprozessen in Organisationen,
- aber auch unternehmenspolitische oder parteipolitische Interessen, die mit dem fehlgehenden Projekt verbunden sind (z.B. Ross & Staw, 1986; Staw & Ross, 1987).

Der Vorzug einer derartigen Kategorisierung ist sicherlich, dass die Vielfalt an Variablen überschaubarer wird. Gleichzeitig ist jedoch am Kategoriensystem von Staw und Ross (1987) zu kritisieren, dass die Kategorien willkürlich gewählt und auf ganz unterschiedlichen Erklärungsebenen angesiedelt erscheinen. Projekt-, organisationale und sozio-politische Determinanten einerseits betreffen die objektiv messbaren Randbedingungen eines Projekts. Psychologische und soziale Determinanten andererseits beziehen sich auf innerpsychische Prozesse, die die Wahrnehmung der objektiven Projektgrößen und die Reaktion darauf bestimmen. Es hängt letztlich von der Fragestellung ab, ob man die objektiven Größen oder die innerpsychischen Prozesse in den Vordergrund rückt. Geht es nur um die Beschreibung der Randbedingungen für „escalation of commitment", genügt es, die von außen beobachtbaren Projekt-, organisationalen oder sozio-politischen Merkmale zu betrachten. Erkenntnisse über die vermittelnden Prozesse lassen sich jedoch nur gewinnen, wenn man sich den psychologischen und sozialen Determinanten zuwendet. In letzteren spiegeln sich aber die objektiven Größen im Grunde wider, was eine gleichrangige Anordnung der fünf Kategorien nicht gerechtfertigt erscheinen lässt. Hinzukommt, dass aufgrund der Gruppierung alleine keine Aussage darüber getroffen werden kann, wann welche Einflussgrößen relevant werden.

Das zeitliche Ablaufmodell von Staw (1997)

Um dem letztgenannten Problem zu begegnen, hat Staw (1997) ein zeitliches Ablaufmodell eskalierenden Engagements skizziert (eine Vorläuferversion davon findet sich bei Staw & Ross, 1987). Die Kernaussage dieses Modells ist, dass in verschiedenen Phasen eines fehlgehenden Projekts unterschiedliche Variablen die Entscheidung bestimmen, am Projekt festzuhalten oder es abzubrechen. Unterschieden werden drei

Phasen. Die erste Phase beginnt mit der Entscheidung für die Durchführung eines bestimmten Projekts, die aufgrund der objektiven ökonomischen Projektmerkmale getroffen wird. Die zweite Phase setzt ein, wenn es erstmals zu fragwürdigen Ergebnissen (questionable or negative results) kommt; nach Staw treten hier die Projektdeterminanten in den Hintergrund, psychologische und soziale Determinanten gewinnen an Bedeutung. Die dritte Phase schließlich setzt ein, wenn gravierende negative Ergebnisse erzielt werden (highly negative results); zu den psychologischen und sozialen treten organisationale und sozio-politische Faktoren hinzu. Staw fasst den Kerngedanken dieses Ablaufmodells folgendermaßen zusammen: „Thus, the temporal model can be viewed as a progression of forces from the micro to macro levels of analysis" (S. 208).

In Abbildung 2 sind die von Staw (1997) genannten Variablen noch einmal aufgelistet. Dabei werden nur zwei Phasen unterschieden (eine anfängliche Phase, bei der keine oder nur leichte Rückschläge erlebt werden und eine spätere Phase, bei der die Misserfolge gravierend und unübersehbar geworden sind)[3].

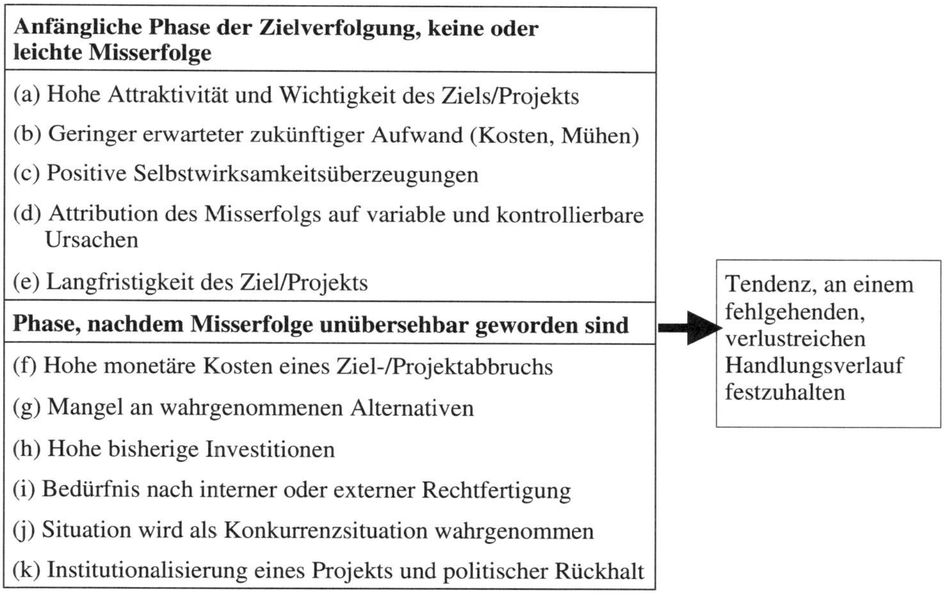

Anfängliche Phase der Zielverfolgung, keine oder leichte Misserfolge	
(a) Hohe Attraktivität und Wichtigkeit des Ziels/Projekts	
(b) Geringer erwarteter zukünftiger Aufwand (Kosten, Mühen)	
(c) Positive Selbstwirksamkeitsüberzeugungen	
(d) Attribution des Misserfolgs auf variable und kontrollierbare Ursachen	
(e) Langfristigkeit des Ziel/Projekts	
Phase, nachdem Misserfolge unübersehbar geworden sind	➡ Tendenz, an einem fehlgehenden, verlustreichen Handlungsverlauf festzuhalten
(f) Hohe monetäre Kosten eines Ziel-/Projektabbruchs	
(g) Mangel an wahrgenommenen Alternativen	
(h) Hohe bisherige Investitionen	
(i) Bedürfnis nach interner oder externer Rechtfertigung	
(j) Situation wird als Konkurrenzsituation wahrgenommen	
(k) Institutionalisierung eines Projekts und politischer Rückhalt	

Abbildung 2: *Determinanten der Tendenz, an einem verlustreichen Handlungsverlauf festzuhalten (nach Staw, 1997)*

Das zeitliche Ablaufmodell von Staw (1997) hat gewisse Schwächen. So wird beispielsweise nicht spezifiziert, welche Qualität Handlungsergebnisse haben müssen, um als fragwürdig oder aber als sehr negativ erlebt zu werden. Damit ist keine Vorhersage möglich, in welcher Phase sich ein Projekt befindet und damit welche Ein-

---

[3] Das Problem der Abgrenzung leichter von gravierenden Misserfolgen besteht natürlich auch hier.

flussgrößen relevant sind. Außerdem ist die Gültigkeit des Ablaufmodells auf den organisationspsychologischen Bereich eingeschränkt. Die für diesen Bereich wichtigen organisationalen und sozio-politischen Determinanten spielen bei der Verfolgung von Zielen außerhalb von Organisationen (z.B. bei persönlichen Alltagszielen) keine Rolle. Dennoch stellt das zeitliche Ablaufmodell insofern einen Fortschritt gegenüber der reinen Kategorisierung von Einflussfaktoren dar, als es implizit von einer inneren Dynamik, einem Wandel der handlungsleitenden Determinanten bei eskalierendem Engagement ausgeht. Notwendig wäre nun in einem nächsten Schritt, spezifische Hypothesen zu den vermittelnden psychologischen Prozessen zu formulieren, die den Wandel auslösen bzw. begleiten.

Als erste Näherung an die psychologische Qualität des postulierten Wandels mögen folgende Überlegungen dienen.

Eine theoretische Präzisierung des Ablaufmodells von Staw

Die auf den ersten Blick sehr heterogen erscheinenden Variablen lassen sich nach einem motivationspsychologisch bedeutsamen Prinzip ordnen (V. Brandstätter, 1998). Bei der ersten Variablengruppe (a) bis (e) steht die *Zielverfolgung* im Mittelpunkt. Die Variablen beziehen sich auf den subjektiv erwarteten Nutzen (Anreize sowie die Wahrscheinlichkeit) der Zielerreichung. Die zweite Gruppe der Variablen (f) bis (j) steht in enger Beziehung zum *Zielabbruch*; angesprochen sind hier die negativen Konsequenzen (Kosten) des Zielabbruchs. Was sich in der Beschreibung von Staw und Ross (1987) also andeutet, ist eine Veränderung der handlungsleitenden Anreize des Ziels. Anfangs stehen demnach die positiven Anreize der Zielverfolgung im Vordergrund, später die negativen Anreize des Zielabbruchs. Man könnte also annehmen, dass das Festhalten an verlustreichen Handlungen einem Wandel der Zielorientierung folgt – dem Wandel von einem *Streben* nach den *positiven Anreizen* (Annäherung) des Zielerreichung hin zur *Vermeidung negativer Konsequenzen* des Zielabbruchs. Dahinter steht die Überlegung, dass man sich anfangs für sein Ziel einsetzt, um den erwünschten Zielzustand zu erreichen, später jedoch an der verlustreichen Handlung festhält, um all das Unangenehme, was der Zielabbruch mit sich bringen würde, zu vermeiden.

An einem fiktiven Beispiel soll dies verdeutlicht werden: Ein Unternehmen beginnt mit der Entwicklung eines neuen Produkts. Man startet das Projekt fest entschlossen und in der Hoffnung, Lücken in der eigenen Produktpalette zu schließen, damit die Marktposition zu stärken und das Geschäftsergebnis des Unternehmens zu verbessern. Nach einer Reihe von Fehlschlägen wird das Projekt nicht etwa aufgegeben, sondern die Zielorientierung wandelt sich von Annäherung zu Vermeidung, insofern als nicht mehr der potentielle Geschäftserfolg handlungsleitend ist, sondern die Unannehmlichkeiten eines Projektabbruchs. Man führt das Projekt weiter, um die eingesetzten Ressourcen nicht als verloren betrachten zu müssen, um sein Gesicht zu wahren und nicht als Versager zu gelten, um sich nicht eingestehen zu müssen, dass alle bisherigen Bemühungen vergeblich waren, um letztlich nicht mit leeren Händen dazustehen (V. Brandstätter, 1998).

Die Überlegung, dass es beim Festhalten an verlustreichen Handlungen zu einem Wandel der motivationalen Orientierung kommt, findet sich auch bei Brockner und Rubin (1985), wenn sie schreiben „our conceptualization of entrapment suggests that there should be certain shifts over time and commitment in decision makers' perceptions of their motives for investing" (S. 145 f). Und bei Staw und Ross (1987) liest man dazu, dass „participants stated that the reason for their bidding was first to win money, but then as the bidding increased, their motivation changed to a desire to avoid losses ..." (S. 57).

Die Überlegung, dass das Festhalten an verlustreichen Handlungen mit einem motivationalen Wandel einhergeht, bleibt sowohl bei Brockner und Rubin als auch bei Staw und Ross sehr unspezifisch und wurde bislang von den Autoren nicht weiter verfolgt. Auffällig ist vor allem, dass die genannten Autoren die motivations- und volitionspsychologische Forschung zu Persistenz und Zielablösung in keiner Weise rezipiert haben. Hier bietet sich also ein ausgezeichneter Ansatzpunkt für die im nächsten Kapitel dargestellte motivations- und volitionspsychologische Analyse des Phänomens, die vor allem an den handlungsleitenden Anreizen ansetzen wird.

Fazit

Die sozial- und organisationspsychologische „entrapment"- und „escalation of commitment"-Forschung hat ein wichtiges Phänomen aufgegriffen, das bislang in keiner anderen Teildisziplin der Psychologie systematisch untersucht wurde. Die Orientierung dieser Forschungsansätze an praktischen Anwendungsproblemen ist verbunden mit dem Versuch, in kontrollierten Laborexperimenten (z. B. Staw, 1976; Rubin & Brockner, 1975) Bedingungsfaktoren für das Festhalten an verlustreichen Handlungen zu isolieren und deren generelle Wirksamkeit in Feldstudien (z.B. Ross & Staw, 1986, 1993) zu überprüfen. Damit ist diese Forschungsrichtung ein gutes Beispiel für eine gelungene Verzahnung von Grundlagen- und anwendungsnaher Forschung.

In zahlreichen Untersuchungen wurde ein weites Spektrum an Einflussfaktoren für „escalation of commtiment" und „entrapment" nachgewiesen. Derzeit fehlt jedoch ein integrierender theoretischer Rahmen, der diese Ansammlung an Variablen in einen systematischen Zusammenhang bringen und vor allem auch die Analyse vermittelnder Prozesse mit einschließen würde. Vor kurzem wurde zwar der Versuch unternommen, ein solches integratives multikausales Erklärungsmodell für „escalation of commitment" zu formulieren, in dem sowohl die Selbstrechtfertigungshypothese als auch die anderen als relevant erachteten Bedingungsfaktoren ihren Platz finden (Staw & Ross, 1987; Staw 1997). Doch auch dieses Modell hat nur deskriptiven Charakter; es macht keine Aussagen zu den vermittelnden Prozessen und löst damit letztlich seinen Anspruch einer Integration der empirischen Befunde zur Eskalation des Engagements nicht ein.

Eine These der vorliegenden Arbeit ist, dass die Defizite der „escalation of commitment"-Forschung auf das Versäumnis zurückzuführen sind, das Phänomen unter einer motivations- und volitionspsychologischen Perspektive zu betrachten. Die Motivations- und Volitionspsychologie bietet zahlreiche Erkenntnisse zu den handlungsregulativen Prozessen des Zielstrebens von der Entscheidung für eine bestimmte Handlung über die persistente Handlungsausführung, wenn Schwierigkeiten den Handlungsstrom unterbrechen, bis hin zur Ablösung von Zielen (disengagement).

Hier wird die Auffassung vertreten, dass „escalation of commitment" als Form des Zielstrebens betrachtet werden sollte, bei dem sich die handelnde Person aufgrund bestimmter erwarteter Anreize für eine Handlungsoption entscheidet, die Handlung initiiert, Ressourcen wie Zeit, Geld und Anstrengung für die Zielrealisierung investiert, sich schließlich mehr und mehr mit dem Scheitern der eigenen Bemühungen konfrontiert sieht, einen Zielabbruch jedoch aufgrund seiner negativen Konsequenzen scheut. Besondere Bedeutung kommt in dieser Konzeption von „escalation of commitment" der Analyse der handlungsleitenden Anreize zu, die im Zuge der Entstehung von „escalation of commitment" einem Wandel (von der Orientierung an den positiven Anreizen der Zielverfolgung zu einer Orientierung an den negativen Anreizen des Zielabbruchs) unterliegen sollen. Die Fokussierung auf die negativen Anreize des Zielabbruchs ist demnach eine wichtige Determinante von „escalation of commitment". Mit dieser Annahme ist eine wichtige Implikation verbunden: Die Orientierung an negativen Anreizen repräsentiert eine Vermeidungsorientierung beim Handeln, die sich durch spezifische handlungsregulative Merkmale kennzeichnet.

3 Die motivations- und volitionspsychologische Forschung zu Persistenz

Nach der Darstellung der Arbeiten zu „escalation of commitment" und „entrapment" als einer spezifischen Form von Ausdauer soll im Folgenden die motivations- und volitionspsychologische Forschung zur Persistenz beim Zielstreben präsentiert werden. Im Hinblick auf das in Kapitel 5 vorzustellende Nutzen-Kosten-Modell der Zielverfolgung und Zielablösung, in dem den handlungsleitenden Anreizen besondere Aufmerksamkeit geschenkt wird, soll bei der nun folgenden Darstellung der Persistenzforschung vor allem auch geprüft werden, welche Rolle Anreizen bei der Verhaltenserklärung zugewiesen wird.

Die klassische motivationspsychologische Forschung

Persistenz gehört neben der Wahl von Zielen und der Anstrengung bei der Ausführung zielführender Handlungen zu den drei zentralen Erklärungsgegenständen der Motivationspsychologie (z.B. Geen, 1995; H. Heckhausen, 1989; Rheinberg, 1995). Wie H. Heckhausen (1989) aufzeigt, „kann Ausdauer in verschiedenen Formen auftreten; einmal als Dauer der kontinuierlichen Beschäftigung mit einer Aufgabe, zum Anderen als Wiederaufnahme unterbrochener oder misslungener Aufgaben und schließlich als langfristige Verfolgung eines übergreifenden Ziels" (S. 259).

Die Mehrzahl der Untersuchungen zu den Bedingungen von Ausdauer sind grundlagentheoretisch orientiert und bedienen sich eines laborexperimentellen Vorgehens. Versuchsteilnehmer erhalten dabei in der Regel eine unlösbare Aufgabe, und es wird beobachtet, wie lange sie daran arbeiten. Die Verfolgung übergreifender Ziele – als weitere Facette von Persistenz – steht eher im Mittelpunkt anwendungsorientierter Forschung, wenn es beispielsweise darum geht, Ausdauer beim Lernverhalten von Schülern (z.B. Rheinberg, 1989; Heller & Ziegler, 1998; Lent, Brown & Larkin 1984), beim Studium (z.B. Aspinwall & Taylor, 1992; Bank, Biddle & Slavings, 1992; Pervin & Rubin, 1967), beim Sport (z.B. Duda, 1992; Roberts, 1984) oder bei der Verfolgung beruflicher Ziele oder betrieblicher Aufgabenstellungen (z.B. Locke & Latham, 1990; von Rosenstiel, 1975) zu erklären. Da diese anwendungsorientierten Arbeiten dabei auf grundlagentheoretische Konstrukte zurückgreifen, sollen im Weiteren nur die zentralen grundlagentheoretischen Ansätze ausführlicher dargestellt werden. Sie reichen von der klassischen Leistungsmotivationstheorie (Feather, 1961, 1962, 1963), einem Ansatz zur Bedeutung von Tätigkeitsanreizen (Rheinberg, 1989) über das attributionstheoretisch reformulierte Modell gelernter Hilflosigkeit (Abramson, Seligman & Teasdale, 1978; Diener & Dweck, 1978), die Selbstwirksamkeitstheorie von Bandura (1977; 1991) bis hin zu den neueren volitionspsychologischen Arbeiten zur Regulation des Zielstrebens (Brunstein, 1995; Gollwitzer, 1990; H. Heckhausen & Gollwitzer, 1987; Kuhl, 1984).

Die klassischen leistungsmotivationstheoretischen Persistenzstudien

Feather (1961, 1962, 1982), neben McClelland (z.B. McClelland, Atkinson, Clark & Lowell, 1953), Atkinson (z.B. Atkinson & Feather, 1966) und H. Heckhausen (1963; H. Heckhausen, Schmalt & Schneider, 1985) ein prominenter Vertreter der leistungs-motivationstheoretischen Forschung, führte eine Reihe von Studien durch, in denen er das Risikowahl-Modell leistungsmotivierten Verhaltens von Atkinson (1957) zur Vorhersage der Ausdauer bei der Bearbeitung einer experimentellen Aufgabe heranzog. Bevor Feathers Experimente dargestellt werden, sollen zunächst die Grundannahmen des Risikowahl-Modells skizziert werden (für eine knappe und übersichtliche Darstellung siehe Rheinberg, 1995, S. 68 ff.). Es gehört zur Familie der Erwartung-Wert-Theorien, nach denen das Individuum bei der Wahl von Handlungszielen rational vorgeht und neben dem subjektiven Wert eines Handlungsziels die wahrgenommene Realisierungswahrscheinlichkeit berücksichtigt, die wesentlich von den situationalen Umständen abhängt.

Im Risikowahl-Modell, das von Atkinson algebraisch formalisiert wurde, werden die beiden Leistungsereignisse Erfolg und Misserfolg behandelt. So wird neben der subjektiven *Erfolgs*wahrscheinlichkeit (W_e) die subjektive *Misserfolgs*wahrscheinlichkeit (W_m) betrachtet, die sich komplementär zueinander verhalten und sich zum Wert 1.00 ergänzen (d.h. $W_m = 1 - W_e$). Der Wert des Leistungsziels ist vermittelt über die antizipierten selbstbewertenden Gefühle beim Erreichen (Stolz) bzw. Verfehlen (Beschämung) des Leistungsziels. Weiter wird angenommen, dass sich erfolgs- und misserfolgsbezogene Anreize (also die Stärke der leistungsbezogenen Affekte Stolz und Beschämung) invers linear zur subjektiven Erfolgs- ($A_e = 1 - W_e$) bzw. Misserfolgswahrscheinlichkeit verhalten ($A_m = 1 - W_m$). Dies bedeutet: Je geringer die Erfolgswahrscheinlichkeit (d.h. je schwieriger eine Aufgabe), desto stolzer ist man im Erfolgsfall bzw. desto weniger betroffen bei Misserfolg.

Ein weiterer wichtiger Aspekt des Risikowahl-Modells ist die Gewichtung der Anreizkomponenten mit der personspezifischen Ausprägung des Leistungsmotivs, das sich aufspalten lässt in ein annäherungsorientiertes Erfolgsmotiv (M_e) und ein vermeidungsorientiertes Misserfolgsmotiv (M_m). Der Erfolgsanreiz wird mit dem Motiv, Erfolg zu erzielen (Hoffnung auf Erfolg; $A_e \times M_e$), und der Misserfolgsanreiz mit dem Motiv, Misserfolg zu vermeiden (Furcht vor Misserfolg; $A_m \times M_m$), multiplikativ verknüpft. Multipliziert man nun die motivgewichteten Erfolgs- und Misserfolgsanreize mit den zugehörigen Erfolgs- bzw. Misserfolgswahrscheinlichkeiten, so ergeben sich die aufsuchende Erfolgstendenz (T_e), sowie die meidende Misserfolgstendenz (T_m). Algebraisch ausgedrückt lauten diese: $T_e = M_e \times A_e \times W_e$ und $T_m = M_m \times A_m \times W_m$. Die für eine gegebene Aufgabe entscheidende Größe ist jedoch die resultierende Motivationstendenz, die sich als Summe der aufsuchenden und meidenden Tendenzen berechnet ($T_r = T_e + T_m$).

Der Verlauf dieser algebraischen Funktion (siehe Abbildung 3) führt zur Vorhersage, dass bei einer Erfolgswahrscheinlichkeit W_e von .50 (also bei Aufgaben mittlerer Schwierigkeit) Erfolgsmotivierte ($M_e > M_m$) maximal aufsuchend motiviert sind, während Misserfolgsmotivierte ($M_e < M_m$) maximal meidend motiviert sind. In anderen Worten: Erfolgsmotivierte sollten bevorzugt Aufgaben mittlerer Schwierigkeit wählen, während Misserfolgsmotivierte im Grunde generell Leistungssituationen meiden sollten, am stärksten jedoch Aufgaben mittlerer Schwierigkeit. Da man Leistungsanforderungen jedoch nicht generell ausweichen kann, wird angenommen, dass misserfolgsmotivierte Personen bei mittelschweren Aufgaben – wenn sie denn einmal in Angriff genommen wurden – am stärksten meidend motiviert sein sollten, was durchaus in hohe Anstrengung münden kann, um den befürchteten Misserfolg zu vermeiden. (Diese letzte Annahme wurde später von Atkinson wieder in Frage gestellt; siehe dazu Heckhausen, 1983).

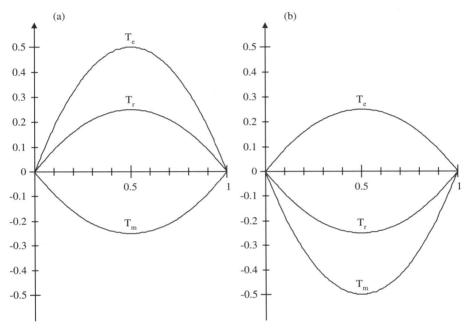

Abbildung 3: Stärke der resultierenden Tendenz und der Erfolgs- und Misserfolgstendenz in Abhängigkeit von der subjektiven Erfolgswahrscheinlichkeit, wenn (a) das Erfolgsmotiv einer Person stärker ist als ihr Misserfolgsmotiv und (b) wenn ihr Misserfolgsmotiv stärker ist als ihr Erfolgsmotiv

Das ursprünglich nur für die Wahl von Aufgaben formulierte Modell hat Feather (1961, 1962, 1963) in einer Reihe von experimentellen Studien auch zur Vorhersage der Ausdauer bei der Aufgabenbearbeitung herangezogen. In einer Studie (Feather, 1961) verwendete er beispielsweise folgende Versuchsanordnung: Eine Gruppe erfolgsmotivierter (Hoffnung auf Erfolg > Furcht vor Misserfolg) und eine Gruppe misserfolgsmotivierter (Hoffnung auf Erfolg < Furcht vor Misserfolg) Versuchsteilnehmer wurden gebeten, eine Reihe von Figuren nachzuzeichnen, wobei der Stift nicht abgesetzt werden durfte. Tatsächlich war die Aufgabe jedoch unlösbar. Den Versuchspersonen war es freigestellt, wann sie zur zweiten von vier Aufgaben überwechselten. Jeweils der Hälfte jeder Motivgruppe wurde entweder mitgeteilt, dass es sich bei der ersten Zeichenaufgabe um eine sehr schwierige („5 per cent of college students are able to get the solution") oder aber um eine sehr leichte („70 per cent of college students are able to get the solution") Aufgabe handelte.

Feather zeigte, dass Erfolgsmotivierte bei der ersten Aufgabe mehr Ausdauer zeigen, wenn sie als leicht angekündigt worden war (die ursprünglich hohe Erfolgs-

wahrscheinlichkeit sinkt durch den erlebten Misserfolg und nähert sich dem Wert
von .50 an) als wenn sie als schwierig galt (die ursprünglich geringe Erfolgserwartung entfernt sich weiter vom Wert .50). Für Misserfolgsmotivierte galt das Umgekehrte. Sie zeigten höhere Ausdauer bei der ursprünglich als schwierig bezeichneten
Aufgabe im Vergleich zu der als leicht angekündigten Aufgabe (für weitere Ausdau-
erstudien vor dem Hintergrund des Risikowahl-Modells siehe Blankenship, 1992;
Nygard, 1982).

Feather (1961) betrachtet seine Studie als „a contribution ... to investigate persistence as a phenomenon determined by the interaction of both personality and situational influences" (S. 559). In der Tat zeichnet sich das Risikowahl-Modell dadurch
aus, dass es anders als andere gängige Erwartung-Wert-Theorien personspezifische
Motivausprägungen als wichtige Quelle des Handlungsanreizes herausstellt und
damit die Person-Situations-Interaktion in idealer Weise abbildet. Die individuelle
Ausprägung von Erfolgs- und Misserfolgsmotiv bestimmt, welcher Anreiz (die Hoffnung auf Erfolg mit dem damit verbundenen Erleben von Stolz bzw. die Furcht vor
Misserfolg mit der damit verbundenen Beschämung) in einer gegebenen Situation
handlungsleitend wird und damit, welche grundlegende motivationale Orientierung
(Annäherung vs. Vermeidung) vorherrscht. Wie die neuerdings wiederbelebte Forschung zu Annäherung und Vermeidung zeigt, sind mit den beiden Orientierungen
ganz unterschiedliche handlungsregulative Mechanismen verbunden (z.B. A. J. Elliot
& Harackiewicz, 1996; A. J. Elliot & Sheldon, 1997; H. Heckhausen, 1982; siehe
dazu auch Kapitel 5 der vorliegenden Arbeit).

Natürlich ist der vom Risikowahl-Modell thematisierte Anreiz auf einen kleinen
Ausschnitt aller möglichen Anreize beim Leistungshandeln beschränkt, nämlich auf
die antizipierte affektive Selbstbewertung bei Erfolg bzw. Misserfolg; jegliche andere Anreize, die mit dem Erreichen oder Verfehlen eines Leistungsziels (z.B. soziale
Anerkennung bzw. Verlust von Ansehen; materielle Vor- bzw. Nachteile; sog. Ergebnisfolgen, H. Heckhausen, 1977[4]; siehe auch Vroom, 1964) oder aber mit der
Aufgabenbearbeitung selbst (sog. Tätigkeitsanreize; Rheinberg, 1989) verbunden
sein können, bleiben ausgespart. Dennoch ist hervorzuheben, dass sowohl das An-
reiz- wie das Erwartungskonzept berücksichtigt wird, was nicht selbstverständlich ist
(siehe auch Försterling & Schuster, 1987), wenn man eine Reihe weiterer motivationspsychologischer Theorien betrachtet, die nur Erwartungen als Erklärungskon-
strukte heranziehen. Bevor zwei Beispiele für solche reinen Erwartungstheorien (Se-
ligmans Erwartungstheorie Gelernter Hilflosigkeit und Banduras Selbstwirksamkeitstheorie) dargestellt werden, soll zunächst Rheinbergs (1989) Analyse tätigkeitszentrierter Motivationskomponenten kurz skizziert werden.

---

[4]   Heckhausen (1977) spezifiziert in seinem Erweiterten Kognitiven Motivationsmodell ne-
      ben der Selbstbewertung verschiedene weitere Klassen von Ergebnisfolgen (Anreizen),
      nämlich Fremdbewertung, Annäherung an ein Oberziel und extrinsische Nebenwirkun-
      gen.

Tätigkeitsanreize als Bedingung für Ausdauer

Rheinberg (1989) knüpft an das Erweiterte Kognitive Motivationsmodell von H. Heckhausen (1977) an und ergänzt es um die dort unberücksichtigten „tätigkeitsspezifischen Vollzugsanreize" (Rheinberg, 1989, S. 104). Es sind dies Anreize, die in der Tätigkeit selbst liegen und nicht im Endresultat einer Handlung. Rheinberg (1995) beschreibt das Besondere an tätigkeitszentrierter Handlungsveranlassung wie folgt:

> „Auf einer allgemeinen Ebene wird man sagen können, dass auch bei solchen Tätigkeiten ein Zweck vorliegt, nämlich das Wohlbefinden in der Tätigkeit. Gleichwohl bleibt der gravierende Unterschied, dass im einen Fall der Anreiz in Zuständen oder Ereignissen liegt, die sich erst einstellen können, nachdem die Handlung mit einer erfolgreichen Zielerreichung abgeschlossen ist. Man muss hier die Handlungsphase quasi wie ein Hindernis durchdringen, um an das zu kommen, was man eigentlich will. Man ist froh, diese Handlung hinter sich gebracht zu haben. Im anderen Fall soll die Aktivität möglichst lange ausgekostet werden. Ein sachinhärentes Ende als 'Ergebnis' ist hier nicht einmal erwünscht." (S. 131)

Die Berücksichtigung von Tätigkeitsanreizen ist in zweierlei Hinsicht sinnvoll: Zum einen lässt sich damit präziser vorhersagen, ob und wie lange Personen eine intendierte Handlung ausführen, als dies mit gängigen Erwartung-Wert-Modellen möglich ist. Positiv bewertete Ergebnisfolgen, hohe Handlungsergebniserwartungen und eine hohe Instrumentalität des Handlungsergebnisses für die angestrebten Ergebnisfolgen würden nämlich gemäß dieser Modelle auf jeden Fall nahe legen, dass die zielführende Handlung initiiert und ausdauernd ausgeführt wird (H. Heckhausen, 1977). Die häufig beobachtete Diskrepanz zwischen Intention und Handeln kann nach Rheinberg auch darauf zurückzuführen sein, dass die Anziehung eines noch so begehrten Ziels verblasst, weil die zielführende Handlung selbst so aversiv ist, und damit das Handeln letztlich unterbleibt. Tatsächlich ließ sich bei Studenten die Vorhersagegenauigkeit der Ausdauer bei der Vorbereitung auf eine Prüfung deutlich erhöhen, wenn man den subjektiv erlebten Anreiz des Lernens selbst miterfasste (Rheinberg, 1989). Ebenso erwies sich in einer Studie zum Transfer von Führungstrainings der Tätigkeitsanreiz, operationalisiert über das freudige Aufgehen in der Tätigkeit (Fluss-Erleben [flow], Csikszentmihalyi, 1975), als guter Prädiktor dafür, ob Führungskräfte das Gelernte in die Tat umsetzten (Kehr, Bles & von Rosenstiel, 1999).

Zum anderen erlaubt die Berücksichtigung von Tätigkeitsanreizen, Handlungen, die offensichtlich keinem zweckrationalen Kalkül folgen (z.B. bestimmte Freizeitaktivitäten wie Motorradfahren, Musizieren) bzw. ihm sogar widersprechen (z.B. objektiv verlustreiche Unternehmungen, die aber Spaß machen wie beispielsweise die Teilnahme an Glückspielen), zu erklären. Tätigkeitszentrierte Anreize sind also ein wichtiges Konzept zur Erklärung von Ausdauer, das in verschiedenen anderen Ansätzen ebenfalls aufgegriffen wurde (z.B. in Csikszentmihalyis, 1975, phänomenologischer Beschreibung des völligen Aufgehens in einer Tätigkeit [flow experience] sowie in Deci und Ryans, 1985, Theorie zur intrinsischen Motivation).

Erwartungstheorien

Die bislang berichteten Motivationstheorien berücksichtigen gleichermaßen Anreize und Erwartungen bei der Vorhersage von Ausdauer. Ganz anders in sog. reinen Erwartungstheorien, in denen nur die Erwartungskomponente explizit behandelt wird.

Die Theorie Gelernter Hilflosigkeit. Ein Beispiel für eine reine Erwartungstheorie ist die Theorie Gelernter Hilflosigkeit (Seligman, 1975; für einen Überblick zum Stand der Forschung siehe Brunstein, 1996). In Tierexperimenten hatten Ende der 60er Jahre Seligman und Maier (1967) ein Phänomen entdeckt, das sie als „Gelernte Hilflosigkeit" bezeichneten und das fortan reges Forschungsinteresse fand (für einen Überblick siehe Brunstein, 1996; S. F. Maier & Seligman, 1976; Seligman, 1975; Stiensmeier-Pelster, 1988). Hunde, die in einer ersten Versuchsphase die Erfahrung gemacht hatten, einem elektrischen Schock nicht entkommen zu können, weil sie angeschirrt waren, unternahmen in einer zweiten Versuchsphase, in der sie losgebunden waren, keine Versuche, dem unangenehmen Ereignis zu entkommen. In Folgestudien ließ sich das Phänomen auch beim Menschen nachweisen (z.B. Hiroto & Seligman, 1975). Versuchsteilnehmer, die die Erfahrung gemacht hatten, ein unangenehmes Ereignis (z.B. Lärm) nicht kontrollieren zu können, zeigten in einer späteren Versuchsphase Anzeichen von Hilflosigkeit, die sich beispielsweise in Beeinträchtigungen der Lernleistung bei nachfolgenden Aufgaben und negativer Stimmung niederschlugen. Die Befunde wurden so interpretiert, dass die Erfahrung von Unkontrollierbarkeit beim Individuum die generalisierte Erwartung erzeuge, eigenes Handeln habe keinen Effekt, könne also auch im Weiteren aversive Ereignisse nicht abwenden (zur Kritik an dieser Annahme siehe Kuhl, 1981, 1984).

Interessant ist das Phänomen im vorliegenden Zusammenhang deshalb, weil dessen Erklärung zum Verständnis mangelnder Ausdauer nach wiederholtem Misserfolg beitragen kann. In der Untersuchung Gelernter Hilflosigkeit beim Menschen war man zunehmend dazu übergegangen, anstatt unkontrollierbarer physikalischer Stressoren (wie z.B. Lärm) inkontingente Misserfolgsrückmeldung zur Hilflosigkeitsinduktion einzusetzen. Typischerweise arbeiteten die Versuchsteilnehmer an einer anstrengenden kognitiven Leistungsaufgabe, die hohe Relevanz für den Selbstwert hatte, und bei der ihnen wiederholt fiktive Misserfolgsrückmeldungen gegeben wurden (z.B. Brunstein & Olbrich, 1985; Diener & Dweck, 1978; Dweck & Reppucci, 1973). Das Ausmaß an Hilflosigkeit wurde durch geringe Ausdauer und schlechte Leistung bei der Bearbeitung nachfolgender Aufgaben operationalisiert.

Ob nun Versuchsteilnehmer, denen gehäufter Misserfolg vermittelt worden war, hilflos wurden oder nicht, hing – wie sich nach und nach herausstellte –, wesentlich davon ab, worauf sie den Misserfolg zurückführten. Besonders deutlich waren die Hilflosigkeitseffekte nämlich dann, wenn stabile und globale Ursachen (z.B. eine generelle persönliche Unfähigkeit) für die Misserfolge verantwortlich gemacht wurden. Personen, die dies taten, waren insgesamt weniger ausdauernd und zeigten Beeinträchtigungen der Handlungseffizienz (z.B. unsystematischere Handlungsstrategien, dysfunktionale Gedanken) im Vergleich zu Personen, die die Misserfolge auf nur spezifische und vorübergehend wirkende Faktoren zurückführten. Diese Befunde veranlassten schließlich Abramson, Seligman und Teasdale (1978) zu einer attributionstheoretischen Reformulierung der Hilflosigkeitstheorie (siehe auch Wortman & Brehm, 1975). Diese theoretische Formulierung basiert u.a. auf dem attributionstheoretischen Modell der Leistungsmotivation von Weiner, Frieze, Kukla, Reed, Rest und

Rosenbaum (1971) und besagt, dass die Art der Ursachenzuschreibung für das hilflosigkeitserzeugende Ereignis (z.B. gehäufter Misserfolg) die Erwartung bestimmt, ob
in zukünftigen Situationen das eigene Handeln zum Erfolg führen wird oder nicht.
Führt man beispielsweise einen Misserfolg auf stabile und globale Ursachen zurück,
wird man die Erwartung herausbilden, zukünftig auch in anderen Situationen keine
guten Leistungen erbringen zu können. Die geringe Erfolgserwartung soll schließlich
zur Einstellung der weiteren Handlungsbemühungen führen (siehe auch Weiner,
1986, 1992).

Auch wenn die Hilflosigkeitsforschung im Grunde ursprünglich nicht von Persis-
tenzphänomenen ausgegangen war, so liefert sie doch einen wichtigen Beitrag für
das Verständnis von (mangelnder) Ausdauer angesichts gehäufter Misserfolge. Im
Mittelpunkt steht das Erwartungskonzept als die Überzeugung, eigenes Handeln
(nicht) zu einem erfolgreichen Ende zu bringen. Die Hilflosigkeitstheorie hat damit
große Ähnlichkeit zu einer Reihe weiterer theoretischer Ansätze, die ebenfalls den
Akzent auf das Erwartungskonstrukt legen.

Die Selbstwirksamkeitstheorie und das Erweiterte Kognitive Motivationsmodell.
So betont Bandura (1977) in seiner Selbstwirksamkeitstheorie ebenfalls die Bedeutung sogenannter „Effizienzerwartungen" (efficacy expectations) oder Selbstwirk-
samkeits- bzw. Kontrollüberzeugungen – wie sie in der deutschsprachigen Forschung
häufiger bezeichnet werden (z.B. Flammer, 1990; Schwarzer, 1992) – für die Wahl
und Realisierung von Handlungszielen. Er schreibt dazu:

> „Not only can perceived self-efficacy have directive influence on choice of
> activities and settings, but, through expectations of eventual success, it can
> affect coping efforts once they are initiated. Efficacy expectations determine
> how much effort people will expend and how long they will persist in the face
> of obstacles and aversive experiences" (S. 194).

Bandura unterscheidet Effizienz-(Selbstwirksamkeits-) Erwartungen von sog. Ergeb-
niserwartungen (outcome expectancies), die folgendermaßen definiert werden:

> „An outcome expectancy is defined as a person's estimate that a given beha-
> vior will lead to certain outcomes. An efficacy expectation is the conviction
> that one can successfully execute the behavior required to produce the out-
> comes" (S. 193).

Diese wichtige Unterscheidung findet sich auch im Erweiterten Kognitiven Motivationsmodell von H. Heckhausen (1977), der zeitgleich mit Bandura eine Differenzierung des Erwartungskonstrukts vorgenommen hat (vgl. auch Skinner, Chapman und
Baltes, 1988). H. Heckhausen (1977) orientiert sich an der Abfolge einer Handlungs-
sequenz (Situation, Handlung, Ergebnis, Folgen) und unterscheidet im wesentlichen
drei Arten von Erwartungen, die sich zum Teil mit den Erwartungstypen von Bandura decken. In H. Heckhausens Ansatz wird angenommen, dass die handelnde Person zunächst klärt, inwieweit die Situation von sich aus, also ohne eigenes Zutun,
zum erwünschten Zielzustand führen wird (Situations-Ergebnis-Erwartung). Ist eigenes Handeln vonnöten, gilt es, die Handlungs-Ergebnis-Erwartung zu bestimmen, die

in gewisser Hinsicht der Selbstwirksamkeitserwartung bei Bandura (und auch der Erfolgswahrscheinlichkeit bei Atkinson) entspricht[5]. Entscheidend ist jedoch, ob ein erzieltes Handlungsergebnis auch positiv bewertete Folgen nach sich zieht und wie eng die Kontingenz zwischen Ergebnis und Folge ist (Ergebnis-Folge-Erwartung bzw. Instrumentalität; vgl. Vroom, 1964). Die Ergebnis-Folge-Erwartung entspricht der „outcome expectancy" bei Bandura.

Die Unterscheidung der verschiedenen Erwartungsarten ist deshalb wichtig, weil nur so eine zuverlässige Verhaltensvorhersage möglich ist. Jemand mag noch so sehr davon überzeugt sein, dass ein bestimmtes Handlungsergebnis erfreuliche Konsequenzen nach sich zieht; wenn die Person sich nicht gleichzeitig zutraut, das Handlungsergebnis auch erzielen zu können, wird sie kaum weitere Handlungsbemühungen unternehmen. Analog mag für jemanden die Ausführung einer Handlung mit Sicherheit möglich sein; er wird jedoch dann nicht handeln, wenn er annimmt, dass die angestrebten Ergebnisfolgen überhaupt nicht eintreten werden, und das Handlungsergebnis daher letztlich wertlos für ihn ist (H. Heckhausen, 1977).

In einer ganzen Reihe von Experimenten konnte belegt werden, dass Personen mit hohen Selbstwirksamkeitserwartungen sich nicht nur anspruchsvollere Ziele setzen, sondern sich bei der Umsetzung ihrer Ziele auch mehr anstrengen und bei Schwierigkeiten ausdauernder sind (z.B. Bandura & Cervone, 1983, 1986; Bandura & Schunk, 1981; Carver, Blaney & Scheier, 1979; Carver & Scheier, 1982; Hallermann & Meyer, 1978; Jacobs, Prentice-Dunn & Rogers, 1984; McFarlin, 1985; McFarlin, Baumeister & Blascovich, 1984; Sandelands, Brockner & Glynn, 1988; zusammenfassend Bandura, 1991).

Handlungsbezogene Erwartungen können durch bestimmte Lernerfahrungen überdauernden und generalisierten Charakter annehmen und somit den Status eines Persönlichkeitsmerkmals erwerben (z.B. die von Rotter, 1954, im Rahmen seiner sozialen Lerntheorie beschriebene internale/externale Kontrollüberzeugung). Eine weitere Determinante generalisierter Erwartungen ist der Attributionsstil einer Person, der die Tendenz beschreibt, Erfolg und Misserfolg (bzw. angenehme und unangenehme Ereignisse) habituell auf bestimmte Ursachenfaktoren zurückzuführen (z.B. Peterson & Seligman, 1984). So begünstigt die Neigung, Misserfolg auf stabile und globale Ursachen zu attribuieren, die generalisierte Erwartung, erwünschte Handlungsergebnisse nicht erlangen zu können (Weiner, 1986, 1992).

---

[5] Ein gewisser Unterschied zwischen den Konzeptionen Heckhausens und Banduras besteht darin, dass die Handlungs-Ergebnis-Erwartung bei Heckhausen (1977) die Frage betrifft, ob ein erwünschtes Handlungsergebnis durch eigenes Handeln generell erreicht werden kann („expectancies concerning the probability that the present situation can be changed to yield a desired outcome through one's own actions", S. 288), während sich die Effizienzerwartung bei Bandura auf die Erfolgseinschätzung einer konkreten Handlung bezieht.

Dwecks Zieltheorie

Bei der Darstellung der Theorie Gelernter Hilflosigkeit und der Selbstwirksamkeitstheorie war eben herausgestellt worden, dass bei ihnen zur Erklärung von Ausdauer
Erwartungen im Mittelpunkt stehen; Anreize wurden nur recht global, ohne genaue
Differenzierung ihrer Art und Wirkungen berücksichtigt. Anders als im Risikowahl-
Modell (Atkinson, 1957), in dem postuliert wird, dass die affektive Selbstbewertung
den Anreiz des Leistungshandelns abgibt, oder in der Analyse Rheinbergs (1989), bei
der Tätigkeitsanreize im Mittelpunkt stehen, wird bei Seligman oder Bandura nichts
explizit über die Anreizkomponente des Handelns ausgesagt. Man kann natürlich
annehmen, dass es bei den frühen Hilflosigkeitsexperimenten Versuchstieren und
Versuchspersonen darum ging, das aversive, hilflosigkeitserzeugende Ereignis (z.B.
Stromschlag, Lärm) abzustellen bzw. zu vermeiden. In den späteren Hilflosigkeitsexperimenten, in denen man Hilflosigkeit über Misserfolgsrückmeldung in Leistungssituationen induzierte (z.B. Brunstein & Olbrich, 1985), oder auch in den
Experimenten von Bandura und Mitarbeitern (Bandura & Cervone, 1983, 1986;
Cervone & Wood, 1995), in denen ebenfalls Leistungsaufgaben verwendet wurden,
ist der Sachverhalt nicht mehr ganz so eindeutig. Leistungshandeln kann auf die
unterschiedlichsten Handlungsanreize gerichtet sein (z.B. Erfolg erzielen, Misserfolg
vermeiden, Neues lernen, etwas über seine Fähigkeiten erfahren[6]; H. Heckhausen,
1977). Welche Rolle diese Anreize für die Handlungsregulation und somit für die
Ausdauer nach Misserfolg spielen, wird bei Seligman bzw. Bandura nicht analysiert.

Ein Ansatz, der sich hingegen wieder mehr der Rolle von Anreizen bei der Handlungsregulation widmet, ist die zieltheoretische Analyse des Hilflosigkeitsphäno-
mens in Leistungssituationen von E. S. Elliott und Dweck (1988; Dweck, 1991).
Anknüpfend an die Forschung zur Gelernten Hilflosigkeit haben die Autorinnen
untersucht, welche Ziele Schüler in Leistungssituationen verfolgen, und welchen
Effekt diese auf die Bewältigung von Misserfolg haben. Ausgangspunkt der Überlegungen von E. S. Elliott und Dweck war die Untersuchung von Diener und Dweck
(1978), in der mittels lautem Denken die kognitiven und affektiven Prozesse in Reaktion auf einen Misserfolg genauer analysiert wurden (siehe auch Brunstein &
Olbrich, 1985). Diener und Dweck hatten zwei grundlegend verschiedene Verhal-
tensmuster als Reaktion auf Misserfolg beobachtet, die unabhängig von der tatsächlichen Fähigkeit waren. Das eine bestand in einer aufgabenbezogenen *Bewälti-
gungshaltung* (mastery orientation), die sich durch ein Minimum an Ursachenzu-
schreibungen für den Misserfolg, geringen negativen Affekt, ein hohes Maß an pro-
duktiven Selbstinstruktionen und Ausdauer kennzeichnen ließ. Das andere Verhal-
tensmuster hingegen, die sog. *Hilflosigkeit* (helplessness), war begleitet von dysfunktionalen Attributionen des Misserfolgs auf mangelnde Fähigkeit, ausgeprägter negativer Stimmung, geringer Erfolgszuversicht und erlahmender Leistungsbereitschaft.

E. S. Elliott und Dweck (1988) haben zur Erklärung dieser Reaktionsunterschiede
auf Misserfolg vorgeschlagen, dass es von der Art des in der Leistungssituation verfolgten Ziels abhängen könnte, ob jemand hilflos wird oder aber bewältigungsorientiert bleibt. Die Einführung des Zielkonstrukts ermöglicht nach E. S. Elliott und

---

[6] Letzterer Aspekt ist eine Kernannahme der attributionstheoretischen Leistungsmotiva-
tionsforschung (z.B. Trope, 1975; Weiner, 1986)

Dweck die affektiven, kognitiven und behavioralen Reaktionen auf einen Misserfolg umfassend zu erklären, insofern als diese Ziele die Wahrnehmung leistungsrelevanter Ereignisse sowie die darauf folgende emotionale Reaktion und das Verhalten bestimmen. Sie unterscheiden sog. *Leistungsziele* (performance goals) von sog. *Lernzielen* (learning goals; vgl. die sehr ähnliche Unterscheidung von Nicholls, 1984, in „ego involvement" und „task involvement"). Mit einem Zitat aus E. S. Elliott und Dweck (1988) sollen die Merkmale dieser beiden Zielarten deutlich gemacht werden.

> „Specifically, we propose that there are two major goals that individuals pursue in achievement situations: (a) performance goals, in which individuals seek to maintain positive judgments of their ability and avoid negative judgments by seeking to prove, validate, or document their ability and not discredit it; and (b) learning goals, in which individuals seek to increase their ability or master new tasks. ... Individuals who pursue performance goals are concerned with the measurement of their ability and can be seen as posing the question, Is my ability adequate? ... In contrast, individuals who pursue learning goals are concerned with developing their ability over time and can be seen as posing the question, How can I best acquire this skill or master this task?" (S. 5)

Folgt man der anfänglichen Argumentation der Autorinnen, gewinnt man den Eindruck, dass sie einen Haupteffekt für die Zielart vorhersagen: Personen mit einem Leistungsziel sollen bei Misserfolg anfällig sein für Hilflosigkeitsreaktionen, während Personen mit einem Lernziel in dieser Situation bewältigungsorientiert bleiben sollen.

Überraschenderweise findet sich jedoch einige Absätze weiter unten im zitierten Text eine Modifikation dieser Hypothese, die theoretisch nicht abgeleitet wird. Leistungsziele sollen nämlich nur bei geringer wahrgenommener Fähigkeit (low perceived level of ability) nachteilige Effekte haben und zur Hilflosigkeitsreaktion führen. Personen, die hohes Selbstvertrauen in ihre Fähigkeiten haben (high perceived level of ability) und ein Leistungsziel verfolgen, sollen wie Personen mit Lernzielen generell nach Misserfolg bewältigungsorientiert bleiben. Ebenso findet sich der versteckte Hinweis, dass Leistungsziele in Abhängigkeit von der subjektiv wahrgenommenen Fähigkeit einer Person weiter differenziert werden müssten. Danach verfolgen Individuen mit hohem Fähigkeitsselbstkonzept die eine Variante eines Leistungsziels, nämlich ihre *Kompetenz zu demonstrieren*, während es Personen mit geringem Fähigkeitsselbstkonzept um die andere Variante eines Leistungsziels ginge, nämlich ein *Offenbar-Werden der eigenen Unfähigkeit zu vermeiden*. Diese Differenzierung wird jedoch von den Autorinnen nicht weiter thematisiert.

Zur Prüfung ihrer Annahmen haben E. S. Elliott und Dweck (1988) bei ihren Versuchsteilnehmern Leistungs-[7] oder Lernziele induziert sowie die subjektiv wahrgenommene Fähigkeit für die betreffende experimentelle Aufgabe variiert und die Reaktion auf Misserfolge bei der Aufgabenbearbeitung beobachtet. Wie vorherge-

---

[7] Die Autorinnen haben hier keine Differenzierung des Leistungsziels vorgenommen. Wie E. S. Elliott und Dweck (1988) berichten, "children were told that their performance was being filmed and would be normatively evaluated by experts" (S. 7), wurde die Aufmerksamkeit der Kinder auf die Beurteilung ihrer Kompetenz gerichtet.

sagt, fand sich bei Personen mit Leistungszielen und geringem Zutrauen in die eigenen Fähigkeiten das Hilflosigkeitsmuster, bei Personen mit Leistungszielen und hoher wahrgenommener Fähigkeit sowie bei Personen mit Lernzielen generell das Bewältigungsmuster (siehe auch Dweck & Leggett, 1988; Nichols, Whelan & Meyers, 1991).

Wie wird dieses Ergebnismuster nun erklärt? Wie oben bereits erwähnt, soll die Art des Ziels die Wahrnehmung leistungsrelevanter Ereignisse bestimmen, d.h. Misserfolg soll in den beiden Zielsystemen ganz unterschiedlichen Informationswert haben. Personen mit Lernzielen lesen aus einem Misserfolg ab, offensichtlich noch nicht die optimale Strategie zur Bewältigung der Aufgabe eingesetzt zu haben. Sie sehen sich durch einen Misserfolg geradezu in ihrem Ziel bestätigt, nämlich sich verbessern und sich Neues aneignen zu wollen. Bei Personen mit Leistungszielen deutet Misserfolg ein Scheitern ihres Zielstrebens an (ihnen gelang es ja nicht, eine positive Bewertung ihrer Fähigkeit zu erhalten bzw. eine negative Bewertung zu vermeiden). Warum jedoch für Personen mit geringem Vertrauen in die eigene Fähigkeit dieses Scheitern offensichtlich gravierender ist als für Personen mit hohem Selbstvertrauen, bleibt offen[8]. Hier setzt auch die Kritik an den Überlegungen von Dweck an.

Durch die Einführung des Zielkonstrukts in die Diskussion um die verschiedenen Reaktionsmuster auf Misserfolg haben Dweck und Mitarbeiter (Dweck & Leggett, 1988; E. S. Elliott & Dweck, 1988; zusammenfassend Dweck, 1991) zwar den Blick auf die handlungsleitenden Anreize eröffnet; gleichzeitig bleiben sie aber eine tiefergehende Analyse ihrer handlungssteuernden Funktion schuldig. Betrachtet man noch einmal die Umschreibung der beiden Zielarten bei E. S. Elliott und Dweck (1988), so wird deutlich, dass bei Lernzielen ganz offensichtlich eine Orientierung an positiven Anreizen wie beispielsweise Wissenszuwachs, Kompetenzsteigerung und Bewältigung auftretender Schwierigkeiten vorherrscht. Dasselbe gilt für die Variante eines Leistungsziels, bei der es um die Demonstration der eigenen Kompetenz geht. Bei der anderen Variante des Leistungsziels herrscht demgegenüber eindeutig eine Orientierung an negativen Anreizen vor (vermeiden, seine Inkompetenz eingestehen zu müssen). Es ist plausibel anzunehmen, dass die grundlegende Orientierung an positiven versus negativen Anreizen (also das Vorherrschen einer Annäherungs- versus Vermeidungsorientierung) einen wesentlichen Beitrag zur Vorhersage der Reaktion auf Misserfolg bei Leistungsaufgaben leistet. Wie die Literatur zu Annäherung und Vermeidung beim Zielstreben zeigt (z.B. A. J. Elliot & Church, 1997; H. Heckhausen, 1982; Roney, Higgins & Shah, 1995), gehen Vermeidungsziele im Vergleich zu Annäherungszielen bei Leistungsaufgaben mit grüblerischen Gedanken, negativer Stimmung, geringer Ausdauer und schlechter Leistung einher (für einen

---

[8]   Aus der Perspektive der in Kapitel 4 dargestellten Persönlichkeits-System-Interaktionen (PSI)-Theorie von Kuhl (2001) lässt sich dieser Befund folgendermaßen erklären: Ein hohes subjektives Fähigkeitskonzept ist mit dem Zugriff auf ein großes, implizites Netzwerk von früheren Erfahrungen, subjektiv repräsentierten Handlungasalternativen, persönlichen Werten etc. (dem sog. Extensionsgedächtnis) verbunden. Die Aktivierung des Extensionsgedächtnisses macht seinerseits leistungsunterstützende Selbstregulationsstrategien zugänglich (z.B. Herabregulierung negativen Affekts, Förderung von Kreativität beim Problemlösen, Selbstmotivierung). Unter diesen Bedingungen lassen sich selbst bei Leistungszielen die sonst nur bei Lernzielen beobachteten positiven Leistungseffekte beobachten.

kurzen Überblick über die Annäherungs-/Vermeidungsforschung siehe Kapitel 5 der vorliegenden Arbeit).[9]

Mit dieser Überlegung ist im Grunde die Unterscheidung in Leistungs- versus Lernziele in den Hintergrund getreten, die ja von E. S. Elliott und Dweck (1988) propagiert worden war. Ob sich über die grundlegende Unterscheidung in Annäherung und Vermeidung hinaus ein Effekt des konkreten Zielinhalts (z.B. etwas Neues lernen versus seine Kompetenz demonstrieren) ergibt, lässt sich mit den Daten von E. S. Elliott und Dweck (1988) nicht entscheiden. Die Autorinnen berichten Ergebnisse zu den eingesetzten Lösungsstrategien sowie zu verbalisierten Gedankeninhalten während der Aufgabenbearbeitung (Fähigkeitsattributionen und negativer Affekt). In keinem dieser Punkte haben sich Versuchsteilnehmer mit *geringer Fähigkeitsselbsteinschätzung* und *Lernziel*, Versuchsteilnehmer mit *hoher Fähigkeitsselbsteinschätzung* und *Lernziel* sowie Versuchsteilnehmer mit *hoher Fähigkeitsselbsteinschätzung* und *Leistungsziel* voneinander unterschieden. Damit ist zunächst keine Aussage möglich, ob die Unterscheidung in Leistungs- versus Lernziele über die Differenzierung hinsichtlich Annäherungs- versus Vermeidungsorientierung hinaus etwas zur Verhaltensaufklärung beitragen könnte.

Um den Einfluss der Zielart (Lern- vs. Leistungsziel) nach Dweck und den Einfluss der motivationalen Orientierung (Annäherung und Vermeidung) zu trennen, bedürfte es einer Versuchsanordnung, in der die Zielart und die motivationale Orientierung faktoriell manipuliert würden. Man könnte beispielsweise Versuchsteilnehmern Lern- und Leistungsziele in einer Annäherungs- und einer Vermeidungsversion vorgeben (durch eine jeweils unterschiedliche sprachliche Formulierung [framing] wie beispielsweise „versuche, Neues dazuzulernen" vs. „vermeide, auf Deinem aktuellen Wissensstand stehen zu bleiben" bzw. „versuche, Deine Kompetenz zu demonstrieren" vs. „vermeide, Deine Inkompetenz zu zeigen") und dann – wie in den Studien von Diener und Dweck (1978) oder E. S. Elliott und Dweck (1988) geschehen – gedankliche, affektive und Verhaltensparameter erfassen. In einer korrelativen Untersuchung mit Studierenden haben A. J. Elliot und McGregor (2001) diese Überlegung geprüft. Mit einem von den Autoren entwickelten Fragebogen wurde erhoben, welchen Typ von Ziel (Annäherungs-Lernziel, Vermeidungs-Lernziel, Annäherungs-Leistungsziel, Vermeidungs-Leistungsziel) die Versuchsteilnehmer verfolgten. Als Kriterien wurden leistungsbezogene Parameter (z.B. Studierstrategien sowie Ängstlichkeit vor einer bevorstehenden Prüfung) erfasst. Es zeigte sich, dass die motivationale Orientierung (Annäherung vs. Vermeidung) über die inhaltliche Formulierung des Ziels hinaus (Lern- vs. Leistungsziel) zur Varianzaufklärung beitrug. Für jeden Zieltyp ergab sich ein spezifisches Zusammenhangsmuster mit den Kriteriumsvariablen. Vermeidungs-Lernziele standen stärker mit Leistungsbeeinträchtigungen in Zusammenhang als Annäherungs-Lernziele, jedoch weniger als Vermeidungs-Leistungsziele). Dieses Ergebnis lässt den Schluss zu, dass im Kontext

---

[9] Eine alternative Interpretation bietet sich im Rahmen der PSI-Theorie von Kuhl (2001) an: Bei Lernzielen ist man nicht auf ein konkretes Leistungsergebnis festgelegt, sondern hält ein breites Spektrum an Leistungsverläufen und Lernergebnissen für akzeptabel. Dies impliziert, dass Lernziele mit der Aktivierung des Extensionsgedächtnisses einhergehen, was wiederum mit positivem Affekt bzw. der Beseitigung von negativem Affekt sowie der Verfügbarkeit von leistungsunterstützenden Strategien verbunden ist.

des Leistungshandelns für die Verhaltensvorhersage offensichtlich sowohl die von Dweck vorgeschlagene Differenzierung in Lern- und Leistungsziele als auch die motivationale Orientierung (Annäherung vs. Vermeidung) beim Verfolgen des betreffenden Ziels von Bedeutung sind.

Trotz der aufgezeigten Schwächen stellt Dwecks zieltheoretischer Ansatz einen wichtigen Angelpunkt in der motivationspsychologischen Theoriebildung zu Ausdauer dar. Standen bei Feather (1961), Seligman (1975) und Bandura (1991) die klassischen, für die *Wahl von Zielen* relevanten Motivationsparameter Erwartung und Wert im Mittelpunkt der Betrachtung, eröffnet sich mit der Einführung des Zielkonstrukts eine neue Dimension, was – wie weiter unten ausgeführt werden wird – wichtige Implikationen für Fragen der Handlungssteuerung hat. Dweck und Mitarbeiterinnen haben mit der Einführung des Zielkonstrukts an einen Trend angeknüpft, der sich ab Ende der 70er Jahre in der Sozial- und Motivationspsychologie abzeichnete. Ziele als durch eigenes Handeln angestrebte Endzustände gewannen als Erklärungskonstrukt für kognitive, affektive und behaviorale Prozesse herausragende Bedeutung (Bandura & Cervone, 1983; Bargh, 1990; Carver & Scheier, 1981; Emmons, 1989; Frese & Sabini, 1985; Gollwitzer & Moskowitz, 1996; Klinger, 1977; H. Heckhausen & Kuhl, 1985; Markus & Nurius, 1986; Little, 1983, 1989; Oettingen, 1997; Pervin, 1989; Srull & Wyer, 1986; Vallacher & Wegner, 1985). In der motivationspsychologischen Theoriebildung vollzog sich in dieser Zeit ebenfalls eine deutliche Akzentverschiebung: Handlungsregulative Prozesse der *Zielrealisierung* traten in den Mittelpunkt des Interesses. Man hatte erkannt, dass sie nach eigenen theoretischen Konzeptionen verlangen, was sich u.a. an der neu eingeführten Bezeichnung „Volitionspsychologie" für diesen an Fragen der Zielrealisierung interessierten Forschungszweig ablesen lässt (Gollwitzer & Heckhausen, 1987; Gollwitzer, 1990, 1993; H. Heckhausen & Kuhl, 1985; Kuhl, 1983a).

Im Folgenden soll zunächst die volitionspsychologische Sichtweise in ihren Grundzügen dargestellt werden; danach werden die Annahmen ausgewählter volitionspsychologischer Ansätze zu den Determinanten von Ausdauer betrachtet.

Die moderne volitionspsychologische Forschung

Die volitionspsychologische Forschung geht im wesentlichen auf zwei Ansätze zurück, das Rubikonmodell der Handlungsphasen von H. Heckhausen und Gollwitzer (1987; Gollwitzer, 1990) und die Handlungskontrolltheorie von Kuhl (1983a, 1984; Kuhl & Beckmann, 1994a). Die beiden Ansätze zeichnen sich dadurch aus, dass sie die im Mittelpunkt einer motivations- und volitionspsychologischen Analyse stehenden Phänomenbereiche Zielwahl (Motivation) und Zielrealisierung (Volition) klar voneinander abgrenzen, sie aber dennoch in einem umfassenden theoretischen Modell integrativ behandeln. Dies erlaubt eine Integration der Überlegungen klassischer Erwartung-Wert-Modelle mit neueren Erkenntnissen zur Regulation des Zielstrebens. Moderne Volitionstheorien knüpfen an eine seit der Kontroverse zwischen Narziss Ach (1910, 1935) und Kurt Lewin (1926) über viele Jahrzehnte vernachlässigte konzeptuelle Differenzierung an.

Zielstreben wird in beiden Ansätzen als Abfolge distinkter Phasen mit verschiedenen markanten Übergängen betrachtet. Als ein erster markanter Punkt wird die Intentionsbildung beschrieben, durch die das Abwägen potentieller Handlungsoptionen ein Ende findet und in die Übernahme eines verbindlichen Ziels mündet (Ach, 1935; H. Heckhausen & Gollwitzer, 1987; Kuhl, 1984; Lewin, 1926). In einer Entscheidungssituation bieten sich einer Person in der Regel verschiedene Handlungsalternativen, die sie aufgrund begrenzter Ressourcen (Zeit, Geld etc.) nicht alle verfolgen kann, was sie dazu zwingt, sich für eine Alternative zu entscheiden. Je nach Tragweite der Entscheidung wird diese mehr oder weniger elaboriert vonstatten gehen (McAllister, Mitchell & Beach, 1979; Payne, Bettman & Johnson, 1993). Die Entscheidung für ein Handlungsziel wird von Erwartung-Wert-Überlegungen geleitet, das heißt, aus einer Reihe zur Auswahl stehender Handlungsalternativen wird jene gewählt, die den höchsten erwarteten Nutzen verspricht (Atkinson, 1957; Fishbein & Ajzen, 1975; H. Heckhausen, Schmalt & Schneider, 1985; Vroom, 1964; für einen Überblick über die entscheidungstheoretische Forschung siehe Jungermann, Pfister & Fischer, 1998).

Mit der *Intentionsbildung* ist die Zielwahl abgeschlossen, die Zielrealisierung tritt auf den Plan. Die Intentionsbildung markiert eine markante qualitative Veränderung. Ein bislang unverbindlicher Wunsch erhält den Status einer verbindlichen *Zielintention* (H. Heckhausen, 1987b), der sich die Person verpflichtet fühlt (commitment). Damit vollzieht sich zum einen ein grundlegender Wandel in der kognitiven Orientierung der handelnden Person (H. Heckhausen & Gollwitzer, 1987; Gollwitzer, 1990); zum anderen werden volitionale Strategien verfügbar, die der Bewältigung der vielfältigen Anforderungen auf dem Weg zum Ziel dienen (sog. Handlungskontrollstrategien, wie beispielsweise Emotionskontrolle, Aufmerksamkeitskontrolle, Motivationskontrolle; Kuhl, 1984; Kuhl & Beckmann, 1994a oder das Bilden von Implementierungsintentionen; Gollwitzer, 1993, 1996).

Ein weiterer zentraler Übergang im Zuge der Umsetzung einer Zielintention ist die *Handlungsinitiierung*. Sie stellt ebenfalls spezifische Anforderungen an die handelnde Person. So kann man beispielsweise nach der verbindlichen Festlegung auf ein Ziel meist nicht sofort aktiv werden, sondern man muss günstige Gelegenheiten (H. Heckhausen, 1984, 1989) abwarten. Um ein Übersehen oder Verpassen günstiger Handlungsgelegenheiten zu vermeiden, empfiehlt sich die Bildung sog. Durchführungsintentionen, die ein rasches Erkennen günstiger Gelegenheiten (Gollwitzer, 1993, 1996) sowie eine prompte und anstrengungsfreie Initiierung der zielführenden Handlung unterstützen (V. Brandstätter, Lengfelder & Gollwitzer, 2001; Gollwitzer & Brandstätter, 1997). Ist die Handlungsinitiierung einmal geschafft, steigt die Realisierungswahrscheinlichkeit des Ziels deutlich an (Gollwitzer & Brandstätter, 1997). Selbst wenn das Ziel nicht in einem Zug erreicht werden kann und man die Handlung bisweilen unterbrechen muss, so drängen unterbrochene Handlungen nach Wiederaufnahme (Gollwitzer & Liu, 1996; Ovsiankina, 1928). Zudem erhöht sich mit dem Verhalten die Bindung an das Ziel (Wicklund & Gollwitzer, 1982). Neben einer gelungenen Handlungsinitiierung stellen sich der handelnden Person jedoch noch weitere Herausforderungen. So gilt es, die aktuelle Intention gegen konkurrierende Intentionen abzuschirmen und sich nicht von attraktiven Alternativen ablenken zu lassen (Kuhl, 1984). Ebenso werden im Verlaufe der Zielverfolgung Anforderungen an die Ausdauer der handelnden Person gestellt; auftretende Misserfolge müssen bewältigt und einem voreiligen Zielabbruch muss vorgebeugt werden (Brunstein, 1995).

Ausdauer aus der Sicht des Handlungsphasenmodells

Für die Frage nach volitionalen Determinanten von Ausdauer bietet sich aus der Sicht des Handlungsphasenmodells in erster Linie das Bewusstseinslagen-Konzept an. Im Handlungsphasenmodell wird angenommen, dass Vor- und Nach-Entscheidungsphase von unterschiedlichen kognitiven Orientierungen (sog. Bewusstseinslagen) begleitet sind, die die Lösung der jeweils anstehenden Aufgabe (Zielwahl vs. Zielrealisierung) unterstützen. Die Vor-Entscheidungs-Phase wird von der sog. *abwägenden Bewusstseinslage* begleitet. Sie ist gekennzeichnet durch Offenheit für entscheidungsrelevante Information (Anreize und Erwartungen), eine ausgewogene Verarbeitung von positiven und negativen Anreizen des in Frage stehenden Handlungsziels sowie eine relativ akkurate Einschätzung der Realisierbarkeit des Ziels. All dies fördert das Treffen einer wohlbegründeten und tragfähigen Entscheidung. Mit der Bildung einer Zielintention setzt die sog. *planende Bewusstseinslage* ein, die sich durch eine bevorzugte Verarbeitung realisierungsbezogener Information (Handlungsgelegenheiten, Handlungsstrategien), eine einseitige Fokussierung auf die Zielverfolgung unterstützenden Anreize sowie eine illusionär optimistische Einschätzung der Realisierbarkeit auszeichnet (zusammenfassend Gollwitzer, 1990). Die Attraktivität und die Erfolgsaussichten eines Ziels hoch einzuschätzen und wenig offen zu sein für alternative Handlungsmöglichkeiten, kommen dabei als ausdauerfördernde Faktoren in Frage. In zwei Experimenten konnte die persistenzfördernde Wirkung der planenden Bewusstseinslage belegt werden (V. Brandstätter & Frank, 2002).

Die beiden theoretischen Aussagen des Rubikon-Modells, dass einerseits in der planenden Bewusstseinslage in erster Linie durchführungsbezogene Informationen verarbeitet werden und damit anreiz- und erwartungsbezogene Inhalte ihre Bedeutung für die Handlungssteuerung verlieren, andererseits aber die für die Zielverfolgung förderlichen Anreize in den Vordergrund treten und Erfolgswahrscheinlichkeiten optimistisch eingeschätzt werden, stehen in einem gewissen Widerspruch. Der Widerspruch löst sich auf, wenn man die Anlage der betreffenden Untersuchungen betrachtet (Gollwitzer & Heckhausen, 1987; Gollwitzer, Heckhausen & Steller, 1990; Gollwitzer & Kinney, 1989; H. Heckhausen & Gollwitzer, 1987). Versuchsteilnehmer, die zuvor in die abwägende bzw. planende Bewusstseinslage versetzt worden waren, waren jeweils *explizit* um ihre Einschätzung der Realisierungswahrscheinlichkeit bzw. um eine Reproduktion zuvor dargebotener erwartungs-, anreiz- und durchführungsbezogener Informationen gebeten worden.

Eine offene Frage, zu der das Rubikonmodell keine Aussage macht, ist also, wann im Handlungsverlauf natürlicherweise die Aufmerksamkeit wieder auf motivationale Inhalte (Anreize und Erwartungen) gerichtet wird. Man könnte spekulieren, dass dies immer dann der Fall ist, wenn sich wiederholt Schwierigkeiten im Handlungsverlauf ergeben und infolgedessen das Ziel in Frage gestellt wird, was eine Beschäftigung mit höheren Zielebenen (im Sinne angestrebter Ergebniskonsequenzen, H. Heckhausen, 1987a; für eine davon abweichende Position siehe Vallacher & Wegner, 1987) nach sich zieht.

Ausdauer aus der Sicht der Handlungskontrolltheorie

Als Anknüpfungspunkt für die Frage, welche Faktoren gemäss der Handlungskontrolltheorie die Ausdauer bei der Zielverfolgung bestimmen, kann Kuhls (1987) Feststellung dienen: „Traditional expectancy-value theory cannot explain the persistence of goal-directed behavior in situations where more attractive alternative behaviors emerge ..." (S. 286). Ein zentrales Postulat erwartung-wert-theoretischer Ansätze ist ja, dass jene Handlungsalternative mit dem höchsten subjektiv erwarteten Nutzen gewählt und ausdauernd verfolgt wird. Gesetzt den Fall, es würde sich eine Alternative mit höherem als dem gegenwärtigen erwarteten Nutzen auftun, müsste man nach der erwartung-wert-theoretischen Konzeption annehmen, dass die handelnde Person die ursprüngliche Handlung zugunsten der Alternative aufgibt oder zumindest unterbricht. Dies würde zu einem steten Aufnehmen und Wieder-Abbrechen einzelner Handlungsstränge, zu einer unkoordinierten Abfolge einzelner „Handlungsfragmente" führen (Kuhl, 1983b, S.83, spricht in diesem Zusammenhang von „Verhaltensflimmern"). Es muss also einen Mechanismus geben, der eine aktuelle Handlungstendenz gegen konkurrierende Handlungstendenzen abschirmt und damit die ausdauernde Verfolgung eines Handlungsziels unterstützt. Diese Funktion erfüllen nach Kuhl (1983a, 1984, 1987) sog. Strategien der Handlungskontrolle.

Kuhl (1984) unterscheidet sechs Handlungskontrollstrategien, die über Wahrnehmungs-, Aufmerksamkeits-, Gedächtnis- und emotionale Prozesse vermittelt sind. (a) *Selektive Aufmerksamkeit* beschreibt die Tatsache, dass die Aufmerksamkeit ausschließlich auf solche Informationen gerichtet wird, die die Realisierung der augenblicklichen Intention unterstützen. (b) *Enkodierkontrolle* bezieht sich auf Gedächtnisprozesse, die eine bevorzugte Verarbeitung intentionsrelevanter Information ermöglichen. (c) *Emotionskontrolle* bezeichnet die Möglichkeit, solche Emotionen zu aktivieren, die die Intentionsrealisierung unterstützen – vorausgesetzt, man verfügt über das hierzu notwendige metavolitionale Wissen. (d) *Motivationskontrolle* umfasst die bewusste Fokussierung auf die positiven Anreize des Ziels und eine Bekräftigung günstiger Erfolgsaussichten, um eine Abschwächung der motivationalen Basis des Ziels zu verhindern. (e) *Umweltkontrolle* bezieht sich auf eine vorausschauende Gestaltung des Handlungsumfelds (z. B. die Entfernung ablenkender Gegenstände). (f) *Sparsame Informationsverarbeitung* liegt dann vor, wenn Erwartungs- und Wertaspekte nicht exzessiv elaboriert werden. Die Merkmale der planenden Bewusstseinslage nach H. Heckhausen und Gollwitzer (1987) haben eine unverkennbare Ähnlichkeit zu den kognitiv basierten Strategien der selektiven Aufmerksamkeit, Enkodierkontrolle sowie sparsamen Informationsverarbeitung.

Die verschiedenen Strategien können bewusst eingesetzt werden; genauso können sie aber auch quasi automatisch in Funktion treten. Inwieweit einer Person diese Kontrollstrategien verfügbar sind, charakterisiert ihre Kontrollorientierung (Kuhl, 1984; zusammenfassend Kuhl & Beckmann, 1994a). Während man im Zustand der sog. *Handlungsorientierung* mittels der o.g. Kontrollstrategien flexibel auf die konkreten Handlungsanforderungen reagiert, verfängt man sich bei *Lageorientierung* in dysfunktionalen Gedankenabläufen, die sich perseverierend auf handlungsirrelevante vergangene (z.B. ein erlebter Misserfolg), gegenwärtige (z.B. die eigene augenblickliche Befindlichkeit) oder zukünftige Ereignisse (z.B. ein momentan nicht realisierbares Ziel) richten, was einen effektiven Einsatz der Handlungskontrollstrategien verhindert. Die Kontrollorientierung einer Person wird als personspezifische Disposition verstanden, mehr oder weniger leicht in den Zustand der Lageorientierung zu geraten. Die Ausprägung der Kontrollorientierung kann mit einem Fragebogen (siehe Kuhl & Beckmann, 1994a) erhoben werden.

Es liegen viele empirische Studien vor, die die postulierten Unterschiede zwischen Handlungs- und Lageorientierten hinsichtlich der die Handlungskontrolle vermittelnden kognitiven und affektiven Prozesse belegen (zusammenfassend Kuhl & Beckmann, 1994a). Wichtiger im vorliegenden Zusammenhang sind jedoch Befunde zu den Auswirkungen von Handlungs- und Lageorientierung auf die Ausdauer beim Handeln. So fand Kuhl (1982), dass handlungsorientierte im Vergleich zu lageorientierten Schülern ihre Intentionen eher umsetzten. Sechstklässler waren gebeten worden, für verschiedene Tätigkeiten anzugeben, wie fest sie sich vornahmen, diese am Nachmittag auszuführen. Tags darauf berichteten die Schüler retrospektiv über die Beschäftigungsdauer mit den einzelnen Tätigkeiten. Es zeigte sich für Handlungsorientierte im Vergleich zu Lageorientierten eine insgesamt höhere Korrelation zwischen der Intentionsstärke und der selbstberichteten Ausdauer bei der Ausführung der verschiedenen Tätigkeiten. Handlungsorientierten gelang es offensichtlich wesentlich besser, eine verbindliche Absicht in die Tat umzusetzen. Weiterhin zeigen Studien, dass Handlungs- im Vergleich zu Lageorientierten nach gehäuftem Misserfolg (Hilflosigkeitsinduktion) ausdauernder bei der Aufgabenbearbeitung bleiben und keine generellen Leistungseinbussen aufweisen (Brunstein & Olbrich, 1985; Kuhl, 1981; Kuhl & Weiß, 1994). Schließlich gibt es Hinweise, dass Handlungs- gegenüber Lageorientierten komplexe Aufgabenstellungen mit mehr Optimismus und größerer intrinsischer Motivation angehen (Kuhl & Wassiljew, 1985). Insgesamt lässt sich aus den dargestellten Befunden die Schlussfolgerung ziehen, dass Handlungsorientierung die ausdauernde Zielverfolgung angesichts von Schwierigkeiten (wie z.B. konkurrierende Intentionen, gehäufter Misserfolg) unterstützt.

Kritisch könnte man zu den eben referierten Arbeiten einwenden, dass allein die Charakterisierung einer Person als handlungs- vs. lageorientiert noch nichts wirklich erklärt. Man fragt sich, was sich hinter dem Persönlichkeitskonstrukt „Handlungs-/Lageorientierung" verbirgt. In der Tat hat die Handlungskontrolltheorie in den letzten Jahren eine deutliche Erweiterung und Präzisierung erfahren. Diese erweiterte, sogenannte Persönlichkeits-System-Interaktionen (PSI)-Theorie (Kuhl, 2001; Kuhl & Fuhrmann, 1998; Kuhl & Kazén, 1997) wird als umfassende Theorie der Volition verstanden. Da sie auch Fragen der Ablösung von Intentionen betrifft, wird sie in Kapitel 4 (Die Forschung zur Zielablösung) dargestellt.

Zusammenfassend lässt sich festhalten, dass das Rubikonmodell der Handlungsphasen und die Handlungskontrolltheorie gewisse Übereinstimmungen aufweisen. So postulieren beide Ansätze Mechanismen, die für jede Art von Zielintention – unabhängig von ihrem Abstraktionsgrad oder ihrem konkreten Inhalt – wirksam werden können, solange nur eine verbindliche Festlegung (commitment) auf das Ziel vorliegt. Außerdem betonen beide Theorien sehr stark die Verwobenheit motivationaler und kognitiver Prozesse. Unterschiede zwischen den beiden Theorien liegen zum einen darin, dass die Handlungskontrolltheorie sehr viel stärker als das Rubikonmodell die Handlungskontrolle in den Dienst der Bewältigung von Schwierigkeiten stellt. Die planende Bewusstseinslage wird nicht erst relevant, wenn Schwierigkeiten bei der Zielrealisierung auftreten; sie setzt vielmehr ein, sobald man eine Zielintention gefasst hat. Zum anderen besitzt die Handlungskontrolltheorie durch die Berücksichtigung individueller Unterschiede einen umfassenderen Geltungsbereich als das Handlungsphasenmodell.

Ein letzter volitionspsychologischer Ansatz zu Ausdauer beim Zielstreben, der hier dargestellt werden soll, stammt von Brunstein (1995). In seiner zieltheoretischen Analyse der Motivation nach Misserfolg greift er zentrale volitionspsychologische Erkenntnisse auf und wendet sie auf die Frage an, wann Misserfolge die Motivation zum Handeln stärken oder aber schwächen.

Brunsteins zieltheoretische Analyse der Motivation nach Misserfolg

Ausgangspunkt der Überlegungen von Brunstein (1995) ist die „Janusköpfigkeit" von Misserfolg (Halisch und Kuhl im Vorwort der Herausgeber zu Brunsteins (1995) Monographie „Motivation nach Misserfolg"), die sich anhand der Tatsache dokumentieren lässt, dass gleichermaßen Befunde existieren, die einen ausdauer- und leistungsmindernden Effekt von Misserfolg belegen (z.B. Bandura, 1991; E. S. Elliott & Dweck, 1988; H. Heckhausen, 1977; Seligman, 1975; Vroom, 1964; Weiner, 1986), wie auch Befunde, die auf einen ausdauer- und leistungssteigernden Effekt von Misserfolg hindeuten (z.B. Ach, 1910; Carver & Scheier, 1990; Hillgruber, 1912; Wortman & Brehm, 1975; Wright & Brehm, 1989). Brunstein geht es darum, diese auf den ersten Blick widersprüchlichen Befunde in einem volitionspsychologischen Modell zu integrieren.

Brunstein zeigt auf, dass lange Zeit in der Hauptsache stabile Persönlichkeitsmerkmale als Erklärung für interindividuelle Ausdauer- und Leistungsunterschiede nach Misserfolg herangezogen wurden. So wurden beispielsweise der Attributionsstil (z.B. Abramson, Seligman & Teasdale, 1978), die Ausprägung der Handlungskontrolle (z.B. Brunstein & Olbrich, 1985; Kuhl, 1981), das Selbstwertgefühl (z.B. McFarlin, 1985; McFarlin, Baumeister & Blascovich, 1984; Sandelands, Brockner & Glynn, 1988) und das Leistungsmotiv (z.B. Feather, 1961) einer Person angeführt. Tatsächlich greifen diese persönlichkeitspsychologischen Ansätze jedoch zu kurz, da sie intraindividuelle Variationen im Verhalten nach Misserfolg nicht erklären können. Dieses Problem löst Brunstein, indem er die Bedeutung von Misserfolgen für die Erreichung *übergeordneter Zielintentionen* in den Mittelpunkt seiner Betrachtung rückt. Brunstein übernimmt das auch im Rubikonmodell der Handlungsphasen enthaltene Konzept der Zielintention von H. Heckhausen (1987a, 1987b, 1989). Zielintentionen spezifizieren angestrebte Endzustände, deren Realisierung für die Person verbindlich ist, d.h. zu der sich die Person „innerlich verpflichtet" fühlt (commitment). Dem Konzept der Zielverbindlichkeit bzw. Zielbindung kommt ganz zentrale Bedeutung zu. Nur wenn sie gegeben ist, ein antizipierter Zielzustand also den Status einer Zielintention erworben hat, treten die volitionalen Mechanismen in Kraft. Zielbindung sorgt nicht nur dafür, dass Ziele „unter schwierigen Umständen beibehalten werden, sondern auch mit einem energetischen Prozess verknüpft sind, der Defiziten bei der Realisierung von Zielen entgegenwirkt" (Brunstein, 1995, S. 13).

Die Bindung an ein Ziel kommt laut Brunstein (1995) dadurch zustande, dass „sich eine Person mit diesem Ziel identifiziert und es als Bestandteil ihrer Identität betrachtet" (S. 14). Mit dieser Konzeption der identitätsstiftenden Funktion von Zielintentionen stellt Brunstein einen engen Bezug her zwischen Zielen und dem Selbstkonzept. Er knüpft damit an Wicklund und Gollwitzers (1982) Theorie der symboli-

schen Selbstergänzung an, in der die Kompensationsbemühungen von Personen beschrieben werden, wenn sie Defizite hinsichtlich eines identitätsstiftenden, das Selbst
definierenden Ziels erleben. Mit der Gleichsetzung von Zielintention und Selbstdefinition weicht Brunstein jedoch von der von H. Heckhausen (1987a, 1989) und Gollwitzer (1993) vertretenen Auffassung von Zielintentionen ab. Sie verstehen darunter
nämlich generell das Festgelegtsein auf einen Endzustand, ganz unabhängig davon,
ob er sich auf eine übergeordnete Selbstdefinition bezieht oder nicht. So hätte der
verbindliche Entschluss, Kollegen zum Abendessen einzuladen, nach H. Heckhausen
und Gollwitzer durchaus den Status einer Zielintention, selbst wenn es sich nicht um
ein identitätsstiftendes Ziel handelte, sondern nur um ein untergeordnetes Ziel im
Dienste einer Selbstdefinition (z.B. eine sozial aufgeschlossene Person zu sein).

Diese Diskussion um den Status von Zielintentionen und selbstdefinierenden Zielen macht eine unter Zielforschern häufig thematisierte Schwierigkeit deutlich (Carver & Scheier, 1990; H. Heckhausen, 1989; Vallacher & Wegner, 1985, 1987). Es
besteht zwar Einigkeit darüber, dass Ziele hierarchisch angeordnet sind, Intentionen
bzgl. einzelner Ausführungsschritte (z.B. Implementierungsintentionen: Gollwitzer,
1993; Programme: Carver & Scheier, 1990) im Dienste von mittelfristigen Zielen
stehen (Zielintentionen: H. Heckhausen, 1989; Gollwitzer, 1993; Prinzipien: Carver
und Scheier, 1990), die ihrerseits der Realisierung relativ abstrakter, „unstillbarer"
Selbstdefinitionen (Gollwitzer, 1987; Systemkonzepte: Carver & Scheier, 1990) dienen. Wo allerdings die Grenze zwischen instrumentellen Zielen und Endzielen verläuft, lässt sich nur schwer bestimmen und hängt möglicherweise von der situations-
abhängigen kognitiven Repräsentation des Ziels ab, ob das „Wie" oder das „Wozu"
des eigenen Handelns im Vordergrund steht (vgl. Vallacher & Wegner, 1987).

Bei der weiteren Darstellung der theoretischen Überlegungen Brunsteins wird sein
Begriffsverständnis von Zielintentionen als Selbstdefinitionen übernommen. Welche
Modellannahmen macht nun Brunstein zur Wirkung von Misserfolg auf die Motivation? Die motivationsfördernde bzw. -mindernde Auswirkung eines Misserfolgs soll
davon abhängen, ob ein Misserfolg für eine Zielintention relevant ist oder nicht –
was ja je nach Art des in Frage stehenden Ziels durchaus intraindividuell unterschiedlich sein kann.

Das hierzu formulierte *Commitment-Prinzip* lautet: „Tritt ein Misserfolgsereignis
in einer Handlungssituation auf, die für eine Zielintention relevant ist, resultiert daraus ein Anstieg der Volitionsstärke der betreffenden Zielintention" (Brunstein, 1995,
S. 35). Ein Misserfolg ist dann relevant für eine Zielintention, wenn er ihre Realisierung blockiert. Das Konzept der „Volitionsstärke" wurde von H. Heckhausen (1984,
1989) eingeführt und folgendermaßen umschrieben:

> „Insgesamt spricht vieles dafür, dass nicht die resultierende Motivationsten-
> denz (das Produkt aus Erwartung und Wert, das den subjektiv erwarteten Nut-
> zen angibt, Anmerkung der Verfasserin) als eine fixierte Größe, sondern eine
> variable „Volitionsstärke" Intensität und Ausdauer des Handelns bestimmt, und
> zwar nach Maßgabe dessen, was zur Fortführung und zum Abschluss des Han-
> delns erforderlich erscheint. ... Die Höhe der aktuellen Volitionsstärke oder
> Anstrengungsbereitschaft hängt von der zu überwindenden Schwierigkeit ab. ...
> die erforderliche Anstrengungsbereitschaft ... folgt automatisch den Erforder-
> nissen der Handlungsausführung." (H. Heckhausen, 1989, S. 14 und 215)

Während Heckhausen mit seiner Konzeption der Volitionsstärke dem sog. Ach-Hill-gruberschen Schwierigkeitsgesetz der Motivation (Ach, 1910; Hillgruber, 1912) folgt, das eine „reaktive Anspannungssteigerung" (Düker, 1975), also eine *automatisch* einsetzende Erhöhung der Anstrengungsbereitschaft zur Überwindung von Schwierigkeiten bei der Zielrealisierung postuliert, setzt Brunstein den Akzent ein wenig anders. Für ihn erfordert die Erhöhung der Volitionsstärke eine Handlungsunterbrechung, bei der das bislang verfehlte Handlungsergebnis im Hinblick auf die angestrebte Selbstdefinition bewertet wird.

Ein Anstieg der Volitionsstärke intensiviert nun nach Brunstein (1995) „alle Handlungstendenzen, die der weiteren Realisierung der Zielintention dienen" (S. 35), er kanalisiert die Aufmerksamkeit, die jetzt stärker als zuvor auf intentionsrelevante Informationen gerichtet wird. Damit wird angenommen, dass die erhöhte Handlungsbereitschaft eine gewisse zeitliche Stabilität besitzt und sich auch auf andere Situationen als die gegebene Misserfolgssituation überträgt. Hierzu formuliert Brunstein (1995) das sog. *Substitutionsprinzip*, das folgendermaßen lautet: „Motivierende Effekte der Volitionsstärke werden in Situationen wirksam, die eine alternative Gelegenheit bieten, die durch einen Misserfolg blockierte Zielintention in einem neuen Kontext zu realisieren" (S. 35). Eine weitere Voraussetzung für motivationsfördernde Auswirkungen eines Misserfolgs ist also neben der Relevanz des Misserfolgs für die Zielintention, dass die neue Situation eine Kompensation des Misserfolgs erlaubt, d.h. in dieser neuen Situation etwas für die Realisierung der Zielintention getan werden kann. Der motivierende Effekt der Volitionsstärke kann beispielsweise bestimmt werden anhand der erhöhten Anstrengungsbereitschaft bei Aufgaben, die für die Annäherung an eine relevante Selbstdefinition geeignet sind, oder anhand der ausdauernden und intensiven Beschäftigung mit Tätigkeiten, die Ausdruck der betreffenden Selbstdefinition sind.

Für den Fall, dass ein für eine verbindliche Zielintention relevanter Misserfolg erlebt wurde, eine neue Aufgabenstellung jedoch keine geeignete Handlungsgelegenheit zur Kompensation darstellt, werden Leistungseinbussen bei dieser neuen Aufgabe vorhergesagt. Die Aufmerksamkeit bleibt auf die „defizitäre" (misserfolgsbehaftete) Zielintention fixiert und kann nur ungenügend auf die neuen Anforderungen eingestellt werden – womit ein Fall von Leistungsminderung durch Misserfolg beschrieben wäre. Der andere Fall von Leistungsminderung nach Misserfolg ergibt sich nach Brunstein dann, wenn Misserfolge im Hinblick auf ein nicht-verbindliches Ziel erlebt werden bzw. sie irrelevant für ein selbstdefinierendes Ziel sind. Hier soll es zu Vermeidungstendenzen kommen, d.h. die Person wird sich Tätigkeiten, die mit der Misserfolgssituation verwandt sind, entziehen oder sie aber – falls sie ihnen nicht ausweichen kann – mit nur geringer Anstrengung und Ausdauer ausführen.

Es liegen verschiedene Studien vor, die die Annahmen des Modells gut bestätigen (Brunstein, 1995; Brunstein & Gollwitzer, 1996). In den Experimenten wurden Versuchsteilnehmer gewonnen, deren berufliches Engagement im Studium als übergeordnetes Ziel betrachtet wurde. Als Maß für die Auswirkung des Misserfolgs wurden Konzentrationsleistung, Präferenz oder Beschäftigungsdauer bei einer Folgeaufgabe herangezogen.

So erhielten zum Beispiel in einer Studie (Brunstein & Gollwitzer, 1996, Studie 1) Medizinstudenten, für die das Berufsziel Arzt verbindlich war, in einer ersten Versuchsphase Misserfolgsrückmeldungen bei einer Aufgabe, die entweder als relevant oder irrelevant für das Berufsziel ausgegeben worden war (z.B. Test der sozialen

Kompetenz für Mediziner vs. Test der allgemeinen sozialen Kompetenz). Die Wirkung des Misserfolgserlebnisses auf die Leistung bei einer nachfolgenden Aufgabe wurde anhand eines Konzentrationstests (d2 von Brickenkamp, 1981) erfasst, der wiederum entweder als relevant oder irrelevant für das Berufsziel deklariert worden war. Wie vorhergesagt, fand sich die beste Leistung in der Gruppe, die relevanten Misserfolg erlebt und eine relevante Folgeaufgabe bearbeitet hatte; die schlechteste Leistung zeigten Versuchsteilnehmer, die relevanten Misserfolg erlebt, aber eine irrelevante Folgeaufgabe zu bearbeiten hatten. Interessant ist auch, dass diese Versuchsteilnehmer über signifikant mehr grüblerische Gedanken im Hinblick auf ihre blockierte Selbstdefinition berichteten als die übrigen Versuchsteilnehmer, was in Einklang steht mit Befunden zu den kognitiven Effekten blockierter Intentionen (Kuhl, 1981, 1992; Kuhl & Helle, 1986; Martin & Tesser, 1989).

Die eben dargestellten Forschungsarbeiten liefern wichtige Erkenntnisse zu den volitionalen Prozessen nach Misserfolg im Hinblick auf ein selbstdefinierendes Ziel. Inwiefern die Annahmen auch für Zielintentionen gelten, die zwar verbindlich sind, aber keinen selbstdefinierenden Charakter haben, kann aufgrund der vorgelegten Studien nicht beantwortet werden.

Besonders interessant an Brunsteins Ansatz ist, dass mit der Volitionsstärke eine dynamische Komponente der Handlungsregulation im Vordergrund steht. Misserfolg in einem für das Selbstkonzept wichtigen Tätigkeitsfeld, soll – wie dargestellt – eine auf Kompensation des erlebten Defizits gerichtete Tendenz auslösen, die sich in besonderem Engagement in zielrelevanten (äquifinalen) Gelegenheiten äußert. Dieser volitionale Mechanismus soll dabei spontan, ohne bewusste Entscheidung, also automatisch im Sinne von unmittelbar (immediate) und anstrengungsfrei (effortless) (zu den Kriterien für automatische Prozesse siehe Bargh & Chartrand, im Druck) einsetzen. Hervorzuheben ist ferner, dass sich in Brunsteins Ansatz keine expliziten Bezüge zu den motivationalen Konzepten Erwartung und Wert finden. Die Anreizstärke eines Ziels und die relevanten Erfolgserwartungen schlagen sich zwar in der Höhe der Volitionsstärke nieder (H. Heckhausen, 1989); ihre Rolle bei der Verhaltenserklärung wird jedoch im theoretischen Ansatz von Brunstein nicht eigens thematisiert.

Fazit

Bevor im Weiteren die Forschung zu Zielablösungsprozessen dargestellt wird, soll eine kurze Zwischenbilanz gezogen werden. Als wichtigste Erkenntnis hinsichtlich der motivations- und volitionspsychologischen Determinanten von Persistenz kann sicherlich gelten, dass in allen referierten Modellen[10] übereinstimmend Anreizen und/oder Erwartungen eine bedeutsame Rolle für die Ausdauer beim Handeln zugesprochen wird – und das selbst in Volitionstheorien, die über den eng gesteckten Rahmen episodischer Erwartung-Wert-Modelle hinausgehen und die handlungsregulativen Prozesse der Zielrealisierung in den Vordergrund stellen. Sich bei Schwierig-

---

[10] Bei Brunsteins (1995) zielpsychologischer Analyse der Motivation nach Misserfolg spielen – wie bereits erwähnt – Anreize und Erwartungen nur indirekt über ihren Einfluss auf die Volitionsstärke eine Rolle.

keiten bewusst die Anreize seines Ziels vor Augen zu halten (Motivationskontrolle; Kuhl, 1984) oder die unwillkürliche Fokussierung auf positive Anreize des Ziels und die optimistische Überschätzung der Realisierungswahrscheinlichkeit in der planenden Bewusstseinslage (Gollwitzer, 1990) sind Beispiele für den letztgenannten Punkt.

Manche Forschungsansätze spezifizieren den genauen Inhalt des angestrebten Anreizes (z.B. die affektive Selbstbewertung beim Erreichen oder Verfehlen eines Leistungsziels im Atkinson Modell; die Freude an der Tätigkeit selbst in Theorien zur intrinsischen Motivation; Leistungs- vs. Lernziele als spezifische Erfahrungen, die man in Leistungssituationen zu machen versucht, bei Dweck). Andere Ansätze (z.B. Kuhls Handlungskontrolltheorie, das Handlungsphasenmodell von H. Heckhausen und Gollwitzer) behandeln das Anreizkonzept auf abstrakter Ebene; dort ist es „inhaltsleer" und lässt sich mit den jeweiligen Tätigkeitsanreizen und den Ergebnisfolgen eines gerade in Frage stehenden Ziels füllen. Hervorzuheben ist, dass in keinem der referierten Ansätze systematisch zwischen den positiven und negativen Anreizen der Zielverfolgung einerseits und den positiven und negativen Anreizen des Zielabbruchs andererseits unterschieden wird – eine Unterscheidung, die sich aufgrund der Forschung zu „escalation of commitment" bzw. „entrapment" aufdrängt.

Neben den motivationalen Merkmalen des Ziels sind darüber hinaus verschiedenste volitionale Mechanismen und Strategien für Ausdauer relevant. Manche setzen automatisch ein, sobald eine verbindliche Intention gebildet wurde (z.B. Aufmerksamkeitsfokussierung auf realisierungsrelevante Aspekte in der planenden Bewusstseinslage, Gollwitzer, 1990), andere können strategisch dann herangezogen werden, wenn Schwierigkeiten einen glatten Handlungsverlauf in Frage stellen (die von Kuhl beschriebenen Handlungskontrollstrategien).

Persistenz ist in der einschlägigen Literatur durchwegs positiv konnotiert; fehlende Ausdauer (wie beispielsweise im Rahmen der Hilflosigkeitsforschung häufig dokumentiert) wird als „Störfall" betrachtet, dem es entgegenzuwirken gilt (für eine Kritik an dieser Sichtweise siehe Janoff-Bulman & Brickman, 1982 oder auch Kuhl & Beckmann, 1994b). Eine ganz andere Perspektive in dieser Frage bietet die Forschung zu Zielablösung. In dieser Forschungsrichtung geht es darum, unter welchen Bedingungen es Menschen gelingt, ihr Engagement für ein Ziel einzustellen und sich davon zu lösen, und welche kognitiven und affektiven Konsequenzen eine nicht gelungene Zielablösung nach sich zieht. Hier klingt schon die Auffassung an, dass es unter bestimmten Umständen sinnvoll und notwendig ist, ein Ziel aufzugeben.

4 Die Forschung zur Zielablösung

Bevor die wichtigsten theoretischen Überlegungen zu Bedingungen und Folgen notwendiger, erfolgreicher oder nicht erfolgreicher Zielablösung referiert werden, sollen einige konzeptuelle Vorüberlegungen angestellt werden. Ausdauer und nicht erfolgende Zielablösung bzw. mangelnde Ausdauer und Zielablösung mögen auf den ersten Blick als zwei Seiten ein- und desselben Sachverhalts betrachtet werden. Tatsächlich überlappen sich die beiden Phänomene jedoch nur zu einem gewissen Grad, was zum einen an der theoretischen Akzentsetzung innerhalb beider Forschungsstränge, zum anderen an der Operationalisierung von Ausdauer und Zielablösung deutlich wird.

Die Analyse von Ausdauer lässt sich – um in Begriffen des Handlungsphasenmodells (H. Heckhausen & Gollwitzer, 1987) zu sprechen – in der Handlungsphase lokalisieren, die Analyse von Zielablösungsprozessen hingegen setzt am Ziel, an der Intention selbst an. Ausdauer kann sich – um noch einmal auf H. Heckhausens (1989) Beschreibung zurückzukommen – als Dauer der kontinuierlichen Beschäftigung mit einer Aufgabe, als Wiederaufnahme unterbrochener oder misslungener Aufgaben und schließlich als langfristige Verfolgung eines übergreifenden Ziels zeigen. Wesentlich ist auf jeden Fall, dass sich Ausdauer nur an beobachtbarem Verhalten ablesen lässt. Wer ausdauernd ein Ziel verfolgt, hat sich noch nicht von ihm distanziert – hier lässt sich noch von einer konzeptuellen Überlappung von Ausdauer und (nicht erfolgter) Zielablösung sprechen. Anders aber bei mangelnder Ausdauer, wenn ein Handlungsstrang nach einem Misserfolg oder einer Unterbrechung nicht wieder aufgegriffen wird; hier lässt sich nicht unbedingt auf eine erfolgte Ablösung vom Ziel schließen. Die Person mag sich nach wie vor an ihr Ziel gebunden fühlen, jedoch keine Anstrengungen mehr zu seiner Verwirklichung unternehmen. Unter diesen Umständen kann man auf die erfolgte oder nicht erfolgte Zielablösung nur aufgrund spezifischer kognitiver und emotionaler Prozesse schließen (Klinger, 1977; Kuhl, 1987, 1992; Kuhl & Helle, 1986; Kuhl & Kazén-Saad, 1988; Martin & Tesser, 1989, 1996).

Klingers Zielbindungs-Zielablösungs-Zyklus

Klingers Ansatz, den er erstmals in einem programmatischen Artikel (Klinger, 1975) und zwei Jahre später in einer Monographie (Klinger, 1977) vorstellte, kann als eine der ersten modernen Zieltheorien betrachtet werden; Klinger formuliert darin – wie später die Vertreter der Volitionspsychologie – die Forderung nach einer Unterscheidung zwischen Zielwahl und Zielrealisierung. Er weist darauf hin, dass die verbindliche Festlegung auf ein Ziel einen grundlegenden Wandel in kognitiven, affektiven und verhaltensbezogenen Parametern mit sich bringe.

Im Mittelpunkt dieses Ansatzes stehen die affektiven und kognitiven Konsequenzen, die auftreten, nachdem man sich verbindlich auf ein Ziel (*current concern*) festgelegt hat. Nach Klinger (1977) organisiert sich menschliches Dasein um Anreize (incentives), die dem Leben Sinn und Bedeutung verleihen. Er schreibt dazu im ersten Kapitel seines Buches:

> „We have seen that, when it comes right down to specifying what makes their lives meaningful, people turn to the incentives in their lives – personal relationships, job goals, recreational activities, inner experiences, and simple daily pleasures that people spend most of their time pursuing and enjoying. The more of these that occupy them, the more meaningful their lives feel and the happier their mood." (S. 9)

Anreize sind nach dieser Beschreibung also Dinge, die ein Individuum wertschätzt, die ihm wichtig sind. Einige Absätze weiter unten präzisiert Klinger (1977) diese Sichtweise und ergänzt: „Although we like to think of incentives in positive terms, there are also negative incentives – objects and events that organisms normally wish to avoid, escape, or get rid of ..." (S. 14). Klinger definiert an anderer Stelle den Anreizbegriff auf abstrakter Ebene folgendermaßen: „.... incentives ... as objects or events that attract an organism or repel it" (Klinger, 1975, S. 1).

Wichtig ist die begriffliche Trennung zwischen Anreizen und Zielen. Der Begriff „Anreiz" (incentive) bezieht sich nach Klinger auf die von der Person positiv bzw. negativ bewerteten Ereignisse oder Objekte selbst; „Ziel" (goal) bezieht sich auf die Tatsache, dass sich das Individuum verbindlich darauf festgelegt hat, den Anreiz anzustreben bzw. (bei negativen Anreizen) ihn zu vermeiden. Zwei weitere Konzepte spielen bei Klinger ebenfalls eine wichtige Rolle. Zum einen der Akt der verbindlichen Festlegung auf ein Ziel, den er als *commitment* bezeichnet („.... the event whereby a person becomes set to pursue a goal ..." Klinger, 1977, S. 37); zum anderen der Zustand der Zielverpflichtung, der mit der Festlegung auf ein Ziel einsetzt und mit der Zielerreichung oder der erfolgreichen Zielablösung (*disengagement*) endet und als *current concern* bezeichnet wird („...*current concern* ... refer[s] to the state of the organism between commitment to a goal and either attainment of the goal or disengagement from it", Klinger, 1977, S. 37). *Current concerns* können nach Klinger alle nur erdenklichen Zielzustände umfassen, von so trivialen, alltäglichen Erledigungen wie Geschirrspülen bis hin zu lebenslang wirksamen Bestrebungen wie, sich für seine Mitmenschen zu engagieren.

Klingers empirische Untersuchungen beschäftigen sich in erster Linie mit dem Einfluss von *current concerns* auf kognitive Prozesse wie Aufmerksamkeitssteuerung, Erinnerungsleistung, Gedankeninhalte oder Träume. In einer Reihe von Studien konnte er zeigen, dass Inhalte, die sich auf ein *current concern* bezogen, stärker die Aufmerksamkeit auf sich ziehen, besser erinnert werden, häufiger im Gedankenstrom wacher Personen aber auch häufiger in Träumen enthalten sind als Inhalte, die keinen Zusammenhang zu einem *current concern* aufwiesen (zusammenfassend Klinger, 1977, 1996). Der vermittelnde Mechanismus für die beobachteten kognitiven Effekte von *current concerns* liegt nach neueren Studien in der von *current concern*-bezogenen Reizen ausgelösten affektiven Erregung, die zu einer effektiveren Aufnahme und Verarbeitung dieser Information führt (Klinger, 1996). Soweit Klingers Annahmen und Befunde zu den kognitiven Effekten verbindlicher Ziele.

Für die Fragestellung der vorliegenden Arbeit besonders interessant sind Klingers Überlegungen zur Ablösung von Zielen. Er konzipiert die Ablösung von *current concerns* als langwierigen, zum Teil schwierigen Prozess, der einer bestimmten Abfolge von Phasen (*incentive-disengagement cycle*) folgt. Die Phasen sind Anstrengungserhöhung (*invigoration*), Aggression (*aggression*), Depression (*depression*) und Erholung (*recovery*). Die Tragweite einer Zielablösung für das Individuum wird in folgendem Zitat deutlich. „If the state (current concern, Anmerkung der Verfasserin) involves a large part of a person's psychological organization, we might expect that eliminating it will set in motion a massive reorganization, a kind of psychic earthquake ..." (Klinger, 1977, S. 137).

Am Anfang einer Zielablösung steht eine als unüberwindbar wahrgenommene Blockade des Zielstrebens; sei es, dass die angestrebten Anreize nicht mehr erreichbar oder aber die Mühen zur ihrer Erlangung nicht wert erscheinen. Klinger spricht in diesem Zusammenhang von „Anreizverlust" (*loss of incentives*). Es wird nun angenommen, dass der *incentive-disengagement cycle* in jedem Fall, also ganz unabhängig vom Schweregrad des jeweiligen Anreizverlusts durchlaufen wird.

Der postulierte Phasenverlauf hat folgende Gestalt: Auf den erlebten Anreizverlust folgt zunächst eine Phase erhöhten Engagements für das Ziel (*invigoration*). Interessant dabei ist die Annahme, dass in dieser Phase der subjektive Wert des Ziels steigt und andere Ziele sogar abgewertet werden (vgl. dazu Überlegungen zur Aufwandsrechtfertigung [*effort justification*] im Rahmen der Dissonanztheorie, Festinger, 1957; D. Frey & Gaska, 1993; sowie zum Energetisierungsmodell [*energization model*], Wright & Brehm, 1989). Durch diesen Verlust an Perspektiven könne es damit zu einer Fixierung an das ursprüngliche, blockierte Ziel kommen.

Nach der Phase verstärkter Bemühungen folgt eine Phase der Aggression. Was Klinger in diesem Zusammenhang genau unter Aggression versteht, bleibt unklar. An einer Stelle gewinnt man den Eindruck, er verwende den Begriff im konventionellen Sinne und meine damit die affektiven und verhaltensbezogenen Folgen von Frustration (Ärger; Feindseligkeit; Absicht, den Aggressor zu schädigen); an anderer Stelle umschreibt er die Funktion der Aggressionsphase mit Begriffen wie „last-resort capacity for directing maximum effort at achieving important incentives" (Klinger, 1977, S. 175) und spielt damit auf eine Intensivierung der Anstrengung an. Damit verschwimmt aber die begriffliche Grenze zwischen der ersten Phase erhöhten Engagements und der Aggressionsphase.

Die dritte Phase (*depression*) setzt dann ein, wenn die Frustration des Zielstrebens weiter anhält. Hier beginnt sich das Individuum vom Ziel zu lösen; es treten mehr oder weniger starke Beeinträchtigungen des emotionalen Wohlbefindens auf. Ein besonderes Merkmal der depressiven Phase ist der Verlust des Interesses für Anreize jeglicher Art. Dies mag maßgeblich für die Loslösung vom ursprünglichen Ziel verantwortlich sein und damit die sog. Erholungsphase einleiten. Sie zeichnet sich dadurch aus, dass „the person no longer acts committed to the incentive he or she had lost" (Klinger, 1977, S. 166). Nach Klinger zeigt sich die Loslösung vom Ziel offensichtlich daran, dass die Person ihr Handeln nicht mehr an dem aufgegebenen Ziel ausrichtet, während jedoch „contacts with the incentive or thoughts about it may continue to be painful or conflicted" (S. 171). Eine emotionale Reagibilität auf Stimuli, die mit dem aufgegebenen Ziel zu tun haben, kann nach dieser Auffassung also auch trotz Zielablösung erhalten bleiben (für eine andere Position dazu siehe Martin & Tesser, 1989).

Interessant sind Klingers (1977) Überlegungen zur Adaptivität der vier Phasen. Die Erhöhung des Engagements in den ersten beiden Phasen (*invigoration* und *aggression*) als Reaktion auf einen Anreizverlust sei insofern funktional, als damit die Wahrscheinlichkeit erhöht wird, wichtige Anreize zu erreichen, weil man sich bei Schwierigkeiten eben nicht sofort vom Ziel abbringen lässt. Diese Überlegungen decken sich mit den Überlegungen Brunsteins (1995) oder H. Heckhausens (1989) zur Erhöhung der Volitionsstärke, wenn ein selbstdefinierendes Ziel gefährdet ist bzw. Schwierigkeiten beim Handlungsvollzug auftreten. Klinger fügt dieser wichtigen Erkenntnis aber eine ebenso wichtige weitere hinzu, die in den volitionalen Theorien übersehen wird (mit Ausnahme von Kuhls, 1992, Überlegungen zur volitionalen Kompetenz; Kuhl & Fuhrmann, 1998). Er weist darauf hin, dass es zu diesem anstrengungserhöhenden Mechanismus einen antagonistischen Mechanismus geben muss, der verhindert, dass man sich für ein unerreichbares Ziel gewissermaßen „aufarbeitet". Dem Einstellen der Handlungsbemühungen wird ebenso funktionaler Wert beigemessen wie der persistenten Verfolgung eines Ziels. Klingers (1977) Annahmen dazu:

> „... there must also be a shut-off mechanism so designed that when the costs of pursuing something become too large compared to the probable gains, the organism stops. Stopping, however, may carry emotional benefits of its own. If we assume that our organism has already been designed to appreciate rest when tired or to feel relief at the end of hard striving ... then stopping after an aggression phase would in each instance be rewarding. That is, the organism's emotional apparatus would systematically reward failure, thus turning failure into a positive incentive, and hence encouraging organisms to stop prematurely. To counter this reward-of-failure effect, it would be necessary to make stopping after unsuccessful striving emotionally unpleasant." (S. 176)

Die Depression stellt also den Stoppmechanismus dar, der dazu beiträgt, dass zum einen weiteres Handeln unterlassen wird und zum anderen die Anziehung des betreffenden Anreizes verblasst; gleichzeitig erfüllt sie jedoch die Funktion, das Einstellen zielführender Aktivitäten unangenehm zu machen, wiederum um insgesamt zu verhindern, dass Zielstreben verfrüht abgebrochen wird. Schließlich muss es einen weiteren Mechanismus geben, der ein zu langes Andauern der Depression verhindert, weil damit das Individuum in Lethargie versinken würde und generell nicht mehr in der Lage wäre, sich um die Erreichung wichtiger Ziele zu bemühen. Die Erholungsphase dient genau diesem Zweck, insofern als das Individuum wieder Interesse an wertbesetzten Objekten oder Ereignissen gewinnt, wovon jedoch das ursprüngliche Ziel ausgenommen ist; es hat seine „Anziehungskraft" und damit seine handlungsleitende Funktion verloren.

So interessant Klingers Überlegungen zum Prozess der Zielablösung sind, so gibt es doch einige kritische Punkte. Von der konzeptuellen Unschärfe zwischen *invigoration* und *aggression* war bereits die Rede. Außerdem werden die Bedingungen für das Einsetzen der verschiedenen Phasen nicht spezifiziert. Wie viel Frustration muss die handelnde Person bei der Verfolgung eines Ziels erleben, dass sie einen Anreizverlust wahrnimmt und sich reaktiv noch mehr um ihr Ziel bemüht? Wie viel Anstrengung muss eine Person für ihr fehlgehendes Ziel umsonst mobilisiert haben, bis sie in Depression verfällt? Wovon hängt es ab, dass die Erholungsphase einsetzt? Und ebenso: Gelten die postulierten Mechanismen gleichermaßen für den Verlust positiver wie negativer Anreize? Ein weiterer kritischer Aspekt ist die Frage, wie sich die dysphorischen Gefühle, die schon beim ersten Misslingen eines Vorhabens erlebt werden, von den Gefühlen der Depressionsphase unterscheiden lassen. An diesem letzten Punkt wird deutlich, dass Klingers Ansatz beschreibenden Charakter hat, da keine Aussagen zu den vermittelnden kognitiven und affektiven Prozessen gemacht werden.

Schließlich fehlt eine direkte empirische Überprüfung der theoretischen Annahmen. Als empirische Belege für die Gültigkeit seiner Überlegungen zieht Klinger eine Vielzahl an tier- und humanexperimentellen Studien zu den Bedingungen und Konsequenzen von Frustration, Aggression und Depression heran (siehe zusammenfassend Klinger, 1975, 1977). Klinger hat jedoch keine eigenen Untersuchungen vorgelegt, in denen längsschnittlich die postulierte Phasensequenz geprüft worden wäre.

Trotz dieser Schwächen bieten Klingers Überlegungen wichtige Ansatzpunkte für Fragen des Zielstrebens im allgemeinen und der Zielablösung im besonderen. Interessant ist, dass Klinger dem Anreiz- und Zielkonzept die zentrale Rolle in seinem Ansatz zuweist[11]. Denken, Fühlen und Handeln organisieren sich nach Klinger um die angenehmen Erfahrungen, die man zu erlangen sucht, und die unangenehmen Erfahrungen, die man vermeiden möchte. Der Verlust eines Anreizes löst tiefgreifende psychische Veränderungen aus, deren markantesten Merkmale der anfängliche Widerstand gegen die Aufgabe des betreffenden Ziels und die sich nach einer gewissen Zeit anschließende depressive Phase sind. Dieser letzte Aspekt bietet den Anknüpfungspunkt zu einer weiteren Facette der Theorie der Handlungs- und Lageorientierung von Kuhl (1992), in der Depression und der Zustand der Lageorientierung ebenfalls mit mangelnder Ablösung von unerreichbaren Intentionen in Zusammenhang gebracht werden.

Die Ablösung von Intentionen aus Sicht der Persönlichkeits-System-Interaktionen (PSI)-Theorie

Weiter oben (im Abschnitt *Ausdauer aus der Sicht der Handlungskontrolltheorie von Kuhl*) war schon einmal die Rede gewesen von der Persönlichkeitsdisposition der *Lageorientierung*. Es war dargelegt worden, dass lageorientierte Personen im Vergleich zu handlungsorientierten Personen es weniger gut verstehen, Handlungskontrollstrategien einzusetzen, und deswegen größere Schwierigkeiten haben, zielgerichtete Handlungen zu initiieren und ausdauernd zu verfolgen.

Nun gibt es darüber hinaus Hinweise, dass sich Lage- und Handlungsorientierte auch im Hinblick auf die Ablösung von Intentionen unterscheiden. Kuhl (1981) beschreibt Lageorientierte als „... more rigidly attached to a goal even after repeatedly failing to reach it and as less inclined to replace an unattainable goal by some substitute goal" (S. 161). In einer Reihe von Untersuchungen finden sich Belege dafür, dass Lageorientierte größere Schwierigkeiten haben, sich von kontext-inadäquaten (d.h. generell unerreichbaren oder momentan nicht ausführbaren) Zielen zu lösen. So

---

[11] Gleichzeitig weist Klinger natürlich darauf hin, dass die subjektive Erfolgswahrscheinlichkeit eines Ziels entscheidend dafür sei, ob man sich überhaupt darauf festlegt und für wie schwerwiegend man Rückschläge bei der Zielrealisierung einschätzt. Dem Erwartungskonstrukt wird aber keine weitere Aufmerksamkeit geschenkt.

konnten beispielsweise Goschke und Kuhl (1993) in gedächtnispsychologischen Experimenten zeigen, dass der *Intentions-Überlegenheits-Effekt* (Wörter, die in Zusammenhang mit einer Intention stehen, sind im Gedächtnis stärker aktiviert als Wörter ohne Intentionsbezug; siehe dazu auch Beckmann, 1994; Martin & Tesser, 1989, 1996; Martin, Tesser & McIntosh, 1993) bei Lageorientierten deutlicher als bei Handlungsorientierten auftritt. Nach den Autoren weist dieses Ergebnis darauf hin, dass bei Lageorientierten intentionsbezogene Wissensinhalte in einem erhöhten Aktivationszustand verbleiben, auch wenn die Intentionsrealisierung noch nicht ansteht.

Diese Schlussfolgerung lässt sich auch aufgrund der Ergebnisse einer Studie von Kuhl und Helle (1986) mit depressiven Personen ziehen. Anzumerken ist, dass Depression von den Autoren als extreme Form der Lageorientierung interpretiert wird. Kuhl und Helle baten ihre Versuchsteilnehmer zu einem späteren Zeitpunkt im experimentellen Ablauf eine einfache Aufgabe zu erledigen (z.B. einen Schreibtisch aufräumen), wobei dieser Auftrag für den weiteren Versuchsablauf in diesem Versuchsstadium irrelevant war. Zunächst sollten die Versuchsteilnehmer nämlich einen Test zur Gedächtnisspanne durchführen. Depressive (lageorientierte) Personen zeigten im Vergleich zu einer Kontrollgruppe bei diesem Gedächtnistest schlechtere Leistungen und berichteten über mehr Gedanken an den später zu erfüllenden Auftrag. Allem Anschein nach war es lageorientierten Versuchsteilnehmern nicht gelungen, die momentan nicht zu realisierende Intention zu deaktivieren und ihre Aufmerksamkeit aktuellen Aufgaben (dem Test des Kurzzeitgedächtnisses) zuzuwenden.

Als weiterer empirischer Beleg für die oben genannte Hypothese kann auch der Befund von Kuhl und Eisenbeiser (1986) gelten, dass Lageorientierte sehr viel häufiger als Handlungsorientierte eine äußerst unattraktive, monotone Kartensortieraufgabe fortsetzten, obwohl der Versuchsleiter nach einer gewissen Zeit die Aufgabe für erledigt erklärt und ihnen angeboten hatte, im Versuchsraum ausliegende Illustrierte zu lesen. Die Schwierigkeit, sich persönlich bevorzugten Tätigkeiten zuzuwenden bzw. die Tendenz, eigenen Bedürfnissen zuwiderlaufende Ziele zu verfolgen, wird von Kuhl und Beckmann (1994b) als *Entfremdung* (*alienation*) bezeichnet.

Schließlich konnten G. W. Maier und Brunstein (1999) in einer Längsschnittstudie mit Angestellten verschiedener Industriebetriebe zeigen, dass handlungsorientierte Personen ihre Zielbindung hinsichtlich schwer erreichbarer Ziele lockerten, die Zielbindung an Ziele mit guten Realisierungschancen jedoch erhöhten. Bei lageorientierten Personen hingegen war das Ausmaß ihrer Zielbindung überhaupt nicht beeinflusst von der subjektiv eingeschätzten Realisierbarkeit des Ziels, d.h. sie reagierten wesentlich weniger sensitiv auf die situativen Realisierungsbedingungen und erhöhten – gegenüber einer früheren Messung – selbst bei geringen Realisierungschancen ihre Bindung an das Ziel.

Mit der Aussage „overall adjustment of the organism requires some balance between maintenance and disengagement" (S. 106) betont Kuhl (1992), dass erfolgreiche Handlungssteuerung sowohl ausdauerndes Engagement für realistische Ziele wie auch die Ablösung von unrealistischen Zielen erfordert. Beides gelingt im Zustand der Lageorientierung offensichtlich weniger gut als im Zustand der Handlungsorientierung.

Im Rahmen einer kürzlich von Kuhl (1998, 2001; Kuhl & Fuhrmann, 1998; Kuhl & Kazén, 1997) unter dem Namen Persönlichkeits-System-Interaktionen (PSI)-Theorie vorgestellten Weiterentwicklung der Handlungskontrolltheorie lassen sich die bei lageorientierten Personen beobachteten Defizite in der Handlungssteuerung erklären.

Die PSI-Theorie stellt eine integrative Persönlichkeitstheorie dar, die motivations- und handlungstheoretisch konzipiert ist; in ihrem Zentrum stehen Prozesse der willentlichen Handlungssteuerung. Die Kernannahme der PSI-Theorie ist, dass Persönlichkeit nur verstehbar wird, wenn man das *Zusammenspiel* der zentralen psychischen Funktionen (Bedürfnisse, Affekte, Ziele und Prozesse der Informationsverarbeitung) analysiert, die die auf Bedürfnisbefriedigung hin orientierte Zielgerichtetheit des menschlichen Handelns gewährleisten. Kuhl (2001) definiert Persönlichkeit als „die für eine Person *charakteristische Interaktion psychischer Systeme*" (S. 8) und wählt folgerichtig einen funktionsanalytischen Zugang. Nicht mehr einzelne psychische Entitäten (z.B. Wissen, Kontrollüberzeugungen, Motive, positive Selbstbewertung bei Erfolg; vgl. Kuhl, 2000) stehen im Mittelpunkt der Aufmerksamkeit, sondern die funktionalen Merkmale verschiedener kognitiver und affektiver Makrosysteme und deren dynamische Beziehungen unter einander. Da die PSI-Theorie in ihrer Gesamtheit ein äußerst verwobenes, komplexes Theoriegebäude darstellt, sollen hier nur jene Aspekte der Theorie skizziert werden, die für das Verständnis erschwerter Zielablösung im Zustand der Lageorientierung relevant sind (für eine ausführliche Darstellung der PSI-Theorie sei auf Kuhl, 1998, 2001, sowie Kuhl und Kazén, 1997, verwiesen).

Vier kognitive Makrosysteme und zwei Modulationsannahmen

Kuhl unterscheidet die folgenden fundamentalen Funktionskomponenten der willentlichen Handlungssteuerung: (a) Aufrechterhaltung einer Absicht (Repräsentation in einem Absichtsgedächtnis), (b) Hemmung der Absichtsausführung bis zum Auftreten einer passenden Realisierungsgelegenheit bzw. deren Aufhebung, wenn eine passende Gelegenheit angetroffen wird (Verhaltensbahnung), (c) Repräsentation eigener Erfahrungen, Bedürfnisse, emotionaler Präferenzen, Werte, allgemeiner Ziele (Selbstrepräsentation), (d) Zurückstellung aktueller Bedürfnisse, wenn augenblicklich ein Ziel verfolgt werden soll, dass Selbstinteressen zuwiderläuft (Selbsthemmung) sowie (e) die Orientierung an einfachen Empfindungen und Objektwahrnehmungen aus verschiedenen Sinnesmodalitäten insbesondere an solchen, die erwartungswidrig sind (Objekterkennung) (Kuhl, 2001, S. 145). Am Ausgangspunkt der Darstellung der PSI-Theorie steht nun die Frage, wie die genannten Komponenten zusammenarbeiten.

Gemäß der PSI-Theorie werden die genannten Funktionskomponenten willentlicher Handlungssteuerung durch das Zusammenspiel von vier kognitiven Makrosystemen abgedeckt, deren relative Aktivierung von positivem und negativem Affekt moduliert wird. Die vier kognitiven Makrosysteme sind: (1) das sog. *Intentionsgedächtnis* (IG), (2) ein *intuitives Verhaltenssteuerungssystem* (IVS), (3) das sog. *Extensionsgedächtnis* (EG) sowie (4) ein *Objekterkennungssystem* (OES) (siehe Abbildung 4). Das Intentionsgedächtnis umfasst explizite Repräsentationen prospektiver Handlungen zur Realisierung unerledigter und augenblicklich nicht ausführbarer Absichten (in der Terminologie Kuhls „schwierige Absichten"). Die zur Ausführung anstehenden Handlungspläne werden durch Prozesse des analytischen Denkens (Planen) generiert. Das System, das die intuitive Ausführung beabsichtigter

Handlungen vermittelt, verfügt laut Kuhl über eine Vielzahl durch früheres Lernen automatisierter Verhaltensroutinen, die jeweils passend zu den sich bietenden Handlungsgelegenheiten automatisch aktiviert werden. Das Extensionsgedächtnis beschreibt Kuhl als ein System, das in einer Art Netzwerk eigene Zustände (wie z.B. eigene Bedürfnisse, emotionale Präferenzen, Werte, allgemeine Ziele, Erfahrungen) in einer integrierten, ganzheitlichen Form repräsentiert. Es ist mit einem Aufmerksamkeitssystem verbunden, das besonders solche Wahrnehmungsinhalte verstärkt, die zu aktivierten Selbst- und Kontextrepräsentationen passen. Das Objekterkennungssystem dient dem Zweck, Wahrnehmungsinhalte (Objekte i.w.S.) von dem sie umgebenden Kontext abstrahieren zu können, und ist mit einer besonders auf erwartungswidrige Wahrnehmungsinhalte gerichteten Aufmerksamkeitssteuerung verbunden (für eine ausführlichere Darstellung der funktionsanalytischen Charakteristika der vier kognitiven Makrosysteme siehe Kuhl, 2001, S. 157ff).

Die beiden Annahmen über die modulatorische Wirkung von positivem und negativem Affekt auf die kognitiven Makrosysteme bilden die Kernpostulate der Theorie. Die empirische Überprüfung der theoretischen Annahmen basiert dabei weitgehend auf laborexperimentellen Analysen kognitiver, affektiver und motivationaler Prozesse sowie deren hirnphysiologischen Korrelaten.

Es wird angenommen, dass die zwei basalen Motivationssysteme (Belohnungs- und Bestrafungssystem; z.B. Gray, 1987) mit den ihnen zugehörigen positiven bzw. negativen Affekten die Aktivität der vier kognitiven Makrosysteme modulieren Insgesamt sollen Affekte den Einfluss der höheren geistigen Funktionen (analytisches Denken und ganzheitliches Fühlen) auf die Steuerung zielgerichteten Verhaltens abschwächen und den verhaltenssteuernden Einfluss der elementaren Funktionen (intuitive Verhaltenssteuerung und konfliktsensitives Empfinden) steigern. Die zwei zentralen Modulationsannahmen lauten im einzelnen[12]:

1. Positiver Affekt bahnt die Umsetzung von Absichten. Der Einfluss der intuitiv-spontanen Verhaltenssteuerung auf die volitionale Steuerung des zielgerichteten Verhaltens wird intensiviert, während das Intentionsgedächtnis deaktiviert und der Einfluss des analytischen Denkens gedämpft wird. Die Reduzierung von positivem Affekt hemmt hingegen die Verbindung zwischen dem Intentionsgedächtnis (IG) und dem Intuitiven Verhaltenssteuerungssystem (IVS). Dadurch wird eine Handlungsabsicht weiter im Intentionsgedächtnis aufrecht erhalten und kognitiv bearbeitet (Planen) und folglich nicht in Handeln umgesetzt.
2. Negativer Affekt dämpft den Einfluss des kohärenzstiftenden Fühlens (EG) und intensiviert den Einfluss elementarer, oft widersprüchlicher und konflikthafter Einzelempfindungen (OES) auf das Erleben. Die Herabregulierung von negativem Affekt verstärkt hingegen den hemmenden Einfluss integrierter Selbst- und Kontextrepräsentationen des Extensionsgedächtnisses (EG) auf das Erleben unerwarteter Objektwahrnehmungen (OES) und verhindert damit eine „Entfremdung" von

---

[12] In der PSI-Theorie werden neben der ersten und zweiten Modulationsannahme fünf weitere Modulationsannahmen formuliert, die sich auf verschiedene Wechselwirkungen zwischen den in Abbildung 4 dargestellten Teilsystemen beziehen. Sie sollen jedoch an dieser Stelle nicht näher ausgeführt werden, da die beiden ersten Modulationsannahmen die Kernpostulate der Theorie bilden.

eigenen Bedürfnissen und eine übermäßige Sensibilisierung für selbstdiskrepante Objektwahrnehmungen. (vgl. Kuhl, 2001, S. 164ff; Kuhl & Kazén, 1997, S. 13).

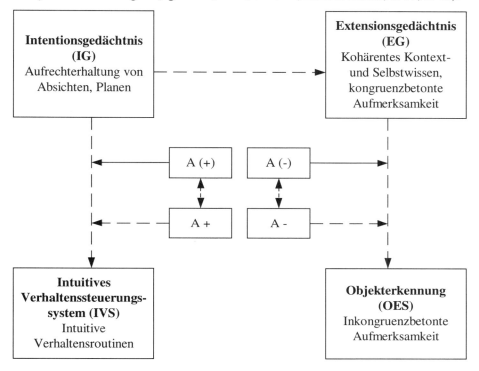

Gestrichelte Pfeile = Hemmung, Durchgezogene Pfeile = Bahnung
A (+) Herabregulierung positiven Affekts, A (-) Herabregulierung negativen Affekts
A + Erhöhung positiven Affekts, A - Erhöhung negativen Affekts

Abbildung 4: *Die zentralen Annahmen der Theorie der Persönlichkeits-System-Interaktionen (PSI-Theorie) nach Kuhl (2001, S. 165)*

Die bei lageorientierten Personen beobachteten Defizite in der Handlungssteuerung (d.h. verzögertes Umsetzen von Absichten sowie mangelnde Ablösung von kosten-intensiven und unrealistischen Zielen) lassen sich aus PSI-theoretischer Perspektive folgendermaßen erklären: Lageorientierung wird als dispositionelle Neigung charakterisiert, bei negativem Affekt aufgrund von aversiven Erfahrungen in der affektiven Lage zu verharren, d.h. einer Unfähigkeit „negativen Affekt *selbstgesteuert* herabzuregulieren" (Kuhl, 1998, S. 69). Die geringere Affektregulierungskompetenz von Lageorientierten (im Vergleich zu Handlungsorientierten) führt gemäß den beiden Modulationshypothesen dazu, dass einerseits der Beitrag zielorientierten Denkens an der willkürlichen Verhaltenssteuerung im Vergleich zur intuitiven Verhaltenssteuerung durch eingespielte Verhaltensroutinen überwiegt (woraus sich Zögerlichkeit bei der Handlungsinitiierung und mangelnde Ausdauer ergeben); andererseits treten holistische Repräsentationen des Selbst in den Hintergrund und gedankliche Intrusionen, die sich auf isolierte Einzelempfindungen beziehen, gewinnen die Oberhand (als Folge davon ergeben sich Introjektion fremder Erwartungen, Alienation, Grübeln).

Kuhl und Kazén (1994) wiesen nach, dass Lageorientierte in der Tat sehr viel stärker als Handlungsorientierte dazu neigen, Erwartungen anderer und fremdgesetzte Ziele als selbstgewählt fehlzuinterpretieren und diese zu „introjezieren". Diesen „introjezierten" Zielen fehle nun aber nach Kuhl (1992) der Zugang zu Zielablösungsmechanismen: „... access to self-regulatory *disengagement* functions is impaired if the content (die Intention, Anmerkung der Verfasserin) ... is in fact not compatible with the self and/or disconnected from it" (S. 111; Hervorhebung im Original). Diese Annahme basiert auf der Überlegung, dass man bei introjezierten Zielen über weniger klare „Stoppkriterien" verfüge als bei selbst gewählten und mit dem Selbst kompatiblen Zielen, da erstere weniger gut eingebettet sind in das weite Netz allgemeiner Ziele mit einer Vielzahl möglicher Handlungsergebnisse.

Folgt man den Überlegungen Klingers (1977) kann die Bindung an ein Ziel auch erst gelockert werden, wenn die Affektbesetzung des Ziels aufgelöst werden kann. Es ließe sich spekulieren, dass dies nur durch eine Umkonfiguration des Selbstsystems erreicht werden kann, was seinerseits den Zugang zum Extensionsgedächtnis erfordert. Die mit dem blockierten Ziel verbundenen Anreize müssen entweder mit anderen allgemeinen Ziele verknüpft werden oder aber, falls dies nicht möglich ist, müssen die tangierten Bedürfnisse in ihrer Bedeutsamkeit abgeschwächt werden. Wie sich der Zielablösungsprozess im einzelnen vollziehen könnte, dazu finden sich überraschenderweise in der PSI-Theorie keine Überlegungen.

Auch wenn Kuhls Ansatz im Gegensatz zu vielen anderen Motivationstheorien überhöhte Zielbindung und Ausdauer thematisiert, so konzentrieren sich seine Überlegungen auf das Misslingen der Zielablösung bei Lageorientierten. Der häufig durchaus adaptive Prozess der Ablösung von kostenintensiven oder unrealistischen Zielen wird nicht näher analysiert. Wie in folgendem Zitat zum Willensbegriff deutlich wird, misst offensichtlich Kuhl – wie Vertreter anderer motivations- und volitionspsychologischer Ansätze auch – der Zielverwirklichung größere Bedeutsamkeit bei als der Zielablösung. „Mit dem ... Willensbegriff wird eine Anzahl von zentralen Koordinationsfunktionen zusammengefasst, die darauf ausgerichtet ist, im Falle auftretender Realisierungsschwierigkeiten die Prozesse auf sämtliche Funktionsebenen der Persönlichkeit so auf einander abzustimmen, dass das *Beibehalten und Erreichen eines aktuellen Ziels* optimiert wird (Zielverwirklichung; Kuhl, 2001, S. 133; Hervorhebung durch die Autorin).

Zielablösung aus entwicklungspsychologischer Sicht

Während Kuhl die *misslingende* Zielablösung bei Lageorientierung betrachtet, wird im Rahmen der Analyse entwicklungsregulativer Prozesse im mittleren und höheren Erwachsenenalter erfolgreiche Zielablösung angesprochen. Im Mittelpunkt dieser von verschiedenen Entwicklungspsychologen (Paul und Margret Baltes, Jochen Brandtstädter, Jutta Heckhausen) vertretenen Forschungsrichtung stehen dabei persönliche Alltagsziele aus den unterschiedlichsten Lebensbereichen. Ein Grundgedanke ist, dass sich mit höherem Alter die Realisierungsbedingungen für bestimmte Ziele deutlich verschlechtern oder Realisierungsmöglichkeiten sogar völlig wegfallen.

Diese sich zunehmend verschlechternde Bilanz zwischen Gewinnen und Verlusten (J. Heckhausen, Dixon & Baltes, 1989), also die Häufung von Misserfolgen bei der Verwirklichung persönlicher Ziele, erfordert Bewältigungsstrategien, zu denen vor allem auch die Ablösung von unerreichbar gewordenen Zielen gehört.

In der Psychologie der Lebensspanne wird das Individuum als aktiver Gestalter seiner Entwicklung betrachtet, die sich im Wechselspiel zweier grundlegender Anforderungen vollzieht (z.B. P. Baltes & Baltes, 1989; J. Heckhausen, 1999; J. Heckhausen & Schulz, 1993; Marsiske, Lang, Baltes & Baltes, 1995): Einerseits müssen aus den vielfältigen Entwicklungsoptionen solche Zielbereiche ausgewählt werden, die vom Individuum erfolgreich realisiert werden können (z.B. Berufswahl, Partnerwahl); andererseits müssen Fehlschläge bei der Realisierung von Zielen bzw. das Wegfallen von Realisierungsmöglichkeiten bewältigt werden (z.B. Nachlassen der körperlichen Kräfte im Alter; das Verstreichen einer Entwicklungsfrist) (z.B. J. Heckhausen, Wrosch & Fleeson, 2001).

Das von P. Baltes und Baltes (1989, 1990; Marsiske et al., 1995) vorgestellte Modell Selektiver Optimierung mit Kompensation (SOK-Modell) – oder wie es auch bezeichnet wird Modell der Optimierung durch Selektion und Kompensation – greift genau diesen Grundgedanken auf. Es beschreibt Rahmenbedingungen für erfolgreiches entwicklungsbezogenes Zielstreben, das sich unter dem Einfluss altersabhängiger, historischer und nicht-normativer Faktoren vollzieht. Der ursprünglich als Modell erfolgreichen Alterns (P. Baltes & Baltes, 1989) formulierte Ansatz wird inzwischen für den gesamten Lebenslauf als gültig erachtet (Marsiske et al., 1995). Selektion, Optimierung und Kompensation werden als Prozesse konzeptualisiert, die Erfolg in der lebenslangen Entwicklung fördern. Erfolg wird dabei als Erreichung persönlicher Ziele verstanden, also die erfolgreiche Realisierung erwünschter und die Vermeidung unerwünschter Ereignisse (eine ausführlichere Diskussion zum Erfolgsbegriff findet sich z.B. bei M. Baltes & Carstensen, 1996 sowie bei Marsiske et al., 1995).

Der Begriff der *Selektion* wird von den Autoren sehr weit gefasst und bezieht sich nicht nur auf die *bewusste Wahl* bestimmter Ziele oder Entwicklungsdomänen. Es fallen darunter auch biologisch (z.B. die Körpergröße), aufgrund sozialer Normen (z.B. Schulpflicht) oder gesellschaftlich (z.B. Schichtzugehörigkeit) vorgegebene Festlegungen, die entwicklungsrelevant sind. Selektion bezieht sich somit auf „... the (conscious or unconscious) choice of particular domains or goals for continued development" (Marsiske et al., 1995, S. 45). *Optimierung* umfasst alle Prozesse, die zu einer erfolgreichen Zielrealisierung beitragen, wie beispielsweise der Erwerb bestimmter Kompetenzen oder das Verfeinern instrumenteller Handlungen. *Kompensation* beschreibt schließlich jene Prozesse, die auf den Plan treten, wenn sich das Individuum mit dem Verlust zielrelevanter Fähigkeiten oder Fertigkeiten oder dem Ausbleiben von Handlungsgelegenheiten konfrontiert sieht, das Ziel aber beibehalten werden soll. Alle Versuche, dasselbe Ziel auf anderem Wege doch noch zu erreichen, sind in diesem Sinne kompensatorisch.

Das SOK-Modell wird als abstraktes, übergreifendes Metamodell verstanden (Marsiske et al., 1995), dessen theoretische Annahmen weiterer Präzisierung und Konkretisierung bedürfen. J. Heckhausen und Schulz (1993) haben mit ihrem *Modell der Optimierung durch selektive und kompensatorische primäre und sekundäre Kontrolle* (OPS-Modell) eine derartige Präzisierung des SOK-Modells vorgenommen (siehe auch J. Heckhausen, 1997; J. Heckhausen & Schulz, 1995; Wrosch & Heckhausen, 1999). Die Autoren greifen dabei auf das Konzept primärer und sekundärer Kontrolle von Rothbaum, Weisz und Snyder (1982) zurück. Die beiden Kontrollarten werden folgendermaßen umschrieben:

> „Primary control pertains to attempts to change the external world so that it fits the needs and desires of the individual. Secondary control, by contrast, targets the internal world of the individual in efforts to 'fit in with the world'."
> (J. Heckhausen, 1997, S. 176).

Primäre Kontrolle besteht also in der aktiven Umgestaltung der Außenwelt, sekundäre Kontrolle hingegen in Veränderungen des Selbst durch kognitive Umstrukturierungen. Beide Kontrollformen lassen sich im Sinne der Selektion und Kompensation einsetzen; entsprechend werden selektive primäre, selektive sekundäre, kompensatorische primäre und kompensatorische sekundäre Kontrolle unterschieden (siehe Tabelle 1).

Tabelle 1: *Zweidimensionales Modell von primärer/sekundärer Kontrolle und Selektion/Kompensation*

	Selektion	Kompensation
Primäre Kontrolle	Einsatz internaler Ressourcen (z.B. Anstrengung, Zeit, aufgabeninhärente Fähigkeiten und Fertigkeiten)	Einsatz externaler Ressourcen (z.B. technische Hilfsmittel, Unterstützung anderer)
Sekundäre Kontrolle	Metavolition (z.B. Stärkung der Zielbindung, Fokussierung auf das Ziel, um sich nicht ablenken zu lassen)	Umgang mit Misserfolg (z.B. Zielwechsel, strategische soziale Vergleiche, selbstwertdienliche Attributionen)

nach J. Heckhausen und Schulz (1993, S. 296)

Hier soll nur auf jene Aspekte des OPS-Modells eingegangen werden, die sich auf die Situation beziehen, wenn Bemühungen um ein Ziel fehlgeschlagen sind und kompensatorische Strategien notwendig werden. Dies soll nach den Autoren vor allem im höheren Erwachsenenalter der Fall sein, wo sich das Individuum mit einer sich zunehmend verschlechternden Entwicklungsökologie konfrontiert sieht, wie zum Beispiel durch das Verstreichen bestimmter Entwicklungsfristen oder die zunehmende Anfälligkeit für Gesundheitsprobleme. Wenn sich die körperlichen oder geistigen Ressourcen des Individuums als ungenügend für die Erreichung eines bestimmten Ziels erweisen, setzt nach dem OPS-Modell zunächst *kompensatorische primäre Kontrolle* ein. Sie besteht darin, alternative Mittel und Wege zur Zielrealisierung zu suchen (z.B. Hilfe anderer Personen einholen, technische Hilfsmittel oder andere Handlungsstrategien einsetzen), also sich weiter aktiv für das Ziel einzusetzen. Schlagen jedoch auch diese Bemühungen fehl, wird die *kompensatorische sekundäre Kontrolle* relevant, die die negativen Effekte des Misserfolgs auf den Selbstwert und das Befinden der Person abmildern hilft. Sie umfasst verschiedene Strategien, darunter selbstwertdienliche Attributionen, nach unten gerichtete soziale Vergleiche und vor allem die Ablösung vom unerreichbar gewordenen Ziel.

Eine mit dem Ansatz von Heckhausen und Schulz eng verwandte theoretische Konzeption stammt von Brandtstädter und Kollegen (Brandtstädter & Greve, 1994; Brandtstädter & Renner, 1990; Brandtstädter & Rothermund, 1994). Auch sie unterscheiden zwischen einerseits auf die Außenwelt und andererseits auf innere Zustände gerichteten Bewältigungsaktivitäten bei wahrgenommenen Diskrepanzen zwischen erwünschten und tatsächlichen Entwicklungsverläufen. Sie sprechen in diesem Zusammenhang von *Assimilation* und *Akkomodation*, wobei Assimilation die selektive primäre, selektive sekundäre sowie kompensatorische primäre Kontrolle bei Heckhausen und Schulz umfasst, während Akkomodation sich mit kompensatorischer sekundärer Kontrolle deckt. Akkomodative Tendenzen setzen nach Brandtstädter und Renner (1990) dann ein, wenn das Individuum feststellt, dass seine gegenwärtige Entwicklungssituation unbefriedigend ist, die eigenen Veränderungsmöglichkeiten zu gering und vor allem nicht veränderbar sind und darüber hinaus auch keine externe Hilfe verfügbar ist. Der subjektiv wahrgenommene Kontrollverlust führe zu einer vorübergehenden Phase der Desorganisation und Orientierungslosigkeit, die von depressiven Gefühlen begleitet wird. Diese krisenhafte Phase findet dann ein Ende, wenn sich die Person von blockierten Zielen gelöst hat und sich an neuen Zielen orientiert. Zielablösung ist – wie im Ansatz von Heckhausen und Schulz auch – nur eine von verschiedenen akkomodativen Strategien. Andere sind beispielsweise die Senkung des Anspruchsniveaus, die kognitive Umstrukturierung der belastenden Situation („dem Leid einen Sinn geben") sowie die Abwertung des Ziels.

Allen drei Ansätzen (SOK-Modell, OPS-Modell und Ansatz zu Assimilation vs. Akkomodation) ist eine Grundannahme gemeinsam, die in den beiden folgenden Zitaten angesprochen ist:

„The basic assumption is that individuals in general adapt their regulatory strategies to the opportunities and constraints encountered in a given situation." (J. Heckhausen, 1997, S. 177)

„The gist of our argument was that a growing impact of uncontrollable events on personal development favors an increasing dominance of accomodative over assimilative modes of coping ... and that this shift helps the aging individual to maintain a sense of well-being and satisfaction." (Brandtstädter & Renner, 1990, S. 65)

Es wird also davon ausgegangen, dass sich das Individuum den gegebenen Entwicklungsbedingungen flexibel anpasst und ihm die Verarbeitung erlebter Rückschläge oder unüberwindbar erscheinender Schwierigkeiten bei der Zielverfolgung erfolgreich gelingt. Diese Annahme führt schließlich zu der Vorhersage, dass ältere Menschen, die sich mit einer zunehmend verschlechternden Gewinn-Verlust-Bilanz und damit sich drastisch verschlechternden Realisierungsbedingungen für bestimmte Ziele konfrontiert sehen (J. Heckhausen, Dixon & Baltes, 1989), andere Kontroll- bzw. Bewältigungsstrategien einsetzen als jüngere Menschen. Im einzelnen wird vorhergesagt, dass ältere Menschen im Vergleich zu jüngeren Menschen mehr kompensatorische (insbesondere kompensatorische sekundäre) bzw. mehr akkomodative Strategien einsetzen. In einer Reihe von Untersuchungen konnte diese Annahme bestätigt werden. Ältere im Vergleich zu jüngeren Menschen tendierten mehr zu selbstwertdienlichen Kognitionen (z.B. Identifikation mit statushöheren sozialen Bezugsgruppen; Interpretation des Alters als „die schönste Zeit im Leben") und zeigten ein höheres Maß an flexibler Zielanpassung, in dem sie unerreichbar gewordene Ziele zugunsten anderer, altersangemessener Zieldomänen aufgaben (Brandtstädter & Renner, 1990; Brandtstädter & Rothermund, 1994, J. Heckhausen, 1997; J. Heckhausen, Wrosch & Fleeson, 2001; Wrosch & Heckhausen, 1999; Rothermund, Dillmann & Brandtstädter, 1994).

Wie Brandtstädter und Rothermund (1994) feststellen „... even when particular goals become unattainable, a sense of control and self-esteem can be maintained by shifting preferences in ways that keep goals commensurate with resources and situational constraints" (Brandtstädter & Rothermund, 1994, S. 271). Die Fähigkeit, sich von unerreichbar gewordenen Zielen zu lösen, seine Situation zu akzeptieren und ihr sogar positive Seiten abzugewinnen, sichert demnach älteren Menschen den Erhalt ihres Selbstwerts und ein hohes Maß an Lebenszufriedenheit.

Die zieltheoretische Analyse der Entwicklung im höheren Erwachsenenalter stellt einen gelungenen Versuch dar, Erkenntnisse zu den handlungsregulativen Prozessen beim Zielstreben auf entwicklungspsychologische Fragen zu übertragen (siehe dazu insbesondere J. Heckhausen, 1999). Besonders relevant sind in diesem Zusammenhang Fragen der Zielablösung, da die sich im Alterungsprozess ergebenden objektiven Restriktionen das Verfolgen bestimmter Ziele unmöglich machen.

Abschließend soll eine Reihe von offenen Fragen und kritischen Punkten diskutiert werden. Obwohl in den genannten Forschungsansätzen die Bedeutung von Zielablösungsprozessen übereinstimmend hervorgehoben wird, sind die theoretischen Aussagen zu den Bedingungen und dem genauen Verlauf von Zielablösungsprozessen wenig präzise. Zum einen wird im Zusammenhang mit akkomodativen bzw. kompensatorischen sekundären Kontrollstrategien Zielablösung in einem Atemzug mit anderen Bewältigungsstrategien genannt (z.B. selbstwertdienliche Attributionen, strategische soziale Vergleiche), so dass man nicht weiß, wann die eine oder andere Strategie zum Einsatz kommt. Der Befund, dass ältere Menschen in querschnittlich angelegten Fragebogenuntersuchungen über mehr selbstwertdienliche soziale Vergleiche berichten und angeben, sich leichter von unerreichbaren Zielen zu lösen als jüngere Menschen, sagt eben noch nichts über den Bewältigungsverlauf aus. Zum anderen hat das Postulat, dass sich Individuen flexibel an die jeweils gegebenen Entwicklungsumstände anpassen, den Blick auf die Bedingungen für erfolgreiche Zielablösung verstellt. Selbst wenn es insgesamt älteren Menschen relativ gut gelingt, verlustreiche und für sie unerreichbar gewordene Ziele aufzugeben, so gibt es doch innerhalb dieser Gruppe noch genügend interindividuelle Unterschiede hinsichtlich der Fähigkeit zur Zielablösung, die aufgeklärt werden müssen. Zwar finden sich bei Brandtstädter und Kollegen (z.B. Brandtstädter & Greve, 1994; Brandtstädter & Renner, 1990; Rothermund, Dillmann & Brandtstädter, 1994) vereinzelte Hinweise zu situativen und personspezifischen Bedingungen, die bestimmen, wann, unter welchen Umständen und wie lange in einer Bewältigungssituation Prozesse der einen oder anderen Modalität dominieren. Diese Annahmen sind jedoch bislang nicht in einen stringenten theoretischen Rahmen zur Erklärung von Zielablösung eingebunden. Laut Rothermund, Dillmann und Brandtstädter (1994) „...werden akkomodative Revisionen des individuellen Ziel- und Anspruchsgefüges ... durch Faktoren wie die

Verfügbarkeit entlastender Interpretationen und Vergleichsperspektiven, die Substituierbarkeit von Zielen und die adaptive Flexibilität des individuellen Selbst- und Lebensentwurfs begünstigt" (S. 251; siehe dazu auch Beckmann, 1994). Zur Frage, ob es weitere Faktoren gibt, die die Ablösung von Zielen begünstigen, liegen derzeit keine Erkenntnisse vor.

Fazit

Die dargestellten theoretischen Ansätze zeichnen ein facettenreiches Bild der Zielablösung. Nach den Überlegungen Klingers stellt sich der Prozess der Zielablösung als schwieriger, emotional belastender Prozess dar, dem Widerstände entgegenstehen. Die Ablösung von einem Ziel bewirkt nach Klinger einen ebenso tiefgreifenden psychischen Wandel, wie die ursprüngliche Entscheidung für ein Ziel, das sich auf die Erlangung persönlich bedeutsamer Anreize bezieht (commitment). Die Erfahrung zu machen, dass bestimmte Anreize nicht zu erreichen sind, löst zunächst vermehrte Anstrengung für das Ziel aus, die jedoch bei weiterer Erfolglosigkeit in Resignation mündet. Erst wenn aufgrund der damit verbundenen depressiven Verstimmung und allgemeinen „Interesselosigkeit" die Bindung an die ursprünglichen Anreize erloschen ist, kann die sog. Erholungsphase einsetzen, in der sich die Person neuen Anreizen und Zielen zuwendet. In Klingers zieltheoretischem Ansatz spielen also Anreize die zentrale Rolle (und zwar in erster Linie erwünschte, durch eigenes Handeln angestrebte Anreize), und es stehen die *affektiven Begleiterscheinungen* der Zielablösung im Vordergrund. Die Überzeugung, dass das Festhalten an unerreichbaren Zielen mit Depression verbunden ist, findet sich auch bei Kuhl und in den entwicklungspsychologischen Arbeiten (Baltes & Baltes, J. Heckhausen, Brandtstädter), wobei dort – anders als bei Klinger – der Depression nicht in dem Maße ein funktionaler Wert zugemessen wird.

Kuhls Ansatz betont neben affektiven Konsequenzen darüber hinaus *kognitive Begleiterscheinungen* nicht erfolgender Zielablösung, wie beispielsweise die Anfälligkeit für Grübeln (siehe auch Martin & Tesser, 1989, 1996; sowie Beckmann, 1994). Die Unfähigkeit, sich von unerreichbaren Zielen zu lösen, wird bei Kuhl als eine Facette der Persönlichkeitsdisposition zur Lageorientierung betrachtet, die sich ihrerseits aus einer spezifischen Systemkonstellation kognitiver, emotionaler und motivationaler Makrosysteme ergibt. Auf *Persönlichkeitsunterschiede* zielt auch der Ansatz von Brandtstädter und Renner (1990) ab. Mit ihren Skalen zur Erfassung der Tendenzen zur „hartnäckigen Zielverfolgung" bei Schwierigkeiten einerseits und zur „flexiblen Zielanpassung" in aussichtslosen Handlungssituationen andererseits erfassen sie interindividuelle Unterschiede im Hinblick auf assimilative und akkomodative Bewältigungsstrategien.

Insgesamt thematisieren die in diesem Kapitel dargestellten theoretischen Ansätze in erster Linie die *Folgen* ausbleibender Zieldistanzierung. Offen bleibt, unter welchen *situativen Bedingungen* es Personen schwerer oder leichter fällt, sich von verlustreichen oder unerreichbaren Zielen zu lösen, und wie sich die Zielablösung im einzelnen vollzieht. Die Vernachlässigung der Analyse erschwerender bzw. erleichternder Bedingungen für die Zielablösung liegt nach Meinung der Autorin der vorliegenden Arbeit in dem paradoxen Sachverhalt begründet, dass die Ablösung von

einem Ziel entweder als generell schwierig (Klinger) oder aber als generell unproble-
matisch (Brandtstädter, J. Heckhausen; siehe auch Carver & Scheier, 1990) betrachtet wurde. Zu letzterem Punkt sei die in der Alternsforschung vorherrschende For-
schungsstrategie angeführt, jüngere mit älteren Menschen hinsichtlich ihrer Ziele und
Bewältigungsstrategien zu vergleichen. Durchwegs fand man, dass alten Menschen
die flexible Anpassung an sich verschlechternde Realisierungsbedingungen (wie z.B.
durch die Aufgabe unerreichbarer Ziele) insgesamt ganz gut gelingt. Durch den Vergleich zwischen jüngeren und älteren Menschen traten Unterschiede zwischen alten
Menschen in der Fähigkeit, sich von Zielen zu lösen, in den Hintergrund.

5 Ein nutzen-kosten-theoretisches Modell der Persistenz und der Zielablösung

Einführung

Der Ausgangspunkt der vorliegenden Arbeit war im ersten Kapitel die Feststellung, dass für erfolgreiches Zielstreben gleichermaßen die ausdauernde Zielverfolgung wie die rechtzeitige Zielablösung bei zu großen Schwierigkeiten im Handlungsverlauf wichtig ist. Die Tatsache, dass letzteres Menschen nicht immer gelingt und dies mit vielfältigen negativen Konsequenzen verbunden ist, unterstreicht die Notwendigkeit, das Festhalten an unerreichbaren Zielen bzw. verlustreichen Handlungen genauer zu analysieren. Diese Analyse wurde im Rahmen der organisations- und sozialpsychologisch ausgerichteten „escalation of commitment"- bzw. „entrapment"-Forschung vorwiegend in ökonomischen Kontexten vorgenommen (siehe Kapitel 2 der vorliegenden Arbeit). Demgegenüber haben sich Motivations- und Volitionspsychologie bis auf wenige Ausnahmen (z.B. Brunstein, 1993; Kuhl & Beckmann, 1994b; Martin, Tesser & McIntosch, 1993) nicht explizit mit dem Festhalten an problematischen Zielen befasst; sie bieten jedoch vielfältige Erkenntnisse zur Regulation des Zielstrebens (siehe Kapitel 3 und 4), die auch für die Erklärung von „escalation of commitment" und „entrapment" von Bedeutung sind, wenn man – wie in der vorliegenden Arbeit gefordert – das Festhalten an einem problematischen Ziel (und damit mangelnde Zielablösung) als spezielle Form des Zielstrebens betrachtet.

Im Weiteren sollen zunächst die in den Kapiteln 2 bis 4 besprochenen Ansätze zum Festhalten an verlustreichen Handlungen („escalation of commitment" bzw. „entrapment"; siehe Kapitel 2) sowie zu Persistenz und Zielablösung (siehe Kapitel 3 und 4) in einer Synopse einander gegenüber gestellt werden. Dabei wird es darum gehen, die zentralen Ergebnisse dieser Arbeiten noch einmal im Überblick zu präsentieren und aufzuzeigen, wo sie sich decken oder aber einander ergänzen. Im Anschluss daran wird das im Rahmen dieser Arbeit entwickelte Nutzen-Kosten-Modell der Persistenz und Zielablösung präsentiert, in dessen Mittelpunkt eine differenzierte Analyse handlungsleitender Anreize steht. Ziel dieses Modells ist, die zentralen Erkenntnisse der beiden unabhängig voneinander existierenden Forschungsbereiche (d.h. der sozial- und organisationspsychologischen Forschung zum Festhalten an verlustreichen Zielen einerseits, der motivations- und volitionspsychologischen Forschung zur Ausdauer beim Zielstreben sowie zur Ablösung von Zielen andererseits) in einem theoretischen Rahmen zu integrieren. Dieses Nutzen-Kosten-Modell soll insgesamt zu einem umfassenderen Verständnis der handlungsregulativen Prozesse von Ausdauer und Zielablösung beitragen, als dies aufgrund der vorliegenden theoretischen Formulierungen möglich ist. Gemäss dem Postulat, dass das Festhalten an problematischen Zielen als spezielle Form des Zielstrebens zu betrachten ist, muss das Modell nicht nur Vorhersagen erlauben, unter welchen Bedingungen das Festhalten an problematischen Zielen verstärkt bzw. die Ablösung von solchen Zielen erleichtert wird, sondern sich auch auf Fragen der Ausdauer und Zielablösung im allgemeinen (d.h. auch bei unproblematischen Handlungsverläufen) anwenden lassen.

Synopse der bisher dargestellten theoretischen Ansätze

Die im Rahmen dieser Arbeit referierten Forschungsansätze sind in Tabelle 2 noch einmal im Überblick dargestellt (Erläuterungen siehe nach der Tabelle).

Tabelle 2: *Tabellarische Übersicht über die Forschung zum Festhalten an verlustreichen Handlungen („escalation of commitment" bzw. „entrapment") sowie zu Persistenz und Zielablösung*

Forschungs-ansatz	Prädiktoren	Anreize ZV	Anreize ZA	Erwart.	Vol. Mech.[a]
„Escalation of commitment"/ „entrapment"	Ertrag des Projekts (z.B. Rubin & Brockner, 1975)	X			
	Zukünftiger Aufwand (z.B. Brockner et al., 1981)	X			
	Erfolgserwartung (z.B. Schulz-Hardt et al., 1999)			X	
	Misserfolgsattribution (z.B. Staw & Ross, 1978)			X	
	Kosten bei Projektabbruch (z.B. Staw & Ross, 1987)		X		
	Alternativen (z.B. Northcraft & Neale, 1986)	X	X		
	Bisherige Investitionen (Arkes & Blumer, 1985)		X		
	Interner/externer Rechtfertigungsdruck (z.B. Brockner, 1992)		X		
	Konkurrenzsituation (z.B. Teger, 1980)		X		
	Identifikation mit dem Projekt (z.B. Staw & Ross, 1987)	X			
	Risikoneigung in Verlust-situationen (z.B. Whyte, 1993)		X		
	Institutionalisierung und politischer Rückhalt (z.B. Staw & Ross, 1987)		X		

Forschungs-ansatz	Prädiktoren	Anreize ZV	Anreize ZA	Erwart.	Vol. Mech.[a]
Persistenz aus Sicht der Motivations-psychologie	Ausprägung des Leistungsmotivs und Aufgabenschwierigkeit (z.B. Feather, 1961)	X		X	
	Tätigkeitsanreize (z.B. Rheinberg, 1989)	X			
	Attribution für ein hilflosigkeits-erzeugendes Ereignis (Abramson et al., 1978)			X	
	Selbstwirksamkeitsüberzeu-gungen (z.B. Bandura, 1977)			X	
	Lern- bzw. Leistungsziele (z.B. Dweck, 1991)	X			
Persistenz aus Sicht der Volitions-psychologie	Planende Bewusstseinslage (z.B. Gollwitzer, 1990)				X
	Handlungskontrollstrategien (z.B. Kuhl, 1982)				X
	Erhöhung der Volitionsstärke nach identitätsrelevantem Misserfolg (z.B. Brunstein, 1995)	(X)[b]			X
Zielablösung aus Sicht der Motivations-, Volitions- und Entwicklungs-psychologie	Depressionsphase im Zielbindungs-Zielablösungs-Zyklus (z.B. Klinger, 1975)	X			X
	Handlungs-/Lageorientierung (z.B. Kuhl & Beckmann, 1994b)				X
	Optimierung durch kompensa-torische sekundäre Kontrolle (z.B. J. Heckhausen, 1997)				X
	Akkomodation (z.B. Brandtstädter & Renner, 1990)				X

Anmerkung: [a] ZV = Zielverfolgung, ZA = Zielabbruch, Erwart. = Erwartung, vol. Mech. = volitionaler Mechanismus; [b] Die Klammern deuten an, dass Anreize nicht im Mittelpunkt des theoretischen Interesses stehen, ihre Bedeutung dennoch anerkannt wird.

Aufgeführt sind die Einflussfaktoren, die bei der Untersuchung des Festhaltens an verlustreichen Handlungen bzw. von Persistenz und Zielablösung als unabhängige Variablen bzw. Prädiktoren herangezogen wurden. Außerdem wurde eine Zuordnung dieser Faktoren zu den übergeordneten theoretischen Konstrukten „Anreize der Ziel-verfolgung", „Anreize des Zielabbruchs", „Erwartung" sowie „volitionaler Mechanismus" vorgenommen. Dieser Zuordnung liegt die zentrale Annahme zugrunde, dass „Verhalten von vorweggenommenen Zielzuständen des Verhaltens geleitet wird" (H. Heckhausen, 1980, S. 172). Eng verbunden mit einem so verstandenen Zielkonzept ist das des *Anreizes*. Wie Heckhausen ausführt, haben „bestimmte Objekte oder Ereignisse, die den Zielzustand ausmachen oder mit ihm zusammenhängen, die ihn bedrohen oder vereiteln, eine herausgehobene positive oder negative Bedeutung. Diese Objekte oder Ereignisse besitzen einen entsprechenden positiven oder negativen Anreiz." (S. 173)

Auch wenn hier der Akzent ganz offensichtlich auf angestrebten bzw. zu vermeidenden *Zielzuständen* liegt, so lassen sich darunter doch sehr gut auch die angenehmen und unangenehmen Aspekte der zielrealisierenden Handlung selbst, also die Tätigkeitsanreize (Rheinberg, 1989), fassen.

Handeln wird jedoch nicht nur vom Wissen um die angestrebten oder befürchteten Tätigkeitsmerkmale und Zielzustände geleitet; eine weitere wichtige Determinante sind die *Erwartungen*, die das handelnde Individuum im Hinblick auf das Eintreten positiver und negativer Anreize hat. Diese Annahme findet sich im ganzen Spektrum erwartung-wert-theoretischer Ansätze wieder (z.B. Atkinson, 1957; Feather, 1982; Fishbein & Ajzen, 1975; H. Heckhausen, 1977; Lewin, Dembo, Festinger & Sears, 1944; Rotter, 1954; Tolman, 1959; Vroom, 1964; für einen Überblick siehe H. Heckhausen, 1980). Schließlich muss das Zielstreben von *volitionalen Mechanismen* unterstützt werden, die die Bewältigung der vielfältigen Anforderungen beim Handeln erst möglich machen (z.B. H. Heckhausen, 1987b; Kuhl, 1987).

Insgesamt macht die referierte Forschung deutlich, dass Persistenz bei der Verfolgung von Handlungszielen bzw. die Ablösung von Zielen dem Einfluss motivationaler (d.h. Anreize und Erwartungen) wie auch volitionaler (z.B. spezifische kognitive Orientierung; Einsatz von Handlungskontrollstrategien) Faktoren unterliegen.

Die Forschung zum Festhalten an verlustreichen Handlungen. Die Forschungsergebnisse der „escalation of commitment"- bzw. „entrapment"-Studien (siehe Kapitel 2 der vorliegenden Arbeit; für eine Zusammenfassung siehe Staw & Ross, 1987), spiegeln die prominente Rolle von Anreizen und der auf sie bezogenen subjektiven Wahrscheinlichkeiten (Erwartungen) wider (siehe Tabelle 2). Insgesamt fällt auf, dass wesentlich häufiger Anreiz- als Erwartungsaspekte untersucht wurden. Alle aufgelisteten anreizbezogenen Faktoren lassen sich entweder als Anreize der Zielverfolgung oder aber als Anreize des Zielabbruchs identifizieren.

Als *positive Anreize der Zielverfolgung* lassen sich der erwartete Ertrag des Projekts und die Identifikation (Relevanz für die Identität) mit dem Projekt verstehen. *Negative Anreize der Zielverfolgung* liegen im zukünftigen Aufwand, der mit dem Projekt verbunden ist, sowie in der Existenz von Alternativen, die einem entgehen (sog. Opportunitätskosten). Interessant ist, dass in verschiedener Ausprägung die *negativen Anreize* des Projekt- bzw. *Zielabbruchs* als Determinante für das Festhalten an verlustreichen Handlungen in Erscheinung treten (z.B. Kosten bei Projektabbruch, Mangel an Alternativen, Verlust bisheriger Investitionen, interner oder externer Rechtfertigungsdruck, Konkurrenzsituation, Risikoneigung in Verlustsituationen, Institutionalisierung und politischer Rückhalt).

Persistenz aus Sicht der Motivationspsychologie. Die Bedeutung von Anreizen und Erwartungen wird auch in der motivationstheoretischen Persistenzforschung (siehe Kapitel 3) deutlich, die u.a. zeigt, dass in Abhängigkeit von der individuellen

Ausprägung des *Leistungsmotivs* (Hoffnung auf Erfolg vs. Furcht vor Misserfolg) solche Aufgaben mit der größten Ausdauer verfolgt werden, bei denen die in der antizipierten affektiven Selbstbewertung liegenden Anreize (Stolz bei Erfolg bzw. Beschämung bei Misserfolg) am stärksten sind. Die Anreizstärke wird in diesem Ansatz als direkt abhängig vom Schwierigkeitsgrad bzw. der Erfolgserwartung der betreffenden Aufgabe konzeptualisiert.

In der Analyse von *Tätigkeitsanreizen* werden nicht die an die Ergebnis-Konsequenzen geknüpften Anreize, sondern die einer Handlung inhärenten Anreize beachtet (z.B. Rheinberg, 1989). Arbeiten zur *Gelernten Hilflosigkeit* (z.B. Abramson, Seligman & Teasdale, 1978) und zur *Selbstwirksamkeitstheorie* (z.B. Bandura, 1991) betonen hingegen die Bedeutung von Erwartungen, angestrebte Handlungsergebnisse durch eigenes Handeln erreichen zu können. In diesen reinen Erwartungstheorien werden Anreize nicht explizit berücksichtigt. Dwecks Zieltheorie (Dweck, 1991) thematisiert wieder sowohl Tätigkeitsanreize als auch über Ergebnis-Konsequenzen vermittelte Anreize der Zielverfolgung. Erwartungen spielen hier insofern keine Rolle, als Personen mit Lern- bzw. Leistungszielen *sicher* sind, bei der Aufgabenbearbeitung neue Kompetenzen zu gewinnen bzw. etwas über ihre Leistungsfähigkeit zu erfahren.

Persistenz aus Sicht der Volitionspsychologie. Die volitionspsychologischen Überlegungen zur Regulation von Ausdauer (siehe Kapitel 3) knüpfen an die Erkenntnisse der motivationspsychologischen Persistenzforschung an, indem sie die Bedeutung von Anreizen und Erwartungen für die Handlungssteuerung anerkennen, gehen aber insofern über sie hinaus, als sie spezifische *volitionale Mechanismen* postulieren, die die Zielrealisierung unterstützen. So wird im Rubikonmodell der Handlungsphasen (zusammenfassend Gollwitzer, 1990) eine bestimmte kognitive Orientierung (die sog. planende Bewusstseinslage) postuliert, die mit der verbindlichen Entscheidung für ein Ziel (Intentionsbildung) einsetzt und mit einer spezifischen kognitiven Repräsentation anreiz- und erwartungsbezogener Inhalte verbunden ist. In der *planenden Bewusstseinslage* sollen realisierungsbezogene Informationen bevorzugt verarbeitet (Handlungsgelegenheiten, Handlungsstrategien) werden, während anreiz- und erwartungsbezogene Informationen in den Hintergrund treten; gleichzeitig wird postuliert, dass die Realisierbarkeit des in Frage stehenden Ziels illusionär optimistisch eingeschätzt (Gollwitzer & Kinney, 1989; Taylor & Gollwitzer, 1995, Studien 1 und 2) und auf solche Anreize einseitig fokussiert wird, die die ausdauernde Verfolgung des Ziels unterstützen (Taylor & Gollwitzer, 1995, Studie 3).

Auch in der Handlungskontrolltheorie von Kuhl (1984) findet sich der explizite Hinweis auf die Bedeutung von Anreizen für die Handlungssteuerung. Im Falle einer sich abschwächenden Motivationstendenz (im Sinne eines nachlassenden Handlungseifers) steht danach zum Beispiel die *Handlungskontrollstrategie* der *Motivationskontrolle* zur Verfügung, bei der man sich deutlich die für die Zielverfolgung sprechenden Anreize vor Augen führt („Anreizeskalation").

Schließlich ist noch Brunsteins (1995) zielpsychologische Analyse der Leistung nach Misserfolg anzuführen. Anreize werden in diesem Ansatz zwar nicht explizit angesprochen, spielen aber im Sinne übergeordneter selbstdefinitorischer *Identitätsziele* eine bedeutsame Rolle. Demnach haben Handlungen, die für die Identität der Person relevant sind, hohen Anreiz. Die Erhöhung der Volitionsstärke nach einem identitätsrelevanten Misserfolg kann wiederum als volitionaler Mechanismus zur Unterstützung der Zielrealisierung verstanden werden.

Zielablösung aus Sicht der Motivations-, Volitions- und Entwicklungspsychologie. Abschließend sollen noch die in Kapitel 4 referierten Ansätze zur Zielablösung zu Sprache kommen. Wie Klinger (1975) in seinen Arbeiten zur *Bindung und Lösung von Anreizen* (commitment-disengagement cycle) ausgeführt hat, schafft die Entscheidung für ein Ziel (commitment), das sich ja auf die Erlangung bestimmter Anreize (bestimmter erwarteter Befriedigungen) bezieht, einen spezifischen psychischen Zustand, der nur mit Schwierigkeiten – nach Durchlaufen einer depressiven Phase – wieder aufgelöst werden kann. Die Ablösung von einem Ziel ist zudem um so schwieriger, je stärker (im Sinne persönlicher Bedeutsamkeit) die mit ihm verbundenen Anreize sind.

Nach Kuhls (1984) *Handlungskontrolltheorie* ist die rechtzeitige Ablösung von problematischen Zielen eine Frage der Kontrollorientierung der Person. Aufgrund einer mit Lageorientierung verbundenen spezifischen Konstellation der an der volitionalen Steuerung beteiligten Makrosysteme fällt es lageorientierten im Vergleich zu handlungsorientierten Personen wesentlich schwerer, sich von unrealistischen Zielen zu lösen. Den mit einem konkreten Ziel verbundenen Anreizen kommt in dieser theoretischen Konzeption keine Bedeutung zu.

Einen Sonderfall stellen die *entwicklungspsychologischen Überlegungen* zur Ablösung von Zielen dar (z.B. Brandtstädter & Renner, 1990; J. Heckhausen, 1997), da sie nicht systematisch die Bedingungen analysieren, unter denen die Zielablösung besser oder weniger gut gelingt – daher ist ihre Einordnung in Tabelle 2 auch nur beschränkt zutreffend. Die Ablösung von inadäquaten Zielen ist nach Auffassung dieser Autoren ein natürlicherweise auftretender und damit quasi automatisch einsetzender adaptiver (volitionaler) Mechanismus, wenn sich die Entwicklungsbedingungen verschlechtern. Folgerichtig diskutieren die Autoren auch die Schwierigkeiten und Konflikte, die mit der Zielablösung verbunden sein können.

Defizite der referierten Forschungsansätze. Die Forschung zum Festhalten an verlustreichen Handlungen („escalation of commitment" bzw. „entrapment") sowie die motivations- und volitionspsychologische Forschung zu Persistenz und Zielablösung ergänzen sich in verschiedener Hinsicht, weisen aber auch gewisse Defizite auf:

1. Ein Beitrag der volitionspsychologischen Forschung zu Persistenz und Zielablösung, der die „escalation of commitment" und „entrapment"-Forschung bereichern könnte, bezieht sich auf volitionale Mechanismen zur Unterstützung der Zielrealisierung. Eine Frage in diesem Zusammenhang betrifft die kognitive Repräsentation zielbezogener Anreize in der Phase der Zielrealisierung. Mit der verbindlichen Festlegung auf ein Ziel und der Initiierung zielrealisierenden Handelns sollen gemäss volitionspsychologischen Überlegungen vor allem jene zielbezogenen Anreize repräsentiert sein, die für die Zielverfolgung sprechen. Eine Analyse der *kognitiven Repräsentation zielbezogener Anreize* ist ein wichtiger Schritt, wenn man die vermittelnden Mechanismen von „escalation of commitment" bzw. „entrapment", aber auch allgemeiner von Ausdauer und Zielablösung verstehen möchte.

2. Die Arbeiten zum Festhalten an verlustreichen Handlungen legen nahe, dass handlungsleitende Anreize einer differenzierteren Analyse unterzogen werden

müssen, als dies in der motivations- und volitionspsychologischen Forschung bislang gemacht wurde. Es sind nicht nur die *Anreize der Zielverfolgung*, sondern auch die *Anreize des Zielabbruchs* zu berücksichtigen. Das Phänomen, dass jemand an einem unrealistischen und mit vielen Unannehmlichkeiten verbundenen Ziel festhält, lässt sich durch die alleinige Betrachtung der (mir ihrer Eintretenswahrscheinlichkeit gewichteten) Zielverfolgungsanreize nicht erklären. Warum sollte jemand, für den die zielführenden Handlungen in hohem Maße aversiv sind und auch das Ziel selbst keinen Reiz mehr besitzt, dennoch an ihm festhalten? Dieser scheinbar paradoxe Sachverhalt klärt sich, wenn man die Anreize des Zielabbruchs mit in die Analyse einbezieht. So ließe sich vermuten, dass man deshalb an einem solch problematischen Ziel festhält, weil der Zielabbruch negative Konsequenzen nach sich zieht, und man diese vermeiden möchte.

3. In keinem der genannten Ansätze werden schließlich die besonderen affektiven Merkmale einer Annäherungs- und Vermeidungsorientierung analysiert, die mit der Fokussierung auf positive bzw. negative Anreize gegeben sind (z.B. Higgins, 1997). Die Analyse von Ausdauer und Zielablösung könnte damit um emotionale Aspekte erweitert werden.

Das im Rahmen dieser Arbeit entwickelte *nutzen-kosten-theoretische Modell der Persistenz und Zielablösung* greift diese drei Punkte auf. In seinem Mittelpunkt steht die Analyse (a) der kognitiven Repräsentation handlungsleitender Anreize, (b) der spezifischen Anreizkonstellationen, die Persistenz bzw. den Impuls zur Zielablösung verstärken oder vermindern, sowie (c) der Auswirkungen der mit bestimmten Anreizkonstellationen verbundenen Annäherungs- oder Vermeidungsorientierung auf das emotionale Erleben.

Bevor das Nutzen-Kosten-Modell der Persistenz und Zielablösung vorgestellt wird, soll zunächst dargelegt werden, in welchem Sinne hier die Begriffe *Nutzen* und *Kosten* verwendet werden.

Nutzen und Kosten: Begriffsbestimmungen

Die positiven und negativen Anreize der Zielverfolgung und des Zielabbruchs werden hier als *Nutzen* und *Kosten* von *Zielverfolgung* und *Zielabbruch* bezeichnet.

Unter den *Nutzenbegriff* werden sowohl die in der Tätigkeit selbst liegenden (Rheinberg, 1989) als auch die über die Ergebnis-Folgen (H. Heckhausen, 1977) vermittelten positiven Anreize subsumiert. Diese positiven Ergebnis-Folgen können nach H. Heckhausens (1977) Klassifikation bestehen in Selbstbewertung, Fremdbewertung, Annäherung an ein Oberziel oder sog. Nebenwirkungen, die inhaltlich unabhängig sind von den ursprünglich intendierten Ergebnis-Folgen. Es sind all jene Aspekte, die die Zielverfolgung bzw. den Zielabbruch angenehm oder erstrebenswert erscheinen lassen. Analoges gilt für den *Kostenbegriff*. All das, was die Zielverfolgung selbst bzw. den Vollzug des Zielabbruchs unangenehm macht, zählt hier ebenso wie deren negativen Ergebnis-Konsequenzen zu dieser Kategorie. Darunter fallen auch die in der Ökonomie als *Opportunitätskosten* bezeichneten Kosten, die definiert werden als „...cost in terms of the value of the alternatives or other opportunities which have to be foregone in order to achieve a particular thing" (Bannock, Baxter &

Rees, 1985). Das Verpassen von Alternativen zum aktuellen Ziel ist demnach ein Kostenfaktor der weiteren Zielverfolgung.

Zielbezogene Nutzen und Kosten lassen sich ganz unabhängig vom Abstraktionsgrad des Ziels bestimmen, d.h. sowohl für relativ verhaltensnah repräsentierte (z.B. das Menü für eine Einladung der Kollegen zubereiten) als auch für recht abstrakte, in der Zielhierarchie übergeordnete Ziele (z.B. ein sozial aufgeschlossener Mensch sein) lassen sich positive und negative Anreize angeben.

Der Grundgedanke einer nutzen-kosten-theoretischen Analyse von Persistenz und Zielablösung ist, dass sich Zielstreben im Wechselspiel von angenehmen und unangenehmen Erfahrungen vollzieht, d.h., dass sowohl die Verfolgung als auch die Aufgabe eines Ziels erwünschte wie unerwünschte Aspekte hat, die gegeneinander „verrechnet" werden (vgl. hierzu die Ausführungen von Kahneman, Wakker und Sarin, 1997, zum Begriff des erlebten Nutzens [experienced utility]). Diese Sichtweise impliziert, wie es Schroeder, Penner, Dovidio und Piliavin (1995) im Zusammenhang mit ihrer nutzen-kosten-theoretischen Analyse des Hilfeverhaltens formulierten, „... an economic view of human behavior – people are motivated to maximize rewards and minimize their costs" (S. 42). Dieses als *Hedonismusprinzip* bezeichnete Postulat ist in der ökonomischen wie psychologischen Theoriebildung weithin verbreitet. Es besagt nichts anderes als „... dass der Mensch bestrebt ist, Angenehmes zu erreichen und Unangenehmes zu vermeiden" (Mikula, 1993, S. 274; siehe auch Higgins, 1997; Kahneman, Wakker & Sarin, 1997). In der Ökonomie ist dieses Prinzip unter der Bezeichnung „Nutzen- oder Gewinnmaximierungskalkül" bekannt (z.B. B. S. Frey, 1994, D. Frey, Brandstätter & Schuster, 1994). In einem Beitrag zur ökonomischen Verhaltenstheorie umschreibt Ramb (1993) dieses Prinzip mit den Worten: „Der Mensch könnte ... allgemein als ein Wesen bezeichnet werden, das nach der Maximierung seines Wohlbefindens trachtet. Gelegentlich wird er gerade deshalb als homo oeconomicus bezeichnet" (S. 5). Die Überlegung, dass menschliches Verhalten davon geleitet wird, wie viel angenehme (Nutzen) und unangenehme (Kosten) Aspekte mit der Zielverfolgung verbunden sind, findet sich explizit in verschiedenen psychologischen Nutzen-Kosten-Ansätzen, in denen das Nutzen-Kosten-Kalkül auf jeweils unterschiedliche Handlungskontexte angewendet wird.

Anstrengungskalkulation. Als Beispiel seien die leistungsmotivationstheoretisch ausgerichteten Anstrengungskalkulationsmodelle von Meyer (1973) und Kukla (1972) genannt, nach denen Personen vor Inangriffnahme einer Aufgabe abschätzen, „... ob Anstrengungseinsatz zur Lösung der fraglichen Aufgabe lohnt oder nicht, und wenn ja, welches Ausmaß an Anstrengung dazu notwendig ist" (Meyer, 1973, S. 246). Personen intendieren demnach nur so viel Anstrengung (Kosten), wie für eine gegebene Aufgabe sinnvoll erscheint.

Es werden hier also die Kosten der Aufgabenbearbeitung (im Sinne aufzuwendender Anstrengung) in Beziehung gesetzt zum erwarteten Ertrag[13], den der Anstrengungseinsatz mit sich bringt.

---

[13] Was unter dem Ertrag der Aufgabenbearbeitung zu verstehen ist, wird in der Arbeit von Meyer (1973) nicht weiter ausgeführt. Folgt man jedoch leistungsmotivationstheoretischen Überlegungen liegt der Ertrag einer Leistungsaufgabe im Erleben der selbstbewertenden Emotion des Stolzes (z.B. Atkinson, 1957) und/oder in Informationen über die eigene Leistungsfähigkeit (z.B. Trope, 1975).

Hilfeverhalten. Ganz ähnlich argumentieren Piliavin und Kollegen (Piliavin, Dovidio, Gaertner & Clark, 1981; Dovidio, Piliavin, Gaertner, Schroeder & Clark, 1991; Schroeder, Penner, Dovidio & Piliavin, 1995) in ihrer Nutzen-Kosten-Theorie des Hilfeverhaltens. Ob einer Person, die sich in Not befindet, geholfen wird, hängt nach den Überlegungen der Autoren vom Nutzen des Helfens (z.B. Geld, guter Ruf, Stolz, Dankbarkeit des Opfers), den Kosten des Helfens (z.B. Zeitverlust, Anstrengung, Gefahr für das eigene Leben) sowie den Kosten unterlassener Hilfeleistung (z.B. Schuldgefühle, Mitleid mit der sich in Not befindenden Person) ab. Die zentralen Annahmen lauten, dass „helping is more likely to occur when the rewards for helping outweigh the costs. ... Helping is more likely as the costs [for not helping] increase" (Schroeder et al., 1995, S. 42). Als Nutzen und Kosten werden hier die vielfältigen positiven und negativen Anreize der Hilfehandlung selbst (z.B. Gefahr für das eigene Leben) bzw. mit ihr verbundener Ergebnis-Konsequenzen (z.B. soziale Anerkennung) verstanden. Anders als Meyer (1973) beziehen Piliavin et al. (1981) auch die Kosten einer unterlassenen Handlung (hier unterlassener Hilfeleistung) in die Analyse ein.

Soziale Interaktionen. Ein Ansatz, in dem das Nutzen-Kosten-Kalkül auf zwischenmenschliche Beziehungen angewendet wird, ist die Interdependenztheorie von Thibaut und Kelley (1959; Kelley & Thibaut, 1978). Vorhergesagt werden soll, unter welchen Bedingungen Personen mit einer gegebenen zwischenmenschlichen Interaktion zufrieden und bereit sind, sie aufrechtzuerhalten. Als zentrale Determinanten zwischenmenschlicher Interaktion betrachten die Autoren *Nutzen* und *Kosten* der in Frage stehenden Interaktion sowie der sich zu dieser Interaktion bietenden Alternativen (z.B. Interaktion mit anderen Personen, alleine sein). Nutzen und Kosten werden von Thibaut und Kelley (1959) folgendermaßen umschrieben:

„By rewards, we refer to the pleasures, satisfactions, and gratifications the person enjoys.... By costs, we refer to any factors that operate to inhibit or deter the performance of a sequence of behavior. The greater the deterrence to performing a given act – the greater the inhibition the individual has to overcome – the greater the cost of the act. Thus cost is high when great physical or mental effort is required, when embarrassment or anxiety accompany the action ..." (S. 12)

Die Bewertung einer Interaktion als befriedigend oder weniger befriedigend und die Entscheidung, ob man in der Beziehung verbleibt, hängen nach Thibaut und Kelley von zwei verschiedenen Bezugsgrößen ab, dem sog. *Vergleichsniveau* (comparison level; CL) auf der einen Seite und dem sog. *Vergleichsniveau für Alternativen* (comparison level of alternatives; CL_{alt}) auf der anderen Seite. Das Vergleichsniveau (CL) stellt eine Soll-Größe dar, d.h. es beschreibt das Anspruchsniveau der Person (vgl. Lewin, Dembo, Festinger & Sears, 1944). Übersteigt die als Interaktionsergebnis (outcome) bezeichnete Differenz zwischen Nutzen und Kosten der in Frage stehenden Interaktion diesen Soll-Wert, wird die Interaktion als befriedigend erlebt, liegt sie darunter, wird die Interaktion als unbefriedigend erlebt. Entscheidend dafür, ob man in einer sozialen Beziehung verbleibt, also die Interaktion fortsetzt oder nicht, ist jedoch das Vergleichsniveau für Alternativen (CL_{alt}). Thibaut und Kelley (1959) definieren es folgendermaßen:

„The objective conditions that are the basis for the CL_{alt} lie in the outcomes that the person can achieve in his best available alternative to the present relationship. This best alternative will be the most favorable of any of the alternatives to the present relationship, including the state of being alone. ... it represents approximately the least that the person will „settle for" in the present relationship. If the outcomes in the present relationship fall so that they approximate more and more closely the CL_{alt} the person ... will begin to be tempted to disrupt it." (S. 100)

Das Vergleichsniveau für Alternativen stellt also die Qualität der besten verfügbaren Alternative zur in Frage stehenden Interaktion dar und damit das schlechteste Ergebnis, das in dieser Interaktion gerade noch toleriert wird. Die Qualität der verschiedenen Alternativen ergibt sich dabei ebenfalls aus deren Nutzen-Kosten-Konstellation. Es wird also angenommen, dass sich die handelnde Person jeweils im klaren darüber ist, welche Alternativen sich zu einer aktuell ablaufenden Interaktion bieten und welche Alternative davon die relativ beste ist. Hervorzuheben ist, dass in der Konzeption von Thibaut und Kelley sowohl Nutzen und Kosten der aktuellen Interaktion als auch Nutzen und Kosten alternativer Handlungsoptionen betrachtet werden (siehe auch die Arbeiten zum Investitionsmodell [investment model] von Rusbult, 1980; Drigotas & Rusbult, 1992; Rusbult, 1980, 1983; Rusbult & Buunk, 1993, das auf der Interdependenztheorie basiert).

Gesundheitsbewusstes Verhalten. Ein weiteres Beispiel eines Nutzen-Kosten-Ansatzes ist das Schutzmotivationsmodell von Rogers (1983). Es geht dabei um die Vorhersage der sog. Schutzmotivation (protection motivation), worunter die Bereit-schaft (Intention) verstanden wird, gesundheitsförderndes Verhalten zu realisieren und gesundheitsschädigendes Verhalten aufgeben. Zur Vorhersage der Schutz-motivation werden Nutzen (rewards) und Kosten (costs) des gesundheitsschädlichen (maladaptive response; z.B. exzessives Trinken) und des gesundheitsfördernden (adaptive response; z.B. keinen Alkohol mehr zu trinken) Verhaltens herangezogen.

Gesundheitsschädigendes Verhalten ist demnach umso *wahrscheinlicher*, je mehr positive intrinsische (z.B. körperliches Wohlbefinden) und extrinsische (z.B. soziale Anerkennung) Anreize (rewards) damit verbunden sind. Es ist umso *unwahr-scheinlicher*, je schwerwiegender die Bedrohung der eigenen Gesundheit wahrge-nommen wird (severity of threat und vulnerability). *Gesundheitsförderndes* Verhal-ten ist umso *wahrscheinlicher*, je mehr man von seiner Effektivität überzeugt ist (response efficacy) und je mehr man davon überzeugt ist, das Verhalten auch ausfüh-ren zu können (self-efficacy). Es ist umso *unwahrscheinlicher*, je mehr unangenehme Aspekte (costs) damit verbunden sind (z.B. Unbequemlichkeit, finanzieller Aufwand, Störung des gewohnten Tagesablaufs). In Rogers (1983) Ansatz werden also Nutzen-und Kosten-Aspekte des gesundheitsschädigenden Verhaltens sowie die Kosten des gesundheitsbewussten Verhaltens sowie die jeweils mit ihnen verbundenen Erwartungen (response efficacy, self-efficacy, vulnerability) analysiert.

Wie die eben referierten Nutzen-Kosten-Ansätze zum Anstrengungseinsatz in Leistungssituationen (z.B. Meyer, 1973), zum Hilfeverhalten (z.B. Piliavin et al. 1981), zu zwischenmenschlichen Interaktionen (z.B. Rusbult, 1980; Thibaut & Kelley, 1959) sowie zum Gesundheitsverhalten (z.B. Rogers, 1983) deutlich machen, wurden in verschiedenen Kontexten nutzen-kosten-theoretische Überlegungen ange-stellt. Das Nutzen-Kosten-Modell der Persistenz und Zielablösung, das im Weiteren vorgestellt wird, bietet insofern einen allgemeineren Zugang, als es sich nicht auf eine bestimmte Domäne beschränkt, sondern Persistenz und Zielablösung unter einer allgemeinen theoretischen Perspektive betrachtet. Gleichzeitig finden sich darin jedoch verschiedene Facetten der genannten Ansätze wieder.

Formulierung der Modellaussagen

Prämisse: Eine notwendige Differenzierung des Anreizkonzepts

Das im Rahmen dieser Arbeit formulierte Nutzen-Kosten-Modell der Persistenz und der Zielablösung geht von folgender Prämisse aus, die sich auf eine notwendige Differenzierung des Anreizkonzepts bezieht. Sie lautet:

Bei der Analyse von Persistenz und Zielablösung müssen sowohl positive Anreize (Nutzen) und negative Anreize (Kosten) der *Zielverfolgung* als auch die positiven und negativen Anreize des *Zielabbruchs* betrachtet werden.

Diese Prämisse basiert auf der Überlegung, dass Zielverfolgung und Zielabbruch von ganz unterschiedlichen Anreizen geleitet sein können. So ist es plausibel anzunehmen, dass bestimmte Anreize, die keine Rolle bei der Entscheidung für ein Ziel spielten, erst im Zusammenhang mit dem Zielabbruch in den Vordergrund treten und umgekehrt. So mögen bei der Frage, ob man sein Hochschulstudium aufgeben soll, Aspekte wie die Verärgerung der Eltern oder der Verlust des Bafögs bedeutsam werden, die bei der Entscheidung für das Studium überhaupt nicht in Betracht gezogen worden waren. Ebenso könnte man sich vorstellen, dass ein bestimmter Zielverfolgungsanreiz (z.B. interessante Exkursionen zu machen) bei der Erwägung, das Studium abzubrechen, nicht mehr betrachtet wird.

Eine ganz ähnliche Unterscheidung nimmt Gollwitzer (1991, Studien 7 und 8) vor. Im Rahmen dieser Bewusstseinslagenstudien wurden bei der Inhaltskodierung entscheidungsbezogener Gedanken Anreize, die einen Entschluss nahe legten (also positive Anreize eines Handlungsentschlusses und negative Anreize eines Nicht-Entschlusses) von Anreizen unterschieden, die für den Nicht-Entschluss sprachen (also negative Anreize eines Handlungsentschlusses und positive Anreize eines Nicht-Entschlusses)[14].

Die Unterscheidung in Zielverfolgungs- und Zielabbruchsanreize i.e.S. lässt sich aber auch aufgrund verschiedener anderer Ansätze treffen. So beispielsweise aufgrund des zeitlichen Ablaufmodells von Staw (1997; Staw & Ross, 1987), in dem als Determinanten für „escalation of commitment" einerseits positive Anreize der Zielverfolgung, andererseits negative Anreize des Zielabbruchs aufgelistet sind, die in

---

[14] Die bei der Kodierung der Gedanken eingeführte Differenzierung der Anreize eines Entschlusses und eines Nicht-Entschlusses gingen in den beiden genannten Studien nicht in die statistische Auswertung mit ein, so dass Ergebnisse nur hinsichtlich der *für* den *Entschlu*ss bzw. *für* den *Nicht-Entschluss* sprechenden Anreize vorliegen.

unterschiedlichen Phasen eines Projekts (anfängliche kleinere Schwierigkeiten vs. gravierende Verluste und Misserfolge im späteren Verlauf) handlungsleitend werden. Gleichermaßen trennen verschiedene Nutzen-Kosten-Theorien (z.B. Rusbult, 1980; Piliavin et al., 1981; Rogers, 1983; Thibaut & Kelley, 1959) die mit der Ausführung eines Verhaltens verbundenen positiven und negativen Anreize (Nutzen, Kosten) von den Anreizen, die mit der Unterlassung bzw. dem Abbruch dieses Verhaltens verbunden sind.

Im Folgenden soll an einem konkreten Beispiel verdeutlicht werden, was hier unter Nutzen und Kosten von Zielverfolgung und Zielabbruch genauer verstanden wird. In Tabelle 3 sind Nutzen- und Kosten-Aspekte eines fiktiven Ziels „regelmäßig Sport treiben" dargestellt.

Tabelle 3: *Nutzen und Kosten von Zielverfolgung und Zielabbruch am Beispiel des Ziels „regelmäßig Sport treiben"*

	Zielverfolgung (ZV)	**Zielabbruch (ZA)**
Nutzen	körperlich fit sein	mehr Zeit für andere Interessen
	Freude an der Bewegung	weniger Zeitdruck
Kosten	Verletzungsgefahr	Rückenschmerzen
	hoher finanzieller Aufwand	Gewichtszunahme

Der Nutzen der Zielverfolgung und die Kosten des Zielabbruchs wirken gleichsinnig, da beide, ein wahrgenommener höherer Nutzen der Zielverfolgung und wahrgenommene höhere Kosten des Zielabbruchs, der handelnden Person die weitere Zielverfolgung nahe legen. Gleichsinnig wirken auch die Kosten der Zielverfolgung sowie der Nutzen des Zielabbruchs – je höher sie sind, umso stärker sollte der Impuls zum Zielabbruch sein (siehe Tabelle 4).

Tabelle 4: *Wirkung von Nutzen und Kosten von Zielverfolgung und Zielabbruch auf weitere Zielverfolgung und Zielabbruch*

	Zielverfolgung (ZV)	**Zielabbruch (ZA)**
Nutzen	==> Zielverfolgung	==> Zielabbruch
Kosten	==> Zielabbruch	==> Zielverfolgung

Man könnte nun einwenden, dass jeweils zwei Kategorien logisch voneinander abhängig sind, nämlich Nutzen der Zielverfolgung und Kosten des Zielabbruchs einerseits sowie Kosten der Zielverfolgung und der Nutzen des Zielabbruchs andererseits. Der Nutzen der Zielverfolgung könnte beispielsweise mit den Kosten des Zielabbruchs insofern identisch sein, als letztere einfach das Wegfallen des Nutzens der Zielverfolgung beinhalten (z.B. Nutzen der Zielverfolgung: die Möglichkeit zu sozialem Kontakt; Kosten des Zielabbruchs: Möglichkeiten zu sozialem Kontakt verlieren) und umgekehrt. Trotz dieser logischen Abhängigkeit ist dennoch eine gewisse psychologische Unabhängigkeit gegeben. So werden zu Nutzen der Zielverfolgung und Kosten des Zielabbruchs sowie zu den Kosten der Zielverfolgung und zu den Kosten des Zielabbruchs bis zu einem gewissen Grad unterschiedliche Aspekte genannt (V. Brandstätter & Frank, in Vorb.). Selbst wenn in den beiden für die Zielverfolgung sprechenden Anreizkategorien *identische* Inhalte genannt werden, so haben sie doch psychologisch unterschiedliche Bedeutung. Im einen Fall geht es um den *Erhalt oder die Herstellung eines erwünschten Zustands* (Nutzen der Zielverfolgung), im anderen Fall um die *Vermeidung oder Beseitigung eines unerwünschten Zustands* (Kosten des Zielabbruchs)[15]. Wie die Forschung zu Annäherung und Vermeidung (z.B. Coats, Janoff-Bulman & Alpert, 1996; Carver & White, 1994; A. J. Elliot & Sheldon, 1997; Emmons & Kaiser, 1996; Gray, 1987; H. Heckhausen, 1963; Higgins, 1997) herausgearbeitet, unterscheidet sich das Annäherungsstreben hinsichtlich handlungsregulativer (insbesondere affektiver) Merkmale grundlegend von einem Vermeidungsstreben.

Die kognitive Repräsentation motivationaler Inhalte in der Phase der Zielrealisierung

Bedingungen der kognitiven Repräsentation. An die eben formulierte Prämisse schließt sich eine wichtige Frage an: Unter welchen Bedingungen treten Anreize (also Nutzen und Kosten von Zielverfolgung und Zielabbruch) in der Phase der Zielrealisierung überhaupt ins Bewusstsein? Diese Frage ist gerade angesichts einer in der Volitionspsychologie vertretenen Auffassung von Bedeutung, nach der die Intentionsbildung eine klare Trennlinie zwischen „motivationalen Prozessen der prädezisionalen Phase ... [und] volitionalen Prozessen der postdezisionalen Phase" (H. Heckhausen, 1989, S. 203) markiert. Diese Trennung in motivationale und volitionale Prozesse soll sich u.a. an unterschiedlichen kognitiven Inhalten in prä- (Entscheidungs-) und postdezisionaler (Zielrealisierungs-) Phase manifestieren.

„Die Inhalte motivationaler Gedanken bestehen einerseits vornehmlich aus anreizbetonter Vergegenwärtigung der möglichen Folgen des eigenen Handelns; und andererseits aus dem Abwägen der Eintretenswahrscheinlichkeiten verschiedener Ereignisse. ... Sobald die Intention, ein bestimmtes Ziel zu erreichen, gefasst ... ist, stehen die Gedankeninhalte im Zeichen der Realisierung. ... Handlungsplanung und Vornahmen [Vorausplanungen zur Initiierung, Durchführung und Desaktivierung zielrealisierender Handlungen; Anm. der Verf.] ... sind charakteristisch für eine volitionale Bewusstseinslage. ... Störend wären Gedanken, die wieder um Wert und Erwartungsaspekte kreisen, insbesondere wenn sie die einmal gefasste Zielintention wieder infrage stellten. In diesem Falle ist mit sog. Metavolitionen zu rechnen; sei es dass ... die Gründe

---

[15] Im übrigen sind sehr oft die Kosten des Zielabbruchs nicht einfach eine logische Negation des Nutzens der Zielverfolgung, sondern eigenständige psychische Inhalte. Man denke beispielsweise an Missbilligung des Studienabbruchs durch die Eltern, der bei Fortsetzung des Studiums dann keiner Anerkennung entsprechen muss, wenn diese von den Eltern für selbstverständlich gehalten wird.

für die geplante oder in Realisierung begriffene Zielintention aufgewertet werden ..." (H. Heckhausen, 1989, S. 204)

Dieses Zitat von H. Heckhausen macht zwei Dinge deutlich: Zum einen treten Gedanken an die motivationalen Charakteristika des Ziels nach der Intentionsbildung in den Hintergrund; sie werden sogar als störend für die Zielrealisierung betrachtet. Zum anderen scheint es aber doch Situationen zu geben, in denen Anreize wieder ins Bewusstsein drängen. Es müssen Situationen sein, die dazu angetan sind „die einmal gefasste Zielintention wieder infrage zu stellen". Nach Heckhausen kommen dann sog. *Metavolitionen* zum Einsatz, die zum Beispiel in einer Aufwertung der zielbezogenen Anreize liegen können.

Eine ganz ähnliche Überlegung findet sich in der von Kuhl (1984, 1987) beschriebenen Strategie der *Motivationskontrolle*. H. Heckhausen (1989) fasst die Merkmale und die Funktion dieser Handlungskontrollstrategie folgendermaßen zusammen:

„Diese Strategie verbessert die Stärke der Motivationstendenz noch, die der Intention zugrunde liegt. Das ist immer dann zweckmäßig, wenn sich die augenblickliche Intention als zu schwach erweist, weil eine konkurrierende Intention stärker ist oder weil plötzlich Handlungshindernisse zu überwinden sind. Es wird ein erneuter Motivierungsprozess eingeschoben, indem man sich günstige Erwartungen oder positive Anreize vor Augen hält. Hier greift das Handlungskontrollsystem auf das davorliegende Motivationssystem zurück." (S. 198)

Der Gedanke, dass Schwierigkeiten bei der Zielrealisierung zu einem erneuten Abwägen motivationaler Inhalte führen, findet sich auch ganz explizit im kontrolltheoretischen Ansatz von Carver und Scheier (1981, 1990). Sie schreiben, dass „.... self-regulatory efforts are interrupted when obstacles to goal attainment are encountered. ... we presume that interruption leads the person to evaluate the situation that he or she is in, and derive an outcome expectancy ..." (Carver & Scheier, 1990, S. 22). Schwierigkeiten im Handlungsverlauf führen danach zu einer Neubewertung der Erfolgswahrscheinlichkeit. Carver und Scheier beschränken sich auf die Erwartungskomponente, wobei sie einräumen, dass die subjektive Wichtigkeit des Ziels durchaus eine Rolle dabei spielt, ob bei gegebener Erfolgswahrscheinlichkeit weitere Zielrealisierungsversuche unternommen werden, oder ob die Person sich vom Ziel ablöst. Nebenbei sei hier angemerkt, dass Carver und Scheier (1990) die Ablösung von einem Ziel als natürliche Folge einer subjektiv zu ungünstigen Einschätzung der Erfolgsaussichten („if expectancies are sufficiently unfavorable the person may disengage from further effort", S. 23) betrachten. Das Festhalten an Zielen mit subjektiv geringer Erfolgswahrscheinlichkeit, wie es im Zusammenhang mit „entrapment" bzw. „escalation of commitment" (Brockner & Rubin, 1985) manchmal auftritt, lässt sich damit nicht erklären.

Auf der Basis der eben dargestellten volitionspsychologischen Überlegungen zur kognitiven Repräsentation motivationaler Inhalte in der Phase der Zielrealisierung wird Annahme 1a des Nutzen-Kosten-Modells formuliert:

Annahme 1a

Im Verlauf der Zielrealisierung setzt ein erneutes Abwägen der motivationalen Charakteristika des Ziels (d.h. seiner von der Person subjektiv erwarteten Anreize) ein und zielbezogene Nutzen- und Kosten-Aspekte treten ins Bewusstsein, wenn das Zielstreben durch anhaltende Schwierigkeiten beeinträchtigt wird, wenn also in gewissem Sinne eine „Handlungskrise" vorliegt.

Welche konkrete Situation als Handlungskrise erlebt wird, hängt nicht nur von der Art bzw. dem Bereich des in Frage stehenden Ziels, sondern auch von Merkmalen der Person (z.B. ihrer Frustrationstoleranz) ab. Generell gilt jedoch, dass eine Handlungskrise erst dann vorliegt, wenn die Zielrealisierung durch *anhaltende* Schwierigkeiten beeinträchtigt bzw. subjektiv sogar in Frage gestellt ist.

Volitionale Voreingenommenheit in der kognitiven Repräsentation von Nutzen-Kosten-Aspekten. An Annahme 1a schließt sich eine weitere Überlegung an. Kommt es in der Phase der Zielrealisierung – aufgrund einer „Handlungskrise" oder aufgrund anderer Ereignisse (wie z.B. durch das Auftauchen einer attraktiven Alternative oder auch durch Instruktion) – zu einem Abwägen der motivationalen Charakteristika des Ziels, welche qualitativen Merkmale hat dieses Abwägen dann? Ähnelt es dem in der Vorentscheidungsphase ablaufenden Abwägen und zeichnet es sich durch die gleiche Ausgewogenheit und Unparteilichkeit aus? Studien zu den Charakteristika der abwägenden Bewusstseinslage (Gollwitzer, 1991, Studien 7 und 8; Taylor & Gollwitzer, 1995) zeigen, dass das prädezisionale Abwägen unvoreingenommen ist, d.h. dass die positiven und negativen Anreize des Ziels ausgewogen einander gegenübergestellt werden. Dies ist für das Treffen wohlbegründeter Entscheidungen hilfreich, denn „nur wenn Erwartungs- und Wertaspekte objektiv bzw. ausgewogen analysiert werden, kommt es zu Handlungsentscheidungen, die nicht gleich wieder revidiert werden müssen, weil sie erst gar nicht realisierbar sind bzw. allzu viel Unerwünschtes mit sich bringen" (Gollwitzer, 1991, S. 149). Nach getroffener Entscheidung muss die Zielrealisierung vorangetrieben werden; dies gelingt sicherlich am besten, wenn – wie oben ausgeführt – vor allem durchführungsbezogene Inhalte im Bewusstsein repräsentiert sind. Diese Überlegung hat im Rahmen der Bewusstseinslagenforschung zu der bereits im Zusammenhang mit Annahme 1a diskutierten Vorhersage geführt, dass in der Nachentscheidungsphase motivationale Aspekte in der Regel nicht mehr bedacht werden („... this determination [in der postdezisionalen Phase, Anm. der Verf.] directed to the implementation of the chosen goal should reduce a person's motivation to start deliberating the goal's pros and cons anew ..." (Taylor & Gollwitzer, 1995, S. 221). Folgt man der Argumentation von Taylor und Gollwitzer weiter, stößt man jedoch auf folgende Aussage:

„... if thinking about the goal's expected value is triggered in the postdecisional phase (e.g., through verbal instructions) postdecisional individuals should avoid evenhanded deliberation. This can be achieved by conducting a partial analysis of pros and cons that focuses primarily on the pros, as this does not undermine one's determination but rather reinforces it." (Taylor & Gollwitzer, 1995, S. 221)

Kommt es im Verlauf der Zielrealisierung doch zum Abwägen motivationaler Inhalte, sollen demnach vor allem die für die Zielverfolgung sprechenden Anreize beachtet werden. Hier wird also explizit die voreingenommene Betrachtung der *für* die Zielverfolgung sprechenden Anreize als ein Wesensmerkmal der planenden Bewusstseinslage dargestellt. Daraus folgt, dass sich das in der Phase der Zielrealisierung auftretende Bedenken erwartungs- und anreizbezogener Inhalte grundlegend von dem prädezisionalen Abwägen unterscheiden sollte. Tatsächlich fanden Taylor und Gollwitzer (1995, Studie 3) Hinweise für diese Annahme. Sie baten Personen, ein Ziel zu nennen, auf das sie sich bereits verbindlich festgelegt hatten, und dann darüber nachzudenken, ob es richtig war, dieses Projekt in Angriff zu nehmen, oder nicht. Im Vergleich zu Versuchspersonen, die ein noch offenes Entschlussproblem abwägen sollten (Soll ich *X* tun oder nicht?), berichteten die postdezisionalen Versuchsteilnehmer in einer Gedankenstichprobe insgesamt signifikant weniger erwartungs- und anreizbezogene Gedanken. Viel wichtiger im vorliegenden Zusammenhang ist jedoch der Befund, dass die postdezisionalen Versuchsteilnehmer sechsmal so viele positive wie negative Anreize der Zielverfolgung berichteten – also in hohem Maße für ihr Ziel Partei ergriffen – während die prädezisionalen Versuchsteilnehmer gleich viele Gedanken zu den positiven und negativen Anreizen des Ziels äußerten.

Bis jetzt war nur allgemein die Rede von Anreizen, die für die Zielverfolgung (positive Anreize des Ziels) bzw. für den Zielabbruch (negative Anreize des Ziels) sprechen. Wie weiter oben im Zusammenhang mit der Modellprämisse ausgeführt wurde, lassen sich jedoch die für die Zielverfolgung sprechenden Anreize differenzieren in den *Nutzen der Zielverfolgung* und die *Kosten des Zielabbruchs*; ebenso bestehen die für den Zielabbruch sprechenden Anreize einerseits aus dem *Nutzen des Zielabbruchs* und andererseits aus den *Kosten der Zielverfolgung*. Basierend auf dieser Unterscheidung und ausgehend von den Erkenntnissen des Handlungsphasenmodells zur Voreingenommenheit der postdezisionalen Phase lassen sich spezifische Aussagen zur kognitiven Repräsentation der verschiedenen Anreize treffen, die in Annahme 1b zusammengefasst sind.

Annahme 1b

Die für die Phase der Zielrealisierung typische volitionale Voreingenommenheit zeigt sich auch im Hinblick auf die einzelnen Anreizkategorien. Im Zusammenhang mit der Zielverfolgung treten eher die Nutzen- als die Kosten-Aspekte, im Zusammenhang mit dem Zielabbruch hingegen mehr die Kosten- als die Nutzen-Aspekte in Erscheinung – es tritt also jeweils jener Aspekt in den Vordergrund, der die weitere Zielverfolgung nahe legt.

Diese innerhalb der einzelnen Anreizkategorien (Nutzen vs. Kosten von Zielverfolgung und -abbruch) postulierte Parteilichkeit wird ganz analog den Überlegungen im Handlungsphasenmodell als ein volitionaler Mechanismus zur Unterstützung der Zielrealisierung verstanden.

Abschwächung der volitionalen Voreingenommenheit bei einer „Handlungskrise". Mit der im Rahmen des Rubikon-Modells formulierten Annahme, dass die in der Phase der Zielrealisierung auftretende Voreingenommenheit für die positiven Seiten des Ziels ein generelles Merkmal dieser Phase ist, ist jedoch – wie eigentlich mit sämtlichen Annahmen zu volitionalen Mechanismen der Zielrealisierung (Brunstein, 1995; Gollwitzer, 1990; Kuhl, 1984) – eine offene Frage verbunden. Wenn die kognitive Orientierung und die gesamte Handlungssteuerung nach der verbindlichen Entscheidung für ein Ziel generell auf „Zielrealisierung" eingestellt ist, wie kann es dann jemals zur Wahrnehmung von Widrigkeiten bei der Zielrealisierung bzw. zum Infragestellen eines Ziels oder aber vor der Erreichung eines Ziels zur Beendigung des Zielstrebens (z.B. zur Ablösung von einem problematischen Ziel) kommen? Offensichtlich ist die These nicht haltbar, dass in der Phase der Zielrealisierung eine *generelle* und *immerwährende* Voreingenommenheit hinsichtlich der für die Zielverfolgung sprechenden Aspekte herrscht. Eine ganz ähnliche Überlegung findet sich in der Dissonanzforschung (z.B. D. Frey & Gaska, 1993). Dort konnte gezeigt werden, dass die Suche nach konsonanter und die Vermeidung dissonanter Information zunächst mit zunehmender Dissonanzhöhe zunimmt. Ab einer bestimmten Dissonanzhöhe schlägt dies aber ins Gegenteil um; Personen suchen dann eher dissonante und vermeiden eher konsonante Information (D. Frey, 1982). Dieses „Kippen" in der Informationssuche leitet die Entscheidungsrevision ein.

In den volitionspsychologischen Schriften finden sich insgesamt kaum Hinweise, wann volitionale Mechanismen wieder außer Funktion treten und damit den Weg frei machen für die Zielablösung. Es müssen sich also Bedingungen formulieren lassen, unter denen die „volitionale Voreingenommenheit" nachlässt und die Zielablösung eingeleitet wird. Annahme 1c macht dazu eine Aussage.

Annahme 1c

Die postulierte volitionale Voreingenommenheit ist umso schwächer, je problematischer sich der Handlungsverlauf gestaltet.

Das genaue Ausmaß an Schwierigkeiten, das zu einer Verstärkung oder einem Nachlassen der volitionalen Voreingenommenheit in der kognitiven Repräsentation der motivationalen Charakteristika des Ziels führt, ist eine empirisch zu bestimmende Größe.

In der ersten Gruppe von Annahmen ging es um die kognitive Repräsentation motivationaler Inhalte in der Phase der Zielrealisierung. So wurden einerseits Bedingungen formuliert, unter denen es überhaupt zu einer bewussten Repräsentation motivationaler Inhalte kommen soll (Annahme 1a). Andererseits wurden Überlegungen zu einem spezifischen Merkmal der kognitiven Repräsentation angestellt, nämlich der Voreingenommenheit für bestimmte Anreize, die für die Zielverfolgung sprechen (Annahme 1b). Schließlich wurde eine Annahme formuliert, unter welchen Bedingungen diese volitionale Voreingenommenheit nachlässt (Annahme 1c). Die zweite Gruppe von Annahmen bezieht sich demgegenüber auf die Effekte der verschiedenen Nutzen-Kosten-Aspekte auf Persistenz und Zielablösung.

Persistenz und Zielablösung als Funktion zielbezogener Nutzen und Kosten

Verhaltenseffekte zielverfolgungs- und zielabbruchbezogener Nutzen und Kosten.
Weiter oben bei der Formulierung der Modellprämisse waren schon Überlegungen zum Einfluss der einzelnen Anreizkategorien auf das Verhalten angeklungen. Sie sollen hier nun präzisiert und als empirisch prüfbare Annahmen formuliert werden.

Die im Nutzen-Kosten-Modell eingenommene theoretische Position steht Anreiz-
theorien der Motivation nahe. Wie H. Heckhausen (1980) ausführt,

> „suchen [sie] die Zielgerichtetheit des Handelns möglichst direkt zu erklären.
> Wahrgenommene oder erwartete Objekte und Ereignisse mit Anreizcharakter
> regen Handeln an und geben ihm zugleich Richtung. Anreize sollen sowohl
> Handeln energetisieren wie auch leiten, indem sie es sozusagen über Raum und
> Zeit anziehen. Verhalten ist proaktiv, indem es sich von den anreizartigen
> Verheißungen und Bedrohungen der gegenwärtig gegebenen Situation auf die
> Erreichung zu erwartender, künftiger Zielzustände anziehen lässt." (S. 173)

Die Bedeutung des Zusammenwirkens von Anreizen und Erwartungen bei der Handlungssteuerung (siehe Kapitel 3) wird im Nutzen-Kosten-Modell dadurch berücksichtigt, dass zur Verhaltensvorhersage die personspezifischen, mit der Bewertung
ihrer Positivität bzw. Negativität wie ihrer subjektiven Eintretenswahrscheinlichkeit
gewichteten Nutzen- und Kosten-Aspekte der Zielverfolgung und des Zielabbruchs
herangezogen werden. Mit der Erfassung der subjektiven Positivität bzw. Negativität
der Nutzen- und Kosten-Aspekte und ihrer subjektiven Eintretenswahrscheinlichkeit
können Nutzen und Kosten von Zielverfolgung und Zielabbruch quantifiziert
werden. Diese Überlegung findet sich auch bei Thibaut und Kelley (1959), die dazu
schreiben:

> „We assume that the amount of reward ... can be measured and that the reward
> values of different modalities of gratification are reducible to a single psycho-
> logical scale. ... Costs ... are also assumed to be measurable on a common psy-
> chological scale, and costs of different sorts, to be additive in their effect."
> (S. 12f)

> „Unlikely outcomes ... will have little weight ..." (S. 22)

Ausgehend von der Grundannahme, dass menschliches Verhalten auf die Erlangung
positiv bewerteter Ereignisse und die Vermeidung negativ bewerteter Ereignisse
gerichtet ist (hedonistisches Prinzip; siehe z.B. B. S. Frey, 1994, D. Frey, Brandstätter & Schuster, 1994; Higgins, 1997; Kahneman, Wakker & Sarin, 1997), lassen
sich schließlich Vorhersagen zur Wirkrichtung der verschiedenen im Nutzen-Kosten-
Modell spezifizierten Anreize auf verhaltensrelevante Variablen machen.

Annahme 2a

Je höher der Nutzen der Zielverfolgung bzw. je höher die Kosten der Zielabbruchs, desto stärker ist die Zielbindung, desto schwächer der Zielablösungsimpuls und desto ausdauernder wird zielrealisierendes Verhalten gezeigt. Je höher
die Kosten der Zielverfolgung bzw. je höher der Nutzen des Zielabbruchs, desto
schwächer ist die Zielbindung, desto stärker der Zielablösungsimpuls und desto
weniger ausdauernd wird zielrealisierendes Verhalten gezeigt.
Zur Zielablösung kommt es schließlich, wenn die *für* die weitere *Zielverfolgung*
sprechenden Aspekte *schwächer* als die *für* den *Zielabbruch* sprechenden Aspekte

sind (Nutzen der Zielverfolgung und Kosten des Zielabbruchs zusammengenommen kleiner als Nutzen des Zielabbruchs und Kosten der Zielverfolgung).

Der erste Teil von Annahme 2a, der sich auf die Vorhersage von Zielbindung, Zielablösungsimpuls und Ausdauer bezieht, deckt sich mit den Annahmen gängiger Nutzen-Kosten-Theorien (z.B. Meyer, 1973; Rogers, 1983; Schroeder et al., 1995; Thibaut & Kelley, 1959). Der zweite Teil von Annahme 2a, der sich auf die Vorhersage der Zielablösung bezieht, stimmt im Prinzip mit der von Thibaut und Kelley (1959) im Rahmen ihrer Interdependenztheorie formulierten Vorhersage, wann eine bestehende soziale Beziehung abgebrochen wird, überein: „... as soon as outcomes [die Differenz zwischen Nutzen und Kosten der aktuellen Beziehung, Anm. d. Verf.] drop below CL$_{alt}$ [die Differenz zwischen und Kosten der besten Alternative, Anm. d. Verf.] the member will leave the relationship" (S. 21). Ein gewisser Unterschied besteht darin, dass bei Thibaut und Kelley die Nutzen-Kosten-Konstellation der aktuellen Beziehung mit der der relativ besten Alternative verglichen wird; im hier vorgestellten Modell werden hingegen die für die Zielverfolgung sprechenden Nutzen-Kosten-Aspekte (Nutzen der Zielverfolgung, Kosten Zielbruch) den für die Zielablösung sprechenden Aspekten (Kosten der Zielverfolgung, Nutzen des Zielabbruchs) gegenübergestellt. Unter den Nutzen des Zielabbruchs werden hier alle als aktuell verfügbar wahrgenommenen Alternativen subsumiert, ohne genauer zu analysieren, wie sich die Attraktivität der besten Alternative auf die Bewertung des status quo auswirkt.

Moderatorwirkung von „Handlungskrisen". Im Zusammenhang mit Annahme 1a kann Annahme 2a erweitert werden zu Annahme 2b.

Annahme 2b

Der postulierte handlungsleitende Effekt der Nutzen-Kosten-Aspekte zeigt sich vor allem dann, wenn sie im Bewusstsein repräsentiert sind, was – wie oben ausgeführt – bei einer „Handlungskrise" der Fall sein sollte.

Die Überlegung, dass verhaltensrelevante kognitive Inhalte vor allem dann handlungsleitende Funktion übernehmen, wenn sie im Bewusstsein repräsentiert sind, findet sich auch in Fazios (1986) einstellungstheoretischem Ansatz. In zahlreichen Studien konnte er nachweisen, dass das Verhalten vor allem dann einstellungskonform verläuft (Einstellungen also handlungsleitende Funktion übernehmen), wenn die Einstellung dem Handelnden zugänglich ist (*accessibility*), d.h. im Gedächtnis aktiviert ist. Auch lässt sich hier die im Rahmen der Selbstaufmerksamkeitstheorie von Duval und Wicklund (1972; zusammenfassend Wicklund & Frey, 1993) vorgetragene Überlegung anführen, nach der Selbstaufmerksamkeit eine „Intensivierung und Aktualisierung all jener Aspekte, die im Brennpunkt der Aufmerksamkeit stehen" (Wicklund & Frey, 1993, S. 155) bewirkt. Selbstaufmerksamkeit hat außerdem zur Folge, dass handlungsleitende Standards der Person deutlicher vor Augen treten und das Verhalten danach ausgerichtet wird.

Annäherung und Vermeidung als Funktion der Nutzen-Kosten-Konstellation

Die nutzen-kosten-theoretische Betrachtung des Zielstrebens eignet sich nicht nur zur Vorhersage von Ausdauer und Zielablösung, sondern bietet darüber hinaus einen Anknüpfungspunkt zur Analyse von Annäherungs- und Vermeidungstendenzen beim Handeln. Seit einiger Zeit gewinnt die Unterscheidung zwischen einer Annäherungs- und einer Vermeidungsorientierung beim Zielstreben wieder zunehmend das Interesse von Motivationspsychologen (Derryberry & Reed, 1994; A. J. Elliot & Church, 1997; A. J. Elliot & Harackiewicz, 1996; Higgins, 1997; Higgins, Roney, Crowe & Hymes, 1994; Higgins, Shah & Friedman, 1997; Roney, Higgins & Shah, 1995; Rothman & Salovey 1997; Wicker, Wiehe, Hagen & Brown, 1994; vgl. auch Dörner, 1989). Es mehren sich die Hinweise, dass die beiden grundlegenden motivationalen Orientierungen unterschiedliche Auswirkungen auf Emotion, Kognition und Verhalten haben. Mit der Unterscheidung von Annäherung und Vermeidung wird berücksichtigt, dass sich zielgerichtetes Handeln primär entweder auf das *Erlangen positiver* oder aber das *Vermeiden negativer Anreize* richten kann. Es wird damit an eine Forschungstradition angeknüpft, die bereits in den 30er und 40er Jahren die unterschiedliche Dynamik von Annäherung und Vermeidung in tier- und humanexperimentellen Untersuchungen analysierte (z.B. Lewin, 1936; Miller, 1944).

Auswirkungen auf das Verhalten. Die frühen Arbeiten zu Annäherungs- und Vermeidungsorientierungen beschäftigten sich mit deren *Auswirkung auf das Verhalten*. In Untersuchungen im Rahmen des Konfliktmodells von Miller (1944) wurden Fälle betrachtet, bei denen gleichzeitig zwei Verhaltenstendenzen wirksam waren, ein Ziel also sowohl positive wie negative Anreize hatte (z.B. im Tierexperiment operationalisiert durch die Zielbox, bei der Futter mit einem elektrischen Schlag gekoppelt dargeboten wird). Im einzelnen ging es um die Frage, wie die verschiedenen Konflikttypen zwischen Annäherung und Vermeidung (Aufsuchen-Meiden-Konflikt, Meiden-Meiden-Konflikt, Aufsuchen-Aufsuchen-Konflikt) gelöst werden. Gemessen wurde die Stärke von aufsuchenden bzw. meidenden Verhaltenstendenzen. Miller stellte dazu drei Postulate auf, die sich weitgehend bestätigen ließen. Sie besagen, dass (a) die Annäherungstendenz umso stärker ist, je näher man einem positiven Ziel kommt, (b) die Vermeidungstendenz umso stärker ist, je näher man einem negativen Ziel kommt und (c) bei der Annäherung an ein negatives Ziel die Vermeidungstendenz schneller wächst als die Annäherungstendenz bei der Annäherung an ein positives Ziel.

Experimente im Rahmen der Leistungsmotivationstheorie (Atkinson, 1957; H. Heckhausen, 1963) analysierten die Aufgabenwahl von Personen in Abhängigkeit davon, ob bei ihnen die Hoffnung auf Erfolg oder aber die Furcht vor Misserfolg handlungsleitend war. Die sog. Erfolgs- bzw. Misserfolgsorientierung wurde dabei als überdauerndes Persönlichkeitsmerkmal begriffen. Es zeigten sich systematische Unterschiede in der Schwierigkeit der gewählten experimentellen Aufgaben zwischen annäherungs- (Hoffnung auf Erfolg) und vermeidungsorientierten (Furcht vor Misserfolg) Versuchsteilnehmern.

Gegenstand neuerer Untersuchungen war der Einfluss von Annäherungs- und Vermeidungstendenzen auf die Leistungsgüte in Leistungssituationen (z. B. A. J. Elliot & McGregor, 1999; A. J. Elliot & McGregor, 2001; Cochran & Tesser, 1996; H. Heckhausen, 1982; Roney et al., 1995). Obwohl die Ergebnisse nicht alle in die gleiche Richtung deuten, so spricht doch die Mehrzahl der Befunde dafür, dass Personen mit Vermeidungszielen schlechtere Leistungen erbringen als Personen mit Annäherungszielen.

Auswirkungen auf affektive und kognitive Prozesse. Neben den Auswirkungen auf das Verhalten sind die *affektiven* und *kognitiven Prozesse* bei annäherungs- bzw. vermeidungsorientierter Handlungssteuerung von besonderem Interesse, da sie Aufschluss über mögliche vermittelnde Mechanismen für Verhaltenseffekte liefern können (z.B. Carver & White, 1994; Coats, Janoff-Bulman & Alpert, 1996; Emmons & Kaiser, 1996; Förster, Higgins & Idson, 1998; Gray, 1987; Higgins, 1997; Higgins, Shah & Friedman, 1997; Roney, Higgins & Shah, 1995; Moffitt & Singer, 1994).

Eine Gruppe von Arbeiten untersuchte die unterschiedliche Wirkung von Annäherung und Vermeidung auf das Erleben bestimmter Emotionen (Carver & White, 1994; Higgins et al., 1994; Roney et al., 1995) und das subjektive Wohlbefinden einer Person (Coats et al., 1996; Emmons & Kaiser, 1996; Ogilvie, 1987). Übereinstimmend konnte gezeigt werden, dass das Verfolgen von Vermeidungszielen zu stärkerer Angst, Anspannung und Nervosität und insgesamt zu stärker beeinträchtigtem subjektivem Wohlbefinden führt als das Verfolgen von Annäherungszielen.

Eine zweite Gruppe von Untersuchungen befasste sich mit den kognitiven Begleiterscheinungen von Annäherungs- und Vermeidungsorientierungen. Sie zeigen, dass Vermeidungsziele zu mehr Selbstzweifeln (H. Heckhausen, 1982), mehr Grübeln und weniger aufgabenbezogenen Kognitionen (Coats et al., 1996; A. J. Elliot & McGregor, 1999) sowie dem Einsatz konservativerer Entscheidungsstrategien (Crowe & Higgins, 1997) führen als Annäherungsziele.

Die genannten Befunde zu den *Auswirkungen* von Annäherungs- und Vermeidungsorientierungen sprechen für deutliche verhaltensbezogene, affektive und kognitive Unterschiede zwischen den beiden Formen der Handlungsregulation und zwar sowohl für experimentelle Aufgabenziele (z.B. Miller, 1944; Roney et al., 1995) als auch für persönliche Alltagsziele (z.B. Coats, Janoff-Bulman & Alpert, 1996; A. J. Elliot & McGregor, 1999; A. J. Elliot & Sheldon, 1997; Emmons & Kaiser, 1996).

Entstehung von Annäherungs- und Vermeidungsorientierungen. Vergleichsweise wenig Forschung findet sich zur Frage, wie es zur *Entstehung* der beiden motivationalen Grundorientierungen beim Handeln kommt. Eine hier relevante Gruppe von Arbeiten konzeptualisiert Annäherungs- und Vermeidungsorientierungen als relativ stabile Persönlichkeitsmerkmale. Demnach streben Personen habituell danach, entweder eher angenehme Zustände zu erreichen oder aber unangenehme Zustände zu vermeiden. Zu diesen differentialpsychologisch ausgerichteten Theorien zählt der oben bereits genannte Ansatz von Gray (1987), der die personspezifische Reaktivität des Verhaltens-Hemmungs- bzw. Verhaltens-Aktivierungs-Systems (BIS, *behavioral inhibition system*; BAS, *behavioral activation system*) für die Ausprägung von Annäherungs- bzw. Vermeidungstendenzen verantwortlich macht (siehe auch Carver & White, 1994). Ebenso gehen Higgins et al. (1994) davon aus, dass das Vorherrschen einer Annäherungs- oder Vermeidungsorientierung (*promotion focus* vs. *prevention focus*) ein überdauerndes Persönlichkeitsmerkmal ist, das sich in frühen Sozialisationserfahrungen in Abhängigkeit davon herausbildet, ob die Bezugspersonen eher Belohnung oder Strafe als Erziehungsmittel einsetzen.

Diese differentialpsychologische Zugehensweise greift jedoch bei der Erklärung *intra*individueller Unterschiede im Hinblick auf annäherungs- und vermeidungsori-

entierte Tendenzen zu kurz. Wie verschiedene Inhaltsanalysen persönlicher Alltagsziele zeigen, verfolgen Personen – trotz einer sicherlich anzunehmenden generellen
Annäherungs- versus Vermeidungstendenz – sowohl Annäherungs- als auch Vermeidungsziele, was sich differentialpsychologisch nicht erklären lässt (z.B. Carver &
White, 1994; Gray, 1987; Higgins, 1997; Scheier & Carver, 1985). Es fehlt also ein
allgemeinpsychologisch orientierter Erklärungsansatz, anhand dessen sich vorhersagen lässt, wann im Hinblick auf ein spezifisches Ziel eine Annäherungs- oder eine
Vermeidungsorientierung vorherrscht. Die Nutzen-Kosten-Analyse des Zielstrebens
leistet dazu einen Beitrag. Annahme 3 bezieht sich auf die Vorhersage von Annäherung und Vermeidung aufgrund der subjektiven Nutzen-Kosten-Aspekte eines konkreten Ziels.

*Annäherung und Vermeidung als Funktion spezifischer Nutzen-Kosten-Kon-
stellationen.* Annäherung und Vermeidung werden – wie bereits erwähnt – in der Regel durch die Qualität des handlungsleitenden Zustands definiert (z.B. Carver &
Scheier, 1981, 1990; A. J. Elliot, Sheldon & Church 1997; Emmons & Kaiser, 1996;
Gray, 1987; Lewin, 1931; Miller, 1944). Es wird also danach differenziert, ob ein erwünschter Zustand aufrechterhalten oder erreicht bzw. ein unerwünschter Zustand
beendet oder vermieden werden soll. Aus dieser Perspektive ist Annäherung immer
dann gegeben, wenn ein erwünschter Zustand, Vermeidung hingegen dann, wenn ein
unerwünschter Zustand handlungsleitend ist (für eine etwas andere Position siehe
Higgins, 1997). Die auf den zielbezogenen Nutzen-Kosten-Aspekten basierende Definition von Annäherung und Vermeidung beim Zielstreben orientiert sich an dieser
Sichtweise. Wie in Tabelle 3 und Tabelle 4 (Kapitel 5) dargestellt, kann man – ideal-
typisch betrachtet – deshalb ein Ziel verfolgen, weil die Zielverfolgung mit hohem
Nutzen verbunden ist (z.B. Sport treiben, um körperlich fit zu sein; Annäherung an
erwünschten Zustand). Ebenso kann aber die Zielverfolgung darauf gerichtet sein,
die Kosten zu vermeiden, die mit einem Zielabbruch verbunden wären (z.B. Sport
treiben, um nicht an Gewicht zuzunehmen; Vermeidung von unerwünschtem Zustand). Analog kann der Zielabbruch entweder aus dem Bestreben resultieren, den
damit verbundenen Nutzen zu erlangen (z.B. das Sporttraining aufgeben, um mehr
Zeit für andere Interessen zu haben; Annäherung an erwünschten Zustand), oder aber
die mit der weiteren Zielverfolgung einhergehenden Kosten zu vermeiden (z.B. das
Sporttraining aufgeben, um den hohen finanziellen Aufwand zu vermeiden; Vermeidung von unerwünschtem Zustand).

Inwieweit nun die Handlungsregulation in Bezug auf ein spezifisches Ziel annähe-
rungs- oder vermeidungsorientiert ist, lässt sich daran festmachen, ob insgesamt im
Hinblick auf die Zielverfolgung und den Zielabbruch die Nutzen- die Kosten-Aspekte oder umgekehrt die Kosten- die Nutzen-Aspekte übersteigen.

Annahme 3

Überwiegen bei Zielverfolgung und Zielabbruch die Nutzen-Aspekte (erwünschte
Zustände bzw. positive Anreize) die Kosten-Aspekte (unerwünschte Zustände
bzw. negative Anreize), herrscht eine Annäherungsorientierung vor. Überwiegen
hingegen die Kosten-Aspekte die Nutzen-Aspekte von Zielverfolgung und Zielabbruch, herrscht eine Vermeidungsorientierung vor. Vermeidung soll im Vergleich zu Annäherung zu schlechterer Stimmung beim Zielstreben führen.

Abschließend die drei Gruppen von Annahmen des Nutzen-Kosten-Modells noch einmal im Überblick:

Annahme 1a

Im Verlauf der Zielrealisierung treten motivationale Charakteristika (erwartete Anreize) eines Ziels (und damit Nutzen-Kosten von Zielverfolgung und Zielabbruch) dann ins Bewusstsein, wenn eine „Handlungskrise" vorliegt.

Annahme 1b

In der kognitiven Repräsentation der Nutzen-Kosten-Aspekte herrscht eine volitionale Voreingenommenheit. Sie äußert sich darin, dass jene Nutzen-Kosten-Aspekte in den Vordergrund treten, die die weitere Zielverfolgung nahe legen.

Annahme 1c

Die postulierte volitionale Voreingenommenheit ist umso schwächer, je problematischer sich der Handlungsverlauf gestaltet.

Annahme 2a

Der Nutzen der Zielverfolgung sowie die Kosten des Zielabbruchs wirken sich positiv auf die Zielbindung und das Verhalten, negativ auf den Zielablösungsimpuls aus. Hingegen stehen die Kosten der Zielverfolgung und der Nutzen des Zielabbruchs in negativer Beziehung zur Zielbindung und zum Verhalten, in positiver Beziehung zum Zielablösungsimpuls. Zur Zielablösung kommt es, wenn die *für* die weitere *Zielverfolgung* sprechenden Aspekte *schwächer* als die *für* den *Zielabbruch* sprechenden Aspekte sind

Annahme 2b

Der postulierte handlungsleitende Effekt der Nutzen-Kosten-Aspekte zeigt sich vor allem dann, wenn sie im Bewusstsein repräsentiert sind.

Annahme 3

Aufgrund der spezifischen Nutzen-Kosten-Konstellation lässt sich bestimmen, ob das Zielstreben durch eine Annäherungs- oder Vermeidungsorientierung gekennzeichnet ist und demnach mit vorwiegend positiver bzw. negativer Stimmung verbunden ist.

Das Nutzen-Kosten Modell der Zielverfolgung und Zielablösung macht damit Aussagen (1) zur *kognitiven Repräsentation* der verschiedenen Nutzen-Kosten-Aspekte, (2) zum Einfluss der verschiedenen Nutzen-Kosten-Aspekte auf das *Verhalten* und schließlich (3) zum Zusammenhang zwischen verschiedenen Nutzen-Kosten-Konstellationen und *annäherungs- versus vermeidungsorientierter Handlungsregulation*.

Fazit

Der theoretische Erkenntnisgewinn des Nutzen-Kosten-Modells der Persistenz und Zielablösung besteht in folgenden Punkten:

1. Im Mittelpunkt des Modells stehen die erwarteten positiven (Nutzen) und negativen (Kosten) Anreize, die die Zielverfolgung und Zielablösung regulieren. Mit erwarteten Anreizen wird ein zentrales motivationspsychologisches Konstrukt aufgegriffen. Das Modell verknüpft Erkenntnisse der Motivationspsychologie einerseits und der Volitionspsychologie andererseits. So wird die Bedeutung klassischer motivationaler Variablen (d.h. erwarteter Anreize) für die Steuerung von Ausdauer ebenso berücksichtigt, wie spezifische volitionale Prozesse, die nach der Entscheidung für ein Handlungsziel die Zielrealisierung unterstützen (z.B. kognitive Repräsentation motivationaler Zielcharakteristika nur bei Handlungsunterbrechungen).

2. Die innerhalb der ökonomischen Verhaltenstheorie zentrale Erkenntnis, dass Handeln mit Kosten verbunden ist, ist bislang nur in der sozialpsychologischen (z.B. Dovidio, Piliavin, Gaertner, Schroeder & Clark, 1991; Rogers, 1983; Rusbult, 1980; Thibaut & Kelley, 1959), jedoch kaum in der motivationspsychologischen Theoriebildung zu Persistenz und Zielablösung bei Alltagszielen aufgegriffen worden. In den Motivationstheorien wird auch der *Zielabbruch* mit seinen positiven und negativen Seiten nicht genauer analysiert. Die vorwiegend experimentell ausgerichtete Motivationsforschung hat natürlich Fragen nach dem Nutzen und den Kosten, die experimentelle Aufgabe *nicht* zu bearbeiten bzw. *nicht* am Experiment teilzunehmen, gar nicht aufkommen lassen. Erst die Kenntnis dessen, was die handelnde Person sich von der Zielverfolgung bzw. der Zielablösung verspricht und mit welchen unangenehmen Erfahrungen sie beim einen oder anderen Handlungsverlauf zu rechnen hat, macht eine präzise Verhaltensvorhersage möglich.

3. Ein weiterer Fortschritt gegenüber existierenden Ansätzen zur Vorhersage von Verhalten ist der Versuch, aufgrund der jeweils spezifischen Anreizkonstellation auf die zugrundeliegende motivationale Orientierung (Annäherung versus Vermeidung) bei Zielverfolgung und Zielablösung zu schließen. Dies ist insofern wichtig, als Annäherungs- und Vermeidungsorientierungen sich ganz unterschiedlich auf das emotionale Befinden auswirken. So werden zwar in verschiedenen Verhaltensmodellen (z.B. Theorie vernünftigen Handelns, Fishbein & Ajzen, 1975; Valenz-Instrumentalitäts-Erwartungs-Theorie von Vroom, 1964) ebenfalls positive wie negative Ergebnis-Konsequenzen des intendierten Verhaltens erfasst, doch nicht in ihrem Verhältnis zueinander und nicht in ihrer differentiellen Funktion für das emotionale Erleben betrachtet.

4. Das vorgestellte Nutzen-Kosten-Modell erweitert in einem wichtigen Punkt volitionspsychologische Überlegungen, da es spezifische Vorhersagen macht, wann motivationale Charakteristika eines Ziels wieder ins Bewusstsein treten und handlungsleitende Funktion übernehmen. Zu diesem Punkt finden sich im Rubikonmodell der Handlungsphasen (H. Heckhausen & Gollwitzer, 1987; Gollwitzer, 1990) widersprüchliche Aussagen. Einerseits heißt es dort, dass nach dem verbindlichen Entschluss für ein Handlungsziel (wenn der Rubikon überschritten ist),

motivationale Charakteristika des Ziels (erwartete Anreize) zugunsten ausführungs- und realisierungsbezogener Inhalte in den Hintergrund treten; andererseits liest man aber, dass anreiz- und erwartungsbezogene Information parteiisch verarbeitet würde. Dieser scheinbare Widerspruch lässt sich mit den Annahmen des Nutzen-Kosten-Modells lösen.

5. Ausdauer bei der Zielverfolgung und die Ablösung von Zielen wurden bislang relativ unabhängig voneinander behandelt. Ein weiterer Beitrag des Modells ist, dass es diese beiden Phänomenbereiche in einem theoretischen Rahmen integriert, indem es sowohl Vorhersagen zur Ausdauer beim Handeln als auch zur Ablösung von Zielen macht. Insbesondere ist hervorzuheben, dass bislang in der Zielablösungs-Forschung vor allem die *Folgen* nicht erfolgreicher Zielablösung untersucht wurden und weniger die *Bedingungen* erfolgreicher bzw. nicht erfolgreicher Zielablösung, die im Mittelpunkt der hier vorgestellten theoretischen Überlegungen stehen.

6. Das Nutzen-Kosten-Modell zeichnet sich insbesondere dadurch aus, dass es Aussagen zu kognitiven, affektiven und verhaltensbezogenen Aspekten macht, und damit eine einseitige Akzentuierung kognitiver bzw. affektiver Prozesse vermeidet.

7. Schließlich ist die Bedeutung des Nutzen-Kosten-Modells für die Erklärung von „escalation of commitment" und „entrapment" hervorzuheben. Das Festhalten an verlustreichen Handlungen erscheint aus der hier vertretenen nutzen-kosten-theoretischen Perspektive als Folge eines allgemeinen handlungsregulativen Prinzips. „Escalation of commitment"-Situationen lassen sich charakterisieren als Situationen, bei denen die handelnde Person trotz hoher Kosten und/oder eines geringen Nutzens der Zielverfolgung an ihrem Ziel festhält. Dieses auf den ersten Blick „irrationale Verhalten" wird verständlich, wenn man die Nutzen und Kosten des Zielabbruchs mit ins Kalkül zieht. Sind die Kosten sehr hoch, scheut die Person davor zurück, das Ziel aufzugeben. Diese Überlegung deckt sich mit der Beobachtung von Staw und Ross (1987; Staw, 1997), dass bei „escalation of commitment" – also dann, wenn Verluste und Misserfolge unübersehbar geworden sind, die handelnde Person aber dennoch hartnäckig an dem verfolgten Ziel oder Projekt festhält – die negativen Anreize (Kosten) des Zielabbruchs zu dominieren beginnen. An einem verlustreichen Projekt festzuhalten, mag aus dieser Perspektive eine durchaus rationale Entscheidung sein, insofern als man die relativ beste Alternative, nämlich das kleinere von zwei Übeln, wählt (vgl. Northcraft & Neale, 1986; Statman & Caldwell, 1987).

6 Empirische Überprüfung der Modellaussagen

Die Studien im Überblick

Um die Modellaussagen des vorangehenden Kapitels zu prüfen, wurden sieben Studien (teils Labor-, teils Feldstudien) in ganz unterschiedlichen Kontexten durchgeführt. Im Vordergrund stand dabei die Überlegung, die theoretischen Annahmen mit einem weiten Spektrum an Operationalisierungen an ganz unterschiedlichen Stichproben zu prüfen. Drei Studien basieren auf einem korrelativen, vier Studien auf einem experimentellen Ansatz; zwei Studien haben darüber hinaus ein längsschnittliches Design. Die Teilnehmer/innen waren zum einen Studenten und Studentinnen verschiedener Fachrichtungen der Universitäten München und Linz, zum anderen Mitglieder zweier großer Münchner Sportstudios. Die Studien greifen die theoretischen Modellaussagen mit unterschiedlichen Akzenten auf (für eine Übersicht siehe Tabelle 5).

Tabelle 5: *Übersicht über die in den verschiedenen Studien geprüften theoretischen Annahmen*

Studie / Annahme	1	2	3	4	5	6	7
1a	X			X		X	
1b	X			X	X	X	
1c	X			X	X	X	
2a		X	X	X	X	X	
2b				X	X	X	
3			X	X	X		X

Titel der Studien
1: „Beziehungsszenario"; 2: „Alex im Ausland"; 3: „Frauen im Fitnessstudio"; 4: „Persönliche Alltagsziele"; 5: „Sport im Studio"; 6: „Weiterstudieren oder aufhören?"; 7: „Liebe über die Zeit"
Titel der Annahmen
1a: „Bedingungen der kognitiven Repräsentation"; 1b: „Volitionale Voreingenommenheit"; 1c: „Abschwächung der volitionalen Voreingenommenheit bei Handlungskrisen"; 2a: „Verhaltenseffekte zielverfolgungs- und zielabbruchbezogener Nutzen und Kosten"; 2b: „Moderatorwirkung von Handlungskrisen"; 3: „Annäherung versus Vermeidung"

Studie 1 („Beziehungsszenario") war ein Szenarioexperiment. Studierende wurden ins Labor gebeten und mit einer kurzen Situationsbeschreibung aus dem Beziehungs-Alltag konfrontiert. Sie lasen entweder von einer sich anbahnenden Beziehungskrise oder einer harmonischen Partnerschaft. Die Versuchsteilnehmer sollten sich in die jeweils geschilderte Situation hineinversetzen und Angaben zu ihren beziehungsrelevanten Gedanken machen. Auf dieser Grundlage wurden die Annahmen 1a bis 1c zur kognitiven Repräsentation motivationaler Inhalte (zielbezogener Nutzen-Kosten-Aspekte) in der Phase der Zielrealisierung geprüft.

Die Studien 2 („Alex im Ausland", Szenarioexperiment im Labor) und 3 („Frauen im Fitnessstudio", Feldexperiment) untersuchten Annahme 2a. Es ging dabei um den Einfluss der verschiedenen Anreizarten (Nutzen und Kosten der Zielverfolgung und des Zielabbruchs) auf das Verhalten (Zielbindung, Zielablösungsimpuls, tatsächliches Verhalten). Studie 2 beschränkte sich auf die Variation der Kosten des Zielabbruchs unter Konstanthaltung der anderen Anreizkategorien; vorhergesagt werden sollte die Bindung an ein unbefriedigendes Ziel (*entrapment*). Dazu lasen studentische Versuchsteilnehmer die fiktive Geschichte einer Person namens Alex, die sehr unzufrieden mit dem Verlauf ihres Auslandsstudiums war. Die Versuchsteilnehmer sollten angeben, ob sie an Stelle dieser Person das Auslandsstudium abbrechen oder aber am einmal gefassten Plan festhalten würden. Im Vergleich dazu hatte Studie 3 einen erweiterten Untersuchungsansatz. Zum einen wurden alle vier Nutzen-Kosten-Aspekte berücksichtigt. In einer Gedankenübung wurde jeweils einer der vier Nutzen-Kosten-Aspekte besonders aktiviert. Zum anderen wurde neben verhaltensbezogenen Variablen auch Emotionen erfasst, um Annahme 3 (Einfluss von Annäherung und Vermeidung auf die Stimmung) zu prüfen. Ein besonderes Merkmal von Studie 3 ist außerdem, dass längerfristige Effekte der experimentellen Manipulation in einer Nachbefragung geprüft wurden.

Die Studien 4 („Persönliche Alltagsziele"), 5 („Sport im Studio") und 6 („Weiterstudieren oder aufhören?") prüften die Annahmen 1a bis 1c zur kognitiven Repräsentation von Nutzen-Kosten-Aspekten, Annahmen 2a und 2b zur Verhaltenswirksamkeit der Nutzen-Kosten-Aspekte sowie Annahme 3 zum Zusammenhang von Annäherungs- vs. Vermeidungsorientierungen und emotionalem Befinden. In Studie 4 wurden Studierende ins Labor gebeten; sie sollten entweder ein problematisches (*entrapment*-) oder aber unproblematisches persönliches Alltagsziel nennen und Auskunft zu den Kosten des Zielabbruchs geben. Zusätzlich sollten sie ihre zielbezogenen Gedanken notieren. Die Studien 5 und 6 wurden im Feld durchgeführt. Mitglieder eines Sportstudios (Studie 5) bzw. Studierende (Studie 6) wurden gebeten, alle Nutzen und Kosten, die die Zielverfolgung (d.h. regelmäßig zu trainieren bzw. das Studium fortzusetzen) und die der Zielabbruch (d.h. nicht mehr regelmäßig zu trainieren bzw. das Studium abzubrechen) mit sich bringt, aufzulisten. Darüber hinaus machten sie Angaben zu verschiedenen Merkmalen der Handlungssituation (z.B. intrinsischer Anreiz des Sportstudiobesuchs, Schwierigkeit der Studiensituation), zu verhaltensrelevanten Aspekten (z.B. Zielbindung, Häufigkeit zielbezogenen Verhaltens) sowie zu ihrem emotionalen Erleben. Studie 6 war in erster Linie als konzeptuelle Replikation der fünften Studie angelegt.

Die Studie 7 („Liebe über die Zeit") war als Längsschnittuntersuchung konzipiert und untersuchte Annahme 3, bei der es um die Auswirkungen von nutzen-kosten-basierter Annäherungs- bzw. Vermeidungsorientierung auf das emotionale Erleben geht. Untersucht wurden die Auswirkungen einer annäherungs- bzw. vermeidungsorientierten Bindung an den Partner auf das Befinden der Partner. Studierende, die eine Partnerschaft hatten, wurden im Verlaufe eines Jahres drei Mal zur Art der Bindung (annäherungs- und vermeidungsorientiert) an ihre/n Partner/in und zu verschiedenen Indikatoren der Beziehungsqualität (Zufriedenheit mit Partnerschaft und emotionales Erleben) befragt.

Methodische Vorüberlegungen

Durch die Kombination verschiedener Methoden – *experimentelle Szenariostudien* (Studie 1 und Studie 2), *korrelative Feldstudien* (Studie 4, Studie 5 und Studie 6), *experimentelle Feldstudie* (Studie 3) sowie eine *Längsschnittstudie* (Studie 7) – sollen Schwächen, die mit jeder methodischen Vorgehensweise verbunden sind, ausgeglichen werden. So ist beispielsweise ein Vorteil von Szenariostudien, dass sie die kontrollierte Variation von Bedingungsfaktoren ermöglichen, die man im Feld aus ethischen Gründen nicht durchführen könnte (z.B. die Induktion einer Beziehungskrise). Ein Nachteil ist hingegen ihr relativ geringer Realitätsgrad und die Tatsache, dass nur fiktives Verhalten im Selbstbericht erfasst werden kann. Korrelative Feldstudien haben zwar hohen Realitätsgrad, lassen aber keine definitiven Aussagen zu Ursache-Wirkungs-Zusammenhängen zu. Am besten schneiden Feldexperimente ab, in denen die theoretisch postulierten Bedingungsfaktoren manipuliert werden *und* reales Verhalten gemessen wird.

Im Weiteren soll ein kurzer Überblick darüber gegeben werden, wie in den hier vorliegenden Studien die zentralen abhängigen Variablen (kognitive Repräsentation motivationaler Inhalte, verhaltensrelevante Aspekte, emotionales Erleben) gemessen wurden. Bei den verwendeten Maßen handelt es sich teils um bereits in der Forschung etablierte, teils im Rahmen dieser Studien neu entwickelte Messverfahren.

Zur Erfassung der *kognitiven Repräsentation* motivationaler Inhalte wurde sowohl eine eher operante (freie Auflistung von zielbezogenen Gedanken bzw. von Nutzen und Kosten der Zielverfolgung und des Zielabbruchs) als auch eine eher respondente (die Beantwortung geschlossener Fragen hinsichtlich der Intensität und der Häufigkeit nutzen-kosten-bezogener Gedanken) Methode verwendet. In den freien Gedankenstichproben kann zum einen der Anteil abwägender versus handlungsbezogener Gedanken ausgezählt werden, zum anderen bestimmt werden, in welchen Anteilen die Versuchsteilnehmer/innen an Nutzen und Kosten von Zielverfolgung und Zielabbruch denken. Freie Gedankenstichproben sowie geschlossene Fragen nach der Häufigkeit und Intensität bestimmter Gedanken ergänzen sich in idealer Weise, um den Bewusstseinsgrad spezifischer kognitiver Inhalte sowie die Art ihrer Repräsentation zu erfassen (siehe z.B. Beckmann, 1994; Brunstein & Olbrich, 1985; Diener & Dweck, 1978; Gollwitzer, 1991; Klinger, Barta & Maxeiner, 1980).

Verhaltensrelevante Aspekte wurden ebenfalls auf ganz unterschiedliche Weise erfasst. So wurden die *Bindung an das Ziel* (commitment), der *Impuls zur Zielablösung*, die *Handlungsbereitschaft* in bezug auf konkrete zielrealisierende Handlungen, rückblickende *Bewertungen des Verhaltens* sowie *selbstberichtetes* und *tatsächliches Verhalten* gemessen. Zielbindung lässt sich charakterisieren als „a strong sense of determination, ... the willingness to invest effort, ... impatient striving for goal implementation" (Brunstein, 1993, p. 1062); sie drückt aus, wie sehr sich eine Person einem angestrebten Zielzustand verpflichtet fühlt. In den unterschiedlichsten Forschungskontexten konnte belegt werden, dass die Zielbindung ein zentraler Prädiktor für zielrealisierendes Verhalten ist (z.B. Brickman, 1987; Brunstein, 1993, 1995; H. Heckhausen, 1989; Hollenbeck & Klein, 1987; Klinger, 1975; Kuhl, 1987; Lydon & Zanna, 1990; Meyer, Allen & Smith, 1993; Mowday, Porter & Steers, 1982; Rusbult, 1983; Wicklund & Gollwitzer, 1982; für eine Zusammenfassung siehe Klinger, 1996).

Der Impuls zur Zielablösung bezieht sich auf Gedanken bzw. den Wunsch, das in Frage stehende Ziel aufzugeben und sich anderen Zielinhalten zuzuwenden. Zielbindung und Zielablösungsimpuls wurden in den hier vorgestellten Studien als zwei voneinander relativ unabhängige Dimensionen konzeptualisiert. Dahinter stand die Überlegung, dass man hoch an ein Ziel gebunden sein kann (im Sinne von hoher Entschlossenheit, es weiterzuverfolgen), sich aber gleichzeitig gedanklich mit dem Zielabbruch als Handlungsoption beschäftigen kann. In der einschlägigen Literatur finden sich nur vereinzelte Hinweise auf eine konzeptuelle Trennung zwischen Zielbindung und Zielablösungsimpulsen. Ein Beispiel sind die von Brandtstädter und Renner (1990) vorgelegten Skalen *Hartnäckige Zielverfolgung* (Beispielitems: „Bei der Durchsetzung meiner Interessen kann ich sehr hartnäckig sein"; „Wenn sich mir Schwierigkeiten in den Weg legen, verstärke ich gewöhnlich meine Anstrengung erheblich") und *Flexible Zielanpassung* (Beispielitems: „Wenn ich auf unüberwindbare Hindernisse stoße, suche ich mir lieber ein neues Ziel"; „Wenn etwas nicht nach meinen Wünschen läuft, gebe ich eher meine Wünsche auf, als lange zu kämpfen"). Die Skala *Flexible Zielanpassung* deckt dabei aber eher ab, ob eine Person generell in der Lage ist, sich von einem Ziel zu lösen und weniger, inwieweit in bezug auf ein konkretes Ziel zielablösungsbezogene Impulse verspürt werden. Eine Trennung zwischen Zielbindungs- und Zielablösungsprozessen scheint nicht nur auf der Ebene der persönlichkeitsspezifischen Handlungsregulation, sondern auch auf der Ebene individueller Ziele sinnvoll. Dem Zielablösungsimpuls kommt besondere Bedeutung zu, da in den hierfür relevanten Studien 3 („Frauen im Fitnessstudio"), 5 („Sport im Studio") und 6 („Weiterstudieren oder aufhören?) die tatsächliche Zielablösung nicht erfasst werden konnte. Dazu hätte es wesentlich größerer Stichproben bedurft, die man über einen relativ langen Zeitraum untersucht.

Es wurde außerdem die auf eine konkrete Handlung bezogene Handlungsbereitschaft (im Sinne von Vorfreude und Motiviertheit im alltagssprachlichen Sinne und mobilisierter körperlicher Energie) erfasst. Diese Facetten decken die im Rahmen von Wright und Brehms (1989; Brehm, Wright, Solomon, Silka & Greenberg, 1983) Energetisierungsmodell der Motivation thematisierten Motivationszustände ab, die in engem Zusammenhang mit physiologischen Indikatoren der Anstrengungsbereitschaft stehen (Wright, 1996). Neben diesen Selbstberichtmaßen erschien es wünschenswert, den Einfluss der Nutzen-Kosten-Variablen auch auf reales Verhalten nachzuweisen. In einer Studie (Studie 3 „Frauen im Fitnessstudio") wurde zusätzlich die rückblickende Bewertung des eigenen Verhaltens erfasst. Handeln, das im Einklang mit dem intendierten Ziel steht, sollte positiv beurteilt werden, weil es als Fortschritt auf dem Weg zum Ziel wahrgenommen wird (Brunstein, 1993).

Das emotionale Erleben wurde schließlich mit einer Liste von Gefühlsadjektiven nach Higgins, Shah und Friedman (1997; Roney, Higgins & Shah, 1995) sowie einer Skala zur Erfassung der Zufriedenheit mit der eigenen Partnerschaft von Hassebrauck (1991) erfasst.

Abschließend soll noch darauf hingewiesen werden, dass zielbezogene Nutzen und Kosten in den durchgeführten Studien sowohl als unabhängige wie abhängige Variable fungieren.

Studie 1: „Beziehungsszenario"
Häufigkeit und Intensität motivationaler Gedanken
in Abhängigkeit vom Verlauf der Zielrealisierung

Einführung

Im Mittelpunkt dieser Szenariostudie standen die Annahmen 1a bis 1c des Nutzen-Kosten-Modells. Im einzelnen sollten folgende Fragen geklärt werden: (a) Sind in der Phase der Zielrealisierung motivationale Inhalte stärker kognitiv repräsentiert, wenn eine Handlungskrise vorliegt im Vergleich dazu, wenn keine Handlungskrise vorliegt? (Annahme 1a); (b) Lässt sich eine volitionale Voreingenommenheit hinsichtlich der *für* die *Zielverfolgung* sprechenden Nutzen-Kosten-Aspekte nachweisen? (Annahme 1b) und (c) Ist die volitionale Voreingenommenheit schwächer, wenn eine Handlungskrise vorliegt im Vergleich dazu, wenn keine Handlungskrise vorliegt? (Annahme 1c).

Die Studie wurde im Kontext von Partnerschaften angesiedelt. Eine harmonische Partnerschaft zu führen, gehört mit zu den wichtigsten Alltagszielen von Menschen überhaupt (z.B. Brandtstädter & Renner, 1990). Auch wenn sich im Zusammenhang mit Partnerschaft unzählige Zielbereiche ausmachen lassen, so bleibt doch das übergeordnete Ziel einer befriedigenden Beziehung über weite Strecken handlungsleitend. Beziehungskrisen stellen geradezu den prototypischen Fall einer Unterbrechung beim Zielstreben insofern dar, als sie die Realisierung einer funktionierenden Partnerschaft in Frage stellen. Die meisten Studierenden leben oder lebten schon einmal in einer Partnerschaft, so dass die im Szenario geschilderte Situation große Lebensnähe für die Versuchsteilnehmer/innen hatte.

Versuchsteilnehmer/innen wurden gebeten, sich entweder in die Situation einer Beziehungskrise oder aber in die Situation einer harmonischen Partnerschaft zu versetzen. Die kognitive Repräsentation motivationaler Inhalte wurde auf zweierlei Weise erfasst: Zum einen wurden die Versuchsteilnehmer/innen aufgefordert, ihren Gedanken freien Lauf zu lassen und alles zu notieren, was ihnen in Bezug auf die geschilderte Situation in ihrer eigenen Partnerschaft in den Sinn kam. Es wurden dann die Häufigkeiten abwägender und handlungsbezogener Gedanken ermittelt. Zum anderen wurde in einem geschlossenen Antwortformat erhoben, wie intensiv die Versuchsteilnehmer/innen über die verschiedenen Nutzen- und Kosten-Aspekte von Zielverfolgung und Zielabbruch nachdachten.

Die Hypothesen dieser Studie lassen sich wie folgt zusammenfassen:

Hypothese 1. Die Stärke der kognitiven Repräsentation motivationaler Inhalte zeigt sich einerseits an der *Häufigkeit* abwägender und handlungsbezogener Gedanken; andererseits an der *Intensität des Nachdenkens* über die Nutzen-Kosten-Aspekte von Zielverfolgung und Zielabbruch. (a) Im Hinblick auf die *Häufigkeit abwägender* und *handlungsbezogener Gedanken* wird vorhergesagt, dass die gedankliche Vorstellung einer Beziehungskrise im Vergleich zur Vorstellung einer harmonischen Partnerschaft zu mehr abwägenden Gedanken führt. Außerdem wird für die Bedingung „Beziehungskrise" ein Übergewicht abwägender gegenüber handlungsbezogener Gedanken erwartet. (b) Hinsichtlich der *Intensität*, mit der die Nutzen-Kosten-Aspekte von Zielverfolgung und Zielabbruch elaboriert werden, soll sich eine intensivere gedankliche Auseinandersetzung damit in der Bedingung *Beziehungskrise* als in der Bedingung *Harmonische Beziehung* zeigen.

Hypothese 2. Es zeigt sich insgesamt eine volitionale Voreingenommenheit in der kognitiven Repräsentation der Nutzen-Kosten-Aspekte. Einerseits werden die für die Zielverfolgung sprechenden Aspekte intensiver bedacht als die für den Zielabbruch sprechenden Aspekte. Andererseits werden im Zusammenhang mit der Zielverfolgung stärker die Nutzen- als die Kosten-Aspekte, im Zusammenhang mit dem Zielabbruch hingegen mehr die Kosten- als die Nutzen-Aspekte bedacht.

Hypothese 3. Das Ausmaß der volitionalen Voreingenommenheit ist in der Bedingung Beziehungskrise schwächer als in der Bedingung „Harmonische Beziehung".

Methode

Versuchsteilnehmer/innen und Versuchsplan. An der Studie nahmen 40 Münchner Studierende (20 Frauen, 20 Männer) verschiedener Fachrichtungen teil. Im Durchschnitt waren sie 24.6 Jahre alt. Das Experiment wurde als Gruppenversuch durchgeführt und basierte auf einem einfaktoriellen Versuchsplan. Variiert wurde die im Szenario geschilderte Beziehungsqualität (Beziehungskrise vs. Harmonische Beziehung). Der Hälfte der Versuchsteilnehmer/innen wurde eine problematische, der anderen Hälfte eine unproblematische Beziehungssituation präsentiert. Die Versuchsteilnehmer/innen wurden zufällig einer der beiden Versuchsbedingungen zugeteilt, wobei darauf geachtet wurde, dass Männer und Frauen gleichmäßig auf die Bedingungen verteilt wurden.

Versuchsablauf und Material. Die Versuchsteilnehmer/innen wurden eingeladen, an einer Studie zu verschiedenen Aspekten partnerschaftlicher Beziehungen teilzunehmen. Ihnen wurde dann ein Fragebogen ausgeteilt, der die experimentelle Manipulation sowie die abhängigen Variablen enthielt. Zu Beginn wurden die Versuchsteilnehmer/innen gefragt, ob sie derzeit eine Beziehung hätten und wie lange diese ggf. bestünde. Personen, die aktuell eine Beziehung hatten, sollten eine sieben Items umfassende Skala zur Messung der Beziehungszufriedenheit (Hendricks, 1988; deutsch von Hassebrauck, 1991) ausfüllen. Sie enthielt Fragen wie beispielsweise „Wie zufrieden sind Sie im Großen und Ganzen mit Ihrer Beziehung"? oder „Wie gut ist Ihre Beziehung im Vergleich zu den Beziehungen der meisten anderen Paare?". Die Antworten erfolgten auf einer von 1 (überhaupt nicht) bis 5 (sehr) reichenden Skala und wurden für die Bildung eines Zufriedenheits-Index gemittelt (Cronbachs *alpha* =.92).

Auf der nächsten Seite des Fragebogens wurde den Versuchsteilnehmern eine kurze Situationsbeschreibung präsentiert, die entweder eine aufkommende Beziehungskrise oder aber eine sehr harmonische Beziehung schilderte. In Vortests war an einer studentischen Stichprobe erhoben worden, welche Beziehungsmerkmale für eine Beziehungskrise bzw. für eine harmonische Beziehung sprechen. Die am häufigsten genannten Aspekte und Formulierungen wurden im experimentellen Szenario verwendet. Die Versuchsteilnehmer/innen sollten die Situationsbeschreibung lesen und sich vorstellen, die geschilderte Situation wäre in ihrer Beziehung eingetreten. In der Bedingung „Beziehungskrise" lasen sie:

> „In Ihrer derzeitigen Beziehung läuft es seit einiger Zeit nicht mehr so gut. Ihr(e) Partner(in) und Sie haben zunehmend verschiedene Interessen, es gibt

nicht mehr so viel Gemeinsames, und es kommt öfters Langeweile auf. Konflikte können nicht ausdiskutiert werden, weil dies meistens im Streit endet. Ihr(e) Partner(in) ist verschlossen und geht nicht mehr auf Sie ein. Im Bett verstehen Sie sich auch nicht mehr besonders gut. Zudem gibt es Anzeichen dafür, dass er/sie unehrlich zu Ihnen war."

In der Bedingung „Harmonische Beziehung" lasen sie:

„In Ihrer derzeitigen Beziehung läuft es sehr gut. Ihr(e) Partner(in) und Sie haben viele gleiche Interessen, es gibt viel Gemeinsames, und es kommt so gut wie nie Langeweile auf. Wenn Sie über Ihre Angelegenheiten sprechen, hört Ihnen Ihr(e) Partner(in) zu. Konflikte können stets ausdiskutiert werden. Er/sie ist offen und geht auf Sie ein. Im Bett verstehen Sie sich auch sehr gut. Zudem haben Sie Vertrauen in seine/ihre Ehrlichkeit."

Danach wurden die Versuchsteilnehmer/innen aufgefordert, ihren Gedanken freien Lauf zu lassen und alles aufzuschreiben, was ihnen in bezug auf die geschilderte Beziehungssituation in den Sinn käme. Die Instruktion für diese Gedankenstichprobe war wie folgt:

„Während des Tages ergibt es sich manchmal, dass man einfach seine Gedanken schweifen lässt (z.B. wenn man an einer Bushaltestelle wartet). In solch einer ruhigen Minute beschäftigt man sich dann gedanklich mit den Dingen, die einem wichtig sind, wie beispielsweise die eigene Beziehung. Stellen Sie sich nun bitte vor, Ihre Beziehung wäre momentan so, wie oben geschildert. Welche Gedanken würden Ihnen in bezug auf Ihre Beziehung so durch den Kopf gehen?"

Nachdem die Versuchsteilnehmer/innen ihre Gedanken notiert hatten, sollten sie umblättern und Fragen zu spezifischen Inhalten der gedanklichen Beschäftigung mit der vorgestellten Beziehungssituation beantworten. Alle nun folgenden Fragen wurden auf einer fünfstufigen Skala (1 „überhaupt nicht", 5 „sehr") beantwortet. Es wurde erfasst, wie intensiv die Versuchsteilnehmer/innen in der jeweils geschilderten Situation über Nutzen und Kosten der Fortführung bzw. Beendigung der Beziehung nachdenken würden. Die vier Aspekte wurden sowohl in abstrakter als auch in konkreter Form abgefragt. In abstrakter Form wurde nach den (a) angenehmen Aspekten, die ein Beenden der Beziehung mit sich bringt (Nutzen Zielaufgabe); (b) angenehmen Aspekten, wenn die Beziehung weiterbesteht (Nutzen der Zielverfolgung); (c) unangenehmen Aspekten, wenn die Beziehung weiterbesteht (Kosten der Zielverfolgung) und (d) unangenehmen Aspekten, die ein Beenden der Beziehung mit sich bringt (Kosten Zielaufgabe), gefragt. Die vier abstrakten Fragen wurden in dieser (Reihenfolge A) und einer zweiten Reihenfolge (B) dargeboten, um sicherzustellen, dass mögliche Effekte nicht auf eine bestimmte Fragenfolge zurückgehen. In der zweiten Reihenfolgebedingung wurde nach den Kosten der Zielverfolgung, dem Nutzen der Zielaufgabe, den Kosten der Zielaufgabe und schließlich dem Nutzen der Zielverfolgung gefragt. Beide Reihenfolgen waren zu gleichen Teilen in den beiden experimentellen Bedingungen vertreten.

Danach sollten die Versuchsteilnehmer angeben, wie intensiv sie über acht konkrete Nutzen- und Kosten-Aspekte nachdenken würden. Beispiele für diese Items sind: Ich denke darüber nach, dass ... (a) ... mein Bedürfnis nach Liebe und Geborgenheit gestillt würde, wenn ich die Beziehung fortsetze (*Nutzen der Zielverfolgung*); (b) ... es mich in verschiedener Hinsicht einengt, wenn ich die Beziehung fortsetze (*Kosten der Zielverfolgung*); (c) ... ich ausprobieren könnte, ob jemand anderer besser zu mir passt, wenn ich die Beziehung beende; (d) ... ich viel verlieren würde, was mir wichtig ist, wenn ich die Beziehung beende (*Kosten Zielaufgabe*).

Es folgten vier Items zur Erfassung des Zielablösungsimpulses (z.B. „Ich hätte in der geschilderten Situation schon mal den Impuls, mich zu trennen" und „Ich würde mir wünschen, eine andere Beziehung zu haben"), die dazu gemittelt wurden (Cronbachs *alpha* = .95). Danach wurden 14 Emotionsadjektive (z.B. beunruhigt, gelassen, glücklich, zufrieden; nach Higgins, Shah & Friedman, 1997; Roney, Higgins & Shah, 1995) vorgegeben, anhand derer die Versuchsteilnehmer/innen ihre Gefühle in der geschilderten Situation beschreiben sollten. Nach Rekodierung der negativen Adjektive wurden die Antworten gemittelt. Der Stimmungsindex hatte eine interne Konsistenz (gemessen mit Cronbachs *alpha*) von .96 und diente wie der Zielablösungsindex als Manipulationskontrolle. Um festzustellen, wie lebensnah das geschilderte Beziehungsszenario für die Versuchsteilnehmer/innen war, wurden sie schließlich noch gefragt, wie gut für sie die Situation vorstellbar war und wie gut Sie sich in die Situation hineinversetzen konnten. Diese beiden Items wurden gemittelt und stellten die „Szenariokontrolle" dar (Cronbachs alpha = .87).

Ergebnisse

Alle Analysen wurden zunächst unter Einschluss des Faktors *Geschlecht* gerechnet. Falls es Geschlechtseffekte gab, werden sie in der Ergebnisdarstellung explizit erwähnt. Ergaben sich jedoch keine Geschlechtseffekte ($F < 1$), wurden die Analysen ohne diesen Faktor wiederholt; in diesem Falle wird auch nicht mehr explizit auf den Faktor Geschlecht Bezug genommen.

Manipulations- und Szenariokontrolle. Versuchsteilnehmer/innen der Bedingung *Beziehungskrise* gaben an, sich bei der Vorstellung der im Szenario geschilderten Situation signifikant schlechter gefühlt zu haben ($M = 2.3$, $SD = .83$), als Versuchsteilnehmer/innen der Bedingung *Harmonische Beziehung* ($M = 4.0$, $SD = .83$); $t(38) = 6.34$, $p < .001$. In der Bedingung *Beziehungskrise* verspürten die Versuchsteilnehmer/innen darüber hinaus einen stärkeren Impuls, sich in der geschilderten Situation von dem Partner bzw. der Partnerin zu trennen ($M = 3.6$, $SD = .91$), als in der Bedingung *Harmonische Beziehung* ($M = 1.7$, $SD = .91$); $t(38) = 6.63$, $p < .001$. Die Manipulation der Beziehungsqualität ist also gelungen.

Die Items zur „Szenariokontrolle" belegen außerdem, dass das Szenario für alle Versuchsteilnehmer lebensnah und gut vorstellbar war; die beiden Bedingungen unterschieden sich nicht hinsichtlich dieser Variablen (*Beziehungskrise*: $M = 3.6$, $SD = 1.07$; *Harmonische Beziehung*: $M = 4.1$, $SD = .98$; $t(37) = 1.60$, $p > .11$.

Die Versuchsteilnehmer/innen der beiden Bedingungen unterschieden sich auch nicht hinsichtlich der Frage, ob sie aktuell eine Partnerschaft hätten; $chi^2 < 1$. Es fanden sich auch keine generellen Bedingungsunterschiede im Hinblick auf die Zufriedenheit mit der eigenen Partnerschaft; $t < 1$[16].

Klassifizierung der frei produzierten Gedanken. Die Gedanken der Versuchsteilnehmer/innen wurden von zwei unabhängigen Beurteilern hinsichtlich des Auftretens *abwägender* und *handlungsbezogener* Inhalte klassifiziert[17]. Als *abwägende Gedanken* wurden Überlegungen zu verschiedenen Alternativen (z.B. Überlegungen, ob man die Beziehung womöglich beenden sollte, ob nicht ein anderer Partner besser zu einem passen würde) sowie grüblerische Gedanken über die Beziehung selbst (z.B. „Warum ist es so gekommen?") klassifiziert. Als *handlungsbezogen* wurde eine Äußerung dann kodiert, wenn zukünftige Aktivitäten (z.B. „Wir sollten wieder einmal über alles sprechen."; „Ich möchte mit ihr bald einen schönen Urlaub machen.") angesprochen waren. Gedanken, die in keine dieser beiden Kategorien fielen, wurden als irrelevant kodiert. Diese Kategorie enthält emotionale Äußerungen (z.B. „Schade, dass meine Partnerin zur Zeit nicht da ist."; „In einer solchen Situation treten Angst und Verzweiflung an erste Stelle."), Hoffnungen und Befürchtungen (z.B. „Hoffentlich verstehen wir uns weiterhin so gut."; „Wenn mir das mal nicht zu viel wird."). In 80 % der Fälle stimmten die Kategorisierungen der beiden Beurteiler überein; mangelnde Übereinstimmung in der Zuordnung einzelner Gedankeninhalte wurden durch Diskussion gelöst.

Häufigkeit abwägender und handlungsbezogener Gedanken. Unterzieht man die relativen Häufigkeiten der einzelnen Kategorien einer 2 (*Bedingung*: Beziehungskrise vs. Harmonische Beziehung) x 2 (*Gedankentyp*: abwägend vs. handlungsbezogen vs. irrelevant) Varianzanalyse mit dem between-subjects-Faktor *Bedingung* und dem within-subjects-Faktor *Gedankentyp*, erhält man einen signifikanten Haupteffekt für den Faktor *Gedankentyp*, $F(1, 38) = 10.88$, $p < .001$, der durch eine signifikante Interaktion mit dem Bedingungsfaktor qualifiziert wird; $F(1, 38) = 14.48$, $p < .001$. Die in Abbildung 5 dargestellten Mittelwerte zeigen, dass der Anteil abwägender Gedanken in der Bedingung *Beziehungskrise*, wie in Hypothese 1a vorhergesagt, signifikant höher war als in der Bedingung *Harmonische Beziehung*; $t(38) = 4.25$; $p < .001$. Hypothesenkonform ist auch das Ergebnis, dass Versuchsteilnehmer/innen der Bedingung *Beziehungskrise* signifikant mehr abwägende als handlungsbezogene Gedanken nannten; $t(19) = 7.61$; $p < .001$.

---

[16] Der Interaktionseffekt zwischen *Bedingung* und *Geschlecht* ist signifikant; $F(1,21) = 6.89$, $p < .02$. Er zeigt an, dass Männer, die der Bedingung *Beziehungskrise* zugeordnet worden waren, weniger zufrieden mit ihrer Partnerschaft waren ($M = 3.63$) als Frauen dieser Bedingung ($M = 4.56$), während Männer der Bedingung *Harmonische Beziehung* zufriedener mit ihrer eigenen Partnerschaft ($M = 4.14$) waren als Frauen dieser Bedingung ($M = 3.65$). Da die Zufriedenheit mit der eigenen Partnerschaft in keiner systematischen Beziehung zu den abhängigen Variablen stand (alle $ps > .23$), können Unterschiede in der Zufriedenheit zwischen Männer und Frauen in den beiden experimentellen Bedingungen vernachlässigt werden.

[17] In der vorliegenden Studie wurde auf die Auszählung nutzen-kosten-bezogener Gedanken verzichtet, da die experimentelle Variation der Beziehungsqualität über eine Beschreibung von Nutzen-Kosten-Aspekten der Partnerschaft in den Szenarien erfolgte. Die *Häufigkeit* nutzen-kosten-bezogener Gedanken wäre in diesem Fall kein valides Maß dafür gewesen, inwieweit *spontan* auftretende Gedanken um Nutzen-Kosten-Aspekte von Zielverfolgung und Zielabbruch kreisen.

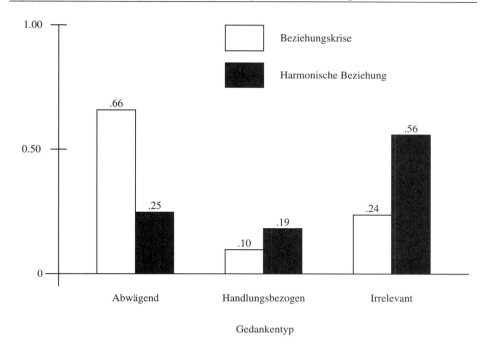

Abbildung 5: *Relative Häufigkeit abwägender, handlungsbezogener und irrelevanter Gedanken in Abhängigkeit von Beziehungskrise vs. Harmonische Beziehung*

Dieser Unterschied zwischen abwägenden und handlungsbezogenen Gedanken findet sich in der Bedingung *Harmonische Beziehung* nicht; $t < 1$. Auffällig ist der hohe Anteil irrelevanter Gedanken in der Bedingung *Harmonische Beziehung*; er ist mehr als doppelt so hoch als in der Bedingung *Beziehungskrise*; $t(38) = 3.69$, $p < .01$.

Intensität des Nachdenkens über Nutzen-Kosten-Aspekte der Zielverfolgung und des Zielabbruchs. Über die abstrakten Nutzen-Kosten-Items wurde eine 2 (*Bedingung*: Beziehungskrise vs. Harmonische Beziehung) x 2 (*Fokus*: Zielverfolgung vs. -abbruch) x 2 (*Anreiztyp*: Nutzen vs. Kosten) x 2 (*Reihenfolge*: Zufallsreihenfolge A vs. B) Varianzanalyse mit dem between-subjects-Faktoren *Bedingung* und *Reihenfolge* sowie den within-subjects-Faktoren *Fokus* und *Anreiztyp* gerechnet. Sie erbrachte verschiedene signifikante Effekte, die in Tabelle 6 im Überblick dargestellt sind[18]. Die zugehörigen Mittelwerte sind in Abbildung 6 veranschaulicht. Da die Reihenfolge in keiner höheren Interaktion mit Bedingung und Anreiztyp auftrat, wurde dieser Faktor in den weiteren Analysen vernachlässigt.

---

[18] Die Analyse der konkreten Nutzen-Kosten-Items ergab übereinstimmende Ergebnisse; sie wird daher hier nicht eigens berichtet.

Tabelle 6: *Effekte der Varianzanalyse der Intensität des Nachdenkens über Nutzen und Kosten von Zielverfolgung und Zielabbruch*

Varianzquelle	$F(1, 36)$	p
Bedingung	21.84	.000
Fokus	10.66	.002
Bedingung x Fokus	3.98	.05
Anreiztyp	1.95	ns
Bedingung x Anreiztyp	10.87	.002
Fokus x Anreiztyp	27.62	.000
Bedingung x Fokus x Anreiztyp	< 1	

Das erste wichtige Ergebnis ist der signifikante Haupteffekt für den Bedingungs-faktor, der durch zwei einfache Interaktionen (mit *Fokus* und *Anreiztyp*) qualifiziert wird. Der Bedingungshaupteffekt stützt Hypothese 1b, nach der sich bei Handlungs-krisen Personen intensiver gedanklich mit den motivationalen Charakteristika des Ziels (Nutzen-Kosten-Aspekten der Zielverfolgung und des Zielabbruchs) auseinandersetzen als bei einem unproblematischen Handlungsverlauf. In der Bedingung *Beziehungskrise* gaben die Versuchsteilnehmer/innen an, über die verschiedenen Nutzen-Kosten-Aspekte intensiver nachzudenken ($M = 3.6$, $SD = .62$), als in der Bedingung *Harmonische Beziehung* ($M = 2.7$, $SD = .60$). Die beiden zweifaktoriellen Interaktionen weisen jedoch darauf hin, dass diese Aussage differenziert werden muss. Der Unterschied zwischen den Bedingungen zeigt sich deutlich im Hinblick auf die Kosten der Zielverfolgung, den Nutzen und die Kosten der Zielaufgabe; hinsichtlich des Nutzens der Zielverfolgung gleichen sich die beiden Bedingungen (siehe Abbildung 6).

Mit Hypothese 2 konform ist die zweifaktorielle Interaktion zwischen *Fokus* und *Anreiztyp*. Sie besagt, dass in beiden Bedingungen die für die Zielverfolgung sprechenden Aspekte (Nutzen der Zielverfolgung, Kosten des Zielabbruchs) intensiver bedacht werden ($M = 3.7$, $SD = .82$) als die für den Zielabbruch sprechenden Aspekte (Kosten der Zielverfolgung, Nutzen des Zielabbruchs; $M = 2.6$, $SD = 1.1$). Darüber hinaus zeigt eine differenzierte Analyse dieser Interaktion, dass der Nutzen der Zielverfolgung stärker gedanklich repräsentiert wird als die Kosten der *Zielverfolgung* ($M_{Nu} = 4.1$, SD = 1.0 vs. $M_{Ko} = 2.7$, SD = 1.4; $t(39) = 4.48$, $p < .001$), beim *Zielabbruch* das Muster aber genau umgekehrt ausfällt: hier werden die Kosten stärker elaboriert als der Nutzen ($M_{Nu} = 2.6$, SD = 1.5 vs. $M_{Ko} = 3.3$, SD = 1.3; $t(39) = 2.60$, $p < .02$). Dieses Ergebnis unterstreicht die für die Phase der Zielrealisierung postulierte Voreingenommenheit hinsichtlich der Aspekte, die die Zielverfolgung unterstützen.

Hypothese 3 (die volitionale Voreingenommenheit in der Bedingung *Beziehungskrise* fällt schwächer aus als in der Bedingung *Harmonische Beziehung*), konnte durch kein signifikantes Ergebnis gestützt werden; es hätte sich dazu die dreifaktorielle Interaktion zeigen müssen.

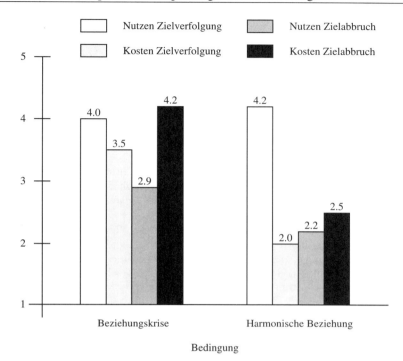

Abbildung 6: *Intensität des Nachdenkens über Nutzen und Kosten von Zielverfolgung und Zielabbruch*

Diskussion

Die erste Studie im Rahmen des Nutzen-Kosten-Modells beschäftigte sich mit der kognitiven Repräsentation motivationaler Inhalte in Abhängigkeit vom Verlauf des Zielstrebens. Es wurden Gedankenstichproben der Versuchsteilnehmer/innen gewonnen, die in vielerlei Forschungskontexten verwendet, um den Bewusstseinsgrad verschiedenster handlungsregulativer Aspekte zu erfassen (z.B. Beckmann, 1994; Brunstein & Olbrich, 1985; Diener & Dweck, 1978; Gollwitzer, 1991).

Stärke der kognitiven Repräsentation motivationaler Inhalte. Wie die Analysen der Gedanken aus den freien Gedankenprotokollen zeigen, führte die Vorstellung einer Beziehungskrise zu einem deutlichen Übergewicht an abwägenden gegenüber handlungsbezogenen Gedanken. Der Anteil abwägender Gedanken war signifikant höher als in der anderen experimentellen Bedingung, in der sich die Versuchsteilnehmer/innen in eine harmonische Beziehungssituation hineinversetzen sollten. Dieses Ergebnis stützt Annahme 1a des Nutzen-Kosten-Modells, nach der in der Phase der Zielrealisierung dann ein erneutes zielbezogenes Abwägen einsetzen soll, wenn eine Handlungskrise vorliegt, also das Zielstreben durch Schwierigkeiten unterbrochen wird. Offensichtlich gibt es Bedingungen, unter denen in der Phase der Zielrealisierung die ausschließliche Fokussierung auf die zur Zielerreichung notwendigen Handlungsschritte und Handlungsgelegenheiten ausgesetzt wird. Dieser

Aspekt wurde bislang im Rubikonmodell der Handlungsphasen (zusammenfassend Gollwitzer, 1990) vernachlässigt. Motivationale Gedanken, also das Abwägen der Anreize und Erwartungen verschiedener Handlungsoptionen, sollen laut dieser theoretischen Formulierung in der Phase der Zielrealisierung eigentlich störend wirken und deshalb in den Hintergrund treten (H. Heckhausen, 1989). Sich jedoch bei einer Handlungskrise sein Ziel noch einmal vor Augen zu führen, kann durchaus funktional sein, da es eine Art „Bestandsaufnahme" ermöglicht. Man gewinnt möglicherweise Einsichten in die Ursachen der Handlungskrise und betrachtet sein Ziel im Lichte anderer Handlungsoptionen, was u.U. die Entwicklung neuer Handlungsstrategien unterstützt.

Auffällig ist der hohe Anteil irrelevanter Gedanken in der Bedingung *Harmonische Beziehung*, der mit 56 % mehr als doppelt so hoch war als in der Bedingung *Beziehungskrise* (24 %). In der vorliegenden Studie ging es in erster Linie um den Vergleich abwägender und handlungsbezogener Gedanken, daher wurden alle Äußerungen, die sich auf Hoffnungen und Befürchtungen oder emotionale Zustände bezogen, hier als irrelevant kodiert. Der hohe Anteil so verstandener irrelevanter Gedanken in der Bedingung *Harmonische Beziehung* kommt dadurch zustande, dass Versuchsteilnehmer/innen, die sich ihre Beziehung als sehr harmonisch vorstellen sollten, deutlich mehr Gefühle äußerten und häufig die Hoffnung ausdrückten, der harmonische Zustand würde lange anhalten. Die Instruktion, seine Gedanken schweifen zu lassen, hat sicher dazu beigetragen, dass die Versuchsteilnehmer/innen der Bedingung *Harmonische Beziehung* in positiven Erinnerungen und Zukunftsphantasien (Oettingen, 1997) schwelgten und vergleichsweise wenig an konkrete Unternehmungen dachten.

Eine zweite Facette der kognitiven Repräsentation motivationaler Inhalte stellte die Intensität dar, mit der die verschiedenen Nutzen-Kosten-Aspekte von Zielverfolgung und Zielabbruch elaboriert wurden (vgl. Klinger, Barta & Maxeiner, 1980; Martin & Tesser, 1989; Martin, Tesser & McIntosh, 1993). Versuchsteilnehmer/innen der Bedingung *Beziehungskrise* gaben an, sehr viel intensiver sowohl über die unangenehmen Aspekte der Beziehung als auch über die angenehmen und unangenehmen Seiten einer Trennung nachzudenken als die Versuchsteilnehmer/innen der Bedingung *Harmonische Beziehung*. Hypothese 1b lässt sich also für drei der vier Anreizkategorien bestätigen. Hinsichtlich der angenehmen Aspekte der Beziehung fanden sich jedoch keine Bedingungsunterschiede. Die Tatsache, dass die Versuchsteilnehmer/innen der Bedingung *Harmonische Beziehung* angaben, intensiv über die angenehmen Seiten der Beziehung nachzudenken, könnte man mit demselben Umstand erklären wie den hohen Anteil irrelevanter Gedanken in dieser Bedingung. Die Instruktion, seine Gedanken schweifen zu lassen, wie man dies in einer ruhigen Minute so manchmal tut, brachte die Versuchsteilnehmer/innen vermutlich dazu, in Gedanken die glücklichen Gefühle in ihrer Beziehung auszukosten, und damit intensiv über die angenehmen Seiten der Beziehung (Nutzen der Zielverfolgung) nachzudenken. Dieser letztgenannte Befund bietet einen interessanten Ansatzpunkt zur Erklärung von Sorglosigkeit (D. Frey & Schulz-Hardt, 1997). Unter Sorglosigkeit verstehen die Autoren „eine affektiv-kognitive Monopolhypothese für einen bestimmten Lebensbereich, die dem Sinn nach so lautet: '*Alles ist gut und wird auch in Zukunft (von selbst) so bleiben*'" (Hervorhebung im Original; D. Frey & Schulz-Hardt, 1997, S. 604). Menschen im Zustand der Sorglosigkeit halten es für sehr unwahrscheinlich, dass ihnen Negatives widerfährt, sind hingegen davon überzeugt, dass positive Ereignisse (auch ohne ihr Zutun) eintreten werden. Intensiv über die angenehmen Seiten eines Vorhabens nachzudenken und die problematischen Aspekte zu ignorieren, könnte ein vermittelnder Mechanismus für die Entstehung von Sorglosigkeit sein. Das Ausmaß der gedanklichen Beschäftigung ist eine wesentliche Determinante der Verfügbarkeit (availability) bestimmter Inhalte im Gedächtnis, auf Basis derer Wahrscheinlichkeitsurteile getroffen werden (Tversky & Kahneman, 1973).

Volitionale Voreingenommenheit hinsichtlich der für die Zielverfolgung sprechenden Nutzen-Kosten-Aspekte. Verschiedene Studien im Rahmen des Rubikon-Modells (zusammenfassend Gollwitzer, 1990) belegen, dass nach erfolgter Entscheidung für ein Ziel die Aufmerksamkeit der handelnden Person vor allem auf jenen Anreizen liegt, die die Zielverfolgung unterstützen. Dieser Befund konnte hier repliziert werden. Die Versuchsteilnehmer/innen sollten Gedanken zu einer bereits bestehenden Partnerschaft notieren und befanden sich damit in der Phase der Zielrealisierung. Die in Hypothese 2 postulierte volitionale Voreingenommenheit für die Nutzen-Kosten-Aspekte, die die Zielverfolgung nahe legen (Nutzen der Zielverfolgung, Kosten des Zielabbruchs), konnte eindeutig nachgewiesen werden. Die Kosten der Zielverfolgung und der Nutzen des Zielabbruchs, die beide für die Zielablösung sprechen, wurden deutlich weniger intensiv bedacht. Hinzukommt, dass im Zusammenhang mit der Zielverfolgung der Nutzen im Vordergrund stand, im Zusammenhang mit dem Zielabbruch hingegen die Kosten. Diese auch im Rahmen dissonanztheoretischer Analysen belegte Voreingenommenheit für Information, die die Entscheidung für das gewählte Ziel stützt (z.B. spreading apart effect; für einen Überblick siehe D. Frey & Gaska, 1993), kann als ein volitionaler Mechanismus interpretiert werden, der dazu beiträgt, das Zielstreben auf Kurs zu halten.

Abschwächung der volitionalen Voreingenommenheit. In Kapitel 5 war argumentiert worden, dass es Bedingungen geben muss, unter denen der eben genannte volitionale Mechanismus außer Kraft gesetzt wird, um den Weg für die Zielablösung freizumachen. Es war die Annahme formuliert worden, dass das Ausmaß der volitionalen Voreingenommenheit umso schwächer sein sollte, je problematischer sich der Handlungsverlauf gestaltet. In der vorliegenden Studie war daher erwartet worden (Hypothese 3), dass die volitionale Voreingenommenheit in der Bedingung *Beziehungskrise* schwächer ausfallen würde als in der Bedingung *Harmonische Beziehung*. Es fand sich jedoch nur eine schwache Tendenz in dieser Richtung. Möglicherweise war die im Szenario geschilderte Beziehungskrise nicht ausgeprägt genug, um die volitionale Verzerrung deutlich zu reduzieren.

Fazit. Studie 1 liefert erste Erkenntnisse zur kognitiven Repräsentation motivationaler Inhalte in der Phase der Zielrealisierung. Motivationale Inhalte traten vor allem dann ins Bewusstsein, wenn eine Handlungskrise den glatten Zielverlauf unterbrach. Im Hinblick auf die kognitive Repräsentation der Nutzen- und Kosten-Aspekte von Zielverfolgung und Zielabbruch ließ sich eine volitionale Voreingenommenheit feststellen: die für die Zielverfolgung sprechenden Aspekte waren stärker kognitiv repräsentiert als die für den Zielabbruch sprechenden Aspekte. Die Frage, ob sich diese volitionale Voreingenommenheit im Falle einer Handlungskrise abschwächt, kann anhand der hier vorliegenden Daten nicht endgültig beantwortet werden. Vielleicht war die Handlungskrise hier nicht stark genug, um die volitionale Voreingenommenheit deutlich zu reduzieren. Studie 1 beschränkte sich auf die Analyse der kognitiven Repräsentation motivationaler Inhalte und machte keine Aussage zum

Einfluss von Nutzen und Kosten der Zielverfolgung und des Zielabbruchs auf verhaltensbezogene Variablen. Dieser Aspekt steht im Mittelpunkt von Studie 2.

Studie 2: „Alex im Ausland"
Problematische Zielbindung (entrapment)
in Abhängigkeit von den Kosten des Zielabbruchs

Einführung

In Studie 2 steht der Einfluss der Nutzen-Kosten-Aspekte auf das *Verhalten* im Mittelpunkt (Annahme 2a), wobei ein spezifischer Aspekt – die Kosten des Ziel-abbruchs – herausgegriffen wurde. Diese zweite Studie ist eingebettet in die Über-legungen zu den Bedingungen von „escalation of commitment" und „entrapment". Wie in Kapitel 2 dargelegt, spricht einiges dafür, dass die Orientierung an den Kosten des Zielabbruchs das Festhalten an verlustreichen Handlungen bedingt. Diese Überlegung sollte in der vorliegenden Szenariostudie geprüft werden.

Für das Szenario wurde wiederum eine Situation gewählt, die den meisten Studierenden bekannt oder zumindest gut vorstellbar sein dürfte. Beschrieben wurde eine Person, die für ein Jahr zum Studium an eine amerikanische Universität gegan-gen ist, sich dort aber mit einer objektiv sehr unbefriedigenden Studiensituation konfrontiert sieht, so dass die vorzeitige Rückkehr zur Debatte steht. Wenn nun das Festhalten an einem äußerst unbefriedigenden und wenig erfolgversprechenden Vor-haben (entrapment) durch die Kosten des Zielabbruchs bedingt ist, sollten (a) hohe bisherige Investitionen in das Ziel (z.B. Arkes & Blumer, 1985), (b) das Fehlen adäquater Alternativen (z.B. Thibaut & Kelley, 1959) sowie (c) die Erwartung nega-tiver sozialer Sanktionen bei Zielabbruch die Bindung an das unbefriedigende Ziel (z.B. Staw & Ross, 1987) erhöhen. Die genannten drei Kostenfaktoren entstammen der Literatur zu „escalation of commitment", „entrapment" und „sunk cost". Es sind Faktoren, die sich im Bereich ökonomischer Projekte als vorhersagekräftig erwiesen haben, sich aber auch auf persönliche Alltagsziele übertragen lassen.

Es wurde die Hypothese formuliert, dass die Tendenz, an einem unbefriedigenden Ziel festzuhalten, mit der Höhe der bisherigen Investitionen in das Vorhaben, mit der Qualität der Alternativen zum Vorhaben sowie den erwarteten sozialen Sanktionen bei seinem Abbruch steigt.

Methode

Versuchsteilnehmer/innen und Versuchsplan. An der Studie nahmen 88 Studie-rende (49 Männer, 39 Frauen) verschiedener Fakultäten der Münchner Universität unentgeltlich teil. Im Durchschnitt waren die Versuchsteilnehmer/innen 25.6 Jahre alt. Das Experiment wurde in einem Seminarraum als Gruppenversuch durchgeführt und basierte auf einem 2 (*Bisherige Investitionen*: gering vs. hoch) x 2 (*Qualität der Alternative*: gut vs. schlecht) x 2 (*Erwartete soziale Konsequenzen bei Zielabbruch*: neutral vs. negativ)-faktoriellen Versuchsplan. Die Versuchsteilnehmer/innen wurden zufällig einer der acht Bedingungen zugeteilt, wobei darauf geachtet wurde, dass Männer und Frauen gleichmäßig auf die Bedingungen verteilt waren.

Versuchsablauf und experimentelle Manipulation. Die Versuchsteilnehmer-/innen erfuhren, dass es bei der Studie darum ginge, wie gut sich Studierende in die Rolle einer anderen Person hineinversetzen könnten. Sie wurden gebeten, eine Situationsbeschreibung von etwa anderthalb Seiten Länge aufmerksam zu lesen, sich dabei in die Rolle des Protagonisten hineinzuversetzen und dann eine Reihe von Fragen zu der geschilderten Situation zu beantworten. In Abhängigkeit vom Geschlecht der Versuchsperson beschrieb das Szenario entweder eine Studentin oder einen Studenten namens *Alex*. Das Szenario enthielt Informationen zum Alter, Studienort, den Interessen und Zukunftsplänen von *Alex*. *Alex*[19] wurde als eine ehrgeizige Studentin geschildert, die ihre Berufsaussichten verbessern wollte. Sie wollte daher für ein Jahr im Ausland studieren und hatte sich um einen Studienplatz in den USA beworben. Für den Fall, dass dies nicht klappen sollte, hatte sie sich vorsorglich um ein Firmen-Praktikum bemüht. *Alex* erhielt sowohl die Zusage der Firma, als auch die Zulassung zum Studium an einer amerikanischen Universität – letzteres vor allem aufgrund des hohen Engagements eines ihrer deutschen Professoren. Sie entschied sich schließlich für den Amerikaaufenthalt.

An dieser Stelle unterschieden sich die experimentellen Bedingungen. In der Bedingung *geringe Investitionen* hatte *Alex* keinen großen Aufwand (Zeit, Anstrengung, Geld) auf sich nehmen müssen, um den Auslandsaufenthalt vorzubereiten und die Einreiseformalitäten zu erledigen. In der Bedingung *hohe Investitionen* war der Aufwand beträchtlich (beispielsweise war ein teurer Sprachkurs zu absolvieren; die Beantragung des Visums war sehr zeitaufwendig; um die hohen Studiengebühren in den USA bezahlen zu können, musste Alex für einige Zeit eine Arbeit annehmen).

Im weiteren beschrieb das Szenario den Zeitpunkt, als *Alex* bereits vier Monate in den USA war. Auch wenn *Alex* anfangs ganz zuversichtlich gewesen war, wurde sie zunehmend unzufrieden mit ihrem Auslandsaufenthalt. Sie konnte sich nicht an das amerikanische Hochschulsystem gewöhnen, die von ihr besuchten Seminare interessierten sie wenig, der sie betreuende Dozent kümmerte sich kaum um sie – im Gegenteil, er trug *Alex* verschiedene unbezahlte, langweilige Arbeiten auf. Allmählich begann *Alex* an der Sinnhaftigkeit ihres USA-Aufenthalts zu zweifeln und trug sich mit dem Gedanken, das Auslandsstudium abzubrechen und nach Deutschland zurückzukehren.

Die Manipulation der *Qualität der Alternativen* erfolgte durch eine unterschiedliche Beschreibung des Firmen-Praktikums, um das sich *Alex* vor ihrer Abreise als Alternative zum Auslandsaufenthalt bemüht hatte. In der Bedingung *gute Alternative* handelte es sich um ein äußerst attraktives Praktikum, bei dem sie nicht nur an einem interessanten Projekt würde mitarbeiten können, sondern auch noch gut verdienen würde und die Möglichkeit hätte, später als freie Mitarbeiterin zu arbeiten. In der Bedingung *schlechte Alternative* wurde ein sehr unattraktives Praktikum geschildert.

Schließlich wurde manipuliert, ob ein potentieller Abbruch des Auslandsaufenthaltes negative soziale Konsequenzen nach sich ziehen würde oder nicht. Im ersten Fall reagierte der deutsche Professor, der sich sehr für *Alex* eingesetzt hatte, sehr

---

[19] Der Einfachheit halber wird im Folgenden nur auf die weibliche Version des Szenarios Bezug genommen.

verärgert, als er von *Alex'* Überlegungen erfuhr, den USA-Aufenthalt abzubrechen. In der Bedingung *neutrale soziale Konsequenzen* zeigte der Professor Verständnis für *Alex'* Situation. Die Situationsbeschreibung endete schließlich mit dem Hinweis, dass *Alex* nun nicht wisse, was sie tun solle.

Die Erfassung der abhängigen Variablen. Nachdem die Versuchsteilnehmer/-innen das Szenario gelesen hatten, wurden sie gebeten, einen Fragebogen zu bearbeiten. Falls nicht anders angegeben, wurden die Fragen auf einer siebenstufigen Skala mit den Endpunkten „überhaupt nicht" (1) und „sehr" (7) beantwortet. Die Tendenz, an einem sich unbefriedigend entwickelnden Ziel festzuhalten (entrapment), wurde anhand von zwei Fragen erfasst: (a) „Für wie wahrscheinlich halten Sie es, dass Alex das Auslandsstudium fortsetzen wird?" und (b) „Was denken Sie: wie sehr fühlt sich Alex an den Entschluss gebunden, wie ursprünglich geplant, ein ganzes Jahr im Ausland zu studieren?" Da die beiden Items unterschiedliche Facetten von „entrapment" abdecken, nämlich die Wahrscheinlichkeit für zukünftiges Verhalten einerseits sowie die Verbindlichkeit des Ziels (commitment) andererseits, fiel die Korrelation zwischen ihnen nur mäßig hoch aus; $r(88) = .20$, $p = .06$. Die beiden Items wurden gemittelt und zu einem „entrapment"-Index zusammengefasst. Eine weitere Frage bezog sich auf das, was *Alex* nach Meinung der Versuchsteilnehmer/-innen tun *sollte*. Drei Antwortmöglichkeiten wurden vorgegeben (1 = den Praktikumsplatz annehmen, 2 = unentschieden und 3 = das Auslandsstudium fortsetzen). Diese Frage sollte mögliche Unterschiede zwischen normativem und deskriptivem Blickwinkel aufdecken. Es folgte eine Frage zum Ausmaß des erlebten Konflikts („Wie stark ist der Konflikt, den Sie an Alex' Stelle in der geschilderten Situation erleben würden?") als Indikator für das psychische Befinden in „entrapment"-Situationen.

Dann wurden den Versuchsteilnehmern drei Aussagen vorgegeben, anhand derer die subjektive Repräsentation der manipulierten Kosten des Zielabbruchs und ihre Beziehung zum Ausmaß an „entrapment" abgebildet werden sollten. (a) „An Alex' Stelle würde ich mir sagen: 'Ich habe bereits so viel in das Auslandsstudium investiert, dass es dumm wäre, jetzt aufzugeben.'"; (b) „An Alex' Stelle würde ich keine echte Alternative zu diesem Auslandsstudium sehen." und (c) „An Alex' Stelle hätte ich die Befürchtung, dass ein Abbruch des Auslandsstudiums mein Weiterkommen an der Uni in Deutschland erschwert." Die Antworten wurden gemittelt und zu einem Index der subjektiven Repräsentation der Kosten des Zielabbruchs zusammengefasst (Cronbachs *alpha* .74).

Schließlich wurde noch erfasst, wie unbefriedigend *Alex'* Situation in den USA von den Versuchsteilnehmern wahrgenommen wurde. Ebenso sollten die Versuchsteilnehmer/innen angeben, wie sympathisch *Alex* ihnen wäre und wie gut sie sich in ihre Situation hineinversetzen konnten.

Ergebnisse und Diskussion

Vorbereitende Analysen. Da es keinerlei Geschlechtseffekte gab (alle *F*s < 1.95, alle *p*s > .17), wurde dieser Faktor in den folgenden Analysen nicht weiter berücksichtigt. Die Versuchsteilnehmer/innen nahmen *Alex'* Situation in den USA als äußerst unbefriedigend wahr ($M = 5.46$, $SD = 1.4$), sie konnten sich recht gut in ihre Situation hineinversetzen ($M = 5.05$, $SD = 1.5$) und empfanden für sie ein mittleres Maß an

Sympathie ($M = 4.08$, $SD = 1.6$). Eine MANOVA mit den genannten drei Aspekten als abhängige Variablen und den drei experimentell variierten unabhängigen Variablen (d.h. bisherige Investitionen, Qualität der Alternative, antizipierte soziale Konsequenzen) ergab keine signifikanten Haupt- oder Interaktionseffekte; alle Fs < 1.5, alle ps > .22. Offensichtlich war es gelungen, im Szenario eine sehr unbefriedigende, lebensnahe Situation zu schildern, deren Wahrnehmung durch die Versuchsteilnehmer/innen nicht von der experimentellen Manipulation beeinflusst wurde.

Das Ausmaß an „entrapment". Eine 2 (*Bisherige Investitionen*: gering vs. hoch) x 2 (*Qualität der Alternative*: gut vs. schlecht) x 2 (*Erwartete soziale Konsequenzen*: neutral vs. negativ) ANOVA führte auf dem deskriptiven „entrapment"-Maß zu den vorhergesagten Haupteffekten für alle drei experimentellen Faktoren. Die Mittelwerte dieser dreifaktoriellen Analyse werden in Tabelle 7 präsentiert. Es zeigten sich die drei Haupteffekte und keinerlei signifikante Interaktionseffekte (alle ps > .17).

Tabelle 7: *Entrapment in Abhängigkeit von bisherigen Investitionen, der Qualität von Alternativen und erwarteten sozialen Konsequenzen*

| | Bisherige Investitionen | | | |
| | gering | | hoch | |
Soziale Konsequenzen	neutral	negativ	neutral	negativ
Qualität der Alternative				
Gut	3.6 (.78)	3.8 (.94)	4.1 (1.36)	4.9 (1.19)
	$N = 9$	$N = 12$	$N = 11$	$N = 9$
Schlecht	4.0 (.80)	4.9 (.90)	4.6 (.97)	4.9 (1.38)
	$N = 13$	$N = 12$	$N = 11$	$N = 11$

Anmerkung: Mittelwerte (mit Standardabweichungen in Klammern).

Hohe bisherige Investitionen führten zu stärkerer Bindung an das unbefriedigende Ziel (entrapment) als geringe Investitionen; $F(1, 80) = 5.83$, $p < .02$. Gleichermaßen war die Aussicht einer schlechten Alternative mit höherem „entrapment" verbunden als die Erwartung einer guten Alternative; $F(1, 80) = 4.80$, $p < .04$. Und schließlich verstärkten antizipierte negative Konsequenzen das Ausmaß an „entrapment" deutlich im Vergleich zu neutralen sozialen Konsequenzen; $F(1, 80) = 6.11$, $p < .02$.

Die Versuchsteilnehmer/innen fühlten sich stark an ein unbefriedigendes Ziel gebunden, wenn sie dafür schon hohe Investitionen getätigt hatten und der Abbruch des Ziels zur Konfrontation mit einer schlechten Alternative und negativen sozialen Sanktionen führte. Dieses Ergebnis ist ein Beleg für die Hypothese, dass „entrapment" bei persönlichen Alltagszielen durch die Kosten des Zielabbruchs verstärkt wird.

Interessanterweise zeigte die Frage nach dem normativen Verhalten (was *sollte* *Alex* tun?) ein anderes Ergebnismuster. Hier hatte nur die Qualität der Alternative einen signifikanten Effekt; $F(1, 80) = 30.71$, $p < .001$; alle anderen Fs < 2.44, alle ps >.13. Bei einem interessanten Praktikum als Alternative empfahlen die Versuchsteilnehmer/innen *Alex* eher, den Praktikumsplatz anzunehmen ($M = 1.51$, $SD = .87$), während sie bei einer schlechten Alternative (unattraktives Praktikum) ihr empfahlen, das Auslandsstudium fortzusetzen (M = 2.51, SD = .83). Möglicherweise verhinderte die Frage nach dem normativen Verhalten, dass die Versuchsteilnehmer/-innen ihre Entscheidung fälschlicherweise an den „versunkenen Kosten" (*sunk costs*) orientierten. Wie Arkes und Blumer (1985) ausführten, ist dies nämlich „... an irrational economic behavior ... that is manifested in a greater tendency to continue an endeavor once an investment in money, effort, or time has been made. ... Only incremental costs should influence decisions, not sunk costs" (S. 124). Den Versuchsteilnehmer/innen war offensichtlich bewusst, wie wenig es zum Selbstkonzept in westlichen Kulturen mit seinem Streben nach Autonomie und Individualismus passt, sozialem Druck nachzugeben (z.B. Markus & Kitayama, 1991).

Je höher das Ausmaß an „entrapment" war, desto stärker war der von den Versuchsteilnehmern erlebte Konflikt; $r(88)$ = .22, $p < .05$. Dieser Zusammenhang macht deutlich, welches Dilemma „entrapment" darstellt und mit welchen psychischen Kosten „entrapment"-Situationen verbunden sein können (zum Zusammenhang zwischen Konflikt und psychischer sowie physischer Beeinträchtigung siehe z.B. Emmons & King, 1988).

Brockner und Rubin (1985) berichten, dass Versuchsteilnehmer/innen, die Anzeichen von „entrapment" zeigten (also weiter in einen verlustreichen Handlungsverlauf investierten) eher Aussagen zustimmten, in denen die Sorge um versunkene Kosten sowie Selbstdarstellungsmotive zum Ausdruck kamen. Ein ähnlicher Zusammenhang fand sich in der vorliegenden Studie. Die subjektive Repräsentation der Kosten des Zielabbruchs korrelierte signifikant mit der Tendenz, an dem unbefriedigenden Ziel festzuhalten; $r(88)$ = .22, $p < .05$.

Die Ergebnisse sprechen insgesamt dafür, dass „entrapment" verstärkt wird, wenn der Zielabbruch hohe Kosten nach sich zieht und sich die handelnde Person dieser Kosten bewusst ist. Interessant ist, dass die hier untersuchten Kosten-Aspekte (der Verlust bisheriger Investitionen, der Mangel an adäquaten Alternativen und negative soziale Konsequenzen) einen in etwa gleich starken Effekt auf das Ausmaß an „entrapment" hatten und untereinander keine Interaktionen aufwiesen. Das spricht dafür, dass sie additiv wirken, und damit das Risiko für „entrapment" steigt, je mehr dieser Faktoren gegeben sind. Tatsächlich war das Ausmaß an „entrapment" am schwächsten in der Bedingung geringe bisherige Investitionen, gute Alternative und neutrale soziale Konsequenzen; mit am stärksten war es, wenn alle drei Risikofaktoren gegeben waren (wie in der Bedingung hohe Investitionen, schlechte Alternative und negative soziale Konsequenzen). Trotz der großen Plausibilität der Befunde wird doch eines sehr deutlich: Nicht allein die zu einem Zeitpunkt gegebenen Handlungsumstände entscheiden darüber, ob man ein Ziel aufgibt oder fortführt (wäre dies so gewesen, hätten die Versuchsteilnehmer/innen es durchwegs für wenig wahrscheinlich halten müssen, dass der Protagonist das Auslandsstudium fortsetzt); vielmehr ist der Zielabbruch mit seinen Konsequenzen, also seinem Nutzen und seinen Kosten, auch entscheidungsrelevant.

Die Tendenz, aufgrund hoher Kosten des Zielabbruchs an einem unbefriedigenden Ziel festzuhalten, ist nicht zuletzt aufgrund der damit verbundenen Vermeidungsorientierung problematisch. Wie in den weiteren Studien noch zu zeigen sein wird, führt eine Vermeidungsorientierung zu negativerer Stimmung als eine Annäherungsorientierung, bei der positive Anreize handlungsleitend sind. Nicht nur, dass das psychische Wohlbefinden beeinträchtigt ist; es ist außerdem plausibel anzunehmen, dass die mit einer Vermeidungsorientierung einhergehenden kognitiven Charakteristika (z.B. der Tendenz vor allem negative Stimuli zu verarbeiten; A. J. Elliot & Sheldon, 1998; Moffitt & Singer, 1994) dazu beitragen, die konfliktträchtige „entrapment"-Situation zu verschlimmern. Die Tendenz, in einer Vermeidungsorientierung besonders auf negative Informationen zu achten, stellt die Kosten der Zielverfolgung und die Kosten des Zielabbruchs in den Vordergrund und wird auch die subjektive Erfolgswahrscheinlichkeit reduzieren. Die Person findet sich buchstäblich gefangen zwischen zwei Übeln, davor zurückschreckend, das Ziel aufzugeben, aber auch unfähig, Fortschritte bei der Zielrealisierung zu machen.

Bei dem in der vorliegenden Studie untersuchten Alltagsziel handelte es sich um ein Ziel, dessen Abbruch zwar mit Kosten für die betroffenen Personen verbunden gewesen wäre, aber doch keine existentiellen Werte oder Bedürfnisse verletzt hätte. Um wie viel stärker muss daher der Einfluss der Kosten des Zielabbruchs im Falle eines längerfristigen Projekts in Wirtschaft und Verwaltung sein – wenn es um Investitionen in Milliardenhöhe, um die eigene berufliche Existenz oder um die Identität einer Firma geht. Oder auch in Bezug auf bedeutsame Ziele aus dem persönlichen Lebensbereich (z.B. Studium, Partnerschaft), bei denen ein Zielabbruch ebenfalls äußerst bedrohlich werden kann (z.B. Verlust einer beruflichen Perspektive, Verlust an sozialer Eingebundenheit und Geborgenheit u.ä.).

Ein anderer für „entrapment" bedeutsamer Aspekt ist sicherlich auch, ob eine Person sich zum ersten Mal vor die Frage gestellt sieht, ein begonnenes Projekt oder Vorhaben abzubrechen, oder ob sie in der Vergangenheit bereits häufiger Begonnenes nicht zu Ende führte. In letzterem Fall dürfte die Tendenz, an einem unbefriedigenden Ziel festzuhalten, deutlich höher sein, weil man nicht als unberechenbar und unzuverlässig gelten möchte (siehe z.B. Becker, 1960).

Fazit. In der vorliegenden Studie konnte gezeigt werden, dass auch bei nichtmonetären Alltagszielen die Kosten des Zielabbruchs für problematische Zielbindung (entrapment) verantwortlich sind. Kritisch könnte man jedoch einwenden, dass es nur fiktive Situationen waren, in denen über mutmaßliches Handeln berichtet wurde – auch wenn die verwendeten Szenarien relativ lebensnah waren und es den Versuchsteilnehmern gut gelang, sich in die geschilderte Situation hineinzuversetzen. Eine offene Frage ist also, ob Nutzen-Kosten-Aspekte auch auf reales Verhalten Einfluss nehmen.

Hinzu kommt, dass in der vorliegenden Studie nur ein Ausschnitt aus dem Spektrum von Anreizen gewählt worden war. Es wäre also auf jeden Fall wünschenswert, neben dem Einfluss der Kosten des Zielabbruchs den Einfluss aller weiteren Nutzen- und Kosten-Aspekte von Zielverfolgung und -abbruch zu untersuchen. Insbesondere sollte die Verhaltenswirksamkeit der Nutzen-Kosten-Aspekte an einem realen Alltagsziel anhand verschiedener verhaltensrelevanter Variablen geprüft werden (Annahme 2). Diesen Anspruch versucht Studie 3 („Frauen im Fitnessstudio") einzulösen.

Studie 3: „Frauen im Fitnessstudio"
Zielbindung, Zielablösungsimpuls, Verhalten und Stimmung
in Abhängigkeit von zielbezogenen Nutzen-Kosten-Aspekten

Einführung

Anders als in Studie 2 wurde hier der Effekt aller vier Nutzen-Kosten-Aspekte untersucht. Dabei wurde angenommen, dass jeweils zwei Anreizkategorien einen gleichsinnigen Effekt auf verhaltensbezogene Variablen haben. Die Orientierung am *Nutzen der Zielverfolgung* sowie die Orientierung an den *Kosten des Zielabbruchs* sollen verhaltensfördernd wirken. Im Gegensatz dazu soll die Fokussierung auf die *Kosten der Zielverfolgung* oder auf den *Nutzen des Zielabbruchs* die Ausdauer mindern.

Außerdem sollten in dieser Studie neben Verhaltenseffekten Einflüsse auf das emotionale Erleben erfasst werden. In Annahme 3 des Nutzen-Kosten-Modells war dargelegt worden, dass die Fokussierung auf positive Anreize eine Annäherungs-orientierung, die Fokussierung auf negative Anreize eine Vermeidungsorientierung beim Zielstreben darstellt. Annäherungs- und Vermeidungsorientierung gehen – wie die Literatur zu Annäherung und Vermeidung belegt – mit unterschiedlicher emotionaler Befindlichkeit einher (z.B. Carver & White, 1994; Coats, Janoff-Bulman & Alpert, 1996; Emmons & Kaiser, 1996; Förster, Higgins & Idson, 1998; Gray, 1987; Higgins, 1997; Higgins, Shah & Friedman, 1997; Roney, Higgins & Shah, 1995; Moffitt und Singer, 1994). Ausgehend von diesen Überlegungen sollte die Fokussierung auf den Nutzen der Zielverfolgung ebenso wie die Fokussierung auf den Nutzen des Zielabbruchs zu einer positiveren Stimmungslage führen als die Aus-richtung an den Kosten der Zielverfolgung bzw. den Kosten des Zielabbruchs. Die Erfassung der emotionalen Befindlichkeit erfolgte dabei nicht als direkte Abfrage des momentanen Befindens nach der experimentellen Manipulation; das hätte zu starken Aufforderungscharakter gehabt. Vielmehr wurde den Versuchsteilnehmerinnen je zur Hälfte ein trainingsbezogener Erfolg bzw. Misserfolg geschildert und die Gefühls-lage als Reaktion auf das Leistungsereignis erfasst. Die Qualität des Ereignisses (Erfolg vs. Misserfolg) wurde variiert, um zu prüfen, ob sich ein möglicher Effekt von Annäherung und Vermeidung sowohl für positive wie negative Ereignisse nach-weisen lässt. Außerdem wurde die Stimmung nach dem Training gemessen.

Teilnehmer dieser Studie waren Mitglieder eines Frauen-Fitnessstudios. Sie wurden gebeten, hinsichtlich ihres Ziels, regelmäßig zu trainieren, eine von vier Gedankenübungen durchzuführen. Jede dieser Gedankenübungen bezog sich auf einen der vier Nutzen-Kosten-Aspekte, die individuell zu benennen waren. Beispiels-weise sollten in einer Bedingung die Versuchsteilnehmerinnen die Vorteile und angenehmen Seiten des regelmäßigen Trainings auflisten und sich die beiden für sie bedeutsamsten anschaulich vor Augen führen. Unmittelbar im Anschluss an die experimentelle Manipulation wurden verschiedene verhaltensrelevante Variablen (Motivation zum Training, Aktiviertheit, Zielbindung) sowie reales Verhalten (Trai-ningsdauer) erfasst. Nach zwei Wochen erfolgte eine postalische Nachbefragung, die es erlaubte, längerfristige Effekte der experimentellen Manipulation zu prüfen. Zusätzlich wurde aus der Datenbank des Sportstudios[20] die Trainingshäufigkeit in den vier Wochen nach der Erstbefragung abgerufen. Der Nachweis eines über die Zeit andauernden Effekts sollte die Bedeutsamkeit der verschiedenen Anreizarten für die Handlungsregulation unterstreichen.

Der Freizeitsport bietet sich aus verschiedenen Gründen für die Untersuchung der vorliegenden Fragestellung an. Wie Brackhane (1982) in einem Kapitel über die motivationalen Aspekte des Sports darlegt, sind „im Sport alle bekannten menschlichen Funktionen beteiligt ... und sportliches Erleben und Handeln [ist] als paradigmatisch für menschliches Erleben und Handeln überhaupt anzusehen" (S. 43). Hinzukommt, dass Freizeitaktivitäten zu einem großen Teil der freien Entscheidung der handelnden Person unterliegen; es sind in der Regel keine äußeren Vorgaben zu erfüllen (wie z.B. die Einhaltung bestimmter Termine oder die Erreichung bestimmter Leistungsergebnisse), wie dies für den Bereich von Studium und Beruf gilt. Das weist individuellen Bewertungen der verschiedenen mit dem Sporttreiben verbundenen Anreize einen breiten Raum bei der Verhaltensaufklärung zu. Sport zu treiben hat zudem ein ausgewogenes Maß an Vor- und Nachteilen; es sind gleichermaßen positive wie negative Effekte regelmäßigen Sporttreibens auf die Gesundheit und das psychische Wohlbefinden bekannt (z.B. Hatfield, 1991), sich sportlich zu betätigen, bietet vielfältige Möglichkeiten zu sozialem Kontakt; ist aber auch mit einem nicht unbeträchtlichem Aufwand an Zeit und Geld verbunden und kann bisweilen bei hoher körperlicher Anstrengung sogar höchst aversiv erlebt werden. Folgende Hypothesen sollten in Studie 3 geprüft werden.

Hypothese 1. Die erste Hypothese bezieht sich auf die Verhaltenseffekte der verschiedenen Nutzen-Kosten-Aspekte. Nutzen-Kosten-Aspekte, die *für* die *Zielverfolgung* sprechen, sollen im Vergleich zu Nutzen- und Kosten-Aspekten, die *für* den *Zielabbruch* sprechen, zu höherer Ausdauer und geringerem Zielablösungsimpuls führen. Im Vergleich zur intensiven Vorstellung der unangenehmen Seiten des regelmäßigen Trainings (Kosten der Zielverfolgung) bzw. der angenehmen Seiten nicht-regelmäßigen Trainings (Nutzen des Zielabbruchs), führt also die intensive Vorstellung der angenehmen Seiten des regelmäßigen Trainings (Nutzen der Zielverfolgung) bzw. der unangenehmen Seiten des nicht-regelmäßigen Trainings (Kosten des Zielabbruchs), zu höherer Motiviertheit (i.S. einer generellen Handlungsbereitschaft), höherer Aktiviertheit (i.S. des körperlichen Empfindens von mobilisierter Energie; *energization*, Brehm & Self, 1989; Wright, 1996), stärkerer Zielbindung, längerer Trainingsdauer, positiverer Bewertung des Trainings, häufigerem Training im Sportstudio sowie geringerem Zielabbruchimpuls. Zu betonen ist, dass sich die Effekte der experimentellen Manipulation auf die genannten Variablen auch längerfristig nachweisen lassen sollten. Es wird also eine Interaktion zwischen dem *Fokus* (Zielverfolgung vs. Zielabbruch) und dem *Anreiztyp* (Nutzen vs. Kosten) erwartet.

Hypothese 2. Die zweite Hypothese bezieht sich auf affektive Merkmale einer Annäherungs- vs. Vermeidungsorientierung. Die mit der Betonung positiver Anreize (Nutzen der Zielverfolgung, Nutzen des Zielabbruchs) gegebene Annäherungsorien-

---

[20] Ich danke der Leiterin des Sportstudios Frau Jasmin Kirstein für ihre Kooperationsbereitschaft.

tierung führt bei der Vorstellung eines trainingsbezogenen, emotionsauslösenden Ereignisses (Erfolg, Misserfolg) zu einer positiveren Stimmungslage als die Betonung der negativen Anreize (Kosten der Zielverfolgung, Kosten des Zielabbruchs). Ebenso führt eine Annäherungsorientierung zu einer positiveren Stimmungslage nach dem Training als eine Vermeidungsorientierung. Hier wird ein Haupteffekt für den *Anreiztyp* (Nutzen vs. Kosten) vorhergesagt.

Methode

Versuchsteilnehmer[21] *und Design.* An der Studie nahmen 97 Mitglieder eines Frauen-Fitnessstudios teil. Die Teilnehmerinnen hatten ein durchschnittliches Alter von 33.6 Jahren.

Die Untersuchung basierte auf einem 2 (*Fokus*: Zielverfolgung vs. Zielabbruch) x 2 (*Anreiztyp*: Nutzen- vs. Kosten-Aspekte) -faktoriellen Versuchsplan. Im Einzelnen wurde variiert, ob die Versuchsteilnehmerinnen sich in der Gedankenübung den *Nutzen der Zielverfolgung*, die *Kosten der Zielverfolgung*, den *Nutzen des Zielabbruchs* oder aber die *Kosten des Zielabbruchs* vorstellten. Die Versuchsteilnehmerinnen wurden zufällig einer dieser vier Versuchsbedingungen zugewiesen und erhielten als Dank für ihre Teilnahme eine Kino-Freikarte. Als zusätzlicher Anreiz zur Mitarbeit in der Studie wurde unter den Teilnehmerinnen ein Frei-Abonnement eines Sportmagazins verlost.

Versuchsablauf. Die Studie umfasste drei Fragebögen, wobei der erste und zweite bei einem Sportstudiobesuch in den Räumen des Sportstudios ausgefüllt werden sollten, der dritte den Teilnehmerinnen etwa zwei Wochen nach der Erstbefragung per Post nach Hause geschickt wurde. Über einen Zeitraum von vier Wochen wurden meist in den Nachmittags- und Abendstunden die Besucherinnen des Sportstudios von einer Versuchsleiterin angesprochen und zur Teilnahme an der Studie zu Fragen der Sportmotivation eingeladen. Die Versuchsteilnehmerinnen erfuhren, dass sie sowohl vor als auch nach ihrem Training einen Fragebogen auszufüllen hätten, wobei der erste etwa 20 Minuten, der zweite fünf Minuten in Anspruch nehmen würde. Wer sich bereit erklärt hatte, an der Studie teilzunehmen, erhielt von der Versuchsleiterin, der die experimentelle Bedingung nicht bekannt war, eine bestimmte Version des Fragebogens. Auf einem separaten Abschnitt sollten die Teilnehmerinnen ihren Namen und ihre Mitgliedsnummer notieren und angeben, ob sie bereit wären, an einer etwa zwei Wochen später stattfindenden postalischen Nachbefragung teilzunehmen. Den Versuchsteilnehmerinnen wurde mitgeteilt, dass Name und Mitgliedsnummer notwendig wären, um die Gewinnerin des Frei-Abonnements zu benachrichtigen. Außerdem konnten anhand der Mitgliedsnummern Daten zur Trainingshäufigkeit in den folgenden vier Wochen nach der Befragung aus der Datenbank des Sportstudios abgerufen werden, worüber die Versuchsteilnehmerinnen jedoch nicht informiert wurden. Den Versuchsteilnehmerinnen wurde Vertraulichkeit der Daten zugesichert; so erfuhren sie, dass Namen und Mitgliedsnummern getrennt von den Fragebögen aufbewahrt und am Ende der Studie vernichtet würden, sobald ihnen ein Ergebnisbericht der Studie zugeschickt worden wäre.

---

[21] Ich möchte allen Teilnehmerinnen an der Studie für ihre Mitarbeit danken.

Die Teilnehmerinnen füllten den ersten Fragebogen aus, gaben ihn dann bei der Versuchsleiterin ab und wurden gebeten, sich nach ihrem Training wieder bei ihr zu melden. Die Versuchsleiterin notierte – von den Versuchsteilnehmerinnen unbemerkt – die Zeit zwischen der Abgabe des ersten Fragebogens und dem Abholen des zweiten Fragebogens. Dieses Zeitintervall diente als reales Verhaltensmaß. Nach dem Training füllten die Versuchsteilnehmerinnen den zweiten Fragebogen aus, den sie ebenfalls bei der Versuchsleiterin abgaben. Nach etwa zwei Wochen erhielten sie per Post einen kurzen Nacherhebungsbogen, dem ein frankiertes und adressiertes Rückkuvert beigefügt war. Die Teilnehmerinnen wurden gebeten, den Nacherhebungsbogen nach spätestens drei Tagen an das Institut für Psychologie der Universität München zurückzuschicken. Wer dieser Bitte nicht rechtzeitig nachgekommen war, wurde per Fax oder telefonisch noch einmal daran erinnert.

Am Ende der Datenerhebungsphase (zwei Monate nach der Erstbefragung) wurde den Versuchsteilnehmerinnen ein Ergebnisbericht zugeschickt. Er enthielt eine detaillierte Aufklärung über den Zweck, die Hypothesen und Ergebnisse der Untersuchung. Den Versuchsteilnehmerinnen wurden insbesondere die möglichen Auswirkungen der experimentell variierten Gedankenübungen erklärt und eine Strategie an die Hand gegeben, den möglicherweise demotivierend wirkenden Effekten der Bedingungen „Phantasieübung Kosten der Zielverfolgung", „Phantasieübung Nutzen der Zielaufgabe" sowie „Phantasieübung Kosten der Zielaufgabe" entgegenzuwirken. Außerdem wurden die Versuchsteilnehmerinnen ermutigt, sich bei weiteren Fragen an die Leiterinnen der Studie zu wenden. In ist ein schematischer Überblick über den Ablauf der Studie gegeben.

Der Fragebogen vor dem Training (t1): Allgemeine Fragen zum Trainingsverhalten und Sportstudio. Am Beginn des ersten Fragebogens, den die Versuchsteilnehmerinnen vor dem Training ausfüllten, beantworteten sie verschiedene Fragen zur *Trainingshäufigkeit*, zur durchschnittlichen *Trainingsdauer*, zum *intrinsischen Anreiz des Sportstudiobesuchs*, zur allgemeinen *Zufriedenheit mit dem Angebot* sowie zum bisher erlebten *Zielablösungsimpuls*. Die Versuchsteilnehmerinnen wurden gefragt, wie häufig sie durchschnittlich pro Monat das Sportstudio aufsuchten und wie lange sie durchschnittlich pro Besuch trainierten. Falls nicht anders angegeben, wurden die weiteren Fragen auf einer fünfstufigen Skala mit den Endpunkten 1 („überhaupt nicht") und 5 („sehr") beantwortet. Es folgten sieben Fragen zum intrinsischen Anreiz des Sportstudiobesuchs, die für die weiteren Analysen gemittelt und zu einem Index des intrinsischen Anreizes zusammengefasst wurden: (a) „Wie angenehm sind Ihnen die Leute, die Sie im Sportstudio[22] treffen?"; (b) „Wie leicht fällt es Ihnen, sich zum Training zu motivieren?"; (c) „Wie sehr strengen Sie sich in der Regel beim Training an?"; (d) „Wie sehr genießen Sie es, sich körperlich anzustrengen?"; (e) „Wie gerne halten Sie sich im Sportstudio auf?"; (f) „Wie angenehm sind Ihnen die Räumlichkeiten?"; (g) „Wie gerne trainieren Sie im allgemeinen?" (Cronbachs *alpha* = .73). Dann wurde die allgemeine Zufriedenheit mit dem Angebot (z.B. Trainer, Musik, Geräte, Sauberkeit, Öffnungszeiten etc.) anhand von 18 Fragen erfasst (Cronbachs *alpha* = .86). Schließlich sollten die Versuchsteilnehmerinnen anhand von drei Fragen angeben, inwieweit sie in der Vergangenheit einen Impuls zur

---

[22] An Stelle des Wortes „Sportstudio" war immer der Name des Sportstudios, in dem die Studie durchgeführt wurde, eingesetzt.

Zielablösung empfunden hätten: (a) „Wie sehr haben Sie manchmal den Impuls, das Training im Sportstudio aufzugeben?"; (b) „Wie häufig kommt es vor, dass Sie nicht zum Training gehen, obwohl Sie es sich vorgenommen haben?"; (c) „Wie häufig dachten Sie in letzter Zeit daran, in Ihrer Freizeit statt ins Sportstudio zu gehen, etwas anderes zu unternehmen?" Diese drei Fragen wurden gemittelt und bildeten einen Index des Zielablösungsimpulses (Cronbachs *alpha* = .71).

Der Fragebogen vor dem Training (t1): Experimentelle Manipulation. Nach dem allgemeinen Fragenblock erfolgte die experimentelle Manipulation der Nutzen-Kosten-Aspekte. Die zugehörige Instruktion soll hier beispielhaft für die Bedingung *Nutzen der Zielverfolgung* beschrieben werden:

> „Im Folgenden geht es um angenehme Seiten und um Vorteile, die Sie persönlich dann haben, wenn Sie regelmäßig zum Training gehen. Bitte nennen Sie uns dazu möglichst vier Aspekte, die für Sie persönlich zutreffen."

Es folgte der Satzstamm „Zum Training zu gehen, hat für mich folgende vier angenehmen Seiten/Vorteile ...". Die Antworten sollten in vier dafür vorgesehene Zeilen eingetragen werden. Jeder Vorteil wurde dann anhand einer 5-Punkte Skala (1 „überhaupt nicht positiv", 5 „sehr positiv") bewertet und hinsichtlich seiner Eintretenswahrscheinlichkeit eingeschätzt (1 „überhaupt nicht sicher", 5 „sehr sicher").

Auf der nächsten Seite des Fragebogens wurden die Versuchsteilnehmerinnen gebeten, jene zwei Aspekte aus den vorher genannten auszuwählen, die für sie am positivsten waren, und dazu jeweils ein Stichwort einzutragen. Es folgte dann die Instruktion für die Gedankenübung, die einer Vorgehensweise von Oettingen (1997) nachempfunden war. Die Gedankenübung sollte nacheinander für den ersten und zweiten Aspekt ausgeführt werden:

> „Malen Sie sich bitte jetzt in Gedanken diesen Vorteil so intensiv wie möglich aus. Was bedeutet dieser Vorteil für Sie? Versuchen Sie nachzuempfinden, wie angenehm der Vorteil für Sie ist. Beschreiben Sie uns dann bitte Ihre Gedanken und Empfindungen."

Die Versuchsteilnehmerinnen schrieben ihre spontanen Gedanken dazu nieder.

Die Instruktion für die Bedingung *Nutzen Zielaufgabe* hatte im Prinzip denselben Wortlaut, nur wurde an den entsprechenden Stellen der Ausdruck „regelmäßig zum Training gehen" durch „*nicht* regelmäßig zum Training gehen" ersetzt.

Die Instruktion für die Bedingung *Kosten der Zielverfolgung* entsprach der Instruktion für die Bedingung „Nutzen der Zielverfolgung" , nur wurde der Ausdruck „angenehme Seiten" durch „unangenehme Seiten" bzw. der Begriff „Vorteile" durch „Nachteile" ersetzt. Bei der Bewertung der genannten Nachteile sollte angegeben werden, wie *negativ* die genannten Aspekte für die Person waren und für die Gedankenübung waren die beiden negativsten Aspekte auszuwählen.

Die Instruktion für die Bedingung *Kosten Zielaufgabe* entsprach der Instruktion für die Bedingung *Kosten der Zielverfolgung*, nur dass wiederum statt *regelmäßig zum Training gehen* die Formulierung „*nicht* regelmäßig zum Training gehen" verwendet wurde.

Der Fragebogen vor dem Training (t1): Motiviertheit, Aktiviertheit, Zielbindung, Stimmung als Reaktion auf einen fiktiven Erfolg/Misserfolg. Nach der experimentellen Manipulation erfolgte eine erste Messung *abhängiger Variablen*. Falls nicht anders angemerkt, war jeweils eine fünfstufige Skala (1 „überhaupt nicht", 5 „sehr") vorgegeben. Die an dieser Stelle erhobenen Variablen deckten folgende Aspekte ab: Die Handlungsbereitschaft (*Motiviertheit* und *Aktiviertheit*) im Hinblick auf das bevorstehende Training, *Zielbindung* hinsichtlich der Trainingsintention für die nächsten vier Wochen und *Emotionen* als Reaktion auf einen vorgestellten Erfolg bzw. Misserfolg. *Motiviertheit* betraf die generelle Handlungsbereitschaft und wurde anhand von zwei Fragen erfasst, die später gemittelt wurden: (a) „Wie motiviert sind Sie gerade für das Training im Anschluss?" und (b) „Wie sehr freuen Sie sich auf das Training im Anschluss?" (Cronbachs *alpha* = .89). Des Weiteren wurde ein Index für die Aktiviertheit (i. S. mobilisierter körperlicher Energie) aus zwei Fragen gebildet: (a) „Wie energiegeladen fühlen Sie sich momentan?" und (b) „Wie tatkräftig fühlen Sie sich momentan?" (Cronbachs *alpha* = .89). Danach wurden die Versuchsteilnehmerinnen gefragt, wie häufig sie vorhätten, in den nächsten vier Wochen das Studio aufzusuchen. Es folgten fünf Fragen, die erfassten, wie sehr sich die Versuchsteilnehmerinnen an dieses Vorhaben gebunden fühlten: (a) „Wie sicher sind Sie sich, dass Sie dieses Vorhaben auch in die Tat umsetzen werden?"; (b) „Wie fest entschlossen sind Sie, dieses Vorhaben umzusetzen, auch wenn es schwierig wird (z.B. durch Termine, konkurrierende Aktivitäten)?"; (c) „Wie viel Mühe werden Sie sich geben, dieses Vorhaben in die Tat umzusetzen?"; (d) „Wie wichtig ist Ihnen dieses Vorhaben?" und (e) „Wie schade fänden Sie es, wenn sich das Vorhaben nicht realisieren ließe?" Der aus den gemittelten fünf Fragen entstandene Zielbindungs-Index hatte eine interne Konsistenz (gemessen mit Cronbachs *alpha*) von .72.

Im Anschluss daran wurden die Emotionen auf einen vorgestellten Erfolg bzw. Misserfolg erfasst. Die Hälfte der Versuchspersonen sollte sich vorstellen, das Trainingsvorhaben für die nächsten vier Wochen umgesetzt zu haben (Erfolgsbedingung), während die andere Hälfte sich vorstellen sollte, das Vorhaben nicht realisiert zu haben (Misserfolgsbedingung). Die Versuchsteilnehmerinnen sollten dann auf einer Liste von 12 Emotionsadjektiven (z.B. nervös, gelassen, glücklich, niedergeschlagen) angeben, wie sie sich in einem solchen Falle fühlen würden. Aus dem Mittelwert aller Emotionsadjektive wurde ein Stimmungsindex gebildet (nach Rekodierung der negativen Items, Cronbachs *alpha* = .96).

Der Fragebogen nach dem Training (t2): Bewertung des Trainings, Aktiviertheit, aktuelle Stimmung. Nach dem Training erhielten die Versuchsteilnehmerinnen einen *zweiten Fragebogen*, der folgende Aspekte umfasste: *Aktiviertheit* und *Beurteilung des Trainings* sowie *Stimmung*. Aktiviertheit und Stimmung wurden mit denselben Fragen wie im ersten Fragebogen erfasst (Cronbachs *alpha* für Aktiviertheit = .93; für Stimmung = .82). Die Bewertung des Trainings erfolgte anhand von zwei Aspekten: (a) „Wie viel Spaß hat Ihnen das Training heute gemacht?" und (b) „Als wie erfolgreich beurteilen Sie ihr heutiges Training?" (Cronbachs *alpha* = .71).

Der Nacherhebungsbogen (t3): Trainingshäufigkeit, Bewertung des Trainings, Motiviertheit, Aktiviertheit, Zielbindung, Zielablösungsimpuls. Zwei Wochen nach der Erstbefragung im Studio erhielten die 74 Frauen (das sind 76 % der ursprünglichen Stichprobe), die sich bereit erklärt hatten, an der Nachbefragung teilzunehmen, per Post den dritten Fragebogen (Nacherhebungsbogen). Von diesen 74 Frauen haben 63 (72 % der ursprünglichen Stichprobe) den Nacherhebungsbogen ausgefüllt und zurückgeschickt; sie verteilen sich auf die vier experimentellen Bedingungen wie folgt: 19 Nutzen der Zielverfolgung; 17 Kosten der Zielverfolgung; 13 Nutzen des Zielabbruchs; 14 Kosten des Zielabbruchs. Die Bedingungen sind gleichbesetzt; $chi^2(3) = 3.31, p > .34$.

Der dritte Fragebogen umfasste sowohl Fragen, die sich retrospektiv auf die vergangenen zwei Wochen richteten, als auch Fragen hinsichtlich des zukünftigen Trainierens. Die Versuchsteilnehmerinnen wurden gefragt, wie *häufig* sie in den letzten beiden Wochen beim *Training* waren, wie sie das *Training* in den letzten beiden Wochen *bewerteten* und inwiefern sie den *Impuls* verspürt hätten, das *Training aufzugeben*. Es wurden dieselben Fragen gestellt wie im ersten bzw. zweiten Fragebogen, nur dass auf die vergangenen zwei Wochen Bezug genommen wurde. Die interne Konsistenz gemessen anhand Cronbachs *alpha* betrug zum dritten Messzeitpunkt für den *Trainingsbewertungsindex* .84, für den *Zielablösungsimpuls-Index* .75.

Außerdem wurde abgefragt, wie *motiviert* die Versuchsteilnehmerinnen für das nächste Training wären, wie *aktiviert* sie sich beim Gedanken an das nächste Training fühlten und wie *verbindlich* das Ziel für sie sei, weiterhin regelmäßig zu trainieren. Auch hier wurden wieder dieselben Fragen gestellt wie im ersten bzw. zweiten Fragebogen. Die interne Konsistenz betrug zum dritten Messzeitpunkt für den *Motiviertheitsindex* .89, für den *Aktiviertheitsindex* .88, für den *Zielbindungsindex* .76.

Ergebnisse

Vorbereitende Analysen. Neun Versuchsteilnehmerinnen (vier aus der Bedingung *Nutzen des Zielabbruchs* und fünf aus der Bedingung *Kosten der Zielverfolgung*) bearbeiteten die Gedankenübung nicht und wurden daher aus der Analyse ausgeschlossen. Die endgültige Stichprobe umfasst damit 88 Versuchsteilnehmerinnen. Um vor der experimentellen Manipulation bestehende Unterschiede zwischen den Bedingungen zu kontrollieren, wurden die vorab erhobenen Variablen einer 2 (*Fokus:* Zielverfolgung vs. Zielabbruch) x 2 (*Anreiztyp:* Nutzen vs. Kosten)-Varianzanalyse (ANOVA) unterzogen. Für Trainingshäufigkeit, intrinsischen Anreiz, allgemeine Zufriedenheit mit dem Angebot sowie Zielablösungsimpuls ergaben sich keine signifikanten Effekte (alle $Fs < 1.3$, alle $ps > .28$). Hinsichtlich der durchschnittlichen Trainingsdauer zeigte sich jedoch ein signifikanter Haupteffekt für den ersten Faktor, der auf einen Randomisierungsfehler hinweist; $F(1, 84) = 6.20, p < .02$. Personen in den Zielverfolgungs-Bedingungen gaben an, im Durchschnitt kürzer zu trainieren ($M_{NUZV} = 85.6, SD = 30.9$; $M_{KOZV} = 82.6, SD = 19.5$) als Personen in den Zielabbruchs-Bedingungen ($M_{NUZA} = 93.0, SD = 29.8$; $M_{KOZA} = 107.0, SD = 36.0$).

Die genannten Variablen (Zielablösungsimpuls, intrinsischer Anreiz, Zufriedenheit mit Angebot, Trainingsdauer, Trainingshäufigkeit) sind bedeutsame Prädiktoren für die nach der experimentellen Manipulation erhobenen abhängigen Variablen. Um ihren Einfluss zu kontrollieren, wurden sie in alle weiteren Analysen als Kovariaten eingeführt. Außerdem wurde damit der vor der experimentellen Manipulation bestehende Bedingungsunterschied in der Trainingsdauer kontrolliert[23]. In Tabelle 8 sind die Korrelationen aller abhängigen Variablen und Kovariaten zusammengestellt.

---

[23] Alle Analysen wurden ohne die genannten Kovariaten wiederholt; es ergaben sich weitgehend dieselben Effekte.

Tabelle 8: *Korrelationen der Kovariaten und abhängigen Variablen*

	1	2	3	4	5	6	7	8	9	10	11	12	13	14	15	16	17	18	19
2. Intrinsischer Anreiz t1	-.37**																		
3. Zufriedenheit mit Angebot t1	-.10	.30**																	
4. Bisherige Trainingsdauer t1	-.09	.19+	.02																
5. Bish. Trainingshäufigkeit t1	-.21+	.34**	.00	.05															
6. Motiviertheit t1	-.36**	.52**	.14	.05	.17														
7. Aktiviertheit t1	-.11	.38**	.19+	.10	.24**	.40**													
8. Zielbindung t1	-.34**	.53**	.30**	.21+	.18+	.47**	.26*												
9. Aktiviertheit t2	.13	.14	.32**	.22*	.14	-.05	.36**	.08											
10. Trainingsdauer (gemessen)	-.03	.04	.19	.19	-.11	.19	.19	-.02	.18										
11. Bewertung des Trainings t2	-.20+	.30**	.18	.31**	.17	.29**	.41**	.33**	.49**	.26*									
12. Motiviertheit t3	-.26*	.30*	.23+	.16	.04	.31*	.41**	.18	.52**	.25+	.55**								
13. Aktiviertheit t3	-.28*	.19	.27*	.09	.02	.38**	.40**	.20	.48**	.15	.49**	.72**							
14. Zielbindung t3	-.21+	.38**	.13	-.04	.14	.44**	.34**	.44**	.07	.15	.38**	.21	.29*						
15. Zielablösungsimpuls t3	.43**	-.24+	-.13	-.01	-.09	-.47**	-.34*	-.27*	-.11	-.25+	-.39**	-.26*	-.41**	-.22*					
16. Bewertung des Trainings t3	-.26*	.07	.11	.02	-.12	.37**	.36**	.03	.24*	.27*	.41**	.24*	.29*	.13	-.49**				
17. Train.häufig. (selbstber.) t3	-.15	.17	.05	-.14	.63**	.23+	.34*	.14	.00	-.09	.17	-.04	.05	.24+	-.24+	.30*			
18. Train.häufig. (gemessen)	-.10	-.02	.05	-.14	.52**	-.09	-.03	-.00	.02	-.15	.06	-.05	.03	.04	-.18	.20	.66**		
19.	-.19+	-.11	-.14	-.15	-.15	-.05	-.08	-.05	-.08	-.20	-.04	-.06	.07	-.17	-.12	.13	-.01	-.17	
20. Stimmung nach Training t2	-.29**	.39	.22*	.18+	.15	.20+	.43**	.40**	.37**	.24*	.55	.45**	.31*	.30*	-.13	.11	.03	-.04	.14

Anmerkung: [a] Die Variablen 1 bis 5 wurden vor der experimentellen Manipulation erhoben und fungierten bei allen Analysen als Kovariaten; [b] E = Erfolg, ME = Misserfolg; + p < .10, * p < .05, ** p < .001.

Motiviertheit, Aktiviertheit und Zielbindung vor dem Training (t1). Motiviertheit, Aktiviertheit und Zielbindung wurden einer multivariaten Kovarianzanalyse (MANCOVA) mit den unabhängigen Variablen *Fokus* und *Anreiztyp* sowie den o.g. Kovariaten unterzogen. Der Regressionsterm für die Kovariaten wurde signifikant; $F(15, 228) = 3.47$, $p < .001$. Wie mit Hypothese 1 vorhergesagt, zeigt sich nur ein signifikanter Wechselwirkungseffekt von *Fokus* und *Anreiztyp* (multivariates $F[3, 74] = 2.99$, $p < .04$) und keiner der beiden Haupteffekte ($Fs < 1.6$). Univariate Tests bestätigen diesen Interaktionseffekt für die Motiviertheit ($F[1, 76] = 6.46$, $p < .02$) und die Aktiviertheit ($F[1, 76] = 4.50$, $p < .04$), nicht hingegen für die Zielbindung.

Wie Abbildung 7[24] zeigt, ist das Muster der Interaktion so, wie erwartet. Versuchsteilnehmerinnen, die an den Nutzen eines regelmäßigen Trainings (Nutzen der Zielverfolgung) oder an die Kosten einer Aufgabe des regelmäßigen Trainierens (Kosten des Zielabbruchs) dachten, waren für das bevorstehende Training motivierter und fühlten sich aktivierter als Versuchsteilnehmerinnen, die an die Kosten des Trainings (Kosten der Zielverfolgung) oder an den Nutzen einer Aufgabe des regelmäßigen Trainierens (Nutzen des Zielabbruchs) dachten.

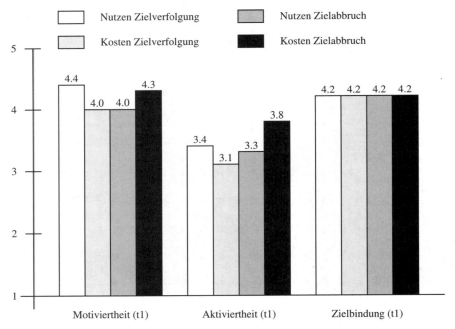

Abbildung 7: *Motiviertheit, Aktiviertheit und Zielbindung vor dem Training (t1) in Abhängigkeit von der experimentellen Bedingung*

Gemessene Trainingsdauer. Aufgrund eines Datenerhebungsfehlers liegen nur für 65 Versuchsteilnehmerinnen Daten zur Trainingsdauer vor. Um in der MANCOVA eine zu starke Reduktion der Fallzahl zu vermeiden, wurde die Trainingsdauer sepa-

---

[24] Bei dieser und allen folgenden Abbildungen sind adjustierte Mittelwerte angegeben.

rat analysiert. Es ergaben sich weder ein Effekt der Kovariaten, noch Haupteffekte für die Faktoren *Fokus* und *Anreiztyp* (alle Fs < 1.6, alle ps > .19), jedoch eine signifikante Interaktion zwischen den beiden unabhängigen Variablen; $F(1, 61) = 4.77, p = .03$.

Wie vorhergesagt, fiel die Trainingsdauer in den Bedingungen *Nutzen der Zielverfolgung* und *Kosten des Zielabbruchs* signifikant höher aus als in den Bedingungen *Kosten der Zielverfolgung* und *Nutzen des Zielabbruchs* (siehe Abbildung 8).

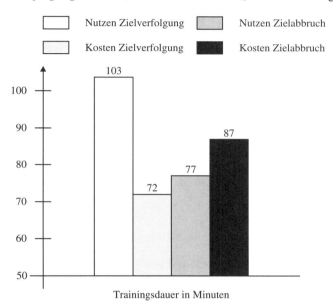

Abbildung 8: *Objektiv gemessene Trainingsdauer in Abhängigkeit von der experimentellen Bedingung*

Bewertung des Trainings und Aktiviertheit nach dem Training (t2). Ein mit der Trainingsdauer übereinstimmendes Ergebnismuster findet sich hinsichtlich der Bewertung des Trainings und der nach dem Training berichteten Aktiviertheit (siehe Abbildung 9). Die Kovariaten wiesen in dieser Analyse einen signifikanten Effekt auf; $F(10, 148) = 3.69, p < .001$. Keiner der beiden Haupteffekte (Fs < 1), aber die vorhergesagte Interaktion zwischen *Fokus* und *Anreiztyp* ist signifikant; multivariates $F(2, 73) = 3.62, p = .03$. Univariate Tests bestätigen diesen Interaktionseffekt sowohl für die Bewertung des Trainings ($F[1, 74] = 6.24, p < .02$) als auch für die Aktiviertheit ($F[1, 74] = 3.98, p = .05$).

Personen der Bedingungen *Nutzen der Zielverfolgung* und *Kosten des Zielabbruchs* bewerteten ihr Training als erfolgreicher und bezeichneten sich nach dem Training als energiegeladener und tatkräftiger im Vergleich zu Personen der Bedingungen *Kosten der Zielverfolgung* und *Nutzen des Zielabbruchs* (siehe Abbildung 9).

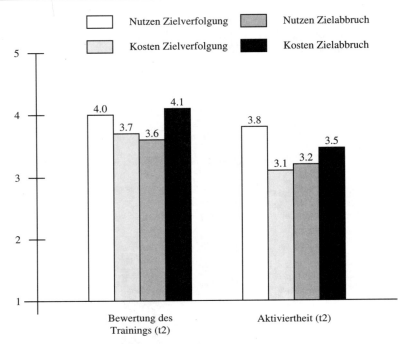

Abbildung 9: *Bewertung des Trainings und Aktiviertheit nach dem Training (t2)*

Nacherhebung: Trainingshäufigkeit und Bewertung des Trainings (t3). Die Angaben der Versuchsteilnehmerinnen, wie häufig sie in den vergangenen zwei Wochen das Studio aufsuchten und wie erfolgreich sie ihr Training der vergangenen zwei Wochen beurteilten, wurden wiederum einer multivariaten Varianzanalyse unter Berücksichtigung der o.g. Kovariaten unterzogen. Der Regressionsterm für die Kovariaten ist signifikant; $F(10, 104) = 4.51$, $p < .001$. Viel wichtiger ist jedoch auch hier wieder, dass nur die Interaktion der beiden experimentellen Faktoren *Fokus* und *Anreiztyp* signifikant ist; multivariates $F(2,51) = 3.17$, $p = .05$. Die F-Werte für die beiden Haupteffekte sind kleiner 1. In der univariaten Analyse verfehlt dieser Interaktionseffekt für die Trainingshäufigkeit nur knapp das konventionelle Signifikanzniveau ($F[1, 52] = 3.28$, $p < .08$), für die Bewertung des Trainings ist er hingegen signifikant; $F(1, 52) = 5.73$, $p = .02$.

Mit Blick auf die Mittelwerte (siehe linke Seite von Abbildung 10 und Abbildung 11) ergibt sich folgendes Bild: Personen der Bedingungen *Nutzen der Zielverfolgung* und *Kosten des Zielabbruchs* gaben an, in den zwei Wochen nach der Erstbefragung das Sportstudio häufiger aufgesucht zu haben im Vergleich zu Personen der Bedingungen *Kosten der Zielverfolgung* und *Nutzen des Zielabbruchs*. Außerdem bewerteten erstere ihr Training dieser zwei Wochen als erfolgreicher als letztere.

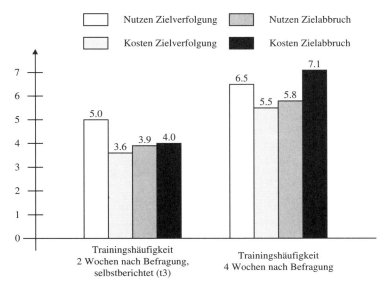

Abbildung 10: *Selbstberichtete Trainingshäufigkeit zwei Wochen nach der Erstbefragung (t3) und objektiv gemessene Trainingshäufigkeit vier Wochen nach der Erstbefragung*

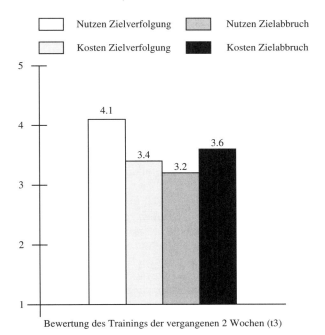

Abbildung 11: *Bewertung des Trainings zwei Wochen nach der Erstbefragung (t3)*

Gemessene Trainingshäufigkeit. Vier Wochen nach der Erstbefragung wurde aus der Datenbank des Sportstudios für Frauen, die an der Nachbefragung teilgenommen hatten, die Trainingshäufigkeit in den vergangenen vier Wochen[25] abgerufen. Dieser Wert wurde nach dem bekannten Verfahren analysiert. Der Regressionsterm der Kovariaten ist signifikant; $F(5, 51) = 10.57$, $p < .001$. In den Mittelwerten zeigt sich sehr deutlich das vorhergesagte Muster, allerdings erreichte der Interaktionseffekt nicht das konventionelle Signifikanzniveau; $F(1, 51) = 2.60$, $p = .11$. Die F-Werte der beiden Haupteffekte waren kleiner 1.

Wie auf der rechten Seite von Abbildung 10 gezeigt, kamen Personen, die an die für die Zielverfolgung sprechenden Aspekte (Nutzen der Zielverfolgung, *Kosten des Zielabbruchs*) dachten, häufiger ins Sportstudio als Personen, die an die für den Zielabbruch sprechenden Aspekte (*Kosten der Zielverfolgung, Nutzen des Zielabbruchs*) dachten.

Nacherhebung: Motiviertheit, Aktiviertheit, Zielbindung und Zielablösungsimpuls (t3). Der Regressionsterm für die Kovariaten wurde marginal signifikant; $F(20, 204) = 1.58$, $p = .06$. Das multivariate F für die beiden Haupteffekte war kleiner 1. Das multivariate F für die Interaktion zwischen *Fokus* und *Anreiztyp* hingegen erreichte einen signifikanten Wert; $F(4, 48) = 2.57$, $p = .05$. In den univariaten Tests lässt sich der Interaktionseffekt nicht für die Motiviertheit ($F[1, 51] = 1.95$, $p = .17$), aber deutlich für die Aktiviertheit ($F[1, 51] = 5.60$, $p = .02$), die Zielbindung ($F[1, 51] = 4.00$, $p = .05$) sowie den Zielablösungsimpuls ($F[1, 51] = 5.38$, $p = .02$) nachweisen.

Wie vorhergesagt, waren Versuchsteilnehmerinnen der beiden Bedingungen *Nutzen der Zielverfolgung* und *Kosten des Zielabbruchs* zwei Wochen nach der experimentellen Manipulation motivierter, aktivierter, stärker an ihr Trainingsziel gebunden und fühlten einen schwächeren Impuls zur Zielablösung als Versuchsteilnehmerinnen der Bedingungen *Kosten der Zielverfolgung* und *Nutzen des Zielabbruchs* (siehe Abbildung 12).

Zusammenfassend lässt sich sagen, dass die eben berichteten Ergebnisse zum Einfluss von Nutzen und Kosten von Zielverfolgung und -abbruch auf verschiedene verhaltensrelevante Variablen (Handlungsbereitschaft im Sinne von Motiviertheit und Aktiviertheit, Zielbindung, Trainingsdauer, Bewertung des Trainings, Trainingshäufigkeit) Hypothese 1 insgesamt sehr gut bestätigen. Besonders hervorzuheben ist, dass die Effekte der experimentellen Manipulation selbst noch nach zwei Wochen beobachtbar waren.

Stimmung infolge eines vorgestellten Erfolgs bzw. Misserfolgs in Abhängigkeit von Annäherungs- vs. Vermeidungsorientierung (t1). Die Instruktion, sich den Nutzen der Zielverfolgung oder den Nutzen des Zielabbruchs vor Augen zu führen, richtete die Aufmerksamkeit der Versuchsteilnehmerinnen auf positive Anreize und sollte damit eine Annäherungsorientierung induziert haben. Ebenso sollte die Betonung negativer Anreize in den Bedingungen *Kosten der Zielverfolgung* und *Kosten des Zielabbruchs* eine Vermeidungsorientierung ausgelöst haben.

---

[25] In diesem Zeitraum fielen die Osterferien, in denen die Versuchsteilnehmerinnen insgesamt etwas seltener trainierten als sonst.

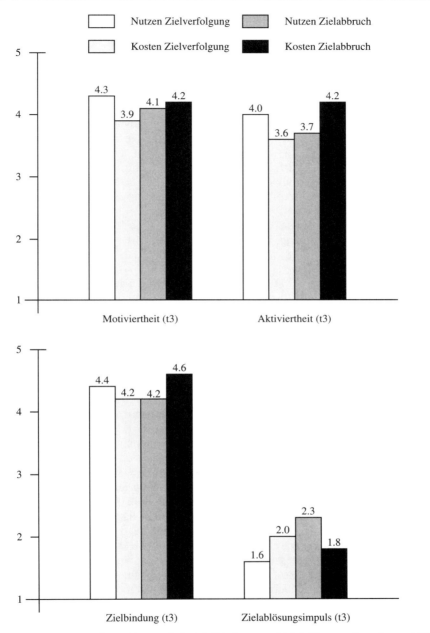

Abbildung 12: *Motiviertheit, Aktiviertheit, Zielbindung und Zielablösungsimpuls zwei Wochen nach der Erstbefragung (t3)*

Die beiden grundlegenden motivationalen Orientierungen sollen sich nun – wie in Hypothese 2 festgehalten – hinsichtlich ihrer emotionalen Reaktion auf Erfolg und Misserfolg bei der Umsetzung eines Vorhabens unterscheiden.

Die von den Versuchsteilnehmerinnen berichtete Stimmung als Reaktion auf den vorgestellten Erfolg oder Misserfolg bei der Umsetzung ihres Trainingsvorhabens wurde einer 2 (*Fokus*: Zielverfolgung vs. -abbruch) x 2 (*Anreiztyp*: Nutzen vs. Kosten) x 2 (*Qualität des Ereignisses*: Erfolg vs. Misserfolg) Kovarianzanalyse mit den bereits oben genannten Kovariaten unterzogen. Die Kovariaten hatten keinen Effekt ($F < 1$). Es zeigte sich jedoch ein sehr starker Effekt der Qualität des emotionsauslösenden Ereignisses; $F(1, 74) = 249.13$, $p < .001$. Darin spiegelt sich die einleuchtende Tatsache wider, dass Erfolg bei der Umsetzung eines Vorhabens zu positiveren Gefühlen führt ($M = 4.4$) als ein Misserfolg ($M = 2.6$). Trotz dieses überaus großen Effekts der Ereignisqualität fand sich der vorhergesagte Haupteffekt für den *Anreiztyp*; $F(1, 74) = 5.84$, $p = .02$.

Versuchsteilnehmerinnen, die ihre Gedanken auf positive Anreize lenken sollten (Nutzen der Zielverfolgung, Nutzen des Zielabbruchs) waren positiver gestimmt ($M_{NUZV} = 3.5$; $M_{NUZA} = 3.8$) als Versuchsteilnehmerinnen, die sich negative Anreize (*Kosten der Zielverfolgung*, *Kosten des Zielabbruchs*) vor Augen führen sollten ($M_{KOZV} = 3.3$; $M_{KOZA} = 3.3$) und zwar ganz unabhängig davon, ob es sich um Erfolg oder Misserfolg handelte. Keiner der anderen Haupt- oder Interaktionseffekte erreichte das 5%-Signifikanzniveau; alle $Fs < 1.5$, $ps > .22$.

Stimmung nach dem Training in Abhängigkeit von Annäherungs- vs. Vermeidungsorientierung (t2). Da die experimentelle Variation des emotionsauslösenden Ereignisses (vorgestellter Erfolg bzw. Misserfolg) einen so starken Effekt hatte, wurde sie bei der Analyse der Stimmung nach dem Training als Faktor aufgenommen. Zusätzlich wurde in dieser Analyse als weitere Kovariate berücksichtigt, wie erfolgreich die Versuchsteilnehmerinnen ihr Training einschätzten, da dies ebenfalls einen starken Effekt auf die Stimmung nach dem Training haben sollte. Die 2 (*Fokus*: Zielverfolgung vs. Zielabbruch) x 2 (*Anreiztyp*: Nutzen vs. Kosten) x 2 (*Qualität des Ereignisses*: Erfolg vs. Misserfolg) Varianzanalyse ergab einen signifikanten Effekt für die Kovariaten; $F(6, 71) = 8.92$, $p < .001$. Es ergab sich ein marginal signifikanter Haupteffekt für die Qualität des Ereignisses $F(1, 71) = 3.68$, $p = .06$. Versuchsteilnehmerinnen, die im ersten Fragebogen ihre Stimmung hinsichtlich eines vorgestellten Erfolgs angeben sollten, fühlten sich auch nach dem Training etwas besser ($M = 4.3$) als jene, die sich einen Misserfolg vorzustellen hatten ($M = 4.1$). Keiner der sonstigen Effekte wurde signifikant; mit Ausnahme des Haupteffekts für den *Fokus* ($F[1,71] = 2.68$; $p = .11$) waren die Fs aller anderen Effekte kleiner 1.

Hypothese 2 zur Wirkung einer Annäherungs- bzw. Vermeidungsorientierung auf die Stimmung ließ sich also nur für die Stimmung auf einen vorgestellten Erfolg bzw. Misserfolg, nicht jedoch für die tatsächliche, nach dem Training erlebte Stimmung bestätigen.

Diskussion

Verhaltenseffekte von Nutzen und Kosten von Zielverfolgung und Zielabbruch.
Die Ergebnisse dieser Studie unterstützen Annahme 2a des Nutzen-Kosten-Modells. Die gedankliche Fokussierung auf spezifische Nutzen-Kosten-Aspekte von Zielver-

folgung und Zielabbruch hatte einen deutlichen Einfluss auf verhaltensrelevante Variablen. Wie vorhergesagt, wirkten jeweils zwei Anreizkategorien gleichsinnig. An den Nutzen der Zielverfolgung zu denken hatte ebenso einen förderlichen Effekt wie die Orientierung an den Kosten der Zielaufgabe. Im Gegensatz dazu hatten Gedanken an die Kosten der Zielverfolgung wie auch Gedanken an den Nutzen des Zielabbruchs einen hemmenden Effekt. Versuchsteilnehmerinnen der beiden erstgenannten Bedingungen berichteten unmittelbar im Anschluss an die experimentelle Manipulation über ein höheres Maß an Handlungsbereitschaft, d.h., sie waren motivierter und freuten sich mehr auf das bevorstehende Training und fühlten sich energiegeladener und tatkräftiger als die Versuchsteilnehmerinnen der beiden letztgenannten Bedingungen.

Die Unterschiede zeigten sich bemerkenswerterweise nicht nur hinsichtlich dieser selbstberichteten Variablen, sondern auch im tatsächlichen Verhalten. Versuchsteilnehmerinnen, die an den Nutzen der Zielverfolgung oder an die Kosten des Zielabbruchs gedacht hatten, hielten sich beim ersten Messzeitpunkt um durchschnittlich 20 Minuten länger in den Trainingsräumen des Sportstudios auf und besuchten in den folgenden vier Wochen das Studio häufiger als Versuchsteilnehmerinnen, die an die Kosten der Zielverfolgung oder an den Nutzen des Zielabbruchs denken sollten. Nach dem Training bewerteten die erstgenannten Gruppen von Versuchsteilnehmerinnen ihr gerade absolviertes Training positiver und fühlten sich selbst nach der körperlichen Anstrengung noch aktivierter als die beiden letztgenannten Gruppen.

Für den nachhaltigen Effekt der experimentellen Manipulation spricht auch die Tatsache, dass Unterschiede zwischen den Bedingungen selbst zwei und vier Wochen später noch in der vorhergesagten Richtung nachweisbar waren. In einer postalischen Nachbefragung wurden die Versuchsteilnehmerinnen zu ihrem Trainingsverhalten der vergangenen zwei Wochen befragt. An den Nutzen der Zielverfolgung oder an die Kosten des Zielabbruchs zu denken, führte laut den Aussagen der Versuchsteilnehmerinnen zu mehr Besuchen im Sportstudio – was vier Wochen später anhand der objektiven Daten aus der Datenbank des Sportstudios validiert werden konnte – sowie zu einer positiveren Bewertung des Trainings der vergangenen zwei Wochen als an die Kosten der Zielverfolgung oder den Nutzen des Zielabbruchs zu denken. Auch fanden sich die vorhergesagten Effekte für die Aktiviertheit, die Zielbindung sowie den Zielablösungsimpuls. Die Mittelwerte der Motiviertheit wiesen zwar zum dritten Messzeitpunkt das vorhergesagte Muster auf, der Interaktionseffekt wurde jedoch nicht signifikant.

Die experimentelle Manipulation hatte zum ersten Messzeitpunkt keinen Effekt auf die Zielbindung, zwei Wochen später unterschieden sich jedoch die Versuchsbedingungen auf dieser Variablen. Man kann davon ausgehen, dass die Besucherinnen des Sportstudios sich ihrem Ziel, regelmäßig zu trainieren, stark verpflichtet fühlten. Fast alle Versuchsteilnehmerinnen (95 % der Stichprobe) hatten nämlich einen längerfristigen Vertrag mit dem Sportstudio abgeschlossen (87 % der Befragten hatten einen Jahresvertrag, 8 % einen Halbjahresvertrag) und im Mittel besuchten die Frauen bereits seit etwa 4 Jahren regelmäßig ein Sportstudio. Umso bemerkenswerter ist die Tatsache, dass die experimentelle Manipulation überhaupt einen Einfluss auf die Zielbindung ausübte. Doch warum wurde dieser Einfluss erst nach zwei Wochen sichtbar? Man könnte spekulieren, dass sich die Zielbindung – vor allem eine so ausgeprägte wie im vorliegenden Fall – nicht direkt und damit nicht kurzfristig verändern lässt, sondern dass eine Änderung der Zielbindung nur über eine Veränderung des Verhaltens gelingen kann. Für diese Überlegung spricht die – wenn auch nicht hohe – positive Korrelation zwischen der beim dritten Messzeitpunkt selbstberichteten Trainingshäufigkeit in den zwei Wochen nach der experimentellen Intervention und der Zielbindung im Hinblick auf das zukünftige Training; $r(61) = .24$, $p = .06$. Den engen Zusammenhang zwischen gezeigtem Verhalten und der Zielbindung betonen auch Wicklund und Gollwitzer (1982) in ihrer Theorie symbolischer Selbstergänzung.

Die Befunde dieser Studie stehen im Einklang mit den in Studie 2 erzielten Ergebnissen. Dort hatte die experimentelle Akzentuierung der Kosten des Zielabbruchs zu höherer Bindung an das in Frage stehende Ziel geführt. Während in Studie 2 die Kosten des Zielabbruchs als unabhängige Variable fungierten und als abhängige Variable die Zielbindung erfasst wurde, war Studie 3 breiter angelegt; nicht nur wurden alle Nutzen-Kosten-Aspekte von Zielverfolgung und Zielabbruch berücksichtigt; es wurde auch ein breiteres Spektrum ziel- und verhaltensrelevanter Variablen abgedeckt. Erfasst wurde die *Motiviertheit* oder Handlungsbereitschaft der Versuchsteilnehmerinnen, ihre *Aktiviertheit* als das Empfinden mobilisierter Energie, die *Zielbindung* an die Trainingsintention sowie der *Zielablösungsimpuls*. Motiviertheit und Aktiviertheit wurden abgefragt in Bezug auf das bevorstehende (Erstbefragung) bzw. nächste Training (Nachbefragung) – hatten also einen sehr verhaltensnahen, konkreten Bezugspunkt. Zielbindung und Zielabbruchimpuls bezogen sich demgegenüber auf das übergeordnete Ziel „regelmäßig zu trainieren" – und sprachen damit das übergeordnete, abstraktere Ziel an. Die genannten Variablen waren nur moderat miteinander korreliert[26], was die konzeptuelle Trennung der verschiedenen ziel- und verhaltensbezogenen Variablen rechtfertigt.

Die Ergebnisse der vorliegenden Studie sind umso bedeutsamer, als die Untersuchung nicht in einer kontrollierten Laborsituation durchgeführt wurde, sondern in den Räumen des Sportstudios selbst, wo vielerlei Störquellen wirksam waren. Hinzu kommt, dass für die experimentelle Manipulation der Nutzen-Kosten-Aspekte nicht für alle Versuchsteilnehmerinnen identische Aspekte verwendet wurden, sondern vielmehr jede Person ihre persönlichen Nutzen- und Kosten-Aspekte benannte, was für die Generalisierbarkeit der Ergebnisse spricht. Ein weiterer Aspekt, der die Bedeutsamkeit der vorliegenden Befunde unterstreicht, ist die Tatsache, dass es sich bei der experimentellen Manipulation um eine subtile gedankliche Übung handelte, bei der die Versuchsteilnehmerinnen sich nur für einige Minuten zwei besonders bedeutsame Vor- bzw. Nachteile der Zielverfolgung bzw. des Zielabbruchs lebhaft vorstellen sollten. Die Nachhaltigkeit solcher Phantasieübungen hat auch Oettingen (1997) eindrucksvoll belegt. Der offensichtlich durchschlagende Effekt der kognitiven Repräsentation spezifischer Anreize auf ziel- und verhaltensbezogene Variablen ist ein weiterer Beleg für die handlungssteuernde Funktion von Kognitionen, die sich auch die Kognitive Verhaltenstherapie zunutze macht Beck, 1976; Ellis, 1984; Mahoney, 1974) und die erfolgsversprechend in Motivationstrainings eingesetzt werden kann.

---

[26] Mit Ausnahme von Motiviertheit und Aktiviertheit, die zum dritten Messzeitpunkt mit $r(62) = .72$, $p < .001$ korrelierten, lagen die anderen Korrelationskoeffizienten zwischen .21 und .41.

Oettingen (1997) unterscheidet in ihrem Ansatz zukunftorientierten Denkens zwischen Erwartungsurteilen und Zukunftsphantasien. Wie sie in verschiedenen Studien gezeigt hat, führt das alleinige Ausmalen positiver Zukunftsphantasien zu einem deutlich schwächeren Engagement für das in der Phantasie vorgestellte Ziel als das gedankliche Gegenüberstellen des angestrebten Zielzustands mit den Gegebenheiten der Realität. Wenn man das Sich-Ausmalen der angenehmen Aspekte der Zielverfolgung als eine derartige positive Zukunftsphantasie interpretierte, könnte man das hier vorliegende Ergebnis (die alleinige Vorstellung des Nutzens der Zielverfolgung förderte Zielbindung und Verhalten) als Widerspruch zu Oettingens Befunden sehen. Dem ist jedoch entgegenzusetzen, dass es sich bei den Nutzen-Kosten-Aspekten um mit der Realität kontrastierte Phantasien handelte, die – laut Oettingen – die Zielrealisierung fördern. Die Versuchsteilnehmerinnen waren nämlich aufgefordert worden, für jeden Nutzen- bzw. Kosten-Aspekt die Eintretenswahrscheinlichkeit anzugeben, in der sich ja die Einschätzung der aktuell gegebenen Handlungsumstände widerspiegelt.

Da im vorliegenden Experiment keine Kontrollgruppe verwendet wurde, bleibt offen, ob es sich bei der höheren Handlungsbereitschaft, Zielbindung und Ausdauer in den Bedingungen *Nutzen der Zielverfolgung* und *Kosten des Zielabbruchs* um eine relative Erhöhung gegenüber dem üblicherweise beobachtbaren Niveau handelt oder ob umgekehrt die Vorstellung der *Kosten der Zielverfolgung* bzw. des *Nutzens des Zielabbruchs* zu einer Abschwächung der normalerweise gegebenen Verhaltenstendenz geführt hat. Denkbar wäre natürlich auch, dass beide Effekte gleichzeitig wirksam waren.

Annäherungs- vs. Vermeidungsorientierung. In Zusammenhang mit Annahme 3 des Nutzen-Kosten-Modells war dargelegt worden, dass die Fokussierung auf positive Anreize (also auf den Nutzen der Zielverfolgung bzw. auf den Nutzen des Zielabbruchs) eine Annäherungsorientierung, die Fokussierung auf negative Anreize (also auf die Kosten der Zielverfolgung bzw. die Kosten des Zielabbruchs) eine Vermeidungsorientierung darstellt. Es war angenommen worden, dass die beiden Orientierungen einen unterschiedlichen Effekt auf die Stimmung haben würden. Die Ergebnisse der vorliegenden Studie zu dieser Frage stützen diese Annahme zumindest teilweise. Bei der Stimmung in Reaktion auf einen vorgestellten Erfolg oder Misserfolg, gemessen beim ersten Erhebungszeitpunkt (also noch vor dem Training) ergab, sich ein hypothesenkonformes Ergebnis (siehe Hypothese 2). Frauen, die sich den Nutzen der Zielverfolgung bzw. den Nutzen des Zielabbruchs vor Augen gehalten hatten, gaben bessere Stimmung als Reaktion auf das vorgestellte trainingsbezogene Ereignis an. Dabei spielte es keine Rolle, ob es sich um einen Erfolg oder einen Misserfolg handelte. Das ist ein weiterer Beleg dafür, dass eine Annäherungsorientierung einen positiveren Einfluss auf das emotionale Befinden hat als eine Vermeidungsorientierung.

Doch die Bedeutung dieses Ergebnisses geht über den reinen Stimmungseffekt hinaus. In Verbindung mit den Verhaltensdaten lassen sich interessante Spekulationen zu Zielverfolgung und Zielablösung äußern. Sich den Nutzen der Zielverfolgung vor Augen zu halten, fördert in zweierlei Hinsicht die Zielrealisierung. Zum einen steigert sie Zielbindung und Ausdauer, zum anderen führt sie zu positiver Stimmung, was zusätzlich handlungsunterstützend wirkt (z.B. Kuhl & Kazén, 1997). Sich den Nutzen des Zielabbruchs vor Augen zu halten, mindert zwar Zielbindung und Ausdauer, ist aber mit relativ positiver Stimmung verbunden, was insgesamt die Zielablösung erleichtern könnte, weil die „schmerzhafte Trennung" vom Ziel dadurch abgemildert wird (Klinger, 1975, 1977). Eine Annäherungsorientierung scheint sich also positiv auf Zielverfolgung und Zielablösung auszuwirken. Ganz anders eine Vermeidungsorientierung. Sich die Kosten der Zielverfolgung vor Augen zu halten, reduziert Zielbindung und Ausdauer und führt zu relativ schlechter Stimmung. Erfolge werden weniger freudig, Misserfolge gravierender erlebt, was die Verhaltenstendenz weiter schwächen dürfte. Sich die Kosten des Zielabbruchs zu vergegenwärtigen fördert zwar Zielbindung und Verhalten, ist aber mit negativer Stimmung verbunden, was insgesamt der Zielrealisierung wenig förderlich sein dürfte (Kuhl & Kazén, 1997).

Entgegen der Vorhersage zeigte sich bei der Stimmung, die die Versuchsteilnehmerinnen nach ihrem Training (Messzeitpunkt 2) berichteten, kein Effekt von Annäherung versus Vermeidung. Die beim zweiten Messzeitpunkt gemessene Stimmung (nach Auspartialisieren des selbsteingeschätzten Erfolgs beim Training) war nur von der Art des beim ersten Messzeitpunkt vorgegebenen fiktiven Leistungsergebnisses (d.h. Erfolg vs. Misserfolg) abhängig. Da diese experimentelle Variation unbeabsichtigt und ganz unerwartet einen so nachhaltigen Effekt hatte, kann keine endgültige Schlussfolgerung dazu getroffen werden, ob sich eine Annäherungs- versus Vermeidungsorientierung auch auf die Stimmung beim Handeln selbst auswirkt.

Implikationen für „escalation of commitment" und „entrapment". Die Ergebnisse dieser Studie sind auch unmittelbar relevant für die Erklärung von *escalation of commitment* und *entrapment*. Sich die Kosten des Zielabbruchs vor Augen zu halten, verstärkte die Handlungsbereitschaft (im Sinne von Motiviertheit und Aktiviertheit), die Ausdauer und die Zielbindung und reduzierte den Zielablösungsimpuls. Gepaart mit einem unbefriedigenden, verlustreichen Handlungsverlauf, könnte dies sehr leicht zu einer sich zunehmend verstärkenden Spirale eskalierenden Engagements führen. Die handelnde Person fühlt sich beim Gedanken an die Kosten des Ziel- oder Projektabbruchs hoch motiviert, diese zu vermeiden; sie zeigt infolgedessen hohes Engagement bei der Ausführung jener Aktivitäten, die das Eintreten der Kosten verhindert. Hinzukommt, dass – wie sich in der Beurteilung des eigenen Trainings durch die Versuchsteilnehmerinnen zeigte – dieses Engagement positiv bewertet wird, was insgesamt wiederum zu einer Erhöhung der Zielbindung führt und damit die nächst höhere Stufe der „Eskalationsspirale" eröffnet.

Auch im Hinblick auf die Vermeidung bzw. den Abbau von *escalation of commitment* sind die vorliegenden Befunde von Bedeutung. Die hier eingesetzte Gedankenübung, bei der man an die Kosten der Zielverfolgung bzw. an den Nutzen des Zielabbruchs denken sollte, reduzierte ganz eindeutig das Engagement für das Ziel. Es ist durchaus plausibel anzunehmen, dass eine derartige Übung in *entrapment*-Situationen hilfreich sein könnte, die unheilvolle Vestrickung zu lösen (für ähnliche Überlegungen siehe Brockner, Rubin & Lang, 1981; McCain, 1986; Northcraft & Neale, 1986; Simonson & Staw, 1992). Wie die Überlegungen zur Wirkung von Annäherung und Vermeidung nahe legen, sollte eine Förderung der Zielablösung durch das Hervorheben des Nutzens des Zielabbruchs günstiger sein als durch das Betonen der Kosten der Zielverfolgung, da mit ersterer eine Annäherungs-, mit letzterer eine Vermeidungsorientierung verbunden ist. Sich nur vor Augen zu halten, wie unbefriedigend, aussichtslos, mühevoll oder entbehrungsreich ein Handlungsweg ist, sollte die

Zielablösung schwerer machen, als an attraktive Handlungsalternativen zu denken (siehe z.B. Brandtstädter & Greve, 1994; Klinger, 1975). Hier eröffnet sich eine interessante Forschungsperspektive zur Frage, in welcher Weise Annäherung und Vermeidung den Prozess der Zielablösung hinsichtlich affektiver, kognitiver und handlungsregulativer Merkmale beeinflussen.

Implikationen für konkurrierende Nutzen-Kosten-Modelle. Die Ergebnisse dieser Studie gehen über die Befunde zu anderen Nutzen-Kosten-Modellen hinaus, so auch im Hinblick auf die Befunde zur Schutzmotivationstheorie von Rogers (1983; Rippetoe & Rogers, 1987; Sturges & Rogers, 1996), die mit dem hier vorgestellten Nutzen-Kosten-Modell der Persistenz und Zielablösung große Ähnlichkeiten aufweist. In den Studien zur Schutzmotivationstheorie wurden zum einen nur ausgewählte Nutzen-Kosten-Aspekte manipuliert und zum anderen nur Verhaltensintentionen als abhängige Variable gemessen. In der Studie von Rippetoe und Rogers (1987) wurden nur die *Kosten* des *gesundheitsschädigenden Verhaltens* (severity, vulnerability) und die *Erwartungen*, dass *gesundheitsbewusstes Verhalten* das Gesundheitsrisiko mindern kann (response efficacy), und man selbst in der Lage ist, es auszuführen (self-efficacy), manipuliert; als abhängige Variable wurden Verhaltensintentionen (z.B. mit Item wie „Within the next two weeks, I intend to adopt monthly breast self-examination as a regular habit") gemessen. Ähnliches gilt für eine neuere Studie von Sturges und Rogers (1996). Die in der Schutzmotivationstheorie gemachten Annahmen zur Wirkung der verschiedenen Nutzen-Kosten-Aspekte von Zielverfolgung und Zielabbruch werden also in den dazu durchgeführten Studien gar nicht umfassend geprüft. Im Gegensatz dazu wurde in der hier vorliegenden Studie der Einfluss *aller* Nutzen-Kosten-Aspekte auf *affektive* und *verhaltensbezogene* Variablen (insbesondere auch auf reales Verhalten) analysiert.

Implikationen für die Motivationsförderung im Sport. Die Ergebnisse von Studie 3 haben auch spezielle Relevanz für die Praxis der Motivationsförderung im Sport. Nicht nur im professionellen Hochleistungssport sondern auch im Bereich des Freizeitsports in Schulen und Vereinen sowie im Bereich des Gesundheitssports wird neben dem Training spezifischer sportartbezogener Techniken und Fertigkeiten der Motivationsförderung große Bedeutung beigemessen (Beckmann, 1987; Marcus & Owen, 1992; Roberts, 1992; Vallerand & Losier, 1999). Die hier vorgestellte Intervention könnte die bereits existierenden Methoden (z.B. Stärkung sportrelevanter Motive; Hecker, 1984; Erhöhung von Selbstwirksamkeitsüberzeugungen; Marcus & Owen, 1992; Erhöhung der intrinsischen Motivation; Vallerand & Losier, 1999) sinnvoll ergänzen. Motive zu ändern ist zum Teil sehr zeitintensiv (McClelland & Winter, 1969). Nur an Selbstwirksamkeitsüberzeugungen anzusetzen, greift zu kurz, weil die vielfältigen Anreize des Sporttreibens vernachlässigt werden, und die intrinsische Motivation zu erhöhen, ist oft nicht möglich, wenn beispielsweise Personen eine tiefgehende Abneigung gegen körperliche Bewegung und Anstrengung haben. An den individuellen Nutzen- und Kosten-Aspekten des Sporttreibens anzusetzen, erscheint in diesem Zusammenhang eine sinnvolle Alternative, weil jener Aspekt in den Vordergrund gestellt werden könnte, der für die betreffende Person am bedeutsamsten ist.

Fazit. Wie die Ergebnisse dieser Studie belegen, hatte die gedankliche Beschäftigung mit zielbezogenen Nutzen und Kosten einen durchschlagenden Effekt auf verschiedene verhaltensrelevante Variablen. In der vorliegenden Studie wurde jeweils ein

spezifischer Nutzen-Kosten-Aspekt per Instruktion in den Mittelpunkt der Aufmerksamkeit der Versuchsteilnehmerinnen gerückt. Selbst wenn im alltäglichen Handlungsvollzug auch durch bestimmte situative (z.B. bevorstehende negative soziale
Sanktionen bei Zielabbruch) oder persönlichkeitsspezifische (z.B. dispositioneller
Optimismus) Faktoren ein bestimmter Nutzen-Kosten-Aspekt besonders akzentuiert
sein kann, so ist aber doch gerade das Zusammenwirken aller zu einem bestimmten
Zeitpunkt gegebenen Nutzen-Kosten-Aspekte und der daraus resultierende Einfluss
auf ziel- und verhaltensbezogene Variablen von besonderem Interesse. Insbesondere
wird zu klären sein, unter welchen Bedingungen die motivationalen Aspekte eines
Ziels natürlicherweise verhaltenswirksam werden. Wie in Annahme 2b des Nutzen-
Kosten-Modells ausgeführt, soll dies vor allem bei einer „Handlungskrise" der Fall
sein. Die Studien 4 („Persönliche Alltagsziele"), 5 („Sport im Studio") und 6 („Wieterstudieren oder aufhören?") werden dieser Frage gezielt nachgehen.

Studie 4: „Persönliche Alltagsziele"
Der Zusammenhang zwischen Zielbindung und Kosten des
Zielabbruchs in Abhängigkeit vom Verlauf der Zielrealisierung[27]

Einführung

In der vorliegenden Studie werden Ergebnisse präsentiert, die sich auf sämtliche Annahmen des Nutzen-Kosten-Modells beziehen. Es geht in Studie 3 also um die kognitive Repräsentation motivationaler Inhalte in der Phase der Zielrealisierung (Annahmen 1a bis 1c), um den Einfluss zielbezogener Nutzen-Kosten-Aspekte auf verhaltensrelevante Parameter (Annahme 2a und 2b) sowie um Auswirkungen einer
Annäherungs- versus Vermeidungsorientierung auf die Stimmung (Annahme 3). Besonderes Augenmerk wird dabei auf Annahme 2b liegen, die in den bisherigen Studien noch nicht geprüft wurde. Sie besagt, dass zielrelevante Nutzen-Kosten-Aspekte
in der Phase der Zielrealisierung vor allem im Falle einer Handlungskrise handlungs-
relevant werden.

Die vorliegende Studie ist – wie Studie 2 („Alex im Ausland") auch – im Kontext
von „entrapment" bei persönlichen Alltagszielen angesiedelt. „Entrapment" wird dabei als typischer Fall einer Handlungskrise betrachtet, also als eine Situation, bei der
die Realisierung eines Ziels ernsthaft ins Stocken geraten ist, die Person aber an ihr
Ziel hoch gebunden bleibt. Als Prädiktor werden der für „entrapment" besonders relevante Nutzen-Kosten-Aspekt, nämlich die Kosten des Zielabbruchs, sowie als Kriterium die Zielbindung betrachtet. Ein Zusammenhang zwischen Kosten des Zielabbruchs und der Zielbindung soll sich – gemäss Annahme 2b – vor allem im Falle eines problematischen Ziels zeigen. Studierende sollten entweder ein unproblematisches oder aber ein problematisches persönliches Alltagsziel nennen und Auskunft
zu den subjektiv wahrgenommenen Kosten des Zielabbruchs geben. Außerdem soll-

---

[27] V. Brandstätter & Frank (2001, Studie 2).

ten sie ihr Ziel anhand verschiedener Dimensionen (Wichtigkeit, Erfolgswahrschein-lichkeit, Zielbindung, emotionales Befinden beim Gedanken an das Ziel) einschät-zen.

Ferner wurden die Versuchsteilnehmer/innen gebeten, ihre zielbezogenen Gedan-ken zu notieren, aufgrund derer auf die kognitive Repräsentation der verschiedenen Nutzen-Kosten-Aspekte rückgeschlossen werden konnte. Damit greift Studie 4 wie-der die Annahmen 1a, 1b und 1c auf, die bereits in Studie 1 („Beziehungsszenario") einer Prüfung unterzogen worden waren.

Schließlich konnte Annahme 3 geprüft werden, nach der die Fokussierung auf die Kosten des Zielabbruchs mit beeinträchtigter Stimmung einhergeht, wie man dies aufgrund der Überlegungen zur Auswirkung einer Vermeidungsorientierung auf das emotionale Erleben erwarten kann.

Basierend auf den in Kapitel 5 dargelegten theoretischen Annahmen wurden für Studie 4 die folgenden Hypothesen formuliert:

Hypothese 1. (a) Das Vorliegen einer Handlungskrise soll motivationale Inhalte wieder stärker in den Vordergrund rücken. Entsprechend wird vorhergesagt, dass bei einem problematischen Ziel im Vergleich zu einem unproblematischen Ziel mehr abwägende Gedanken geäußert werden. Außerdem soll sich in der problematischen Zielbedingung ein Übergewicht abwägender gegenüber handlungsbezogener Gedan-ken zeigen. (b) Im Hinblick auf die kognitive Repräsentation zielbezogener Nutzen und Kosten wird eine volitionale Voreingenommenheit vorhergesagt. Sie äußert sich darin, dass mehr an Aspekte gedacht wird, die für die Zielverfolgung sprechen (Nut-zen der Zielverfolgung, Kosten des Zielabbruchs) als an Aspekte, die für den Zielab-bruch sprechen (Kosten der Zielverfolgung, Nutzen des Zielabbruchs). Darüber hin-aus werden im Zusammenhang mit der Zielverfolgung mehr Nutzen- als Kosten-As-pekte bedacht, im Zusammenhang mit dem Zielabbruch hingegen mehr die Kosten- als die Nutzen-Aspekte. (c) Diese „volitionale Voreingenommenheit" fällt in der Be-dingung *problematisches (entrapment-)Ziel* jedoch schwächer aus als in der Bedin-gung *unproblematisches Ziel.*

Hypothese 2. Bei unproblematischen Zielen haben die Kosten des Zielabbruchs keinen Effekt auf die Zielbindung, während sie bei problematischen (entrapment-) Zielen hingegen zu einem signifikanten Prädiktor für die Zielbindung werden. In letzterem Fall zeigt sich ein positiver Zusammenhang zwischen dem Ausmaß an subjektiv wahrgenommenen Kosten des Zielabbruchs und der Zielbindung.

Hypothese 3. „Entrapment"-Ziele sollen aufgrund der vorrangigen Orientierung an den Kosten des Zielabbruchs und der damit verbundenen Vermeidungsorientie-rung von schlechterer Stimmung begleitet sein als unproblematische Ziele.

Methode

Versuchsteilnehmer und Versuchsplan. An der Studie nahmen 70 Münchner Stu-dierende (34 Frauen, 36 Männer) verschiedener Fachrichtungen teil. Im Durchschnitt waren sie 24.2 Jahre alt. Die Versuchsteilnehmer/innen wurden für die Teilnahme an der Untersuchung nicht bezahlt, erhielten jedoch als Dank eine Süßigkeit. Das Expe-riment wurde in einem Seminarraum als Gruppenversuch durchgeführt und basierte auf einem einfaktoriellen Versuchsplan; es sollte entweder ein *problematisches* per-sönliches Alltagsziel genannt werden, das Anzeichen von „entrapment" trug, oder aber ein *unproblematisches* Alltagsziel, das keine „entrapment"-Merkmale hatte. Die Versuchsteilnehmer/innen wurden zufällig einer der beiden Zielbedingungen zugeteilt, wobei darauf geachtet wurde, dass Männer und Frauen gleichmäßig auf die Bedingungen verteilt wurden.

Experimentelle Manipulation und Material. Der Fragebogen umfasste die Instruktion zur experimentellen Manipulation der Zielart und die Fragen zur Erfassung der abhängigen Variablen. Auf dem Deckblatt wurden die Versuchsteilnehmer/innen zunächst über den Inhalt der Untersuchung informiert. So lasen sie, „dass es um psychologische Prozesse geht, die ablaufen, wenn man sich Ziele setzt und sich um ihre Erreichung bemüht". Ebenso wurde ihnen auf der ersten Seite je nach der experimentellen Bedingung entweder eine *problematische* Handlungssituation (entrapment) oder eine *unproblematische* Handlungssituation geschildert. Die Versuchsteilnehmer/innen wurden gefragt, ob sie sich derzeit hinsichtlich eines persönlichen Ziels in einer solchen Situation befänden. Falls dies der Fall wäre, sollten sie umblättern und den Fragebogen bearbeiten. Im anderen Falle wurden sie gebeten, den Fragebogen der Versuchsleiterin zurückzugeben; sie würden dann von ihr anderes Material erhalten. Damit sollte sichergestellt werden, dass nur Versuchsteilnehmer/innen, die aktuell ein problematisches bzw. unproblematisches Ziel verfolgten, den Fragebogen bearbeiteten. Alle Versuchsteilnehmer/innen bearbeiteten das ihnen ursprünglich zugewiesene Material.

Die *experimentellen Zielinstruktionen* begannen für beide Versuchsbedingungen wie folgt:

„Sie haben momentan ein konkretes Ziel vor Augen, das Sie in absehbarer Zeit erreichen möchten und wofür Sie über längere Zeit hinweg etwas tun oder investieren müssen. Beispiele wären: ein Studium zu absolvieren, eine Beziehung mit jemandem aufzubauen, eine Sprache zu lernen. Sie befinden sich mitten in der Zielverfolgung, haben also bereits einiges dafür investiert, um dem Ziel näher zu kommen. Das könnte beispielsweise Zeit, Anstrengung, aber auch Geld sein."

Hier unterschieden sich dann die Instruktionen für die beiden Bedingungen. Personen in der *problematisches-Ziel-Bedingung* lasen:

„In letzter Zeit gibt es für Sie allerdings einige Anzeichen dafür, dass Sie vielleicht besser von dem Ziel ablassen sollten. Trotz dieser Anzeichen fällt es Ihnen aber schwer, das Ziel aufzugeben. Sie verfolgen das Ziel also weiter, obwohl Sie nicht sicher sind, ob es überhaupt noch sinnvoll ist."

Die Instruktion für die Bedingung *unproblematisches Ziel* war folgendermaßen formuliert:

„Mit der Verfolgung Ihres Ziels sind Sie zufrieden, weil im Großen und Ganzen alles so läuft, wie Sie es gerne hätten. Es gibt für Sie keine Anzeichen dafür, dass Sie vielleicht besser von dem Ziel ablassen sollten. Sie sind sich sicher, dass Sie das Ziel erreichen wollen und verfolgen es weiter, weil Sie davon überzeugt sind, dass es sinnvoll ist."

Die Versuchsteilnehmer/innen wurden je nach experimenteller Bedingung gebeten, ein persönliches Ziel zu nennen, was die jeweiligen oben beschriebenen Kriterien erfüllte. Nachdem die Versuchsteilnehmer/innen das Ziel mit wenigen Worten skizziert hatten, sollten sie eine kurze Gedankenübung machen. Sie sollten auf einem leeren Blatt alles notieren, was ihnen in den Sinn kam, wenn sie an ihr Ziel dachten. Dabei sollte die Art der Gedanken keine Rolle spielen, auch konnten sie so viel schreiben, wie sie wollten.

Nachdem die Versuchsteilnehmer/innen ihre Gedanken notiert hatten, wurden sie auf der folgenden Seite des Fragebogens gebeten, noch einmal zurückzublättern und ihre Gedankenstichprobe danach durchzugehen, welche Gedanken für die weitere Zielverfolgung bzw. für den Zielabbruch sprachen. Die betreffenden Gedanken sollten mit einem Plus gekennzeichnet werden, wenn sie für die Zielverfolgung sprachen, mit einem Minus, wenn sie für den Zielabbruch sprachen.

Im Anschluss daran schätzten die Versuchsteilnehmer/innen das von ihnen genannte Ziel hinsichtlich verschiedener Dimensionen (Erwartung, Wichtigkeit, Zielbindung, Kosten des Zielabbruchs, emotionales Erleben) ein. Erwartung, Wichtigkeit, Zielbindung und emotionales Erleben gelten als zentrale Merkmale von Alltagszielen. Zu ihrer Erfassung wurden hier die üblicherweise in der Alltagszielforschung verwendeten Items eingesetzt (z.B. Emmons, 1989). Die Formulierung der Fragen zu den Kosten des Zielabbruchs orientierte sich an den „entrapment"-Studien von Brockner und Rubin (1985). Falls nicht anders angegeben, wurden die Antworten auf einer siebenstufigen Skala gegeben, die von „überhaupt nicht" (1) bis „sehr" (7) reichte. Ein Index der *Erwartung* wurde aus dem Mittelwert der folgenden vier Items gebildet: (a) „Wie sicher sind Sie sich, dass Sie Ihr Ziel erreichen werden?"; (b) „Wie nahe fühlen Sie sich dem Ziel momentan?"; (c) „Wie viele Fortschritte haben Sie in letzter Zeit bei der Zielverfolgung gemacht?" und (d) „Wie viele Rückschläge haben Sie in letzter Zeit bei der Zielverfolgung erlitten?" (nach Rekodierung von Item d betrug Cronbachs *alpha* = .74).

Ein Gesamtwert der *Wichtigkeit* wurde aus zwei Fragen ermittelt. (a) „Wie wichtig ist es Ihnen, das Ziel zu erreichen?" und (b) „Wie sehr bemühen Sie sich um Ihr Ziel, weil Ihnen das Ziel an sich sehr wichtig ist?" (Cronbachs *alpha* = .64).

Die *Bindung an das* Ziel wurde mit drei Fragen erfasst: (a) „Wie sehr hängen Sie gefühlsmäßig an Ihrem Ziel?"; (b) „Wie schwer fällt es Ihnen, sich von Ihrem Ziel zu lösen?" und (c) „Wie sehr werden Sie sich in Zukunft, in welcher Form auch immer (z.B. Zeit, Geld, Anstrengung), um Ihr Ziel bemühen?". Die interne Konsistenz des Zielbindungs-Index betrug (gemessen anhand von Cronbachs *alpha*) .63.

Ferner wurde die *Stimmung* der Versuchsteilnehmer/innen erhoben. Sie wurden gefragt, wie sie sich im Moment fühlten, wenn sie an ihr Ziel dachten. Zur Beantwortung wurden ihnen vier Adjektive (unzufrieden, aktiv, gut, unsicher) vorgegeben. Nach Rekodierung der negativen Items wurden die Antworten gemittelt und bildeten den Stimmungsindex mit einem Cronbach *alpha* von .81.

Der Index für die *Kosten des Zielabbruchs* umfasste vier verschiedene Aspekte. Die Versuchsteilnehmer/innen wurden gefragt, inwieweit sie sich um ihr Ziel bemühten, weil ... (a) es ein persönliches Versagen wäre, es aufzugeben; (b) sie negative Konsequenzen erführen (z.B. jemand anderer wäre enttäuscht, verärgert oder in Mitleidenschaft gezogen), wenn sie ihr Ziel aufgäben; (c) es keine anderen Ziele oder Alternativen gäbe, die für sie einen ähnlichen Stellenwert haben und (d) ihr ganzer bisheriger Einsatz für ihr Ziel (z.B. Zeit, Anstrengung, Aufwand) sonst verloren wäre (Cronbachs *alpha* = .57).

Ergebnisse

Da es keine signifikanten Geschlechtsunterschiede gab (alle Fs < 1), wurde das Geschlecht in den weiteren Analysen nicht berücksichtigt.

Charakterisierung der beiden Zielarten. Zunächst wurde geprüft, ob sich die beiden Zielarten hinsichtlich ihres *Inhalts* unterschieden. Dazu wurden die von den Versuchsteilnehmern genannten Ziele danach klassifiziert, ob sie berufs- bzw. studienbezogen waren (z.B. seinen Abschluss machen), mit der persönlichen Lebensführung zu tun hatten (z.B. sich eine neue Wohnung suchen) oder aber interpersonellen Charakter hatten (z.B. die Beziehung zu einer anderen Person verbessern). Berufs- und studienbezogene Ziele wurden am häufigsten genannt (80 %), gefolgt von Zielen, die die persönliche Lebensführung betrafen (13 %), und zwischenmenschlichen Zielen (7 %). Die beiden experimentellen Bedingungen unterschieden sich hinsichtlich dieser Inhaltskategorien; $chi^2(2, N = 69)^{28} = 7.1, p < .03$. Versuchsteilnehmer/innen mit einem problematischen Ziel nannten weniger studien-/berufsbezogene (33 %) und mehr Ziele der persönlichen Lebensführung (12 %) als Personen mit einem unproblematischen Ziel (46 % versus 2 %). Keinen Unterschied gab es in bezug auf interpersonelle Ziele (problematische Ziel-Bedingung: 4 %, unproblematische Ziel-Bedingung: 3 %). Da der Zielinhalt als dummy-kodierte Kovariate in allen weiteren Analysen keinen Effekt hatte, wird er im Weiteren nicht kommentiert.

In einem zweiten Schritt wurde geprüft, ob die experimentelle Variation der Zielinstruktion erfolgreich war. Problematische (entrapment-)Ziele sollten sich von unproblematischen Zielen in der Erwartung, Wichtigkeit und Stimmung, nicht aber hinsichtlich der Zielbindung unterscheiden. Eine multivariate Varianzanalyse (MANOVA) ergab eine hoch signifikante Interaktion zwischen Zieldimension und Zielart; $F(2, 67) = 7.07, p < .003$. Die Mittelwerte der Variablen *Erwartung*, *Wichtigkeit*, *Zielbindung* und *Stimmung* sind in Tabelle 9 dargestellt.

Tabelle 9: *Deskriptive Statistiken für problematische vs. unproblematische Ziele*[a]

Variable	Problematisches Ziel (N = 34)	Unproblematisches Ziel (N = 35)	t	p <
Erwartung	3.75 (1.11)	5.02 (.98)	5.12	.001
Wichtigkeit	5.78 (.93)	6.25 (.77)	2.31	.03
Zielbindung	5.68 (1.05)	5.85 (.93)	< 1	n.s.
Stimmung	3.86 (1.41)	4.80 (1.24)	2.93	.006
Kosten Zielabbruch	3.98 (1.47)	3.96 (1.42)	< 1	n.s.

Anmerkung: [a] Es werden *t*-Tests berichtet; in Klammern Standardabweichungen angegeben.

---

[28] Unterschiedliche Freiheitsgrade gehen auf fehlende Werte zurück.

Die Erfolgserwartung und die Wichtigkeit wurden bei problematischen Zielen geringer eingeschätzt als bei unproblematischen Zielen. Die beiden Zielarten unterschieden sich jedoch nicht hinsichtlich der Zielbindung, die in beiden Bedingungen ausgesprochen hoch war. Die Analyse der Stimmung bestätigt die Annahme, dass sich Personen in Gedanken an ein problematisches Ziel schlechter fühlen als Personen, die an ein unproblematisches Ziel denken – alles Hinweise darauf, dass der glatte Handlungsverlauf unterbrochen ist. Keine Unterschiede fanden sich in der Ausprägung der Kosten des Zielabbruchs. Offensichtlich war die experimentelle Manipulation der Zielart erfolgreich. Das Ergebnismuster illustriert außerdem das Dilemma, in dem sich Personen mit einem problematischen (entrapment-)Ziel befinden: Sie fühlen sich stark an ihr Ziel gebunden, obwohl sie es für kaum erreichbar halten.

Die kognitive Repräsentation von Nutzen-Kosten-Aspekten. Die Kategorisierung der *Gedankeninhalte* erfolgte durch zwei unabhängige Beurteiler, denen die Hypothesen sowie die jeweilige experimentelle Bedingung nicht bekannt waren. Die Gedanken wurden nach zwei verschiedenen Gesichtspunkten klassifiziert. In einem ersten Durchgang wurde ausgezählt, wie viele Gedanken *abwägenden* bzw. *handlungsbezogenen* Inhalt hatten. Danach wurde für die Gedanken, die nach den Angaben der Versuchsteilnehmer/innen für die Zielverfolgung bzw. für den Zielabbruch sprachen, kodiert, ob sie Nutzen oder Kosten der Zielverfolgung bzw. Nutzen oder Kosten des Zielabbruchs ansprachen. In 80 % der Beurteilungen stimmten die beiden Beurteiler überein. Unstimmigkeiten wurden durch Mitteln der beiden Einstufungen behoben.

Im Durchschnitt schrieben die Versuchsteilnehmer/innen 8.2 Gedanken auf; 1.3 Gedanken (16 % aller Gedanken) hatten einen abwägenden (z.B. „Möchte ich mehrere Jahre studieren?", 1.1 Gedanken (13 % aller Gedanken) hatten einen handlungsbezogenen Inhalt (z.B. „Konkretisierung der Themen für das geplante Seminar, Werbung unter den Studenten und Vorbereiten der Fragebögen"). 5.5 Gedanken (67 % aller Gedanken) bezogen sich auf Nutzen-Kosten-Aspekte von Zielverfolgung und Zielabbruch (z.B. „anspruchsvolle Arbeit und finanzielle Unabhängigkeit"; „Prüfungsstress"). 4 % der Gedanken fielen in keine der genannten Kategorien.

Zur Prüfung von Hypothese 1a wurde der Anteil abwägender und handlungsbezogener Gedanken einer multivariaten 2 (*Zielbedingung*: unproblematisches vs. problematisches Ziel) x 2 (*Gedankentyp*: abwägend vs. handlungsbezogen) Varianzanalyse mit dem between-subjects-Faktor *Zielbedingung* und dem within-subjects-Faktor *Gedankentyp* unterzogen. Die *F*-Werte der Haupteffekte für *Zielbedingung* und *Gedankentyp* sind kleiner 1. Die vorhergesagte zweifaktorielle Interaktion wurde zwar nicht signifikant ($F[1,68] = 1.4$, $p = .23$), aber die Mittelwerte haben das erwartete Muster (siehe Abbildung 13). Der Anteil abwägender Gedanken war in der problematischen Zielbedingung etwas höher als in der unproblematischen Zielbedingung. Außerdem nannten Versuchsteilnehmer/innen mit einem problematischen Ziel etwas mehr abwägende als handlungsbezogene Gedanken. Dieser Unterschied zeigt sich in der unproblematischen Zielbedingung nicht.

Zur Prüfung der Hypothesen 1b und 1c wurden nur die nutzen-kosten-bezogenen Gedanken betrachtet. Der Anteil nutzen-kosten-bezogener Gedanken an der Gesamtheit notierter Gedanken war in beiden Zielbedingungen nahezu identisch (unproblematisches Ziel: 68 %; problematisches Ziel: 67 %). Er wurde einer 2 (*Zielbedingung*: unproblematisches vs. problematisches Ziel) x 2 (*Fokus*: Zielverfolgung vs. Zielabbruch) x 2 (*Anreiztyp*: Nutzen vs. Kosten) multivariaten Varianzanalyse mit dem between-subjects-Faktor *Zielbedingung* und den beiden within-subjects-Faktoren *Fokus* und *Anreiztyp* unterzogen.

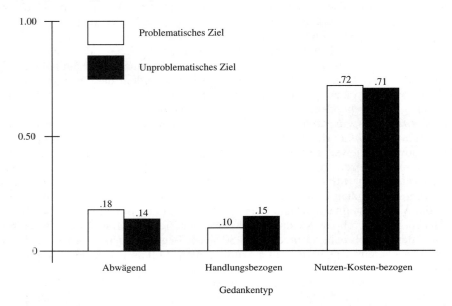

Abbildung 13: *Relativer Anteil abwägender, handlungs- sowie nutzen-kosten-bezogener Gedanken*

Der Faktor *Zielbedingung* betrifft die experimentelle Manipulation, ob die Versuchsteilnehmer/innen ein problematisches oder unproblematisches Ziel nennen sollten. Die within-subjects-Faktoren *Fokus* und *Anreiztyp* beziehen sich auf die notierten Gedanken und bilden ab, ob sich ein Gedanke einerseits auf die weitere Zielverfolgung oder den Zielabbruch, andererseits auf Nutzen oder Kosten bezieht. Die Mittelwerte sind in Abbildung 14 dargestellt.

Beide Haupteffekte dieser Analyse wurden signifikant (*Fokus*: $F[1,66] = 809.45$, $p < .001$; *Anreiztyp*: $F[1,66] = 29.17$, p < .001), aber ebenso die zweifaktorielle Interaktion von *Fokus* und *Anreiztyp* ($F[1,66] = 6.70$, $p = .01$) sowie die dreifaktorielle Interaktion von *Zielbedingung*, *Fokus* und *Anreiztyp* ($F[1,66] = 9.01$, $p < .01$).

Die dreifaktorielle Interaktion geht darauf zurück, dass sich, wie in Hypothese 1b und 1c vorhergesagt, in beiden Zielbedingungen ein sehr deutliches Übergewicht der für die Zielverfolgung (Nutzen der Zielverfolgung, Kosten des Zielabbruchs) gegenüber den für den Zielabbruch sprechenden Aspekten (Kosten der Zielverfolgung, Nutzen des Zielabbruchs) zeigt, und dabei diese „volitionale" Voreingenommenheit in der problematischen (61 % für die Zielverfolgung sprechende Gedanken) im Vergleich zur unproblematischen Zielbedingung (77 % für die Zielverfolgung sprechende Gedanken) deutlich schwächer ausgeprägt ist. Die Vorhersage, dass im Zusammenhang mit der Zielverfolgung mehr nutzen- und weniger kostenbezogene Gedanken geäußert wurden, im Zusammenhang mit dem Zielabbruch hingegen mehr

kosten- und weniger nutzenbezogene Gedanken, lässt sich nur hinsichtlich der Zielverfolgung bestätigen; im Hinblick auf den Zielabbruch findet sich nur eine schwache Tendenz in der vorhergesagten Richtung, da insgesamt kaum nutzen-kosten-bezogene Gedanken mit dem Zielabbruch zu tun hatten.

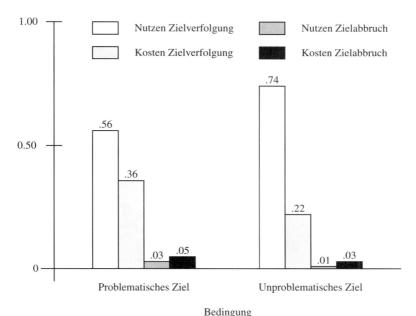

Abbildung 14: *Relativer Anteil der einzelnen nutzen-kosten-bezogenen Gedanken*

Warum selbst beim problematischen Ziel spontan nur wenig über den Abbruch des
Zielstrebens nachgedacht wurde, bedarf einer näheren Betrachtung. Es ließe sich
spekulieren, dass spontane Gedanken an einen möglichen Zielabbruch erst in einer
viel kritischeren Situation auftreten als dies für das problematische persönliche Ziel
gegolten haben mag. Diese Überlegung findet eine gewisse Unterstützung durch einen Befund in Studie 1 („Beziehungsszenario"), gemäß dem in einer Krisensituation
zielabbruchbezogene Aspekte sehr wohl bedacht worden waren: Versuchsteilneh-
mer/innen, die sich gedanklich in die Situation einer gravierenden Beziehungskrise
hineinversetzen sollten, gaben an, intensiver über zielabbruchbezogene Aspekte
nachzudenken als Versuchsteilnehmer/innen, die sich die Situation einer harmonischen Paarbeziehung vorstellen sollten.

Interessant ist ferner die Frage nach der Bedeutung individueller Unterschiede
hinsichtlich Lage-/Handlungsorientierung für das Auftreten von Abbruchsgedanken.
Es ist anzunehmen, dass Lageorientierte im Vergleich zu Handlungsorientierten beim
Einsetzen einer Handlungskrise sehr viel weniger an den Zielabbruch denken, weil
bei ihnen ein einmal gefasstes Handlungsziel trotz sich verschlechternder Realisierungsbedingungen länger perseveriert (vgl. dazu den stärkeren Absichtsüberlegen-
heitseffekt bei Lageorientierten in der Studie von Goschke und Kuhl, 1993, bzw. den

Befund bei Kuhl, 1983, dass sich Lageorientierte weniger als Handlungsorientierte von einem Aufgabenziel distanzierten, obwohl es sich als unerreichbar herausstellte).

Der Zusammenhang zwischen den Kosten des Zielabbruchs und der Zielbindung. Das zentrale Anliegen dieser Studie war, zu prüfen, ob die Kosten des Zielabbruchs tatsächlich nur im Falle von „entrapment"-Zielen mit der Zielbindung in Zusammenhang stehen, nicht aber bei unproblematischen Zielen (Hypothese 2). Der Zieltyp stellt damit einen Moderator für den Zusammenhang zwischen Kosten des Zielabbruchs und der Zielbindung dar. Baron und Kenny (1986) schlagen folgende Vorgehensweise vor, um derartige Moderatoreffekte zu prüfen: Idealerweise soll der Moderator weder mit der unabhängigen noch mit der abhängigen Variablen korrelieren. Diese Voraussetzung ist im vorliegenden Fall insofern erfüllt, als sich die beiden Zielbedingungen weder im Hinblick auf die Ausprägung negativer Konsequenzen (r = .00) noch hinsichtlich der Zielbindung (r = -.09) unterscheiden. Baron und Kenny empfehlen, zunächst die Regressionskoeffizienten für jede Bedingung getrennt zu bestimmen und dann nach einer Prozedur von Cohen und Cohen (1983) auf signifikante Unterschiedlichkeit zu prüfen. Schließlich sollen die Regressionskoeffizienten gegen Null getestet werden.

Regrediert man also im ersten Schritt Zielbindung auf die Kosten des Zielabbruchs, erhält man in der Bedingung *problematisches Ziel* einen unstandardisierten Regressionskoeffizienten von B = .32, während in der Bedingung *unproblematisches Ziel B* einen Wert von .13 hat (siehe Abbildung 15).

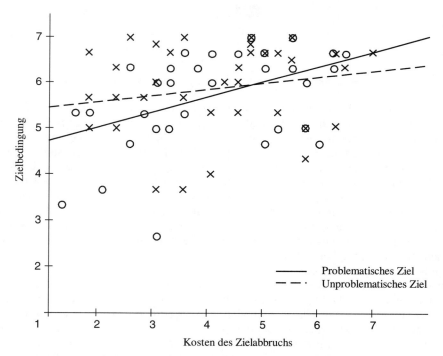

Abbildung 15: *Regression der Zielbindung auf die Kosten des Zielabbruchs*

Mit der Formel von Cohen und Cohen (1983, S. 55f) kann die Unterschiedlichkeit der beiden Koeffizienten belegt werden; $t(65) = 3.48$, $p < .01$. Im zweiten Schritt wurden die beiden Regressionsgeraden auf Signifikanz getestet. Der Einfluss der Kosten des Zielabbruchs auf die Zielbindung ist tatsächlich nur für das „entrapment"-Ziel signifikant; $F(1, 34) = 8.10$, $p < .008$. Für das unproblematische Ziel verfehlt das Ergebnis bei weitem das erforderliche Signifikanzniveau; $F(1, 35) = 1.39$, $p > .24$.

Diese Analysen bestätigen Hypothese 2. Die antizipierten Kosten des Zielabbruchs bestimmen die Zielbindung nur im Falle von „entrapment"-Zielen, nicht aber im Falle von unproblematischen Zielen.

Vermeidungsorientierung und Stimmung. Hypothese 3 wird in gewisser Weise durch das Ergebnis gestützt, dass sich Personen, die an ihr problematisches (entrapment-)Ziel dachten, schlechter fühlten ($M = 3.9$) als Personen, die an ihr unproblematisches Ziel dachten ($M = 4.8$). Man könnte nun einwenden, dass dieser Stimmungsunterschied ebenso gut auf den Unterschied in der Erfolgserwartung in den beiden Bedingungen zurückgehen könnte, so dass die schlechtere Stimmung in der Bedingung *problematisches Ziel* eher eine Reaktion auf die relativ geringen Erfolgsaussichten und weniger Ausdruck einer Orientierung an den Kosten des Zielabbruchs ist. In der Tat ist die Erfolgserwartung ein äußerst starker Prädiktor der Stimmung; $beta = .68$; $F(1,65) = 56.94$, $p < .001$. Dennoch verbessert in einer hierarchischen Regressionsanalyse die Einbeziehung der Kosten des Zielabbruchs die Vorhersage der Stimmung noch einmal deutlich; $F_{change}(1,66) = 3.57$, $p = .06$. Hypothese 3 findet dadurch weitere Stützung, dass das Befinden um so mehr beeinträchtigt war, je stärker die Zielbindung an die Kosten des Zielabbruchs gekoppelt war. Die Differenz zwischen Zielbindung und Kosten des Zielabbruchs wurde als Indikator des personspezifischen Zusammenhangs dieser beiden Variablen herangezogen. Je größer sie ist, desto weniger eng hängen Zielbindung und Kosten des Zielabbruchs zusammen. Diese Differenz korreliert positiv mit der Stimmung; $r = .24$, $p < .05$.

Diskussion

Zur kognitiven Repräsentation der Nutzen-Kosten-Aspekte. Anhand der frei produzierten Gedanken lassen sich Erkenntnisse zur kognitiven Repräsentation motivationaler Inhalte und insbesondere der verschiedenen Nutzen-Kosten-Aspekte gewinnen. Die Instruktion „Was kommt Ihnen in den Sinn, wenn Sie an Ihr Ziel denken?" ermöglichte eine ganz ungelenkte Gedankenproduktion auf Seiten der Versuchsteilnehmer/innen. 16 % der Gedanken hatten einen abwägenden Inhalt, 13 % der Gedanken waren handlungsbezogen, der größte Anteil (67 %) bezog sich explizit auf nutzenkosten-bezogene Aspekte. Vergleicht man nun die beiden Zielbedingungen hinsichtlich des Anteils an abwägenden und handlungsbezogenen Inhalten, deutet sich das vorhergesagte Muster an. Über ein problematisches Ziel nachzudenken, löste, wie in Hypothese 1a vorhergesagt, mehr abwägende als handlungsbezogene Gedanken aus, wenngleich der Effekt hier im Gegensatz zu Studie 1 („Beziehungsszenario") statistisch nicht signifikant wird.

Bemerkenswert ist, dass im Durchschnitt 67 % aller aufgelisteten Gedanken Nutzen und Kosten von Zielverfolgung und Zielabbruch zum Inhalt hatten, und vor allem, dass der Anteil nutzen-kosten-bezogener Gedanken an der Gesamtheit der aufgelisteten Gedanken in beiden Zielbedingungen gleich groß war. Die Instruktion, über sein Ziel nachzudenken und damit auf sein Ziel zu fokussieren, hat offensichtlich in beiden Zielbedingungen in gleicher Weise die zielbezogene Anreize (also die bewerteten Ergebnis-Konsequenzen) in den Mittelpunkt der Aufmerksamkeit gerückt. Sie stellen nach H. Heckhausen (1987a) die höchste Zielebene dar, was in seiner Aussage zum Ausdruck kommt, dass „handlungsleitende intentionale Inhalte auf verschieden hohen Zielebenen lokalisiert sein [können], jedenfalls muss es nicht immer *die höchste Zielebene* sein, d.h. *die letztlich intendierten Folgen des eigenen Handelns* [Hervorhebungen durch die Verfasserin]" (S. 151).

Anhand der relativen Anteile von Gedanken an Nutzen und Kosten von Zielverfolgung und Zielabbruch lässt sich eine Aussage zur Art der kognitiven Repräsentation der einzelnen Nutzen-Kosten-Aspekte machen. Die dafür relevanten Ergebnisse stimmen zwischen Studie 1 („Beziehungsszenario") und der vorliegenden Studie ebenfalls überein. Die postulierte „volitionale" Voreingenommenheit für die Aspekte, die die Zielverfolgung nahe legen (Nutzen der Zielverfolgung, Kosten des Zielabbruchs) gegenüber Aspekten, die den Zielabbruch nahe legen (Kosten der Zielverfolgung, Nutzen des Zielabbruchs), zeigt sich sowohl in der Intensität, mit der über die einzelnen Aspekte nachgedacht (Studie 1 „Beziehungsszenario") wurde, als auch in der relativen Häufigkeit, mit der sie in den freien Gedanken angesprochen wurden (Studie 4 „Persönliche Alltagsziele").

Eine Form von „volitionaler" Voreingenommenheit findet sich wie erwartet auch, wenn man die einzelnen Nutzen-Kosten-Aspekte betrachtet. Im Zusammenhang mit der Zielverfolgung waren nutzenbezogene Gedanken häufiger (Studie 4 „Persönliche Alltagsziele") und intensiver (Studie 1 „Beziehungsszenario") als kostenbezogene; im Zusammenhang mit dem Zielabbruch ist es insofern genau umgekehrt, als hier weniger intensiv und der Tendenz nach weniger häufig an den Nutzen als an die Kosten gedacht wurde.

Im Rahmen der Bewusstseinslagenforschung (z.B. Gollwitzer, 1991; Taylor & Gollwitzer, 1995) wurde ebenfalls nachgewiesen, dass Versuchsteilnehmer/innen, die sich bereits verbindlich auf ein Ziel festgelegt hatten (sich also in der Phase der Zielrealisierung befunden hatten), einseitig an die positiven Anreize, die die Zielrealisierung nahe legten, dachten und negative Anreize der Zielverfolgung weitgehend vernachlässigten. Die hier vorgestellte Analyse geht in zwei Punkten über die bisherige Forschung hinaus: Erstens liefert sie Hinweise für die „volitionale" Voreingenommenheit auch auf der Ebene der einzelnen Nutzen-Kosten-Aspekte von Zielverfolgung und Zielabbruch, was als ein weiterer volitionaler Mechanismus zur Unterstützung der Zielrealisierung interpretiert werden kann. Zweitens wurden die Überlegungen zur volitionalen Voreingenommenheit in der Phase der Zielrealisierung insofern präzisiert, als Bedingungen angegeben werden, unter denen diese Voreingenommenheit abgeschwächt wird. Dies ist – wie vorhergesagt – mit zunehmenden Schwierigkeiten im Handlungsverlauf der Fall.

Moderatorwirkung von Handlungskrisen. In der vorliegenden Studie konnte gezeigt werden, dass die Kosten des Zielabbruchs tatsächlich nur dann einen Zusammenhang mit der Zielbindung aufweisen und damit motivational bedeutsam werden, wenn das Zielstreben sich problematisch gestaltet, also in diesem Sinne eine Handlungskrise vorliegt. Bei „entrapment"-Zielen ist dies genau der Fall, was sich an der im Vergleich zu unproblematischen Zielen deutlich geringeren Erfolgswahrschein-lichkeit und Wichtigkeit ablesen lässt.

In den Ziel-Instruktionen wurde jede Erwähnung von Kosten des Zielabbruchs strikt vermieden. In beiden Zielbedingungen berichteten die Versuchsteilnehmer/innen über dasselbe Ausmaß an Kosten des Zielabbruchs (z.B. negative soziale Konse-quenzen bei Zielabbruch, Mangel an Alternativen); somit scheidet die Alternativer-klärung aus, dass eine etwaige höhere Augenfälligkeit der Zielabbruchskosten in der problematischen Zielbedingung für den Effekt verantwortlich sein könnte.

Ein weiterer möglicher Einwand könnte sein, dass die Bindung an das unproble-matische Ziel gänzlich durch die Wichtigkeit des Ziels aufgeklärt wird und folglich für die Kosten des Zielabbruchs in dieser Bedingung kaum Spielraum bleibt. Be-trachtet man jedoch die Korrelationen zwischen Zielbindung und Wichtigkeit in den beiden Zielbedingungen, fällt auf, dass der erklärte Varianzanteil für unproblemati-sche Ziele ($r^2 = .40$) in etwa gleich hoch ist wie für problematische Ziele ($r^2 = .46$). Daraus lässt sich schließen, dass bei beiden Zielarten im Prinzip noch genügend – und vor allem gleich viel – nicht aufgeklärte Varianz vorhanden ist. Interessant ist in diesem Zusammenhang, dass offensichtlich sowohl bei unproblematischen als auch bei problematischen Zielen die Wichtigkeit eine große Rolle für die Bindung an das Ziel spielt. Zu vermuten ist allerdings, dass die Wichtigkeit in den beiden Fällen durch ganz unterschiedliche Anreize gespeist wird. So ist denkbar, dass im Falle ei-nes unproblematischen Ziels vor allem der Nutzen der Zielverfolgung, im Falle eines problematischen (entrapment-)Ziels vor allem die Kosten des Zielabbruchs die Wichtigkeit des Ziels bestimmen.

Implikationen für die Erklärung von entrapment. Die vorliegende Studie bewegt sich wie Studie 2 („Alex im Ausland") auch im Kontext von „entrapment" bei per-sönlichen Alltagszielen, was ja der theoretische Ausgangspunkt der vorliegenden Arbeit gewesen war (siehe Kapitel 1 und 2). „Entrapment" war dort als Situation be-schrieben worden, bei der eine Person trotz unbefriedigender Realisierungsaussichten an einem Ziel festhält. Die Durchsicht der „entrapment"- und „escalation of commit-ment"-Literatur sowie motivationspsychologischer Ansätze zur Persistenz führte schließlich zur Formulierung der Hypothese, dass „entrapment" durch eine Betonung der Kosten des Zielabbruchs bedingt sein könnte. Studie 2 („Alex im Ausland") und diese Studie stützen diese Überlegung; die Bindung an ein problematisches (entrap-ment-)Ziel war umso stärker, je höher die antizipierten Kosten des Zielabbruchs (z.B. Verlust der bisherigen Investitionen, Fehlen adäquater Alternativen und Konfronta-tion mit negativen sozialen Sanktionen) waren. Dieses Ergebnismuster fand sich so-wohl bei der Verwendung eines experimentellen Szenarios (Studie 2 „Alex im Aus-land"), das alle Versuchsteilnehmer/innen mit demselben fiktiven problematischen Zielverlauf konfrontierte, und in dem die Kosten des Zielabbruchs manipuliert wor-den waren, als auch anhand problematischer persönlicher Alltagsziele, die aus den verschiedensten Lebensbereichen stammten und mit einem ganz unterschiedlichen Maß an Zielabbruchkosten verknüpft waren.

Die Ergebnisse der hier präsentierten Studien zu „entrapment" zeigen auf, dass die untersuchten Faktoren (bisherige Investitionen, Mangel an Alternativen, antizipierte negative soziale Konsequenzen), nicht nur „entrapment" bei monetären Zielen oder Projekten (für einen Überblick siehe Brockner & Rubin, 1985; Staw, 1997; Staw & Ross, 1987), sondern gleichermaßen „entrapment" bei persönlichen Alltagszielen

verstärken, was für die Generalisierbarkeit der Befunde spricht. Besonders die Bedeutung der Verfügbarkeit von Alternativen für ein Gelingen der Zielablösung wird
von verschiedenen Autoren hervorgehoben (z.B. Beckmann, 1994; Brandtstädter &
Greve, 1994; Drigotas & Rusbult, 1992; McCain, 1986; Rusbult, 1983; Rusbult,
Zembrodt & Gunn, 1982; Thibaut & Kelley, 1959). So liest man beispielsweise bei
Brandtstädter und Greve (1994) in einer entwicklungspsychologischen Abhandlung
zu Fragen des gesunden Alterns:

> „... disengagement should, however, be more difficult from higher-level or
> central goals which cannot easily be replaced. Substitutability of goals and
> availability of alternative developmental options depend on external oppor-
> tunity structures as well as on person-specific resources; generally, a diversi-
> fied and multifocal structure of priorities and identity projects may enhance an
> accomodative shift in commitments and priorities." (S. 62)

Die Tatsache, dass bei „entrapment" die Kosten des Zielabbruchs handlungsleitend
sind, kann als vermeidungsorientierte Handlungsregulation interpretiert werden. Wie
in Studie 3 („Frauen und Fitness") aufgezeigt, ist Vermeidungsorientierung mit beeinträchtigtem psychischen Befinden verbunden. Dieser Zusammenhang findet sich
auch in der vorliegenden Studie. Versuchsteilnehmer/innen, die ein „entrapment"-
Ziel nennen sollten, fühlten sich beim Gedanken an ihr Ziel viel schlechter als Ver-
suchsteilnehmer/innen, die ein unproblematisches Ziel bearbeiten sollten und dies
über den Einfluss der reduzierten Erfolgswahrscheinlichkeit auf die Stimmung hinaus. Viel wichtiger ist jedoch, dass die Stimmung um so mehr beeinträchtigt war, je
stärker die Zielbindung durch die Kosten des Zielabbruchs determiniert war.

Eine Interpretation dieses Befunds aus PSI-theoretischer Sicht (Kuhl, 2001) er-
laubt einen erweiterten Blick auf die Dynamik beim Enstehen von „entrapment"[29].
Es lässt sich vermuten, dass die mit der Orientierung an den Kosten des Zielabbruchs
verbundene negative Stimmung gemäß der zweiten Modulationsannahme zu einer
Dominanz des Objekterkennungssystems führt. Dadurch sollten vor allem solche
Wahrnehmungen intensiviert werden, die nicht mit erwarteten oder erwünschten
(selbstkongruenten) Inhalten übereinstimmen, wodurch im Erleben der Person die
Problematik des Zielverlaufs sowie die negativen Aspekte des Zielabbruchs weiter
hervorgehoben werden. Außerdem sollte durch die negative Emotionalität der Zugang zum Extensionsgedächtnis gehemmt sein. Das bedeutet zum einen, dass Affekt-
bewältigungsfunktionen nicht verfügbar sind; viel wichtiger aber ist zum anderen,
dass die Person nicht in der Lage ist, sich einen umfassenderen Überblick über die
Situation zu verschaffen und alle Nutzen-Kosten-Aspekte des Ziels zu berücksichtigen. Die wachsende Angst vor dem Zielabbruch sollte das Starren auf die Kosten des
Zielabbruchs verstärken, so dass die Person immer tiefer in die „Falle" gerät. Diese
Überlegungen implizieren, dass bei lageorientierten Personen die Korrelation zwischen den Kosten des Zielabbruchs und der Zielbindung höher ausfallen müsste als
bei handlungsorientierten Personen, da sie aufgrund ihrer geringeren selbstregulatorischen Kompetenz bei der Herabregulierung von negativem Affekt in höherem Maße
dem eben dargestellten „entrapment"-Mechanismus ausgeliefert sein sollten. In der

---

[29] Ich danke Herrn Prof. Kuhl für diesen Hinweis.

vorliegenden Studie war Handlungs-/Lageorientierung nicht erfasst worden; zukünftige Studien zum „entrapment" bei Alltagszielen sollten diese persönlichkeitspsychologische Facette von „entrapment" mit berücksichtigen.

Auch wenn die Studien 2 („Alex im Ausland") und 4 („Persönliche Alltagsziele") gute Evidenz dafür liefern, dass „entrapment" im Zusammenhang mit den Kosten des Zielabbruchs steht, so kann man natürlich aufgrund dieser querschnittlich angelegten Studien keine Schlussfolgerung zum *Entstehungsprozess* von „entrapment" ziehen. Es war ja in Kapitel 2 die Vermutung geäußert worden, dass es beim Entstehen von „entrapment" zu einem Wandel der Anreizkonstellation und damit der motivationalen Orientierung beim Handeln kommt – dass also anfangs der Nutzen der Zielverfolgung, später aber die Kosten des Zielabbruchs handlungsleitend sind. So könnte es sehr wohl sein, dass bei den problematischen Zielen, die die Versuchsteilnehmer/innen in der hier vorliegenden Studie nannten, von Anfang an die Vermeidung der negativen Anreize des Zielabbruchs im Vordergrund gestanden hatte.

Fazit. Die Ergebnisse dieser Studie zeigen erstens, dass in der Phase der Zielrealisierung motivationale Inhalte dann stärker kognitiv repräsentiert sind, wenn eine Handlungskrise vorliegt, als wenn keine Handlungskrise vorliegt. Zweitens bestätigen sie die Existenz einer volitionalen Voreingenommenheit hinsichtlich der für die Zielverfolgung sprechenden Nutzen-Kosten-Aspekte, die wie erwartet im Falle einer Handlungskrise abgeschwächt war. Außerdem finden sich Hinweise darauf, dass die Orientierung an den Kosten des Zielabbruchs (Vermeidungsorientierung) die Stimmung beeinträchtigt.

Im Mittelpunkt der vorliegenden Studie stand jedoch Annahme 2b des Nutzen-Kosten-Modells, dass Nutzen-Kosten-Aspekte eines Ziels in der Phase der Zielrealisierung vor allem beim Vorliegen einer Handlungskrise verhaltenswirksam werden. Die Ergebnisse dieser Studie liefern dafür unterstützende Belege. Sie sind allerdings nur für einen Ausschnitt des Anreizspektrums gültig, weil hier nur die Kosten des Zielabbruchs untersucht wurden. Außerdem wurde in dieser Studie nur der Effekt auf die Zielbindung erfasst. Wichtig für die empirische Validierung der o.g. theoretischen Annahme wäre es jedoch, den Nachweis für sämtliche Nutzen-Kosten-Aspekte einerseits, und für weitere verhaltensrelevanten Variablen andererseits, zu führen. Dies soll in den Studien 5 („Sport im Studio") und 6 („Weiterstudieren oder aufhören?") geschehen.

Studie 5: „Sport im Studio"
Zielbindung, Verhalten und Stimmung und
zielbezogene Nutzen-Kosten-Aspekte

Einführung

Die vorliegende Studie hatte im Vergleich zu den bislang präsentierten Studien einen breiteren Zugang. Es ging nicht wie in Studie 2 („Alex im Ausland") und Studie 4 („Persönliche Alltagsziele") in erster Linie um die Aufklärung von „entrapment"; es sollte vielmehr der übergeordneten Frage nachgegangen werden, ob die beiden gleichsinnig für die Zielverfolgung sprechenden Aspekte (d.h. Nutzen der Zielverfolgung und Kosten des Zielabbruchs) bzw. die beiden gleichsinnig für den Zielabbruch sprechenden Aspekte (d.h. Kosten der Zielverfolgung, Nutzen des Zielabbruchs) in der vorhergesagten Weise Motivation und Verhalten beeinflussen und ob dieser Einfluss besonders dann zum Tragen kommt, wenn sich die Zielverfolgung problematisch gestaltet oder eine Handlungskrise eingetreten ist. Es wurden folglich nicht nur die Kosten des Zielabbruchs, sondern die Gesamtheit der natürlicherweise im Bewusstsein repräsentierten Nutzen-Kosten-Aspekte als Prädiktoren erfasst. Ferner wurden als Kriteriumsvariablen nicht nur die Zielbindung, sondern auch der Zielablösungsimpuls sowie objektive Verhaltensindikatoren gemessen.

Gleichzeitig sollten weitere Erkenntnisse zur Art der kognitiven Repräsentation der einzelnen Nutzen-Kosten-Aspekte gewonnen werden (Annahme 1b und 1c)[30]. Anhand der relativen Anzahl frei genannter Nutzen-Kosten-Aspekte war zu prüfen, ob es auch bei der freien Auflistung der zielbezogenen Nutzen und Kosten zu einer volitionalen Voreingenommenheit kommt. Schließlich ließen sich auch Aussagen zum Einfluss einer Annäherungs- versus Vermeidungsorientierung auf die Stimmung treffen (Annahme 3). Annäherung und Vermeidung wurde hier operationalisiert als Differenz zwischen Kosten- und Nutzen-Aspekten von Zielverfolgung und Zielabbruch. Personen, bei denen in der Zielverfolgung oder bei Gedanken an den Zielabbruch Kosten-Aspekte gegenüber den Nutzen-Aspekten in den Vordergrund traten, galten als vermeidungsorientiert. Die Stimmung wurde gemessen in Reaktion auf ein vorgestelltes Misserfolgsereignis. Studie 5 deckt damit alle drei Gruppen von Annahmen des Nutzen-Kosten-Modells ab.

Mit der vorliegenden Studie wurde der Bereich des Freizeitsports noch einmal aufgegriffen, der bereits im Mittelpunkt von Studie 3 („Frauen und Fitness") gestanden hatte. Es handelt sich um eine korrelative Felduntersuchung mit Mitgliedern eines Sportstudios, die zu Nutzen und Kosten ihres regelmäßigen Trainings bzw. eines Abbruchs desselben befragt wurden. Um das Vorliegen bzw. Fehlen einer Handlungskrise zu operationalisieren wurde auf die motivationale Analyse des Sporttreibens von Carpenter, Scanlan, Simons und Lobel (1993) zurückgegriffen, die betonen, dass eine positive affektive Einstellung gegenüber dem Sporttreiben, das Erleben von angenehmen Gefühlen, von Spaß und Begeisterung sowie von Freude an der Bewegung wichtige Determinanten der sportlichen Betätigung sind. All diese Facetten (d.h. geringes Erleben von Spaß und angenehmen Gefühlen beim Aufenthalt im Sportstudio und beim Trainieren) betreffen die intrinsische Motivation am sportlichen Training. Als eine Handlungskrise beim Sporttreiben kann somit ein anhaltend geringer intrinsischer Anreiz des Trainings betrachtet werden.

Die in der vorliegenden Studie getesteten Hypothesen lauteten im einzelnen:

---

[30] Annahme 1a (quantitative Unterschiede in der kognitiven Repräsentation von Nutzen und Kosten wenn eine „Handlungskrise" vorliegt versus wenn keine „Handlungskrise" vorliegt) konnte in dieser Studie nicht geprüft werden, da die Versuchsteilnehmer/innen aufgefordert wurden, zu allen Nutzen-Kosten-Aspekten Angaben zu machen. Unterschiede zwischen Personen in einer „Handlungskrise" und solchen, die sich nicht in einer „Handlungskrise" befanden, wurden durch diese Instruktion mit hoher Wahrscheinlichkeit nivelliert.

Hypothese 1. Zur kognitiven Repräsentation der einzelnen Nutzen-Kosten-Aspekte wird eine „volitionale Voreingenommenheit" vorhergesagt. Sie soll sich darin zeigen, dass mehr Aspekte genannt werden, die für die Zielverfolgung sprechen, als Aspekte, die für den Zielabbruch sprechen. Darüber hinaus sollen im Zusammenhang mit der Zielverfolgung mehr Nutzen- als Kosten-Aspekte genannt werden, im Zusammenhang mit dem Zielabbruch hingegen genau umgekehrt mehr Kosten- als Nutzen-Aspekte.

Hypothese 2. Das Ausmaß der volitionalen Voreingenommenheit ist bei geringem intrinsischen Anreiz des Sportstudiobesuchs schwächer ausgeprägt als bei hohem intrinsischem Anreiz.

Hypothese 3. Die für die Zielverfolgung sprechenden Aspekte (d.h. die aggregierten Nutzen der Zielverfolgung und Kosten des Zielabbruchs; PROZV) bzw. die für den Zielabbruch sprechenden Aspekte (die aggregierten Kosten der Zielverfolgung und Nutzen des Zielabbruchs; PROZA), weisen mit den Kriteriumsvariablen höhere Korrelationen auf, wenn eine Handlungskrise vorliegt, als wenn keine Handlungskrise vorliegt. Konkret heißt das, dass im Falle eines geringen intrinsischen Anreizes die für die Zielverfolgung sprechenden Aspekte (PROZV) höher positiv mit der Zielbindung und mit der Trainingshäufigkeit korrelieren, als bei hohem intrinsischen Anreiz. Die für den Zielabbruch sprechenden Aspekte (PROZA) weisen mit den Kriteriumsvariablen das umgekehrte Korrelationsmuster auf und korrelieren bei geringem intrinsischen Anreiz also stärker negativ mit der Zielbindung und der Trainingshäufigkeit, als bei hohem intrinsischem Anreiz.

Hypothese 4. Hinsichtlich der vorherrschenden motivationalen Orientierung wird vorhergesagt, dass Vermeidungs- im Vergleich zu einer Annäherungsorientierung zu schlechterer Stimmung führt.

Methode

Versuchsteilnehmer/innen. An der Studie nahmen 116 Mitglieder eines Sportstudios[31] unentgeltlich teil (56 Frauen, 56 Männer, 4 ohne Angabe des Geschlechts). Das Durchschnittsalter der Stichprobe betrug 32.1 Jahre. Als Anreiz zur Mitarbeit in der Studie wurden unter den Teilnehmern drei Frei-Abonnements eines Sportmagazins verlost.

Versuchsablauf und Material. In einem Zeitraum von zwei Monaten warben zwei weibliche Versuchsleiterinnen zu verschiedenen Tageszeiten die Besucher/innen des Sportstudios zur Teilnahme an der Fragebogenstudie an. Die Befragung wurde den Teilnehmer/innen als Studie zur Sportmotivation beschrieben. Den Teilnehmer/innen war es freigestellt, ob sie den Fragebogen im Studio oder aber zu Hause ausfüllen wollten. Sie wurden gebeten, den ausgefüllten Bogen in einen Briefkasten im Sportstudio zu werfen. Personen, die sich zur Teilnahme an der Studie bereit erklärt hatten, erhielten den Fragebogen und wurden gebeten, auf einem separaten Abschnitt ihren Namen und ihre Mitgliedsnummer zu notieren. Den Versuchsteilnehmer/innen wurde mitgeteilt, dass Name und Mitgliedsnummer notwendig waren, um

---

[31] Ich danke dem Leiter des Sportstudios Herrn Andreas Kaufmann für seine Kooperationsbereitschaft, den Teilnehmer/innen für ihre Mitarbeit an der Studie.

die Gewinner der Frei-Abonnements zu benachrichtigen. Außerdem konnten (ohne Wissen der Versuchsteilnehmer/innen) anhand der Mitgliedsnummern Daten zur Besuchshäufigkeit in den folgenden vier Wochen nach der Befragung aus der Datenbank des Sportstudios abgerufen werden. Den Versuchsteilnehmern wurde Vertraulichkeit der Daten zugesichert; so erfuhren sie, dass Namen und Mitgliedsnummern getrennt von den Fragebögen aufbewahrt und am Ende der Studie vernichtet würden. Darüber hinaus wurde ihnen mitgeteilt, dass sie bei Interesse einen Ergebnisbericht der Studie anfordern könnten.

Falls nicht anders vermerkt, wurden alle Fragen auf einer fünfstufigen Skala (1 = „überhaupt nicht", 5 = „sehr") beantwortet. Zunächst sollten die Versuchsteilnehmer/innen angeben, wie häufig sie im Durchschnitt pro Monat ins Studio zum Training kommen. Dann folgten sechs Items zum intrinsischen Anreiz des Sportstudiobesuchs, die später gemittelt wurden und einen Index des intrinsischen Anreizes darstellten. Die Fragen waren so formuliert, dass die überdauernde Einstellung zum Training im betreffenden Sportstudio angesprochen war und nicht etwa nur eine momentane Stimmungslage: (a) „Wie gerne halten Sie sich im Sportstudio[32] auf?" (b) „Wie angenehm sind Ihnen die Leute, die Sie im Sportstudio treffen?" (c) „Wie angenehm sind Ihnen die Räumlichkeiten?" (d) „Wie gerne trainieren Sie im allgemeinen?" (e) „Wie sehr genießen Sie es, sich körperlich anzustrengen?" (f) „Wie viel Überwindung kostet Sie es, zum Training zu gehen?" (Cronbachs *alpha* nach Rekodierung von Item f = .65).

Nutzen und Kosten des regelmäßigen Besuchs des Studios sowie des nicht regelmäßigen Besuchs wurden anhand von vier offenen Fragen erfasst. Sie waren folgendermaßen formuliert: (a) „Hier geht es um alle *Vorteile*, die Ihnen persönlich der regelmäßige Besuch des Sportstudios bringt."; (b) „Hier geht es um alle *Nachteile*, die Ihnen persönlich der regelmäßige Besuch des Sportstudios bringt."; (c) „Hier geht es um alle *Vorteile*, die Sie hätten, wenn Sie das Sportstudio nicht regelmäßig besuchen würden." und (d) „Hier geht es um alle *Nachteile*, die Sie hätten, wenn Sie das Sportstudio nicht regelmäßig besuchen würden." Die Versuchsteilnehmer/innen wurden gebeten, die jeweiligen Vor- und Nachteile in dafür vorgesehene Zeilen einzutragen. Jeder Vor- bzw. Nachteil wurde außerdem anhand einer 5-Punkte Skala (1 „überhaupt nicht positiv [negativ]", 5 „sehr positiv [negativ]") bewertet und hinsichtlich seiner Eintretenswahrscheinlichkeit eingeschätzt (1 „überhaupt nicht sicher", 5 „sehr sicher"). Die Reihenfolge, in der die Vor- und Nachteile für Besuch bzw. Nicht-Besuch erfasst wurden, wurde variiert. So erhielt die Hälfte der Versuchsteilnehmer/innen die Zufallsreihenfolge (A) Nutzen der Zielverfolgung (Vorteile Besuch), Kosten der Zielverfolgung (Nachteile Besuch), Nutzen des Zielabbruchs (Vorteile Nicht-Besuch), Kosten des Zielabbruchs (Nachteile Nicht-Besuch); die andere Hälfte der Versuchsteilnehmer/innen bearbeitete die Nutzen-Kosten-Aspekte in der Zufallsreihenfolge (B) Kosten des Zielabbruchs (Nachteile Nicht-Besuch), Nutzen der Zielverfolgung (Vorteile Besuch), Kosten der Zielverfolgung (Nachteile Besuch) und Nutzen des Zielabbruchs (Vorteile Nicht-Besuch). Die Variation der Reihenfolge sollte sicherstellen, dass Effekte nicht auf eine spezifische Abfolge in der Abfrage der Nutzen- und Kosten-Aspekte zurückgehen.

---

[32] An Stelle des Wortes „Sportstudio" war immer der Name des Sportstudios, in dem die Studie durchgeführt wurde, eingesetzt.

Um einen Index für den Nutzen (die Kosten) des regelmäßigen Sportstudiobesuchs bzw. den Nutzen (die Kosten) des nicht regelmäßigen Besuchs zu bilden, wurden die einzelnen Bewertungen mit den zugehörigen Wahrscheinlichkeitseinschätzungen multipliziert und über alle genannten Aspekte einer Kategorie gemittelt. Dadurch ergab sich eine Skala von 1 bis 25.

Die beiden Aspekte, die für die weitere Zielverfolgung sprachen (PROZV, d.h. die Vorteile des Trainierens und die Nachteile des Nicht-Trainierens) korrelieren hoch ($r[104] = .51$, $p < .001$) und wurden gemittelt; ebenso die Aspekte, die für einen Abbruch des regelmäßigen Trainings sprachen (PROZA, d.h. die Nachteile des Trainierens und die Vorteile des Nicht-Trainierens; $r[78] = .56$, $p < .001$).

Im Anschluss daran sollten die Versuchsteilnehmer/innen angeben, wie häufig sie vorhätten, das Studio in den nächsten vier Wochen zu besuchen. Die intendierte Häufigkeit des Besuchs korreliert mit der berichteten bisherigen Besuchshäufigkeit mit $r(109) = .79$, $p < .001$; diese beiden Verhaltensmaße wurden gemittelt zu einem Indikator des selbstberichteten Verhaltens. Als nächstes wurde die Verbindlichkeit dieses Vorhabens anhand von vier Fragen erfasst. (a) „Wie sicher sind Sie sich, dass Sie dieses Vorhaben auch in die Tat umsetzen werden?"; (b) „Wie fest sind Sie entschlossen, dieses Vorhaben in die Tat umzusetzen?"; (c) „Wie sehr würden Sie bei Schwierigkeiten (z.B. Termine) schwanken, dieses Vorhaben in die Tat umzusetzen?"; (d) „Wie sehr wären Sie bei Schwierigkeiten bereit, dieses Vorhaben aufzugeben?". Die Fragen wurden gemittelt und zu einem Zielbindungsindex zusammengefasst (Cronbach's *alpha* nach Rekodierung der Items c und d .67).

Danach sollten sich die Versuchsteilnehmer/innen vorstellen, sie hätten ihr Vorhaben, regelmäßig zu trainieren, für einen bestimmten Zeitraum nicht in die Tat umgesetzt. Sie sollten dann auf einer Liste von insgesamt 20 negativen und positiven Emotionsadjektiven (z.B. nervös, traurig, ruhig, vergnügt) angeben, wie sie sich in dieser Situation fühlen würden. Nachdem die positiven Stimmungsadjektive rekodiert worden waren, wurde ein Gesamtindex der (negativen) Stimmung gebildet (Cronbachs *alpha* = .88).

Anhand der Aufzeichnungen der Datenbank des Sportstudios konnte schließlich erfasst werden, wie häufig die Teilnehmer an der Studie in den auf die Befragung folgenden Wochen das Studio besucht und wie lange sie im Durchschnitt trainiert hatten[33].

Ergebnisse

Deskriptive Analysen. Versuchsteilnehmer/innen, die das Training als unangenehm erlebten (geringer intrinsischer Anreiz), und Teilnehmer/innen, die das Training als angenehm erlebten (hoher intrinsischer Anreiz), unterschieden sich nicht hinsichtlich der Gesamtzahl an Nennungen; $t < 1$. In Tabelle 10 finden sich Beispiele für die verschiedenen Nutzen- Kosten-Kategorien sowie ihre mittlere Nennungshäufigkeit.

---

[33] Von den ersten 42 Versuchsteilnehmer/innen wurde die Mitgliedsnummer nicht erfragt; es fehlen daher für diese Teilstichprobe objektive Daten zur Besuchshäufigkeit und Besuchsdauer im Sportstudio.

Es wurde ausgezählt, wie viele Inhalte in den zwei jeweils gleichsinnig wirkenden Anreizkategorien originär waren (d.h. also beispielsweise nur bei *Nutzen der Zielverfolgung* oder nur bei *Kosten des Zielabbruchs* genannt wurden)[34].

Der mittlere Anteil originärer Nennungen bei den gleichsinnig wirkenden Aspekten *Nutzen der Zielverfolgung* und *Kosten des Zielabbruchs* (positive Aspekte regelmäßiges Training und negative Aspekte nicht-regelmäßiges Training) betrug .55 (SD = .35). Bei *Kosten der Zielverfolgung* und *Nutzen des Zielabbruchs* (negative Aspekte regelmäßiges Training und positive Aspekte nicht-regelmäßiges Training) war der Anteil originärer Nennungen .58 (SD = .43). Nahezu 60 % der Nennungen traten also nur in einer der beiden gleichsinnig wirkenden Nutzen-Kosten-Kategorien auf, was für eine relativ große Unabhängigkeit zwischen ihnen spricht.

Tabelle 10: *Mittlere Nennungshäufigkeit und Beispiele für die verschiedenen Nutzen- Kosten-Kategorien*

Kategorie	M	SD	Beispiele
Nutzen Zielverfolgung (NUZV)	4.3	1.67	„Man kann Kontakte knüpfen" „abschalten" „wohlfühlen (schwitzen, anstrengen)"
Kosten Zielverfolgung (KOZV)	1.9	1.52	„Es gibt Trainer, die mir nicht gefallen" „Freunde, die es sich nicht leisten können, sind neidisch auf mich" „Gefahr, einen übertriebenen Körperkult zu entwickeln"
Nutzen Zielabbruch (NUZA)	1.5	1.38	„Gelenke würden weniger belastet" „Man könnte sich mehr um wichtigere Inhalte des Lebens kümmern" „Ich bräuchte meine Haare nicht jeden Tag zu waschen"
Kosten Zielabbruch (KOZA)	3.3	1.54	„Ich könnte den beruflichen Stress nicht so leicht abbauen" „schlechtere Figur" „Rückenschmerzen"

Kognitive Repräsentation der Nutzen-Kosten-Aspekte[35]. Zur Prüfung von Hypothese 1, dass es bei der Nennung der verschiedenen Nutzen-Kosten-Aspekte zu einer

---

[34] Die Berechnung des relativen Anteils originärer Nennungen für die beiden Anreizkategorien *Nutzen Zielverfolgung* und *Kosten Zielabbruch* erfolgte nach der Formel: Anzahl Nennungen Nutzen Zielverfolgung + Anzahl Nennungen Kosten Zielabbruch - 2 * Anzahl identische Nennungen. Analog wurde für die beiden anderen Anreizkategorien *Kosten Zielverfolgung* und *Nutzen Zielabbruch* vorgegangen.

[35] In einem ersten Schritt wurde geprüft, ob sich das Geschlecht der Versuchsteilnehmer/-innen sowie die Reihenfolge der Nutzen-Kosten-Abfrage auf die Häufigkeit auswirkt, mit der die verschiedenen Nutzen-Kosten-Aspekte genannt wurden. Über die frei genannten Nutzen-Kosten-Aspekte wurde dazu eine multivariate fünffaktorielle 2 (*Fokus*: Zielverfol-

(Fortsetzung nächste Seite)

volitionalen Voreingenommenheit kommt, wurde die Anzahl genannter Nutzen-Kosten-Aspekte einer 2 (*Fokus*: Zielverfolgung vs. Zielabbruch) x 2 (*Anreiztyp*: Nutzen vs. Kosten) x 2 (*intrinsischer Anreiz*: gering vs. hoch) MANOVA unterzogen. Die beiden within-subjects-Faktoren *Fokus* und *Anreiztyp* geben wieder, ob es sich um Nutzen der Zielverfolgung, Kosten der Zielverfolgung, Nutzen des Zielabbruchs oder Kosten des Zielabbruchs handelt. Die sich aufgrund dieser Analyse ergebenden Effekte sind in Tabelle 11 dargestellt.

Tabelle 11: *Effekte der Varianzanalyse über die absoluten Nennungen von Nutzen und Kosten von Zielverfolgung und Zielabbruch*

Varianzquelle	$F(1,106)$	p
Intrinsischer Anreiz	< 1	
Fokus	69.77	< .001
Intrinsischer Anreiz x Fokus	< 1	
Anreiztyp	14.73	< .001
Intrinsischer Anreiz x Anreiztyp	< 1	
Fokus x Anreiztyp	215.72	< .001
Intrinsischer Anreiz x Fokus x Anreiztyp	< 1	

Die zweifaktorielle Interaktion zwischen *Fokus* und *Anreiztyp* spiegelt wiederum zweierlei Dinge wider (siehe Abbildung 16). Einerseits ein Übergewicht in der Nen-

gung vs. Zielabbruch) x 2 (*Anreiztyp*: Nutzen vs. Kosten) x 2 (*intrinsischer Anreiz*: gering vs. hoch) x 2 (*Zufallsreihenfolge der Nutzen-Kosten-Abfrage*: A vs. B) x 2 (*Geschlecht*: männlich vs. weiblich) Varianzanalyse gerechnet. Es ergaben sich zwei signifikante Interaktionen zwischen dem Reihenfolgefaktor einerseits und dem Faktor Fokus (F[1,104] = 3.81, p = .05) bzw. dem Faktor Anreiztyp (F[1,104] = 3.84, p = .05) andererseits. Das Muster der Mittelwerte zeigt, dass die Interaktionen auf die Kategorie Kosten Zielabbruch zurückgehen. Stand sie im Fragebogen an letzter Stelle (Zufallsreihenfolge A), nannten die Versuchsteilnehmer/innen hier weniger Aspekte (M = 2.9; SD = 1.31) als wenn sie – wie in der Zufallsreihenfolge B der Fall – an erster Stelle stand (M = 3.7, SD = 1.70). Hinsichtlich der anderen Nutzen-Kosten-Kategorien gab es keine Unterschiede zwischen den beiden Reihenfolgen (ts < 1). Da sich die beiden Zufallsreihenfolgen gleichmässig auf die beiden Versuchspersonengruppen (niedriger vs. hoher intrinsischer Anreiz) verteilten (chi2[1] = < 1), kann man ohne Bedenken die Reihenfolge in den weiteren Analysen unberücksichtigt lassen.

Für den Faktor *Geschlecht* zeigte sich eine zweifaktorielle Interaktion mit dem Faktor *intrinsischer Anreiz*; $F(1,99) = 4.82$; $p = .03$. Sie geht darauf zurück, dass in der Gruppe hoher intrinsischer Anreiz Frauen insgesamt mehr Nutzen-Kosten-Anreize (M = 13.0, *SD* = 6.00) notierten als Männer (M = 9.4, SD = 3.81), während sich in der Bedingung niedriger intrinsischer Anreiz die beiden Geschlechter in der Gesamtzahl genannter Aspekte nicht unterschieden (M_F = 10.0; SD = 3.56 vs. M_M = 11.2; SD = 3.83). Da Männer und Frauen sich gleichmässig auf die beiden Gruppen niedriger vs. hoher intrinsischer Anreiz verteilen (chi^2[1] = < 1), wird der Faktor *Geschlecht* nicht weiter berücksichtigt.

nung von Aspekten, die die Zielverfolgung nahe legen (d.h. Nutzen der Zielverfolgung und *Kosten des Zielabbruchs*; $M = 3.8$, $SD = 1.48$), im Vergleich zu Aspekten,
die den Zielabbruch nahe legen (d.h. Kosten der Zielverfolgung und *Nutzen des Zielabbruchs*; $M = 1.7$, $SD = 1.31$). Andererseits das bereits aus anderen Analysen bekannte Muster, dass im Hinblick auf die Zielverfolgung der Nutzen stärker als die
Kosten gewichtet wird, also mehr Nutzen- ($M = 4.3$, $SD = 1.67$) als Kosten-Aspekte
aufgelistet werden ($M = 1.9$, $SD = 1.52$), im Zusammenhang mit dem Zielabbruch
jedoch mehr Kosten- ($M = 3.3$, $SD = 1.54$) als Nutzen-Aspekte ($M = 1.5$, $SD = 1.38$)
genannt wurden. Damit ist Hypothese 1 bestätigt.

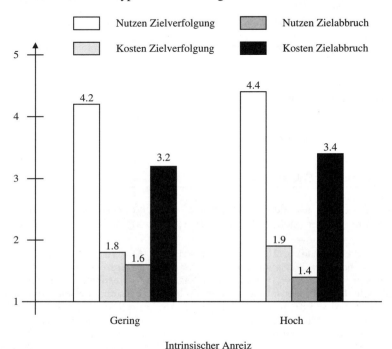

Abbildung 16: *Absolute Anzahl Nennungen Nutzen und Kosten von Zielverfolgung und Zielabbruch*

Keine Hinweise finden sich jedoch für die Gültigkeit von Hypothese 2; die dreifaktorielle Interaktion wurde nicht signifikant. Die volitionale Voreingenommenheit ist
wider Erwarten bei Personen, die einen geringeren intrinsischen Anreiz des Sportstudiobesuchs (d.h. geringes Erleben von Spaß und angenehmen Gefühlen beim Aufenthalt im Sportstudio und beim Trainieren selbst) angaben, nicht signifikant schwächer
ausgeprägt als bei Personen, die einen hohen intrinsischen Anreiz angaben. Möglicherweise war die über geringen intrinsischen Anreiz operationalisierte Handlungskrise nicht stark genug, um eine Abschwächung der volitionalen Voreingenommenheit zu bewirken.

   Vorhersage der Zielbindung und des Trainingsverhaltens. Wie im Methodenteil
bereits erwähnt, liegen nur für einen Teil der Stichprobe ($N = 43$) die objektiven Auf-

zeichnungen der Trainingshäufigkeit und -dauer vor. Bei 42 Versuchsteilnehmer/innen war die Mitgliedsnummer nicht erfasst worden, die man zum Abruf der Verhaltensdaten aus der Datenbank des Sportstudios benötigte. Bei weiteren 31 Personen war keine eindeutige Zuordnung der Verhaltensdaten möglich, weil sie eine Firmenkarte nutzten und daher nicht über eine eigene Mitgliedsnummer verfügten. Um das Problem fehlender Werte zu beheben, wurde folgendes Vorgehen gewählt: Zunächst wurde für die Personen, für die vollständige Daten vorlagen, eine Regression gerechnet, bei der der Mittelwert der objektiven Trainingshäufigkeit und Trainingsdauer (beide z-transformiert) auf die selbstberichtete Trainingshäufigkeit regrediert wurde. Die sich dabei ergebende Regressionsgleichung wurde dann verwendet, um für die Personen, für die keine objektive Verhaltensaufzeichnung vorlag, einen Wert zu schätzen[36]. Selbstberichtetes Verhalten und tatsächliches Verhalten korrelieren hoch positiv; $r(116) = .68$, $p < .001$. Die Mittelwerte, Standardabweichungen und Korrelationen der Prädiktor- und Kriteriumsvariablen sind in Tabelle 12 dargestellt.

Tabelle 12: *Deskriptive Statistiken und Korrelationen der Prädiktor- und Kriteriumsvariablen*

Variable	N	Min-Max	M	SD	(1)	(2)	(3)	(4)
(1) COMMIT	113	1-5	4.3	.66				
(2) VERH	116	-2.0-1.4	-.02	.62	.12			
(3) PROZV	108	1-25	19.0	3.65	.16	-.02		
(4) PROZA	97	1-25	14.0	5.55	-.05	.07	.04	
(5) INTRAN	116	1-5	4.1	.51	.14	.10	.16	-.21*

Anmerkung: COMMIT = Zielbindung, VERH = Verhalten , PROZV = für die Zielverfolgung sprechende Anreize, PROZA = für den Zielabbruch sprechende Anreize, INTRAN = intrinsischer Anreiz; * $p < .05$ (zweiseitig).

Zur Prüfung der Hypothese 3 (Moderatorhypothese), dass die Nutzen-Kosten-Aspekte stärker mit der Zielbindung und dem Verhalten korrelieren, wenn der intrinsische Anreiz gering ist, wurde eine multivariate Varianzanalyse gerechnet[37]. Die Zielbindung und das Verhalten waren die abhängigen Variablen, die am Median geteilte intrinsische Anreizvariable war die unabhängige Variable und die beiden Nutzen-Kosten-Variablen (PROZV und PROZA) fungierten als Kovariaten.
Weder das multivariate F noch die univariaten Fs wurden für PROZV signifikant (Fs < 1.8, ps > .18). Das gleiche gilt für PROZA (Fs < 1). Dies deutet darauf hin, dass

---

[36] Die Ergebnisse der folgenden Analysen bleiben stabil, wenn man sie nur mit jenen Versuchsteilnehmern rechnet, für die objektive Daten vorliegen.

[37] Die Durchführung einer MANOVA (mit Dichotomisierung der intrinsischen Anreizvariablen) wurde einer Regressionsanalyse (mit Moderatorprodukt) vorgezogen. Die simultane Analyse von mehreren (korrelierenden) abhängigen Variablen mit MANOVA ermöglicht transparentere Ergebnisse als mehrere multiple Regressionsanalysen mit jeweils einer abhängigen Variablen oder eine kanonische Korrelationsanalyse mit je einem Satz abhängiger und unabhängiger Variablen.

für beide Anreizgruppen keine Haupteffekte auf die Zielbindung und das Verhalten nachweisbar sind. Wie vorhergesagt, findet sich aber eine signifikante Interaktion zwischen intrinsischem Anreiz und der Nutzen-Kosten-Variablen PROZV; multivariates $F(2, 89) = 6.21$, $p < .01$. Diese Interaktion zeigt sich für die beiden abhängigen Variablen Zielbindung ($F[1,90] = 6.02$, $p < .02$) und Verhalten ($F[1,90] = 7.99$, $p < .01$). Entgegen der Vorhersage findet sich keine Interaktion zwischen dem intrinsischen Anreiz und der Anreizvariablen PROZA; multivariates $F < 1$. Die in Tabelle 13 für beide Subgruppen (intrinsischer Anreiz niedrig vs. hoch) dargestellten Korrelationen machen deutlich, dass sich Hypothese 3 für die Anreizgruppe PROZV bestätigen lässt.

Tabelle 13: *Korrelationen zwischen motivationalen Zielmerkmalen einerseits, Zielbindung und Verhalten andererseits*

Moderator		Zielbindung	Verhalten
Intrinsischer Anreiz	PROZV	.37*	.45**
Niedrig ($N = 40$)	PROZA	.08	.08
Intrinsischer Anreiz	PROZV	.09	-.17
Hoch ($N = 56$)	PROZA	-.09	.11

Anmerkung: PROZV = für die Zielverfolgung sprechende Anreize, PROZA = für den Zielabbruch sprechende Anreize; ** $p < .01$, * $p < .05$ (zweiseitig).

Wie vorhergesagt, korrelieren die für die weitere Zielverfolgung sprechenden Anreize (PROZV; Nutzen der Zielverfolgung, *Kosten des Zielabbruchs*) nur dann positiv mit der Zielbindung und dem Verhalten, wenn der intrinsische Anreiz gering ist, also eine Handlungskrise vorliegt. Ist der intrinsische Anreiz hoch, finden sich keine Zusammenhänge zwischen der Anreizvariablen und der Zielbindung und dem Verhalten[38]. Für die Nutzen-Kosten-Aspekte, die für den Zielabbruch sprechen (Kosten der Zielverfolgung, *Nutzen des Zielabbruchs*) finden sich jedoch überraschenderweise weder Korrelationen in der Bedingung geringer intrinsischer Anreiz noch in der Bedingung hoher intrinsischer Anreiz.

Vermeidungsorientierung und Stimmung. Vermeidungsorientierung wurde in der vorliegenden Studie folgendermaßen operationalisiert: Zunächst wurden die mit der Bewertung und der Eintretenswahrscheinlichkeit gewichteten Nutzen-Aspekte der Zielverfolgung und des Zielabbruchs gemittelt; in gleicher Weise wurde mit den Kosten-Aspekten verfahren. Dann wurde die Differenz zwischen Kosten- und Nutzen-Aspekten gebildet. Ein positiver Wert drückt aus, dass die Person insgesamt bedeutsamere Kosten- als Nutzen-Aspekte sah, und je höher der Wert, desto stärker ist

---

[38] Um den Vergleich zu Studie 4 („Persönliche Alltagsziele") herstellen zu können, wurde analog dem dortigen Vorgehen die Moderatorwirkung des intrinsischen Anreizes für den Zusammenhang zwischen antizipierten Kosten des Zielabbruchs allein und der Zielbindung geprüft. Für den Unterschied der beiden unstandardisierten Regressionskoeffizienten ergibt sich ein signifikanter Wert, $t(97) = 2.03$, $p < .05$.

die Vermeidungsorientierung. Um die Auswirkung dieser so operationalisierten Vermeidungsorientierung auf die Stimmung zu prüfen, sollten sich die Versuchsteilnehmer/innen einen trainingsbezogenen Misserfolg vorstellen. Sie sollten sich gedanklich in die Situation versetzen, für einen bestimmten Zeitraum nicht zum Training gegangen zu sein, obwohl sie es sich vorgenommen hatten. Dann sollten sie anhand verschiedener Emotionsadjektive angeben, wie sie sich fühlen würden. Die Korrelation zwischen dem Index der Vermeidungsorientierung und der Stimmung beträgt $r(105) = .24$, $p < .02$. Wie in Hypothese 4 vorhergesagt, geht eine höhere Vermeidungsorientierung mit schlechterer Stimmung als Reaktion auf den geschilderten Misserfolg einher.

Diskussion

In dieser Studie wurden alle drei Gruppen von Annahmen des Nutzen-Kosten-Modells untersucht.

Zur kognitiven Repräsentation der Nutzen-Kosten-Aspekte. Die Ergebnisse zur kognitiven Repräsentation von Nutzen und Kosten der Zielverfolgung und des Zielabbruchs zeigen, dass mehr für die Zielverfolgung sprechende Nutzen-Kosten-Aspekte (Nutzen der Zielverfolgung und *Kosten des Zielabbruchs*) genannt wurden als für den Zielabbruch sprechende Aspekte (Kosten der Zielverfolgung und *Nutzen des Zielabbruchs*). Ebenso ließ sich nachweisen, dass im Zusammenhang mit der Zielverfolgung Personen mehr Nutzen- als Kosten-Aspekte nannten, im Zusammenhang mit dem Zielabbruch – genau umgekehrt –, mehr Kosten- als Nutzen-Aspekte auflisteten. Die in Annahme 1b postulierte volitionale Voreingenommenheit wird damit – wie bereits in Studie 1 („Beziehungsszenario") und Studie 4 („Persönliche Alltagsziele") – belegt.

Diese Ergebnisse replizieren und erweitern Befunde im Rahmen des Rubikon-Modells der Handlungsphasen zu den kognitiven Merkmalen der Zielrealisierung (Gollwitzer, 1991; Taylor & Gollwitzer, 1995). Fragte man Versuchsteilnehmer, ob es richtig gewesen war, ein bestimmtes Ziel in Angriff zu nehmen, listeten sie in einer Gedankenstichprobe vorwiegend positive und kaum negative Anreize der Zielverfolgung auf (Taylor & Gollwitzer, 1995, Studie 3). Dieses Ergebnis ist deshalb bemerkenswert, weil durch die Instruktion, die Entscheidung noch einmal zu überdenken, ein erneutes Abwägen induziert worden war, was eigentlich eine ausgewogene Betrachtung der Vor- und Nachteile des Ziels impliziert.

In der vorliegenden Studie wurde den Versuchsteilnehmern sogar noch stärker als in der Studie von Taylor und Gollwitzer eine ausgewogene Betrachtung der positiven und negativen Anreize nahegelegt. Die Versuchsteilnehmer/innen waren ganz explizit gebeten worden, alle positiven und negativen Anreize der Zielverfolgung und des Zielabbruchs aufzulisten. Umso erstaunlicher, dass sich dennoch die besagte volitionale Voreingenommenheit zeigt.

Taylor und Gollwitzer (1995, Studie 3) trafen keine Unterscheidung zwischen Anreizen der Zielverfolgung und Anreizen des Zielabbruchs. Diese Differenzierung wird im Nutzen-Kosten-Modell vorgenommen. Wie die Ergebnisse dieser Studie und der Studien 1 („Beziehungsszenario") und 4 („Persönliche Alltagsziele") zeigen, geht die volitionale Voreingenommenheit sogar noch weiter als bisher angenommen: Positive (Nutzen) und negative (Kosten) Anreize werden nämlich ganz unterschiedlich stark kognitiv repräsentiert, je nachdem, ob sie sich auf die Zielverfolgung oder den Zielabbruch beziehen. Der Nutzen tritt gegenüber den Kosten in den Vordergrund, wenn es um die Zielverfolgung geht. Genau das Gegenteil tritt ein, wenn es um den Zielabbruch geht; hier stehen dem Individuum vor allem die Kosten vor Augen.

Im Rahmen des Rubikon-Modells wird diese „volitionale Voreingenommenheit" in der kognitiven Repräsentation von zielbezogenen Anreizen als ein spezifischer handlungsregulativer Mechanismus interpretiert, der die Zielrealisierung unterstützt. Auf diese Weise wird vermieden, dass Zweifel am Ziel die Handlungsbereitschaft zum Erlahmen bringen. Auch kann man annehmen, dass mögliche Zielablösungsimpulse dadurch eingedämmt werden, dass die Kosten des Zielabbruchs gegenüber seinem Nutzen in den Vordergrund treten.

Hypothese 2 bezog sich darauf, dass die volitionale Voreingenommenheit mit zunehmend ungünstigeren Handlungsbedingungen nachlassen sollte (Annahme 1c des Nutzen-Kosten-Modells), um insgesamt den Weg zur Zielablösung freizumachen. Es war folglich vorhergesagt worden, dass die volitionale Voreingenommenheit bei geringem intrinsischen Anreiz des Sportstudiobesuchs geringer sein sollte als bei hohem intrinsischen Anreiz. Diese Hypothese ließ sich nicht bestätigen. Möglicherweise liegt eine vergleichbare Situation wie in Studie 1 („Beziehungsszenario") vor (dort hatte sich auch kein signifikanter Effekt ergeben), dass einfach die Handlungskrise nicht stark genug war, um die volitionale Voreingenommenheit erkennbar zu reduzieren.

Verhaltenseffekte der Nutzen-Kosten-Aspekte und Moderatorwirkung von Handlungskrisen. Der zweite Teil an Ergebnissen bezieht sich auf die Annahmen 2a und 2b des Nutzen-Kosten-Modells. Sie zeigen, dass – wie in Hypothese 3 vorhergesagt – die Nutzen- und Kosten-Aspekte, die für die Zielverfolgung sprechen, nur im Falle eines geringen intrinsischen Anreizes (Handlungskrise) ein guter Prädiktor für Zielbindung und Verhalten waren. Subjektiv bedeutsamere Nutzen der Zielverfolgung und Kosten des Zielabbruchs gingen einher mit einer stärkeren Bindung an das Ziel, regelmäßig zu trainieren, und intensiverem Training in den Wochen nach der Befragung. Es werden damit die in den Studien 2 („Alex im Ausland"), 3 („Frauen im Fitnessstudio") und 4 („Persönliche Alltagsziele") erhaltenen Verhaltenseffekte der für die Zielverfolgung sprechenden Anreize repliziert.

Unerwartet ist das Ergebnis, dass Zielbindung und Verhalten unbeeinflusst waren von den Anreizen, die den Zielabbruch nahe legen (Kosten der Zielverfolgung, Nutzen des Zielabbruchs). Die Korrelationen zwischen dieser Anreizgruppe und der Zielbindung bzw. dem Verhalten waren für beide Versuchspersonengruppen (geringer vs. hoher intrinsischer Anreiz) nahe Null. Dies könnte ein Hinweis darauf sein, dass in dem für die Studie ausgewählten Verhaltensbereich die weitere Zielverfolgung so vorrangig ist, dass Gedanken, die für einen Zielabbruch sprechen, zwar instruktionsgemäß aufgelistet werden, aber keine Handlungsrelevanz haben.

Annäherungs- versus Vermeidungsorientierung. Schließlich liefert die Studie Erkenntnisse zu den affektiven Merkmalen einer Annäherungs- vs. Vermeidungsorientierung. Hypothese 4 ließ sich bestätigen. Personen, die bedeutsamere Kosten- als Nutzen-Aspekte für Zielverfolgung und Zielabbruch auflisteten und damit als vermeidungsorientiert galten, gaben an, sich nach einem trainingsbezogenen Misserfolg (Nicht-Erfüllen des Ziels, regelmäßig zu trainieren) schlechter zu fühlen als Personen, die bedeutsamere Nutzen- als Kosten-Aspekte nannten, was wiederum den nachteiligen Effekt einer Vermeidungsorientierung auf das emotionale Befinden deutlich macht.

Weiterführende Fragen. In der vorliegenden Studie war erstmals mit freien Nutzen-Kosten-Nennungen gearbeitet worden. Die Versuchsteilnehmer/innen waren gebeten worden, alle für sie persönlich relevanten Nutzen- und Kosten-Aspekte des regelmäßigen Trainings bzw. eines Abbruchs desselben aufzulisten. Dieser idiographische Zugang, der ein sehr präzises Bild der personspezifischen Nutzen-Kosten-Konstellation ermöglicht, wurde ergänzt durch die Instruktion, die einzelnen Nutzen- und Kosten-Aspekte anhand der beiden Dimensionen Positivität (Negativität) und Eintretenswahrscheinlichkeit einzuschätzen. Damit sind die vielen verschiedenen von den Versuchsteilnehmer/innen genannten Anreizinhalte gewissermaßen „geeicht" und vergleichbar gemacht worden. Die Kombination dieses idiographischen und nomothetischen Zugangs wird in der Alltagszielforschung seit langem erfolgreich praktiziert (z.B. Brunstein, 1993; Emmons, 1989; Little, 1989).

Eine weitere Frage ist, wie stabil die personspezifischen Nutzen-Kosten-Konstellationen sind. Es ist plausibel anzunehmen, dass sie gewissen zeitlichen Veränderungen unterworfen sind (z.B. durch Stimmungsschwankungen). Die oszillierende Veränderung der subjektiven Nutzen-Kosten-Konstellation über die Zeit wäre eine wichtige Forschungsfrage, die man in längsschnittlichen Designs angehen müsste.

Abschließend soll noch auf einen anwendungsbezogenen Aspekt der hier verwendeten Methode der Nutzen-Kosten-Abfrage eingegangen werden. Man könnte sie im Zuge von Motivationsförderungsprogrammen sehr gut zur Diagnose der jeweils bei einer Person gegebenen Nutzen-Kosten-Konstellation heranziehen. Es ließe sich u.a. bestimmen, ob in den Augen der betreffenden Person mehr für die Zielverfolgung oder mehr für den Zielabbruch spricht, ob die subjektiv repräsentierte Anreizen den gewünschten handlungsleitenden Anreizen entsprechen oder auch ob eine Annäherungs- oder Vermeidungsorientierung vorherrscht. Man hätte damit Ansatzpunkte für eine anreizbezogene Intervention, indem man gezielt jene Anreize hervorhebt, die unterrepräsentiert sind, bzw. stark repräsentierte unerwünschte Anreize abschwächt.

Fazit. Studie 5 belegt wiederum die Existenz einer volitionalen Voreingenommenheit für Aspekte, die für die Zielverfolgung sprechen. Die Annahme, dass diese volitionale Voreingenommenheit bei einer Handlungskrise abgeschwächt sein würde, ließ sich durch kein signifikantes Ergebnis bestätigen; zu erwähnen ist jedoch, dass die Mittelwerte in der vorhergesagten Richtung lagen. Schließlich konnte wieder gezeigt werden, dass eine Vermeidungsorientierung mit schlechterer Stimmung einhergeht als eine Annäherungsorientierung.

Das zentrale Ergebnis dieser Studie ist der Nachweis, dass Nutzen-Kosten-Aspekte besonders im Falle einer Handlungskrise verhaltenssteuernde Funktion übernehmen. Überraschend war jedoch, dass dabei nur die für die Zielverfolgung sprechenden Aspekte (Nutzen der Zielverfolgung, Kosten des Zielabbruchs) einen Zusammenhang mit Zielbindung und Verhalten aufwiesen.

In der nächsten Studie („Weiterstudieren oder aufhören?") wird eine konzeptuelle Replikation der vorliegenden Studie in einem gänzlich anderen Zielbereich vorgenommen. Dies ist vor allem deshalb sinnvoll, um die Ergebnisse dieser Studie abzusichern und insbesondere zu prüfen, wie stabil der unerwartete Befund ist, dass nur die für die Zielverfolgung sprechenden Nutzen-Kosten-Aspekte mit Zielbindung und Verhalten korrelieren.

Studie 6: „Weiterstudieren oder aufhören?" Zielbindung, Zielablösungsimpuls, Verhalten und Stimmung und zielbezogene Nutzen-Kosten-Aspekte

Einführung

Die Anlage von Studie 6 war bis auf wenige Ausnahmen mit dem Aufbau der vorangegangenen Studie identisch. Studie 6 war ebenfalls eine korrelative Felduntersuchung, diesmal jedoch mit Studierenden verschiedener Fachrichtungen, die zu Nutzen und Kosten ihres Studiums sowie zu Nutzen und Kosten eines möglichen Studienabbruchs befragt wurden. Als Kriteriumsvariablen wurden die Zielbindung, der Zielablösungsimpuls, die Studienleistung sowie die für das Studium aufgewendete Zeit erfasst.

Es ging hier – wie bereits in den Studien 4 („Persönliche Alltagsziele") und 5 („Sport im Studio") – um den Nachweis, dass die handlungsleitende Funktion von Nutzen und Kosten von Zielverfolgung und Zielabbruch in der Phase der Zielrealisierung vor allem dann in Erscheinung tritt, wenn anhaltende Schwierigkeiten den glatten Handlungsverlauf unterbrechen (Annahme 2b). Im leistungsorientierten Kontext des Studiums kann eine subjektiv wahrgenommene hohe Schwierigkeit der Studiensituation als Handlungskrise betrachtet werden.

Außerdem ließen sich in Studie 6 Erkenntnisse zur kognitiven Repräsentation der einzelnen Nutzen-Kosten-Aspekte gewinnen (Annahmen 1a bis 1c). Als Indikator für das *Ausmaß* der kognitiven Repräsentation der verschiedenen Nutzen-Kosten-Aspekte wurde die Häufigkeit herangezogen, mit der die Versuchsteilnehmer/innen in den Wochen vor der Befragung an die einzelnen Nutzen-Kosten-Aspekte gedacht hatten. Anhand der relativen Anzahl frei genannter Nutzen-Kosten-Aspekte ließ sich prüfen, ob es bei der freien Auflistung der zielbezogenen Nutzen und Kosten zu einer volitionalen Voreingenommenheit kommt. Schließlich ließen sich auch Aussagen zum Einfluss einer Annäherungs- versus Vermeidungsorientierung auf die Stimmung treffen (Annahme 3). Damit deckt die vorliegende Studie alle Annahmen des Nutzen-Kosten-Modells ab.

Das Studium stellt einen zentralen Bereich der persönlichen Lebensführung dar, der durch viele äußere Restriktionen (z.B. Leistungsanforderungen, terminliche Vorgaben für Prüfungsleistungen, Zugangsbeschränkungen in Seminaren) gekennzeichnet ist. Der freien Entscheidung über das eigene studienbezogene Handeln sind daher Grenzen gesetzt. Das Ziel „sein Studium fortzusetzen", auf das sich die Nutzen-Kosten-Messung bezog, ist auf einer relativ abstrakten Ebene angesiedelt; viele verschiedene Subziele (z.B. eine bestimmte Seminararbeit schreiben; eine Vorlesung regelmäßig besuchen; Fachbücher kaufen) stehen im Dienste der Erreichung dieses übergeordneten Ziels. Es ist also wesentlich weniger verhaltensnah formuliert und enthält eigentlich keine klar umschriebenen Verhaltensweisen, wie dies etwa beim Ziel „regelmäßig zu trainieren" der Fall ist, das im Mittelpunkt von Studie 5 („Sport im Studio") stand. Wenn sich nun zeigen ließe, dass die hier vorgestellte Nutzen-Kosten-Analyse sich auch erfolgreich auf relativ abstrakte und noch dazu relativ stark reglementierte Ziele anwenden lässt, hätte man einen weiteren Beleg für die

Generalisierbarkeit der theoretischen Annahmen und zugehörigen empirischen Befunde. Die Hypothesen lauteten:

Hypothese 1. Personen, die ihre Studiensituation als schwierig erleben, denken häufiger über die Nutzen-Kosten-Aspekte von Zielverfolgung und Zielabbruch nach als Personen, die ihre Studiensituation nicht als schwierig erleben.

Hypothese 2. Es zeigt sich eine volitionale Voreingenommenheit in der kognitiven Repräsentation der Nutzen-Kosten-Aspekte, die zum einen anhand der *Häufigkeit von Gedanken* an diese Aspekte, zum anderen anhand der *Anzahl frei genannter Nutzen- und Kosten-Aspekte* abgelesen werden kann. Es wird vorhergesagt, dass (a) *häufiger* über die für die Zielverfolgung sprechenden Aspekte *nachgedacht* wird als über die für den Zielabbruch sprechenden Aspekte und im Zusammenhang mit der Zielverfolgung häufiger über die Nutzen- als die Kosten-Aspekte, im Zusammenhang mit dem Zielabbruch hingegen mehr über die Kosten- als die Nutzen-Aspekte; (b) *mehr* Aspekte *aufgelistet* werden, die für die Zielverfolgung sprechen, als Aspekte, die für den Zielabbruch sprechen. Analog sollen im Zusammenhang mit der Zielverfolgung mehr Nutzen- als Kosten-Aspekte genannt werden, im Zusammenhang mit dem Zielabbruch hingegen genau umgekehrt mehr Kosten- als Nutzen-Aspekte.

Hypothese 3. Das Ausmaß der volitionalen Voreingenommenheit ist bei hoher Schwierigkeit der Studiensituation geringer als bei geringer Schwierigkeit der Studiensituation.

Hypothese 4. Die für die Zielverfolgung sprechenden Aspekte (PROZV; Nutzen der Zielverfolgung, Kosten des Zielabbruchs) einerseits und die für den Zielabbruch sprechenden Aspekte (PROZA; Kosten der Zielverfolgung, Nutzen des Zielabbruchs) andererseits, weisen mit den Kriteriumsvariablen höhere Korrelationen auf, wenn eine Handlungskrise vorliegt, als wenn keine Handlungskrise vorliegt. Konkret heißt das, dass die für die Zielverfolgung sprechenden Aspekte (PROZV) positiv mit der Zielbindung, mit der fürs Studium aufgewendeten Zeit sowie mit der Studienleistung, negativ mit dem Zielablösungsimpuls korrelieren. Die für den Zielabbruch sprechenden Aspekte (PROZA) weisen mit den Kriteriumsvariablen das umgekehrte Korrelationsmuster auf, korrelieren also negativ mit der Zielbindung, mit der fürs Studium aufgewendeten Zeit sowie mit der Studienleistung, positiv mit dem Zielablösungsimpuls.

Hypothese 5. Hinsichtlich der vorherrschenden motivationalen Orientierung wird vorhergesagt, dass eine Vermeidungsorientierung im Vergleich zu einer Annäherungsorientierung zu schlechterer Stimmung führt.

Methode

Versuchsteilnehmer/innen und Versuchsablauf. Die vorliegende Fragebogenstudie beruht auf der zweiten Erhebung einer größeren Längsschnittuntersuchung zur Evaluierung von Studienberatungstests an der Universität Linz. Es ergab sich die Möglichkeit, in diese vom Österreichischen Fonds zur Förderung der wissenschaftlichen Forschung (FWF) finanzierten Studie Fragen zu den Vor- und Nachteilen des gewählten Studiums und zu den Vor- und Nachteile eines möglichen Studienabbruchs aufzunehmen. Die erste Befragung hatte im April 1997 im Rahmen von Studienberatungstests stattgefunden, die von der Universität Linz in Kooperation mit dem Landesschulrat für Oberösterreich für Maturanten oberösterreichischer Gymnasien angeboten worden waren. Die Teilnehmer/innen an diesen Studienberatungstests waren schon damals gebeten worden, an weiteren Befragungen zu Studium und Beruf teilzunehmen, anhand derer die Studienberatungstests evaluiert werden sollten. Die zweite Erhebung (im Zuge der Evaluierung der Beratung) wurde zum Semesterende im Januar 1999 durchgeführt. Die Teilnahme an beiden Befragungen war freiwillig und erfolgte unentgeltlich.

An der zweiten Erhebung nahmen 97 Personen (66 Männer, 31 Frauen, das sind 80 % der ursprünglichen Stichprobe) teil, deren durchschnittliches Alter 20.9 Jahre betrug. 80 Personen studierten an einer Hochschule, drei Personen befanden sich in einer Berufsausbildung, sieben waren berufstätig, eine Person war auf Arbeitssuche und drei gaben an, eine „sonstige Tätigkeit" auszuüben. Von den Studierenden waren 34 im ersten, zwei im zweiten und 41[39] im dritten Semester. Die Versuchsteilnehmer/innen wurden angeschrieben und gebeten, den Fragebogen vollständig auszufüllen und ebenfalls per Post wieder zurückzuschicken. Die Bearbeitung des Fragebogens dauerte in etwa 30 Minuten. Berichtet werden nur die Daten der 80 Personen, die aktuell studierten.

Die Erfassung studienbezogener Nutzen und Kosten. Nutzen und Kosten des Studiums und des Studienabbruchs wurden anhand von vier offenen Fragen erfasst. Sie waren folgendermaßen formuliert: (1) „Welche *positiven* Aspekte hat für Sie die *Fortsetzung* Ihres gegenwärtigen Studiums?"; (2) „Welche *negativen* Aspekte hat für Sie die *Fortsetzung* Ihres gegenwärtigen *Studiums*?"; (3) „Welche *positiven* Aspekte könnte für Sie ein *Abbruch* Ihres gegenwärtigen Studiums haben?" und (4) „Welche *negativen* Aspekte könnte für Sie ein *Abbruch* Ihres gegenwärtigen Studiums haben?". Im Fragebogen waren jeweils fünf Zeilen vorgegeben, in die die persönlich relevanten Nutzen-Kosten-Aspekte eingetragen werden sollten. Jeder positive bzw. negative Aspekt wurde außerdem anhand einer 5-Punkte Skala (1 „überhaupt nicht positiv [negativ]", 5 „sehr positiv [negativ]") bewertet und hinsichtlich seiner Eintretenswahrscheinlichkeit eingeschätzt (1 „überhaupt nicht sicher", 5 „sehr sicher").

Um einen Index für den Nutzen (die Kosten) des Studiums bzw. den Nutzen (die Kosten) eines möglichen Studienabbruchs zu bilden, wurden die einzelnen Bewertungen mit den zugehörigen Wahrscheinlichkeitseinschätzungen multipliziert und über alle genannten Aspekte einer Kategorie gemittelt. Dadurch ergab sich eine Skala, deren Minimum bei 1 und deren Maximum bei 25 lag.

Die beiden Aspekte, die für die Fortsetzung des Studiums sprachen (PROZV, d.h. die positiven Aspekte der Fortsetzung des Studiums und die negativen Aspekte eines Studienabbruchs) wurden gemittelt, ebenso die Aspekte, die für einen Studienabbruch sprachen (PROZA, d.h. die negativen Aspekte der Fortsetzung des Studiums und die positiven Aspekte des Studienabbruchs), obwohl die Korrelation der beiden jeweils zusammengefassten Variablen mit $r(50) = .23$, $p < .10$ bzw. $r(61) = .29$, $p = .02$ niedriger als in Studie 5 waren.

Moderatorvariable: Schwierigkeit der Studiensituation. Die Versuchsteilnehmer/innen gaben auf einer 28 Adjektivpaare (z.B. belastend-entspannend; anstrengend-erholsam; kompliziert-einfach; reizvoll-öde; erfreulich-ärgerlich) umfassenden Skala an, wie sie ihre Studiensituation insgesamt empfanden (Bergmann, Brandstätter & Eder, 1994). Dabei ging es wiederum um die generelle Einschätzung der

---

[39] Von drei Studierenden fehlen die Angaben zu ihrem Semester.

Schwierigkeiten beim Studium und weniger um eine möglicherweise nur momentane Stimmungslage. Die Adjektive waren links und rechts einer von 1 bis 9 reichenden Skala angeordnet, wobei die Werte 1 und 9 die jeweils stärkste Ausprägung des Merkmals bezeichneten. Eine Hauptkomponenten-Faktorenanalyse mit Varimax-Rotation ergab drei Faktoren (Anregungsgrad, Schwierigkeit, Nützlichkeit). Als Moderatorvariable wurden die am Median geteilten Faktorwerte des Faktors Schwierigkeit herangezogen.

Abhängige Variablen: Häufigkeit des Denkens an zielbezogene Nutzen und Kosten, Zielbindung, Zielablösungsimpuls, Studienleistung, für das Studium aufgewendete Zeit und Emotionen. Es wurde erhoben, wie häufig die Versuchsteilnehmer/innen in den vergangenen vier Wochen an die angenehmen (unangenehmen) Seiten ihres Studiums (Studienabbruchs) gedacht hatten (1 „nie", 9 „sehr oft"). Die Zielbindung wurde mit zwei Items erfasst, die summiert wurden: (1) „Glauben Sie, dass Ihr gegenwärtiges Studium im ganzen gesehen das Richtige ist?"; (2) „Würden Sie Ihr gegenwärtiges Studium noch einmal wählen, wenn Sie noch einmal entscheiden müssten?". Die Antworten waren auf einer vierstufigen Skala zu geben (1 „bestimmt nicht", 2 „wahrscheinlich nicht", 3 „wahrscheinlich", 4 „Ja, ganz bestimmt"). Die beiden Items hatten ein Cronbachs *alpha* von .75.

Der Impuls zur Zielablösung wurde anhand von zwei Fragen gemessen, die ebenfalls summiert wurden: (1) „Haben Sie schon daran gedacht, Ihr gegenwärtiges Studium zu wechseln?"; (2) „Haben Sie schon daran gedacht, mit dem Studium aufzuhören?". Diese Fragen wurden auf einer vierstufigen Skala beantwortet (1 „Ich habe noch nicht daran gedacht", 2 „Ich habe gelegentlich daran gedacht", 3 „Ich habe schon öfters daran gedacht", 4 „Ich habe die feste Absicht"); ihr Cronbachs *alpha* war .67.

Als einer von zwei Verhaltensindikatoren diente ein Index der Studienleistung. Die Versuchsteilnehmer/innen gaben für das Wintersemester 98/99 an, wie viele Prüfungen sie abgelegt hatten und welche Durchschnittsnoten sie in diesen Prüfungen erhalten hatten. Die Befragung hatte am Ende dieses Semester stattgefunden; damit dürften die Angaben zur Studienleistung zuverlässig sein, da Studierende in der Regel einen guten Überblick über die erbrachten Leistungen eines gerade zu Ende gegangenen Semesters haben. Es wurde ein Index der Studienleistung gebildet, indem die Durchschnittsnote durch die Anzahl der Scheine dividiert wurde. Bei gleicher Durchschnittsnote erhält so der/die Studierende mit der größeren Anzahl von abgelegten Prüfungen den niedrigeren Score, der entsprechend der Polung von Zeugnisnoten eine bessere Leistung repräsentiert. Dieser Index berücksichtigt gleichermaßen Quantität und Qualität der erbrachten Studienleistungen. Je höher der Wert dieser Variablen, desto schlechter die Leistung. Außerdem gaben die Versuchsteilnehmer/innen für das eben zu Ende gegangene Semester an, wie viele Stunden pro Woche sie für das Studium aufgewendet hatten.

Abschließend wurden die Versuchsteilnehmer/innen gefragt, wie stark sie nach einem studienbezogenen Misserfolg (z.B. Nichtbestehen einer Prüfung) und nach einem studienbezogenen Erfolg (z.B. sehr gute Prüfung) bestimmte positive und negative Emotionen (z.B. nervös, gelassen, glücklich, niedergeschlagen, angespannt) empfinden. Die Versuchsteilnehmer/innen gaben ihre Antworten für jedes Adjektiv auf einer neunstufigen Skala an, die von 1 „überhaupt nicht" bis 9 „sehr" reichte. Es wurde dann für jedes Leistungsergebnis getrennt ein Gesamtstimmungs-Index berechnet, indem die Antworten jeweils gemittelt wurden (Cronbachs *alpha* für Erfolg .74, für Misserfolg .63).

Ergebnisse

Da es keine signifikanten Geschlechtsunterschiede gab (alle $Fs < 2.21$, $ps > .14$), wurde das Geschlecht in den weiteren Analysen nicht berücksichtigt.

Deskriptive Analysen. Versuchsteilnehmer/innen, die ihre Studiensituation als schwierig erlebten, und Teilnehmer/innen, die ihre Studiensituation als leicht erlebten, unterschieden sich nicht hinsichtlich der Gesamtzahl an Nennungen; $t < 1$. In Tabelle 14 sind Beispiele für die verschiedenen Nutzen-Kosten-Kategorien sowie ihre mittlere Nennungshäufigkeit zusammengestellt.

Es wurde ausgezählt, wie viele Inhalte in den zwei jeweils gleichsinnig wirkenden Anreizkategorien originär waren (d.h. also beispielsweise nur bei *Nutzen der Zielverfolgung* oder nur bei *Kosten des Zielabbruchs* genannt wurden)[40].

Tabelle 14: *Nennungshäufigkeit und Beispiele für die verschiedenen Nutzen-Kosten-Kategorien*

Kategorie	*M*	*SD*	Beispiele
Nutzen Zielverfolgung (NUZV)	3.5	1.47	„eine Aufgabe haben" „breites Wissen über Wirtschaft und Gesellschaft" „bessere Berufschancen"
Kosten Zielverfolgung (KOZV)	2.2	1.56	„persönliche Einengung" „wenig Verdienst" „Angst vor Prüfungen"
Nutzen Zielabbruch (NUZA)	1.5	1.57	„Wechsel zu einem Studium, für das ich höher begabt bin" „weniger seelische Belastung" „geregelter Tagesablauf"
Kosten Zielabbruch (KOZA)	2.1	1.68	„schlechtes Image" „Verlust von Freunden" „schlechte Ausbildung"

Der mittlere Anteil originärer Nennungen bei den gleichsinnig wirkenden Aspekten *Nutzen der Zielverfolgung* und *Kosten des Zielabbruchs* (positive Aspekte Studium und negative Aspekte Studienabbruch) betrug .84 ($SD = .26$). Bei *Kosten der Ziel-*

---

[40] Die Berechnung des relativen Anteils originärer Nennungen für die beiden Anreizkategorien *Nutzen Zielverfolgung* und *Kosten Zielabbruch* erfolgte nach der Formel: Anzahl Nennungen Nutzen Zielverfolgung + Anzahl Nennungen Kosten Zielabbruch - 2 * Anzahl identische Nennungen. Analog wurde für die beiden anderen Anreizkategorien *Kosten Zielverfolgung* und *Nutzen Zielabbruch* vorgegangen.

verfolgung und *Nutzen des Zielabbruchs* (negative Aspekte Studium und positive Aspekte Studienabbruch) war der Anteil originärer Nennungen .80 (*SD* = .28). Hier waren es sogar über 80 % der Nennungen, die nur in einer der beiden gleichsinnig wirkenden Nutzen-Kosten-Kategorien auftraten. Dieses Ergebnis spricht für eine weitgehende Unabhängigkeit zwischen den beiden jeweils gleichsinnig wirkenden Anreizkategorien.

Kognitive Repräsentation der Nutzen-Kosten-Aspekte[41]. Nach Annahme 1a des Nutzen-Kosten-Modells sollten Schwierigkeiten bei der Zielverfolgung ein erneutes Abwägen motivationaler Charakteristika des Ziels auslösen. In Hypothese 1 war daher formuliert worden, dass Studierende in einer schwierigen Studiensituation *häufiger* über die *Nutzen und Kosten-Aspekte* der Zielverfolgung und des Zielabbruchs *nachdenken* als Studierende in einer als nicht schwierig empfunden Studiensituation.

Die *Häufigkeit*, mit der die Versuchsteilnehmer/innen in den vier Wochen vor der Befragung an die einzelnen Nutzen-Kosten-Aspekte des Studiums gedacht hatten, wurde einer multivariaten 2 (*Fokus*: Zielverfolgung vs. Zielabbruch) x 2 (*Anreiztyp*: Nutzen vs. Kosten) x 2 (*Schwierigkeit der Studiensituation*: schwierig vs. leicht) Varianzanalyse mit den beiden within-subjects-Faktoren *Fokus* und *Anreiztyp* und dem between-subjects-Faktor *Schwierigkeit* unterzogen. In Tabelle 15 sind die Effekte dieser Analyse zusammengestellt, in Abbildung 17 die zugehörigen Mittelwerte.

---

[41] In einem ersten Schritt wurde geprüft, ob sich das Geschlecht der Versuchsteilnehmer/-innen sowie die Reihenfolge der Nutzen-Kosten-Abfrage auf die Häufigkeit auswirkt, mit der die verschiedenen Nutzen-Kosten-Aspekte genannt wurden. Über die frei genannten Nutzen-Kosten-Aspekte wurde dazu eine multivariate fünffaktorielle 2 (*Fokus*: Zielverfolgung vs. Zielabbruch) x 2 (*Anreiztyp*: Nutzen vs. Kosten) x 2 (*intrinsischer Anreiz*: gering vs. hoch) x 2 (*Zufallsreihenfolge der Nutzen-Kosten-Abfrage*: A vs. B) x 2 (*Geschlecht*: männlich vs. weiblich) Varianzanalyse gerechnet. Es ergaben sich zwei signifikante Interaktionen zwischen dem Reihenfolgefaktor einerseits und dem Faktor Fokus (F[1,104] = 3.81, p = .05) bzw. dem Faktor Anreiztyp (F[1,104] = 3.84, p = .05) andererseits. Das Muster der Mittelwerte zeigt, dass die Interaktionen auf die Kategorie Kosten Zielabbruch zurückgehen. Stand sie im Fragebogen an letzter Stelle (Zufallsreihenfolge A), nannten die Versuchsteilnehmer/innen hier weniger Aspekte (M = 2.9; SD = 1.31) als wenn sie – wie in der Zufallsreihenfolge B der Fall – an erster Stelle stand (M = 3.7, SD = 1.70). Hinsichtlich der anderen Nutzen-Kosten-Kategorien gab es keine Unterschiede zwischen den beiden Reihenfolgen (ts < 1). Da sich die beiden Zufallsreihenfolgen gleichmässig auf die beiden Versuchspersonengruppen (niedriger vs. hoher intrinsischer Anreiz) verteilten (chi2[1] = < 1), kann man ohne Bedenken die Reihenfolge in den weiteren Analysen unberücksichtigt lassen.

Für den Faktor *Geschlecht* zeigte sich eine zweifaktorielle Interaktion mit dem Faktor *intrinsischer Anreiz*; $F(1,99) = 4.82$; $p = .03$. Sie geht darauf zurück, dass in der Gruppe hoher intrinsischer Anreiz Frauen insgesamt mehr Nutzen-Kosten-Anreize (*M* = 13.0, *SD* = 6.00) notierten als Männer (*M* = 9.4, SD = 3.81), während sich in der Bedingung niedriger intrinsischer Anreiz die beiden Geschlechter in der Gesamtzahl genannter Aspekte nicht unterschieden (M_F = 10.0; SD = 3.56 vs. M_M = 11.2; SD = 3.83). Da Männer und Frauen sich gleichmässig auf die beiden Gruppen niedriger vs. hoher intrinsischer Anreiz verteilen ($chi^2[1]$ = < 1), wird der Faktor *Geschlecht* nicht weiter berücksichtigt.

Tabelle 15: *Effekte der Varianzanalyse über Häufigkeit der Gedanken an Nutzen und Kosten von Zielverfolgung und Zielabbruch*

Varianzquelle	$F(1, 77)$	p
Schwierigkeit	< 1	
Fokus	86.04	< .001
Schwierigkeit x Fokus	< 1	
Anreiztyp	< 1	
Schwierigkeit x Anreiztyp	< 1	
Fokus x Anreiztyp	14.67	< .001
Schwierigkeit x Fokus x Anreiztyp	3.07	.08

Diese Analyse erbrachte nicht den vorhergesagten Haupteffekt; die beiden Versuchsteilnehmergruppen glichen sich in der Häufigkeit, mit der sie über die verschiedenen Nutzen-Kosten-Aspekte nachgedacht hatten, $F < 1$. Hypothese 1, dass eine Handlungskrise die Häufigkeit motivationaler Gedanken erhöht, findet hier keine empirische Unterstützung. Erwähnt werden sollte aber, dass die Mittelwerte in die vorhergesagte Richtung weisen. Möglicherweise war die über hohe Studienschwierigkeit operationalisierte Handlungskrise nicht stark genug, um eine Abschwächung der volitionalen Voreingenommenheit zu bewirken (vgl. dazu ein ähnliches Ergebnis in Studie 5).

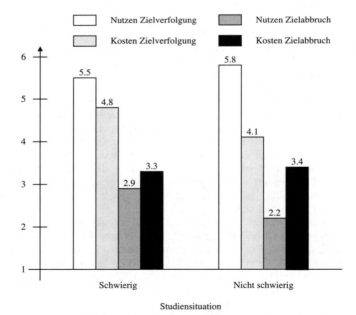

Abbildung 17: *Häufigkeit des Nachdenkens über Nutzen und Kosten von Zielverfolgung und Zielabbruch*

Die Analyse der Häufigkeit des Nachdenkens gibt aber auch Aufschluss darüber, ob es zu der postulierten volitionalen Voreingenommenheit hinsichtlich einzelner Nutzen-Kosten-Aspekte gekommen ist (Hypothese 2a). Zunächst weist der signifikante Haupteffekt für *Fokus* darauf hin, dass die Versuchsteilnehmer/innen insgesamt häufiger an die Nutzen- und Kosten-Aspekte der Zielverfolgung ($M = 5.0$, $SD = 1.11$) und weniger an diejenigen des Zielabbruchs ($M = 2.9$, $SD = 1.98$) dachten. Dieser Haupteffekt wird jedoch einerseits durch eine zweifaktorielle Interaktion mit dem *Anreiztyp* und andererseits durch eine dreifaktorielle Interaktion mit der *Schwierigkeit* der Studiensituation und dem *Anreiztyp* qualifiziert, wobei letztere nur marginal signifikant wird.

Die zweifaktorielle Interaktion deutet auf zweierlei hin: Zum einen wird häufiger an die für die weitere Zielverfolgung sprechenden Anreizkategorien gedacht (Nutzen der Zielverfolgung und Kosten des Zielabbruchs; $M = 4.4$, $SD = 1.66$) als an die für den Zielabbruch sprechenden Anreizkategorien (Kosten der Zielverfolgung und Nutzen des Zielabbruchs; $M = 3.5$, $SD = 1.86$). Zum anderen zeigt sich eine volitionale Voreingenommenheit auch dahingehend, dass bei der Zielverfolgung häufiger an den Nutzen ($M = 5.7$, $SD = 2.00$) als an die Kosten ($M = 4.4$, $SD = 2.24$), beim Zielabbruch jedoch häufiger an die Kosten ($M = 3.3$, $SD = 2.43$) und seltener an den Nutzen ($M = 2.5$, $SD = 2.20$) gedacht wird. Dieses Ergebnismuster spricht für Hypothese 2a. Die sich tendenziell abzeichnende dreifaktorielle Interaktion (siehe Abbildung 17) sagt aus, dass die Voreingenommenheit prägnanter ist für die Gruppe der Versuchsteilnehmer/innen, die ihre Studiensituation als nicht schwierig erleben (Nutzen der Zielverfolgung vs. Kosten der Zielverfolgung, $t[38] = 3.06$, $p < .01$; Nutzen des Zielabbruchs vs. Kosten des Zielabbruchs $t[35] = 2.70$, $p < .05$), als für diejenigen, die ihre Studiensituation als schwierig erleben (Nutzen der Zielverfolgung vs. Kosten der Zielverfolgung, $t < 1$; Nutzen des Zielabbruchs vs. Kosten des Zielabbruchs $t[37] = 1.13$, ns), was Hypothese 3 in gewissem Maße stützt.

Im nächsten Schritt wurde die frei genannte *Anzahl* von Nutzen-Kosten-Aspekten einer multivariaten 2 (*Fokus*: Zielverfolgung vs. Zielabbruch) x 2 (*Anreiztyp*: Nutzen vs. Kosten) x 2 (*Schwierigkeit der Studiensituation*: schwierig vs. leicht) Varianzanalyse unterzogen (siehe Tabelle 16 und Abbildung 18). Anhand der Nennungshäufigkeit der einzelnen Anreizkategorien sollten sich ebenfalls Schlussfolgerungen zu einer möglichen volitionalen Voreingenommenheit in der kognitiven Repräsentation ziehen lassen (Hypothese 2b).

Der Faktor *Fokus* steht in Interaktion mit dem Faktor *Schwierigkeit*, was darauf hindeutet, dass sich die beiden Bedingungen nur im Ausmaß der genannten zielabbruchbezogenen Aspekte ($M_s = 2.0$, $SD = 1.43$ vs. $M_l = 1.6$, $SD = 1.48$) unterscheiden, nicht jedoch hinsichtlich der zielverfolgungsbezogenen Aspekte (in beiden Gruppen $M = 2.9$, $SD = 1.36$ bzw. 1.16).

Viel wichtiger für die Prüfung der Hypothese 2b zur volitionalen Voreingenommenheit ist jedoch die zweifaktorielle Interaktion zwischen *Fokus* und *Anreiztyp*. Sie spiegelt wiederum zweierlei wider: Einerseits ein Übergewicht in der Nennung von Aspekten, die die Zielverfolgung nahe legen ($M = 2.8$, $SD = 1.37$) im Vergleich zu Aspekten, die den Zielabbruch nahe legen ($M = 1.9$, $SD = 1.46$). Andererseits das bereits aus anderen Analysen bekannte Muster, dass im Hinblick auf die Zielverfolgung der Nutzen stärker gewichtet wird, also mehr Aspekte dazu aufgelistet wurden ($M = 3.6$, $SD = 1.37$) als zu den Kosten ($M = 2.3$, $SD = 1.54$), im Zusammenhang mit dem

Zielabbruch jedoch mehr Kosten-Aspekte ($M = 2.1$, $SD = 1.67$) als Nutzen-Aspekte ($M = 1.5$, $SD = 1.58$) genannt wurden (siehe Abbildung 18). Die volitionale Vorein-genommenheit zeigt sich also – wie in Hypothese 2b vorhergesagt – auch anhand der freien Nennungen von zielbezogenen Nutzen und Kosten. Für Hypothese 3 findet sich im Zusammenhang mit den freien Nennungen jedoch keine stützende empiri-sche Evidenz. Die dreifaktorielle Interaktion ist nicht signifikant. Dennoch bleibt auch hier zu erwähnen, dass das Muster der Mittelwerte zumindest in die vorherge-sagte Richtung weist (siehe Abbildung 18).

Tabelle 16: *Effekte der Varianzanalyse über die frei genannten Nutzen und Kosten von Ziel-verfolgung und Zielabbruch*

Varianzquelle	$F(1, 77)$	p
Schwierigkeit	< 1	
Fokus	137.03	< .001
Schwierigkeit x Fokus	4.21	< .05
Anreiztyp	9.65	< .01
Schwierigkeit x Anreiztyp	2.04	.16
Fokus x Anreiztyp	52.15	< .001
Schwierigkeit x Fokus x Anreiztyp	< 1	

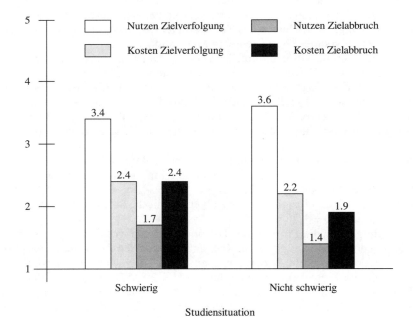

Abbildung 18: *Absolute Zahl der Nennungen Nutzen und Kosten von Zielverfolgung und Zielabbruch*

Vorhersage der Zielbindung, des Zielablösungsimpulses, der Studienleistung und der für das Studium aufgewendeten Zeit. Sechs Versuchteilnehmer/innen hatten keine Angaben zu ihren im aktuellen Semester erworbenen Noten gemacht. Die fehlenden Werte wurde ersetzt durch eine Schätzung aufgrund von Variablen, die mit der Studienleistung korrelierten (z.B. Arbeitsverhalten). Die Mittelwerte, Standardabweichungen und Korrelationen der Prädiktor- und Kriteriumsvariablen sind in Tabelle 17 dargestellt.

Tabelle 17: *Deskriptive Statistiken und Korrelationen zwischen Prädiktor- und Kriteriums-variablen*

Variable	N	Min-Max	M	SD	(1)	(2)	(3)	(4)	(5)	(6)
(1) COMMIT	80	1-8	7.1	.99						
(2) DISENG	80	1-8	2.9	1.12	-.63**					
(3) UNILEIS	78	.11-2.60	.54	.45	-.16	.10				
(4) ZEIT	77	2-80	36	16.55	.24*	-.13	-.26*			
(5) PROZV	76	1-25	17.7	4.29	.31**	-.12	-.24	.13		
(6) PROZA	73	1-25	13.0	4.44	-.12	.26*	.22	-.17	.27**	
(7) SCHWIER	79	-2.4-2.4	0	1.00	-.16	.21	.29*	$.19^{+}$	-.06	-.02

Anmerkung: COMMIT = Zielbindung, DISENG = Zielablösungsimpuls, UNILEIS = Studienleistung (höherer Wert entspricht schlechterer Leistung), ZEIT = für das Studium aufgewendete Zeit in Stunden pro Woche, PROZV = für die Zielverfolgung sprechende Aspekte, PROZA = für den Zielabbruch sprechende Aspekte, SCHWIER = Schwierigkeit der Studiensituation (Faktorwerte); ** $p < .01$; * $p < .05$, + $p < .10$ (zweiseitig).

Zur Prüfung der Hypothese 4 (Moderatorhypothese), dass die Nutzen-Kosten-Aspekte stärker mit der Zielbindung, Zielablösungsimpuls und dem Verhalten korrelieren, wenn die Studiensituation als schwierig wahrgenommen wird (Vorliegen einer Handlungskrise), wurde eine multivariate Varianzanalyse gerechnet. Die Zielbindung, der Zielablösungsimpuls, die Studienleistung und die für das Studium aufgewendete Zeit waren die abhängigen Variablen, die am Median geteilte Schwierigkeit der Studiensituation war die unabhängige Variable. Die beiden Nutzen-Kosten-Variablen (PROZV und PROZA) wurden als Kovariaten in die Analyse eingeführt.

Das multivariate F für den Haupteffekt von PROZV ist nicht signifikant ($F < 1$). Das multivariate F für den Haupteffekt von PROZA ist hingegen signifikant; $F(4, 57) = 3.56$, $p < .02$. In den univariaten Analysen fand sich dieser PROZA-Haupteffekt für die Zielbindung ($F[1, 60] = 3.64$, $p = .06$), für den Zielablösungsimpuls ($F[1, 60] = 8.71$, $p < .01$) sowie für die Studienleistung ($F[1, 60] = 6.52$, $p = .01$). Darin drückt sich aus, dass – unabhängig von der Wahrnehmung der Studiensituation als schwierig oder nicht schwierig – die für den Zielabbruch sprechenden Anreize einen Effekt auf die Zielbindung, den Zielablösungsimpuls und die Studienleistung hatten.

Entgegen der Vorhersage in Hypothese 4 ergab sich keine Interaktion zwischen Schwierigkeit der Studiensituation und PROZV; multivariates $F < 1$. Im multivariaten Test erreichte die Interaktion zwischen der Schwierigkeit der Studiensituation und PROZA nicht das konventionelle Signifikanzniveau ($F < 1.73$, $p < .16$). In den univariaten Tests deutet sich jedoch für alle vier Variablen der Interaktionseffekt an. Signifikant wird er für Zielbindung ($F[1,60] = 4.13$, $p < .05$); tendenziell zeigt er sich für den Zielablösungsimpuls ($F[1,60] = 2.90$, $p < .10$), für die Studienleistung ($F[1,60] = 2.41$, $p < .13$) und für die für das Studium aufgewendete Zeit ($F[1,60] = 2.35$, $p < .13$). Die in Tabelle 18 für beide Subgruppen (Schwierigkeit der Studiensituation hoch vs. niedrig) dargestellten Korrelationen sprechen ansatzweise für Hypothese 4.

Tabelle 18: *Korrelationen zwischen motivationalen Zielmerkmalen einerseits, Zielbindung, Zielablösungsimpuls und Verhalten andererseits*

Moderator		COMMIT	DISENG	UNILEIS	ZEIT
Schwierigkeit der Studiensituation	PROZV	.37*	-.22	.01	.23
Hoch ($N = 38$)	PROZA	-.30*	.35*	.42**	-.26
Schwierigkeit der Studiensituation	PROZV	.11	.01	.25	-.17
Niedrig ($N = 41$)	PROZA	.06	.21	.24	-.06

Anmerkung: COMMIT = Zielbindung, DISENG = Zielablösungsimpuls; UNILEIS = Studienleistung; ZEIT = für das Studium aufgewendete Zeit, PROZV = für die Zielverfolgung sprechende Anreize, PROZA = für den Zielabbruch sprechende Anreize; ** $p < .01$, * $p < .05$ (zweiseitig).

Es deuten sich etwas höhere Korrelationen zwischen den für den Zielabbruch sprechenden Nutzen-Kosten-Aspekten und den Kriteriumsvariablen an, wenn die Studiensituation als schwierig, als wenn sie nicht als schwierig wahrgenommen wurde. Die Nennung bedeutsamer Anreize, die für den Zielabbruch sprechen, geht mit reduzierter Zielbindung, erhöhtem Zielablösungsimpuls, schlechterer Studienleistung und einem geringerem zeitlichen Engagement für das Studium einher.

Vermeidungsorientierung und Stimmung. Vermeidungsorientierung wurde in der vorliegenden Studie folgendermaßen operationalisiert: Zunächst wurden die mit der Bewertung und der Eintretenswahrscheinlichkeit gewichteten Nutzen-Aspekte der Zielverfolgung und des Zielabbruchs gemittelt; in gleicher Weise wurde mit den Kosten-Aspekten verfahren. Dann wurde die Differenz zwischen Kosten- und Nutzen-Aspekten gebildet. Ein positiver Wert drückt aus, dass die Person insgesamt bedeutsamere Kosten- als Nutzen-Aspekte sah, und je höher der Wert, desto stärker ist die Vermeidungsorientierung.

Um die Auswirkung dieser so operationalisierten Vermeidungsorientierung auf die Stimmung zu prüfen, sollten sich die Versuchsteilnehmer/innen sowohl einen studienbezogenen Misserfolg (Nichtbestehen einer Prüfung) als auch einen studienbezogenen Erfolg (sehr gute Prüfung) vorstellen. Dann sollten sie anhand verschiedenen Gefühlsadjektiven angeben, wie sie sich in einer solchen Situation fühlen würden. Die Korrelation zwischen dem Index der Vermeidungsorientierung und der Stimmung im Misserfolgsfall betrug $r(73) = .31$, $p < .01$. Wie vorhergesagt, ging eine höhere Vermeidungsorientierung mit schlechterer Stimmung als Reaktion auf den geschilderten Misserfolg einher. Für den Erfolgsfall zeigt sich das gleiche Muster, nur schwächer. Die Korrelation zwischen dem Ausmaß der Vermeidungsorientierung und der Stimmung Höhe von $r(71) = .19$ ($p < .12$) deutet darauf hin, dass je höher die Vermeidungsorientierung ist, desto schlechter die Stimmung ist, die die Versuchsteilnehmer/innen für einen studienbezogenen Erfolg berichteten.

Diskussion

Zur kognitiven Repräsentation der Nutzen-Kosten-Aspekte. Die Ergebnisse dieser Studie stimmen in weiten Zügen mit denen von Studie 5 („Sport im Studio") überein. Es wurden wieder eindeutige Belege für die Existenz einer volitionalen Voreingenommenheit in der kognitiven Repräsentation zielbezogener Nutzen-Kosten-Aspekte gewonnen (Hypothese 2a und 2b). Sowohl hinsichtlich der *Häufigkeit*, mit der die Versuchsteilnehmer/innen in den vier Wochen vor der Befragung über Nutzen und Kosten von Zielverfolgung und Zielabbruch *nachgedacht hatten*, als auch hinsichtlich der *Anzahl* frei aufgelisteter Nutzen-Kosten-Aspekte zeigte sich, dass die für die Zielverfolgung sprechenden Anreize (Nutzen der Zielverfolgung, Kosten des Zielabbruchs) stärker kognitiv repräsentiert sind als die für den Zielabbruch sprechenden Aspekte (Kosten der Zielverfolgung, Nutzen des Zielabbruchs). Außerdem wurde ebenfalls im Zusammenhang mit der Zielverfolgung der Nutzen betont (durch häufigeres Nachdenken und mehr Nennungen), im Zusammenhang mit dem Zielabbruch jedoch die Kosten.

Man könnte nun einwenden, dass dieses Ergebnis auf die spezifische Reihenfolge zurückgeht, in der die verschiedenen Nutzen-Kosten-Aspekte abgefragt wurden. In der Tat war in dieser Studie die Reihenfolge der Abfrage nicht variiert worden; es wurde generell zuerst nach dem Nutzen der Zielverfolgung, dann nach den Kosten der Zielverfolgung sowie dem Nutzen des Zielabbruchs und schließlich nach den Kosten des Zielabbruchs gefragt. Der Einwand lässt sich jedoch entkräften, da in den Studien 1 („Beziehungsszenario") und 5 („Sport im Studio") die Reihenfolge der Nutzen-Kosten-Abfrage variiert worden war und dies keinen Einfluss auf die zentralen Ergebnisse hatte.

Studie 5 („Sport im Studio") und die vorliegende Studie 6 stimmen auch darin überein, dass sich kein sehr starker Zusammenhang zwischen Merkmalen der Handlungssituation und dem Ausmaß der volitionalen Voreingenommenheit zeigt. Hypothese 3 findet in den Ergebnissen der vorliegenden Studie nur schwache Stützung; die vorhergesagte dreifache Interaktion zwischen *Schwierigkeit der Studiensituation*, *Fokus* (Zielverfolgung vs. Zielabbruch) und *Anreiztyp* (Nutzen vs. Kosten) deutet sich nur im Hinblick auf die Häufigkeit des Nachdenkens an ($p = .08$). Als Erklärung könnte man auch hier die Vermutung anführen, dass die Handlungskrise einfach nicht stark genug war, als dass sie der volitionalen Voreingenommenheit entgegengewirkt hätte.

Keine Bestätigung fand sich für Hypothese 1, nach der zu erwarten gewesen wäre, dass Personen in einer Handlungskrise (hohe erlebte Schwierigkeit der Studiensituation) insgesamt häufiger über die zielbezogenen Nutzen und Kosten nachdenken als Personen, die sich in keiner Handlungskrise befinden (geringe erlebte Schwierigkeit der Studiensituation). Dieses Ergebnis weicht von dem Befund von Studie 1 („Beziehungsszenario") ab, nach dem Personen, die sich eine Beziehungskrise vorstellen sollten und sich damit in einer Handlungskrise befanden, hypothesengemäß intensiver über die Kosten der Zielverfolgung, den Nutzen und die Kosten des Zielabbruchs nachdachten als Personen, die sich eine harmonische Beziehungssituation vorstellen sollten.

Verhaltenseffekte der Nutzen-Kosten-Aspekte und Moderatorwirkung von Handlungskrisen. Wenn die Studiensituation als schwierig erlebt wurde, wiesen die für den Zielabbruch sprechenden Aspekte (Kosten der Zielverfolgung, Nutzen des Zielabbruchs) einen etwas stärkeren Zusammenhang mit den verhaltensbezogenen Variablen auf, als wenn die Studiensituation nicht als schwierig erlebt wurde (Hypothese 4). Dabei gingen subjektiv bedeutsamere Nutzen- und Kosten-Aspekte für den Zielabbruch einher mit einer geringeren Überzeugung, das richtige Studium gewählt zu haben (geringe Zielbindung), einem stärkeren Impuls, das Studium aufzugeben (starker Zielablösungsimpuls), schlechteren Studienleistungen und geringerem zeitlichen Engagement für das Studium. Bemerkenswert ist, dass sich der Zusammenhang auch bei jenen Variablen zeigte, die per se schon weniger einem motivationalen Einfluss unterliegen. Die Studienleistung hängt nämlich neben der motivationalen Handlungsbereitschaft auch zu einem großen Teil von kognitiven Fähigkeitsmerkmalen der Person ab. Und die für das Studium aufzuwendende Zeit unterliegt gewissen Restriktionen (z.B. Notwendigkeit, für den Lebensunterhalt zu sorgen), die den Entscheidungsspielraum der Person einschränken. Insgesamt sind die Effekte jedoch insgesamt schwach, was möglicherweise auf eine nicht optimale Operationalisierung der Handlungskrise zurückzuführen ist.

Überraschenderweise wiesen – anders als in Studie 5 („Sport im Studio") – die für die Zielverfolgung sprechenden Aspekte (Nutzen der Zielverfolgung, Kosten des Zielabbruchs) keine konsistenten Zusammenhänge mit den verhaltensbezogenen Variablen auf. Zu erklären bleibt, warum in Studie 5 im Kontext des Fitnesstrainings sehr eindeutig nur die Anreize verhaltenswirksam wurden, die für die Zielverfolgung sprechen (Nutzen der Zielverfolgung, Kosten des Zielabbruchs), während in der vorliegenden sechsten Studie im Kontext des Studiums in erster Linie die Anreize, die den Zielabbruch nahe legen (Kosten der Zielverfolgung, Nutzen des Zielabbruchs), mit den Kriteriumsvariablen korrelierten. Denkbar wäre, dass das Studium im Vergleich zur Freizeitbeschäftigung des Fitnesstrainings mehr Fremdsteuerungskomponenten enthält. So wählt man bspw. ein Studium eher aus extrinsischen Anreizen (z.B. weil die Eltern bestimmte Erwartungen daran knüpfen oder man sich an den Vorgaben des Arbeitsmarkts orientiert), als dies für den Besuch eines Fitness-Studios gilt. Diese eher kontrollierte (im Vergleich zur autonomen), nicht in das Selbst integrierte Form der Handlungssteuerung (Sheldon & Elliot, 1998) äußert sich nun darin, dass Abbruchsanreize eine stärkere handlungsleitende Rolle übernehmen.

Annäherungs- vs. Vermeidungsorientierung. Als letzter Punkt sei noch erwähnt, dass auch in dieser Studie das Vorherrschen einer Vermeidungsorientierung mit schlechterem emotionalen Befinden einherging als das Vorherrschen einer Annäherungsorientierung. Studierende, die sich durch eine Vermeidungsorientierung kennzeichnen ließen, gaben nicht nur für den Fall einer misslungenen Prüfung, sondern auch für den Fall eines exzellenten Prüfungsergebnisses an, sich schlechter zu fühlen als Studierende mit einer Annäherungsorientierung.

Fazit. Studierende, die ihre Studiensituation als schwierig erlebten (Handlungskrise), dachten entgegen der Vorhersage nicht signifikant häufiger an die studienbezogenen Nutzen-Kosten-Aspekte als Studierende, denen ihr Studium keine Schwierigkeiten bereitete. Es zeigte sich wieder die bereits in den Studien 1 („Beziehungsszenario"), 4 („Persönliche Alltagsziele") und 5 („Sport im Studio") nachgewiesene volitionale Voreingenommenheit für die Aspekte, die *für* die *Zielverfolgung* sprechen. Diese volitionale Voreingenommenheit war beim Vorliegen einer Handlungskrise (schwierige Studiensituation) abgeschwächt.

Die für den Zielabbruch sprechenden Nutzen-Kosten-Aspekte korrelieren in der Tat im Falle einer Handlungskrise etwas höher mit den erhobenen verhaltensrelevanten Variablen (Zielbindung, Zielablösungsimpuls, Studienleistung, für das Studium aufgewendete Zeit) als wenn keine Handlungskrise vorliegt. Überraschend ist jedoch, dass – anders als bei Studie 5 – hier in erster Linie die *für* den *Zielabbruch* sprechenden Aspekte (Kosten der Zielverfolgung, Nutzen des Zielabbruchs) einen Zusammenhang mit den Kriteriumsvariablen aufweisen.

Als letztes Ergebnis sei genannt, dass Personen, für die Zielverfolgung und Zielabbruch gewichtigere Kosten als Nutzen hatten (und damit nach der hier verwendeten Definition vermeidungsorientiert waren), sich bei studienbezogenem Erfolg und Misserfolg schlechter fühlten als annäherungsorientierte Personen. Die Frage nach dem Einfluss von annäherungs- und vermeidungsorientierter Handlungssteuerung auf das emotionale Befinden war bereits Gegenstand der Studien 3 („Frauen im Fitnessstudio"), 4 („Persönliche Alltagsziele") und 5 („Sport im Studio"). Die Versuchsteilnehmer/innen hatten dabei ihre Stimmung meist als Reaktion auf ein fiktives Ereignis anzugeben. Noch überzeugender wäre es jedoch, wenn sich zeigen ließe, dass die sich durch eine spezifische Nutzen-Kosten-Konstellation ergebende Annäherungs- bzw. Vermeidungshaltung sich auf Gefühle in realen Alltagssituationen auswirken. In Studie 7 („Liebe über die Zeit") werden die Zufriedenheit mit der eigenen Partnerschaft sowie die Gefühle beim Zusammensein mit dem Partner in Abhängigkeit annäherungs- versus vermeidungsorientierter Bindung an den Partner längsschnittlich untersucht. Diese Vorgehensweise erlaubt auch zuverlässigere Schlussfolgerungen zur kausalen Verursachungsrichtung von motivationaler Orientierung und Stimmung.

Studie 7: „Liebe über die Zeit"
Zufriedenheit mit der Partnerschaft und Stimmung in Abhängigkeit von annäherungs- und vermeidungsorientierter Bindung[42]

Einführung

Studie 7, die den Abschluss des empirischen Teils dieser Arbeit bildet, konzentriert sich auf die dritte theoretische Annahme des Nutzen-Kosten-Modells, nach der die Fokussierung auf bestimmte Nutzen-Kosten-Aspekte zu einer Annäherungs- bzw.

---

[42] Frank & Brandstätter (2002)

Vermeidungsorientierung beim Handeln führt, die sich jeweils unterschiedlich auf das Befinden auswirken[43]. Hierzu war ja bereits in den Studien 3 („Frauen im Fitnessstudio"), 4 („Persönliche Alltagsziele"), 5 („Sport im Studio") und 6 („Weiterstudieren oder aufhören?") einige empirische Evidenz gewonnen worden. Da es sich mit Ausnahme von Studie 3 durchwegs um korrelative Ergebnisse handelt, ist die Frage der kausalen Verursachungsrichtung von motivationaler Orientierung (Annäherung vs. Vermeidung) und Stimmung noch nicht hinreichend geklärt. So könnte es vor allem in den Studien 5 und 6 der Fall gewesen sein, dass die in der Befragungssituation zufällig vorherrschende Stimmungslage der Person die Nennung der Nutzen-Kosten-Aspekte beeinflusste und nicht umgekehrt die spezifische Nutzen-Kosten-Konstellation – damit die motivationale Orientierung – die Stimmung.

In der vorliegenden Studie wurde daher ein längsschnittliches Design verwendet, bei dem über einen Zeitraum von einem Jahr dreimal sowohl die Ausprägung von Annäherungs-und Vermeidungsorientierungen als auch affektive Merkmale erhoben wurden. Auch schien es sinnvoll, Annäherungs- und Vermeidungsorientierungen auf eine andere Art als in den bisherigen Studien zu operationalisieren, um sicherzustellen, dass die Befunde auch bei einem anderen methodischen Vorgehen repliziert werden können. Annäherung und Vermeidung wurden hier nicht über frei zu nennende Nutzen-Kosten-Aspekte operationalisiert, sondern über die Erfassung annäherungs- bzw. vermeidungsorientierter Formen der Bindung an den Liebespartner bzw. die Liebespartnerin. Studie 7 ist demnach – wie Studie 1 („Beziehungsszenario") auch – im Bereich von partnerschaftlichen Beziehungen angesiedelt.

In der Literatur zu Partnerschaft und Liebe spielt das „commitment"-Konzept (im Sinne der Bindung an den Partner) eine wichtige Rolle (z.B. Johnson, 1991; Lund, 1985; Lydon, Pierce & O'Regan, 1997; Rusbult, 1980; Rusbult & Buunk, 1993; Sternberg, 1986; Strube, 1988). Der „commitment"-Begriff wird von verschiedenen Autoren ganz unterschiedlich definiert (z.B. Brunstein, 1993; Klinger, 1975; Mowday, Porter & Steers, 1982; Rusbult, 1983; Wicklund & Gollwitzer, 1982; für einen Überblick zum Bindungsbegriff im Bereich von Partnerschaft siehe Lydon, 1996). Es herrscht dennoch Einigkeit darüber, dass *Bindung* (commitment) an eine Sache oder Person einen spezifischen psychologischen Zustand beschreibt, der verbunden ist mit „a strong sense of determination, ... the willingness to invest effort, and with impatient striving for goal implementation" (Brunstein, 1993, p. 1062; siehe auch Klinger, 1975) und der – im Kontext von Partnerschaft – einen direkten Einfluss darauf hat, ob man eine Beziehung weiterführt oder aber beendet.

Vor allem im Rahmen des „Investitions-Modells" (investment model) von Caryl Rusbult (1980, 1983, 1991) wurden die Effekte der Bindung an den Partner auf die Beständigkeit der Beziehung analysiert. Bindung an den Partner wird bei Rusbult als additive Funktion der (a) Zufriedenheit mit der Partnerschaft, (b) der Qualität vorhandener Alternativen zur Partnerschaft sowie (c) der bisherigen Investitionen in die Partnerschaft betrachtet. Es zeigt sich, dass die Beziehungsstabilität um so höher ist, je stärker sich eine Person an ihren Partner oder ihre Partnerin gebunden fühlt und dass dies über bestimmte partnerschaftsstabilisierende Verhaltensweisen vermittelt

---

[43] Fragen der kognitiven Repräsentation der Nutzen-Kosten-Aspekte (Annahmen 1 a bis c) und ihrer Verhaltenswirksamkeit (Annahmen 2a und 2b) werden hier nicht weiter thematisiert.

wird (z.B. Drigotas & Rusbult, 1992; Rusbult & Buunk, 1993; van Lange, Rusbult, Drigotas, Arriaga, Witcher & Cox, 1997; Wieselquist, Rusbult, Foster & Agnew, 1999).

Im „Investitions-Modell" von Rusbult wird „Commitment" – wie bei anderen Autoren auch – als Indikator der Intentionsstärke (Fishbein & Ajzen, 1975) interpretiert, also als Maß der Entschlossenheit, eine begonnene Handlung fortzusetzen bzw. ein begonnenes Ziel weiterzuverfolgen (z.B. Brunstein, 1993; Klinger, 1975). Bei dieser Sichtweise wird jedoch vernachlässigt, dass sich die Bindung an ein Ziel oder eine Person aus ganz unterschiedlichen Quellen speisen kann. Wie die im Rahmen dieser Arbeit vorgestellte nutzen-kosten-theoretische Analyse des Zielstrebens deutlich macht, kann es einer Person bei gleicher hoher Zielbindung um die Erreichung positiver Anreize der Zielverfolgung oder aber um die Vermeidung negativer Anreize des Zielabbruchs gehen. In beiden Fällen wird sie sich persistent um ihr Ziel bemühen, aber die affektiven Begleiterscheinungen werden unterschiedlich sein.

Übertragen auf den Partnerschaftsbereich würde das heißen, dass die Messung der Bindung an den Partner (die Partnerin) allein in *quantitativer* Hinsicht nicht ausreicht, will man affektive Indikatoren der Beziehungsqualität (wie beispielsweise Zufriedenheit mit der Partnerschaft oder emotionales Erleben beim Zusammensein mit dem Partner) vorhersagen. Dies sollte aufgrund der *Art* der Bindung an den Partner möglich sein. Die Vorhersage der Beziehungsqualität gewinnt umso mehr Bedeutung, als die Stabilität einer Partnerschaft nicht allein maßgeblich ist – man denke nur an die häufig erschreckend hohe Stabilität gewalttätiger Partnerschaften (Rusbult & Martz, 1995; Strube, 1988) – und die Qualität einer Partnerschaft eine wesentliche Determinante psychischer und physischer Gesundheit darstellt (z.B. Christensen & Heavey, 1999; Gottman, 1998).

In der vorliegenden Studie geht es also darum zu zeigen, dass annäherungs- und vermeidungsorientierte Arten der Bindung an den Partner bzw. die Partnerin sich unterschiedlich auf Indikatoren der Beziehungsqualität auswirken. Im einzelnen wird die Hypothese formuliert, dass eine annäherungsorientierte Bindung an den Partner (die Partnerin) die Beziehungsqualität (im Sinne von hoher Zufriedenheit mit der Partnerschaft und hohem Wohlbefinden in Gegenwart des Partners) fördert, während eine vermeidungsorientierte Bindung an den Partner die Beziehungsqualität mindert. Zur Messung der Art der Bindung an den Partner wurde eine auf den Partnerschaftsbereich adaptierte Skala von Meyer, Allen und Smith (1993) verwendet, die annäherungs- und vermeidungsorientierte Bindungsformen zu erfassen erlaubt. Annäherungsorientierte Bindung bezieht sich dabei auf positive Anreize (Nutzen) der Partnerschaft (z.B. Identifikation mit dem Partner), vermeidungsorientierte Bindung hingegen auf potentielle Kosten der Trennung (z.B. Orientierungslosigkeit nach einer Trennung).

Methode

Versuchsteilnehmer/innen und Anlage der Studie. Die vorliegende Fragebogenstudie ist Teil einer an der Universität Linz durchgeführten Längsschnittuntersuchung zur Partnerschaftswahrnehmung, die im Sommersemester 1997 startete. Es hatte sich die Möglichkeit geboten, die für die vorliegende Fragestellung relevanten Aspekte zur Art der Bindung zu erheben. 15 Teilnehmer/innen an einem Seminar zur Sozialen

Interaktion befragten je fünf unverheiratete Paare aus ihrem Bekanntenkreis, möglichst auch solche außerhalb des Universitätsbereichs, dreimal in Halbjahresabständen zu ihrer Partnerschaft[44]. Das Durchschnittsalter der 67 Paare, die für die Teilnahme an der Studie gewonnen werden konnten, betrug 24,3 (Frauen) und 26,3 Jahre (Männer). Zur Teilnahme an der Studie wurden nur solche Paare eingeladen, deren Beziehung mindestens schon sechs Monate gedauert hatte. Im Mittel hatten die Partnerschaften eine Dauer von 3.5 Jahren (6 Monate bis 10 Jahre). 31 Paare lebten zusammen, 36 Paare lebten nicht zusammen. Aus verschiedenen Gründen (z.B. Umzug, Trennung vom Partner, mangelnde Bereitschaft zur weiteren Teilnahme) reduzierte sich die Stichprobe bei der zweiten Erhebung auf 54 Paare (81 % der ursprünglichen Stichprobe), bei der dritten Erhebung auf 43 Paare (64 % der ursprünglichen Stichprobe). Die Paare, die sich nach der ersten Befragung zu einer weiteren Teilnahme an der Studie nicht mehr bereit gefunden hatten, unterschieden sich hinsichtlich der beim ersten Messzeitpunkt erhobenen Variablen nicht signifikant von den Paaren, die an der gesamten Erhebung teilgenommen hatten.

Die Versuchsteilnehmer wurden im Verlauf eines Jahres drei Mal (April 1997, Oktober 1997, Mai 1998) von einer Versuchsleiterin zu Hause aufgesucht. Die Partner füllten jeweils unabhängig voneinander in Anwesenheit der Versuchsleiterin den Fragebogen zu verschiedenen die Partnerschaft betreffenden Fragen aus.

Material. Die zu den drei Messzeitpunkten vorgegebenen Fragebögen enthielten jeweils dieselben Fragen zu den beiden *Arten der Bindung an den Partner*, zur *Zufriedenheit mit der Partnerschaft* und zum erlebten Wohlbefinden in Gegenwart des Partners. Die *Art der Bindung an den Partner* wurde anhand von 12 Items erfasst. Verwendet wurden dazu neun Aussagen aus Meyer, Allen und Smith's (1993; Allen & Meyer, 1990) Arbeiten zur Bindung an ein Unternehmen (organizational commitment), in der sie verschiedene Typen von Bindung, nämlich „affective", „continuance" und „normative commitment"[45] unterscheiden. „Affective commitment" entspricht dabei der annäherungsorientierten Form von Bindung, „continuance" und „normative commitment" stehen für eine vermeidungsorientierte Form der Bindung. Die Aussagen wurden für den Partnerschaftsbereich adaptiert. Die Versuchsteilnehmer sollten angeben, inwieweit diese Aussagen auf sie zuträfen (1 „stimmt überhaupt nicht", 5 „stimmt völlig"). Im Folgenden werden Beispielaussagen für jeden Bindungstyp gegeben. „*Affective commitment*": (a) „Ich bedaure, diese Beziehung eingegangen zu sein" (rekodiert); (b) „Ich hänge an meinem Partner/meiner Partnerin". „*Continuance commitment*": (a) „In meinem Leben würde zuviel durcheinandergeraten, wenn ich meine Beziehung aufgeben würde"; (b) „Ich habe so viel in diese Beziehung investiert, dass es schmerzlich wäre, sie aufzugeben". „*Normative commitment*": (a) „Menschen, deren Meinung mir wichtig ist, würden negativ reagieren, wenn ich die Beziehung aufgeben würde"; (b) „Ich fühle mich meinem Partner/meiner Partnerin gegenüber verantwortlich, die Beziehung fortzusetzen".

---

[44] Ich danke allen Versuchsleiter/inne/n und Teilnehmer/innen an der Studie für ihre Mitarbeit.

[45] Es werden hier und im Weiteren die englischen Originalausdrücke verwendet, weil keine adäquate deutsche Übersetzung vorliegt. Der Inhalt der verschiedenen Zielbindungsarten wird im Methodenteil erläutert.

In die hier verwendete Bindungstyp-Skala wurden drei weitere auf den Partner-schaftsbereich anwendbare Aussagen aufgenommen. Diese stammten aus einer von Brunstein (1993) entwickelten sechs Items umfassenden Zielbindungs-Skala. Bei-spiele sind: (a) „Auch wenn es mich sehr viel Mühe kosten sollte, werde ich alles tun, um diese Beziehung zu erhalten"; (b) „Komme was da wolle, ich bin unter kei-nen Umständen bereit, diese Beziehung aufzugeben"; (c) „Manchmal schwanke ich, ob ich diese Beziehung fortsetzen soll".

Die *Zufriedenheit mit der Partnerschaft* wurde mit der von Hassebrauck (1991) ins Deutsche übersetzten „Relationship Assessment Scale" von Susan Hendrick (1988) gemessen. Die Versuchsteilnehmer sollten auf einer siebenstufigen Skala (1 „sehr", 7 „gar nicht") sieben Fragen zu ihrer Partnerschaft (z.B. „Wie gut erfüllt Ihr Partner/Ihre Partnerin Ihre Wünsche und Bedürfnisse?"; „Wie zufrieden sind Sie im großen und ganzen mit Ihrer Beziehung?"; „Wie gut ist Ihre Beziehung im Vergleich zu den Beziehungen der meisten anderen Paare?") beantworten. Nach Rekodierung der Skala wurden die Antworten – für jeden Messzeitpunkt getrennt – gemittelt und zu einem Zufriedenheits-Index zusammengefasst. Cronbachs *alpha* belief sich zu den drei Messzeitpunkten auf .90, .90 und .93.

Das *Wohlbefinden* der Versuchsteilnehmer/innen in Gegenwart ihrer Partner/in-nen wurde operationalisiert über die Frage, wie viel Prozent der gemeinsam mit ih-rem Partner/ihrer Partnerin verbrachten Zeit sie sich wohlfühlten.

Außerdem machten die Versuchsteilnehmer/innen Angaben zur Dauer ihrer Be-ziehung und dazu, ob sie mit ihrem Partner bzw. ihrer Partnerin zusammenlebten. Den Versuchsteilnehmern wurde Anonymität zugesichert; dazu sollten sie ihren Fra-gebogen mit einem persönlichen Code versehen, der aus dem Geburtsdatum der Mutter und dem Geburtsdatum des Partners/der Partnerin gebildet werden sollte.

Ergebnisse

Die Daten aus Paarbeziehungen sind statistisch nicht unabhängig und bedürfen daher spezifischer Analysen. Die hierfür in der Paarforschung vorgeschlagenen statisti-schen Methoden, wie beispielsweise Gonzalez und Griffins (1997) paarweise Korre-lationsanalyse, lassen sich jedoch auf den vorliegenden Datensatz nicht ohne weite-res anwenden; bestimmte hier notwendige Analysen (z.B. Faktorenanalysen) lassen sich nicht durchführen (siehe auch Kenny, 1996). Um dem Problem der Abhängig-keit von Paardaten dennoch gerecht zu werden, wurden schließlich alle Analysen auf drei verschiedene Arten durchgeführt: (a) Analysen auf der Individuumsebene; (b) Analysen getrennt für Männer und Frauen und (c) Analysen auf der Paarebene unter Benutzung der über die Paare gemittelten Werte. Da alle drei Analysestrategien über-einstimmende Ergebnisse ergaben, werden hier nur die Ergebnisse der Analysen auf Paarebene berichtet.

Unterschiede zwischen Versuchsteilnehmer/innen, die die Studie abgebrochen haben, und Versuchsteilnehmer/innen, die die Studie nicht abgebrochen haben. Um sicherzustellen, dass sich durch den Ausfall an Versuchsteilnehmern keine Se-lektionseffekte ergaben, wurden Versuchsteilnehmer, die an allen drei Erhebungen teilgenommen hatten ($N = 85$), und Versuchsteilnehmer, für die keine zweite oder keine dritte Messung vorliegt ($N = 49$), hinsichtlich der zentralen Variablen (Art der

Bindung, Zufriedenheit mit Partnerschaft, Emotionen) zu t1 verglichen. Es ergaben sich keinerlei signifikanten Unterschiede ($.97 > p > .16$).

Dimensionen der Bindung an den Partner. Die 12 Aussagen zur Erfassung der Bindung an den Partner wurden für jeden Messzeitpunkt getrennt einer Hauptkomponentenanalyse unterzogen. Für jeden Messzeitpunkt ergaben sich vier Faktoren mit Eigenwerten größer als 1. Die Eigenwerte der unrotierten Faktorenstruktur betrugen für den ersten Messzeitpunkt 2.9, 2.3, 1.2 und 1.0, für den zweiten Messzeitpunkt 2.9, 1.9, 1.2 und 1.1 sowie für den dritten Messzeitpunkt 2.9, 2.5, 1.4 und 1.3. Aufgrund des Scree-Tests wurden schließlich für jeden der drei Messzeitpunkte zwei Faktoren extrahiert. Die Eigenwerte sowie die Faktorladungen nach einer Varimax-Rotation sind in Tabelle 19 dargestellt.

Die Faktorenstruktur entspricht durchwegs der theoretisch abgeleiteten Zuordnung der Items zu den beiden Bindungsdimensionen[46]. Auf dem ersten Faktor laden die Items, die positive Aspekte (Nutzen) der Bindung an den Partner (z.B. emotionale Bindung und die daraus resultierende emotionale Befriedigung) betreffen. Dieser Faktor wird daher als Indikator *annäherungsorientierter Bindung* interpretiert. Auf dem zweiten Faktor haben in erster Linie jene Items eine hohe Ladung, die negative Aspekte (Kosten) der Trennung vom Partner und die Verpflichtung, die Beziehung aufrechtzuerhalten, betreffen. Dieser Faktor lässt sich daher als Indikator einer *vermeidungsorientierten Bindung* interpretieren. Die Faktorenstruktur bleibt über die drei Messzeitpunkte in hohem Maße stabil; beide Faktoren klären darüber hinaus zu allen drei Messzeitpunkten einen vergleichbaren Varianzanteil auf.

Für die weiteren Analysen wurde ein Gesamtwert für *vermeidungs-* und *annäherungsorientierte Bindung* berechnet, indem die Items der beiden Faktoren jeweils ggf. rekodiert und gemittelt wurden. Die interne Konsistenz war zu allen drei Messzeitpunkten zufriedenstellend (alle Cronbachs *alpha*s $> .69$). Auch waren die für die Zeiträume von sechs Monaten (zwischen t1 und t2 sowie zwischen t2 und t3) errechneten Stabilitätskoeffizienten für beide Zielbindungsarten relativ hoch (alle *rs* $> .53$).

Deskriptive Statistiken. Die Mittelwerte und Standardabweichungen der verwendeten Skalen sowie deren Interkorrelationen sind für die drei Messzeitpunkte in Tabelle 20 im Überblick dargestellt.

Vorhersage der Zufriedenheit mit der Partnerschaft und des Wohlbefindens aufgrund annäherungs- und vermeidungsorientierter Bindung an den Partner. Gemäss der oben formulierten Hypothese sollte die Art der Bindung an den Partner einen Einfluss auf die Zufriedenheit mit der Partnerschaft sowie auf das Wohlbefinden beim Zusammensein mit dem Partner ausüben. Dabei sollten annäherungs- und vermeidungsorientierte Bindung einen *entgegengesetzten* Effekt auf die Zufriedenheit und das Wohlbefinden haben. Das längsschnittliche Design der Studie ermöglicht eine Prüfung dieser Kausalhypothese insofern, als sich die zu einem bestimmten Zeitpunkt gemessene Zufriedenheit bzw. das emotionale Befinden aus den sechs Monate zuvor gemessenen Bindungsformen vorhersagen lassen müssten.

---

[46] Einige Items (z.B. Verpflichtung gegenüber dem Partner) laden auf beiden Faktoren. Da dies jedoch immer nur für einen der drei Messzeitpunkte gilt und die Ladung auf dem theoretisch vorhergesagten Faktor durchwegs höher ist, wurden die Items im jeweiligen Faktor belassen.

Tabelle 19: *Faktorenanalysen der Fragen zur Bindung an den Partner*

	t1		t2		t3	
Items	F1	F2	F1	F2	F1	F2
Annäherungsbindung						
Manchmal schwanke ich, ob ich diese Beziehung fortsetzen soll. (R)	.85		.59		.78	
Ich hänge an meinem Partner.	.66		.67		.37	.67
Ich bedaure, diese Beziehung eingegangen zu sein. (R)	.64		.62		.79	
Ich würde nicht sehr darunter leiden, wenn die Beziehung in die Brüche ginge. (R)	.64		.35		.40	
Ich identifiziere mich mit meinem Partner.	.59		.57		.59	
Vermeidungsbindung						
Selbst wenn es für mich besser wäre, fände ich es meinem Partner gegenüber nicht fair, die Beziehung aufzugeben.		.75		.69	-.41	.62
In meinem Leben würde zuviel durcheinander-geraten, wenn ich meine Beziehung aufgeben würde.		.65		.54		.64
Ich fühle mich meinem Partner gegenüber verantwortlich, die Beziehung fortzusetzen.		.64	-.37	.53		.70
Auch wenn es mich sehr viel Mühe kosten sollte, werde ich alles tun, um diese Beziehung zu erhalten.		.56		.66		.82
Komme was da wolle, ich bin unter keinen Umständen bereit, diese Beziehung aufzugeben.	.47	.52		.64		.60
Menschen, deren Meinung mir wichtig ist, würden negativ reagieren, wenn ich die Beziehung aufgeben würde.		.50		.56	.39	.44
Ich habe so viel in diese Beziehung investiert, dass es schmerzlich wäre, sie aufzugeben.		.49		.67		.27
Eigenwert	2.7	2.6	2.9	2.0	2.7	2.7
Aufgeklärter Varianzanteil	23	22	24	16	23	22

Anmerkung: Mit einer Ausnahme werden nur Faktorladungen > .35 berichtet. F = Faktor. R = Item wurde rekodiert. F1 beschreibt den Faktor Annäherungsbindung, F2 beschreibt den Faktor Vermeidungsbindung.

Tabelle 20: *Mittelwerte, Standardabweichungen und Korrelationen der Skalen für Annäherungs- und Vermeidungsbindung und der zentralen abhängigen Variablen*

	M	SD	1	2	3	4	5	6	7	8	9	10	11
1. Annäherungsbindung, t1	4.22	0.46	(.74)										
2. Annäherungsbindung, t2	4.30	0.38	.65***	(.56)									
3. Annäherungsbindung, t3	4.18	0.54	.53***	.62***	(.69)								
4. Vermeidungsbindung, t1	2.92	0.57	.15	-.04	-.11	(.69)							
5. Vermeidungsbindung, t2	3.04	0.62	.36**	.03	.00	.65***	(.73)						
6. Vermeidungsbindung, t3	3.01	0.55	.15	.00	.07	.54***	.81***	(.71)					
7. Beziehungszufriedenheit, t1	4.73	0.67	.84***	.48***	.49***	.07	.29*	.17	(.90)				
8. Beziehungszufriedenheit, t2	4.80	0.73	.67***	.69***	.52***	-.12	.10	.06	.70***	(.90)			
9. Beziehungszufriedenheit, t3	4.51	0.92	.59***	.62***	.88***	-.16	-.06	.03	.57***	.73***	(.93)		
10. Wohlbefinden, t1	79.89	14.10	.64***	.38**	.51**	-.08	-.09	-.16	.72***	.46**	.58***	—	
11. Wohlbefinden, t2	80.32	19.10	.44**	.53***	.38*	-.36*	-.09	-.08	.46***	.67***	.53***	.44**	—
12. Wohlbefinden, t3	77.51	20.20	.32*	.41**	.78***	-.33*	-.16	-.05	.29	.50*	.85*	.36*	.43**

Anmerkung: In Klammern ist für die Skalen Cronbach's *alpha* angegeben. * = p < .05; ** = p < .01; *** = p < .001.

Um diese Annahme zu prüfen, wurde eine Serie von hierarchischen Regressions-analysen gerechnet. In jeder Analyse wurden die zum ersten Messzeitpunkt gemesse-ne Zufriedenheit mit der Partnerschaft bzw. das emotionale Befinden kontrolliert. In einem zweiten Schritt wurden Partnerschaftszufriedenheit bzw. das emotionale Befinden zum zweiten und dritten Messzeitpunkt aufgrund der Annäherungs- und Vermeidungsbindung zum ersten Messzeitpunkt vorhergesagt[47].

Wie in Tabelle 21 ersichtlich, stellen Annäherungs- und Vermeidungsbindung zu t1 einen signifikanten Prädiktor für die *Zufriedenheit mit der Partnerschaft* zu t2 und t3 dar, nachdem die Zufriedenheit mit der Partnerschaft zu t1 auspartialisiert worden war[48]. Wie vorhergesagt, erhält die annäherungsorientierte Bindung signifikant posi-tive Regressionsgewichte, die vermeidungsorientierte Bindung signifikant negative Regressionsgewichte. Eine hohe annäherungsorientierte Bindung an den Partner zu haben, steht sechs und 13 Monate später in Zusammenhang mit höherer Zufrieden-heit mit der Partnerschaft, während eine hohe vermeidungsorientierte Bindung an den Partner nach 13 Monaten in negativer Beziehung mit der Partnerschaftszufrie-denheit steht.

Tabelle 21: *Ergebnisse der hierarchischen Regressionsanalysen der Zufriedenheit mit Part-nerschaft aufgrund Annäherungs- und Vermeidungsbindung*

Variablen	df	ß	adj. R2	F change
Vorhersage der Zufriedenheit mit Partnerschaft zu t2				
Schritt 1 Zufriedenheit mit Partnerschaft, t1	52	.70***	.47	48.48***
Schritt 2	50		.53	4.05*
Annäherungsbindung, t1		.39*		
Vermeidungsbindung, t1		-.20*		
Vorhersage der Zufriedenheit mit Partnerschaft zu t3				
Schritt 1 Zufriedenheit mit Partnerschaft, t1	42	.57***	.31	20.06***
Schritt 2	40		.38	3.44*
Annäherungsbindung, t1		.45*		
Vermeidungsbindung, t1		-.24[+]		

Das gleiche Ergebnismuster findet sich in bezug auf das in Gegenwart des Partners erlebte *Wohlbefinden* (siehe Tabelle 22). Kontrolliert man wieder im ersten Analyse-schritt das bei t1 erfasste Wohlbefinden, verbessert das Hinzunehmen der Bindungs-variablen im zweiten Schritt die Vorhersage für das Wohlbefinden zum zweiten Messzeitpunkt. Ganz in Übereinstimmung mit den Befunden zur Beziehungszufrie-denheit steht annäherungsorientierte Bindung an den Partner in positiver Beziehung,

---

[47] Analysen, in denen die Wechselwirkung zwischen Annäherungs- und Vermeidungsbin-dung auf die Kriteriumsvariablen geprüft wurde, ergaben keine signifikanten Effekte.

[48] Die Analyse, bei der die Partnerschaftszufriedenheit zu t3 aus den zu t2 gemessenen Bindungsformen vorhergesagt wurde, erbrachte vergleichbare Ergebnisse.

vermeidungsorientierte Bindung in negativer Beziehung mit dem nach sechs Monaten gemessenen Wohlbefinden. Für die Vorhersage des Wohlbefindens zum dritten Messzeitpunkt (also 13 Monate nach der Ersterhebung) sind die Ergebnisse vergleichbar mit dem einzigen Unterschied, dass das Regressionsgewicht für die Annäherungsbindung zwar in der vorhergesagten Richtung liegt, jedoch nicht signifikant wurde.

Tabelle 22: *Ergebnisse der hierarchischen Regressionsanalysen des Wohlbefindens beim Zusammensein mit dem/r Partner/in aufgrund Annäherungs- und Vermeidungsbindung*

Variablen	df	ß	adj. R^2	F change
Vorhersage des Wohlbefindens zu t2				
Schritt 1 Wohlbefinden, t1	50	.44	.17	11.71**
Schritt 2	48		.34	7.38**
Annäherungsbindung, t1		.40*		
Vermeidungsbindung, t1		-.40**		
Vorhersage des Wohlbefindens zu t3				
Schritt 1 Wohlbefinden, t1	41	.36	.11	5.92*
Schritt 2	39		.21	3.64*
Annäherungsbindung, t1		.28		
Vermeidungsbindung, t1		-.36*		

Diskussion

Die Ergebnisse dieser Studie bestätigen die Annahme, dass eine annäherungsorientierte, auf die positiven Anreize der Partnerschaft ausgerichtete Bindung an den Partner die Zufriedenheit mit der Partnerschaft und das emotionale Befinden positiv beeinflusst, während eine vermeidungsorientierte Form der Bindung, die sich auf die negativen Anreize einer Trennung vom Partner bezieht, die Zufriedenheit beeinträchtigt. Dabei ist hervorzuheben, dass die bei der ersten Befragung gemessene Bindungsform die Vorhersage der Zufriedenheit und des emotionalen Erlebens sechs und 13 Monate später erlaubte. Diese Ergebnisse replizieren und erweitern die Befunde zum Zusammenhang zwischen annäherungs- vs. vermeidungsorientierter Handlungssteuerung einerseits und dem emotionalen Erleben (z.B. A. J. Elliot & Sheldon, 1997; A. J. Elliot, Sheldon & Church, 1997; Roney, Higgins & Shah, 1995) für den Bereich von Partnerschaften andererseits.

Die hier vertretene theoretische Position geht davon aus, dass die Art der Bindung an den Partner ursächlich für die Zufriedenheit mit der Partnerschaft und das Wohlbefinden beim Zusammensein mit dem Partner ist. Eine ähnliche Ursache-Wirkungs-Richtung wird von Vandenberg und Lance (1992) im Zusammenhang mit der Bindung an ein Unternehmen (organizational commitment) und der Arbeitszufriedenheit berichtet. In Rusbults (1991) Investitionsmodell wird jedoch die entgegengesetzte Einflussrichtung angenommen: Die Bindung an den Partner wird dort als Funktion der Zufriedenheit mit der Partnerschaft betrachtet. In einer Serie von Regressions-analysen wurde für den vorliegenden Datensatz der Erklärungswert von Rusbults theoretischer Position geprüft. So wurden beispielsweise Annäherungs- und Vermeidungsbindung zum Messzeitpunkt 2 vorhergesagt aus Annäherungs- und Vermeidungsbindung sowie der Partnerschaftszufriedenheit zum Messzeitpunkt 1. Diese Analysen ergaben bei der Vorhersage von Annäherungsbindung zu t2 für Annäherungsbindung zu t1 ein $beta = .86$, $t(50) = 4.48$, $p < .001$, für Vermeidungsbindung zu t1 ein $beta = -.15$, $t(50) = -1.38$, $p < .17$ sowie für Partnerschaftszufriedenheit zu t1 ein $beta = .23$, $t(50) = 1.20$, $p < .24$. Die entsprechenden Analysen bei der Vorhersage von Vermeidungsbindung zu t2 ergaben für Vermeidungsbindung zu t1 ein $beta = .61$, $t(50) = 5.99$, $p < .001$, für Annäherungsbindung zu t1 ein $beta = .20$, $t(50) = 1.09$, $p < .27$ sowie für Partnerschaftszufriedenheit zu t1 ein $beta = -.08$, $t < 1$[49].

Auch wenn sich hier kein signifikanter Erklärungsbeitrag der Partnerschaftszufriedenheit für die beiden Bindungsarten zeigt, so wäre es voreilig Rusbults Modell zu verwerfen, da kein statistischer Vergleich des Erklärungswerts des in dieser Arbeit vorgestellten und Rusbults Modell durchgeführt wurde. Vielmehr ist davon auszugehen, dass zwischen Bindungstypen und Partnerschaftszufriedenheit bidirektionale Einflüsse wirksam sind – eine Annahme, die neuerdings auch von Rusbult und Kollegen (z.B. Rusbult & Buunk, 1993) vertreten wird.

Die in Faktorenanalysen bestätigte Unterscheidung in eine annäherungsorientierte und eine vermeidungsorientierte Art der Bindung an den Partner führt den Versuch verschiedener Autoren fort, das „commitment"-Konzept inhaltlich zu differenzieren (z.B. Johnson, 1991; Levinger, 1979; Lydon, 1996; Meyer, Allen & Smith, 1993; Simpson, 1990). So spricht beispielsweise Johnson (1991) im Kontext von Partnerschaften von drei Facetten der Bindung, nämlich dem Erleben, dass man (a) eine Beziehung weiterführen *möchte* (want to), (b) sie weiterführen *sollte* (ought to) oder (c) sie weiterführen *muss* (has to). Eine ganz ähnliche Unterscheidung findet sich bei Meyer et al. (1993) im Zusammenhang mit der Bindung an ein Unternehmen. Der hier vorgestellte Ansatz geht jedoch über den der anderen Autoren hinaus. Mit der Unterscheidung in Annäherung und Vermeidung, die sich aufgrund der handlungsleitenden Anreize treffen lässt, ist nämlich eine klare theoretische Basis gegeben, die in den anderen Ansätzen zu vermissen ist und von der ausgehend sich einerseits Vorhersagen zur Entstehung, andererseits zur Wirkung annäherungs- und vermeidungsorientierter Bindung formulieren lassen.

Aufgrund der Überlegungen des Nutzen-Kosten-Modells der Persistenz und Zielablösung ist es plausibel anzunehmen, dass die subjektive Nutzen-Kosten-Bilanz der eigenen Partnerschaft den Ausschlag dafür gibt, ob eine Person eher aus Furcht vor den unangenehmen Aspekten einer Trennung oder aufgrund der befriedigenden Seiten der Partnerschaft an ihren Partner gebunden bleibt (vgl. Levinger, 1979). Die subjektive Nutzen-Kosten-Bilanz wird sich ihrerseits aus einem Zusammenspiel von Persönlichkeits- (z.B. Ängstlichkeit, genereller Optimismus) und Situationsmerkmalen (z.B., ob man Kinder im Falle einer Trennung allein zu betreuen hätte; die finanzielle Situation der beiden Partner; die Verfügbarkeit von anderen Partnern) ergeben.

---

[49] Vergleichbare Ergebnisse ergaben sich für die Vorhersage von Annäherungs- und Vermeidungsbindung zu t3 aufgrund der Annäherungs- und Vermeidungsbindung und Partnerschaftszufriedenheit zu t1.

Fazit. Es konnte ein weiterer Beleg für den unterschiedlichen Einfluss von Annähe-
rungs- und Vermeidungsorientierung auf das psychische Wohlbefinden gewonnen
werden. Obwohl Annäherung und Vermeidung sowie die psychische Befindlichkeit
ganz anders als in den anderen Studien operationalisiert worden waren, zeigte sich
eindeutig, dass eine Annäherungsorientierung das psychische Befinden fördert, eine
Vermeidungsorientierung es beeinträchtigt.

Eine Frage, die die Studie unbeantwortet lässt, betrifft die vermittelnden Mechanismen, die für die Effekte von annäherungs- und vermeidungsorientierter Bindung
verantwortlich sind. Es müssten hierzu auf einer Mikroebene grundlegende Prozesse
der gegenseitigen Wahrnehmung der Partner, Interaktionsmuster oder partnerschafts-
bezogene Ziele u.ä. untersucht werden. Einen interessanten Ansatzpunkt liefert
Kuhls PSI-Theorie, in der die Rolle der ganzheitlichen Fühlfunktion für die Ausbildung eines kohärenten Bildes vom Partner als wichtige Voraussetzung für befriedi-
gende Interaktionen mit dem Partner hervorgehoben wird. Kuhl und Kazén (1997)
schreiben dazu: „Wenn solche hochinferenten Repräsentationen [das Extensionsgedächtnis, Anmerkung durch die Verfasserin] aufgrund einer erhöhten negativen
Emotionalität oft nicht zugänglich oder gar unterentwickelt sind (2. Modulations-
hypothese), ist es schwer, beständige Gefühle und stabile Formen der Interaktion mit
anderen Menschen aufzubauen: Einzelne Enttäuschungen oder schmerzhafte Erleb-
nisse mit einer Bezugsperson können zu heftigen Abwertungsreaktionen führen, da
sie nicht durch hoch integrierte Repräsentationen (Wissenslandschaften) moduliert
werden, welche die gesamten Erfahrungen, die man mit diesem Menschen gemacht
hat, integriert bereit halten" (S. 52). Tatsächlich zeigte sich in einer Untersuchung
mit 36 Paaren (Gunsch, 1996, zitiert in Kuhl & Kazén, 1997), dass bei Persönlich-
keitsstilen, die gemäß der PSI-Theorie mit erhöhter negativer Emotionalität verbunden sind, bei hoher Ausprägung des betreffenden Persönlichkeitsstils die Kenntnis
des Partners signifikant geringer ist als bei niedriger Ausprägung.

Ferner kann man sich fragen, wie sich das Zusammenwirken von annäherungs-
und vermeidungsorientierter Bindung gestaltet. Die beiden Bindungsarten waren in
der vorliegenden Studie ja als zwei unabhängige Dimensionen konzeptualisiert. So
ist jede Kombination von niedriger bzw. hoher Annäherungs- und Vermeidungsorientierung denkbar. Es wäre von besonderem Interesse herauszufinden, wie sich die
verschiedenen Kombinationen auf das Erleben und Verhalten in der Partnerschaft
und auf die Beständigkeit der Partnerschaft auswirken.

7 Zusammenfassende Diskussion und weiterführende Forschung

Bewertung der Befunde

Die Annahmen des in dieser Arbeit vorgestellten und in sieben Studien geprüften Nutzen-Kosten-Modells der Persistenz und Zielablösung bezogen sich auf drei Inhaltsbereiche: (a) die kognitive Repräsentation motivationaler Inhalte in der Phase der Zielrealisierung, (b) den Einfluss zielbezogener Nutzen und Kosten auf Persistenz und Zielablösungsimpulse sowie (c) die Effekte einer durch eine spezifische Nutzen-Kosten-Konstellation gegebenen Annäherungs- und Vermeidungsorientierung auf das emotionale Erleben. Im Folgenden sollen die einzelnen Annahmen – gruppiert nach ihrem inhaltlichen Kontext – noch einmal im Licht der erhaltenen Befunde diskutiert werden. Im Anschluss daran werden theoretische Implikationen, offene Fragen und die praktische Relevanz des Nutzen-Kosten-Modells diskutiert.

Die kognitive Repräsentation motivationaler Inhalte in der Phase der Zielrealisierung

Bedingungen der kognitiven Repräsentation (Annahme 1a). Im Rubikonmodell der Handlungsphasen (zusammenfassend Gollwitzer, 1990) wird die Position vertreten, dass sich Vorentscheidungsphase und Nachentscheidungsphase (Phase der Zielrealisierung) hinsichtlich ihrer kognitiven Merkmale unterscheiden (Abwägende vs. Planende Bewusstseinslage). So sollen im Vergleich zur Vorentscheidungsphase in der Phase der Zielrealisierung motivationale Gedanken (z.B. Abwägen zielbezogener Anreize und Erwartungen) zugunsten ausführungsbezogener Gedanken (z.B. Planung notwendiger Handlungsschritte) in den Hintergrund treten. In einer Reihe von Studien konnte belegt werden, dass in den beiden Phasen vor allem solche Inhalte kognitiv repräsentiert werden, die für die jeweils anstehende Aufgabe (Fällen einer Entscheidung zwischen verschiedenen Handlungsoptionen vs. Realisierung eines Ziels) relevant sind (z.B. Beckmann & Gollwitzer, 1987; Gollwitzer, Heckhausen & Ratajczak, 1990; Gollwitzer, Heckhausen & Steller, 1990; Taylor & Gollwitzer, 1995).

Unbeantwortet bleibt die Frage, ob motivationale Inhalte in der Phase der Zielrealisierung generell aus dem Bewusstsein „verbannt" bleiben oder ob es Bedingungen gibt, unter denen sie der handelnden Person wieder bewusst werden. Bei verschiedenen Autoren finden sich Hinweise dazu, dass motivationale Gedanken durchaus wieder in den Mittelpunkt der Aufmerksamkeit rücken können und zwar vor allem dann, wenn das Zielstreben durch Schwierigkeiten unterbrochen wird, also so etwas wie eine Handlungskrise aufkommt (z.B. Beckmann, 1996; Carver & Scheier, 1990; H. Heckhausen, 1989; Martin & Tesser, 1989). Dies mündete in Annahme 1a des Nutzen-Kosten-Modells, nach der anhaltende Schwierigkeiten bei der Zielrealisierung (also nicht kurzfristige und vorübergehende Schwierigkeiten bei der Handlungsausführung, die eine Aufmerksamkeitsverlagerung auf ausführungsnahe Inhalte bewir-

ken; siehe Vallacher & Wegner, 1987) motivationale Inhalte (z.B. ein erneutes Abwägen zielbezogener Nutzen und Kosten) ins Bewusstsein treten lassen.

Diese Annahme wurde in Studie 1 („Beziehungsszenario"), Studie 4 („Persönliche
Alltagsziele") und Studie 6 („Weiterstudieren oder aufhören?") mit verschiedenen
Operationalisierungen geprüft. Es wurde sowohl eine eher operante (freie Auflistung
von Gedanken) als auch eine eher respondente (die Beantwortung geschlossener Fragen) Methode zur Erfassung der kognitiven Repräsentation verwendet. Zusammengenommen sprechen die Befunde zum Anteil abwägender Gedanken sowie zur Häufigkeit und Intensität des Nachdenkens über Nutzen-Kosten-Aspekte für die Annahme 1a.

In Studie 1 („Beziehungsszenario") löste die Vorstellung einer Beziehungskrise
(die als Handlungskrise auf dem Weg zum Ziel einer harmonischen Partnerschaft
verstanden werden kann) bzw. in Studie 4 („Persönliche Alltagsziele") das Nachdenken über ein problematisches persönliches Alltagsziel bei den Versuchsteilnehmern
mehr abwägende Gedanken aus als die Vorstellung einer harmonischen Beziehung
bzw. das Nachdenken über ein unproblematisches persönliches Ziel. Kein Unterschied ergab sich zwischen den experimentellen Bedingungen im Hinblick auf die
Häufigkeit handlungsbezogener Gedanken. Die Interaktion zwischen Gedankentyp
und Bedingung war hoch signifikant in Studie 1, in Studie 4 erreichte sie nicht das
konventionelle Signifikanzniveau. Da in beiden Studien jedoch dieselbe gerichtete
Hypothese getestet wurde und die Richtung der Ergebnisse der Vorhersage entsprach, ergibt sich nach Rosenthal (1978) für die beiden Studien ein kombiniertes
einseitiges Signifikanzniveau von .01[50].

Außerdem berichteten die Versuchsteilnehmer/innen der Bedingung *Beziehungskrise* in Studie 1, intensiver über die Nutzen-Kosten-Aspekte von Zielverfolgung und
Zielabbruch nachzudenken. Die Ergebnisse von Studie 6 („Weiterstudieren oder aufhören?") sind weniger klar, aber sie weisen tendenziell in die vorhergesagte Richtung
(kombiniertes *P* für beide Studien von .03, einseitig). Personen, die ihre Studiensituation als schwierig erlebten (Handlungskrise), gaben an, innerhalb eines Zeitraums
von vier Wochen etwas häufiger an die Kosten der Zielverfolgung (die unangenehmen Seiten ihres Studiums) und an den Nutzen des Zielabbruchs (die angenehmen
Seiten eines Studienabbruchs) gedacht zu haben als Personen, die ihre Studiensituation nicht als schwierig erlebten. Gleichzeitig dachten Versuchsteilnehmer/innen in
einer schwierigen Studiensituation im Vergleich zu den anderen Versuchsteilneh-
mer/innen jedoch seltener an den Nutzen der Zielverfolgung. Möglicherweise standen ersteren die Strapazen des eben zu Ende gegangenen Semesters noch so vor Augen, dass für sie die positiven Aspekte des Studiums stärker in den Hintergrund traten.

In den vorliegenden Studien waren die Versuchsteilnehmer/innen ganz explizit
gebeten worden, ihre zielbezogenen Gedanken aufzulisten und anzugeben, wie häufig bzw. wie intensiv sie über nutzen-kosten-bezogene Aspekte nachdachten. Dadurch richtete sich natürlich die Aufmerksamkeit auf die zu berichtende kognitive

---

[50] Rosenthal (1978) empfiehlt die Formel $P = (\text{Summe } p)^N/N!$ zur Berechnung der kombi-
nierten Wahrscheinlichkeit für den Vergleich einer geringen Anzahl an Studien zur selben
Fragestellung, für die die Summe der einseitigen Signifikanzniveaus kleiner oder gleich 1
ist.

Aktivität, was möglicherweise Unterschiede zwischen den verglichenen Versuchspersonengruppen nivelliert hat. In zukünftigen Studien, in denen das *quantitative
Ausmaß der kognitiven Aktivität* die abhängige Variable ist, sollte man sich daher einer verfeinerten Methode zur Erfassung der kognitiven Repräsentation bedienen.
Hier wäre beispielsweise an Messungen der Reaktionszeit auf motivationale Inhalte
zu denken, die als implizite Maße der Repräsentationsstärke dienen (vgl. Martin,
Tesser & McIntosh, 1993).

***Volitionale Voreingenommenheit in der kognitiven Repräsentation von Nutzen-
Kosten-Aspekten (Annahme 1b).*** Die zweite Annahme des Nutzen-Kosten-Modells
bezog sich auf *qualitative Merkmale der kognitiven Repräsentation* motivationaler
Charakteristika eines Ziels. In verschiedenen Bewusstseinslagen-Studien (Gollwitzer, 1991; Taylor & Gollwitzer, 1995), aber auch in der dissonanztheoretischen Forschung (zusammenfassend D. Frey & Gaska, 1993) konnte belegt werden, dass nach
einer Entscheidung in der Phase der Zielrealisierung eine voreingenommene Analyse
der zielbezogenen Anreize vorgenommen wird, in der vor allem jene Aspekte des
Ziels repräsentiert sind, die die getroffene Entscheidung unterstützen bzw. für die
Zielverfolgung sprechen. In der vorliegenden Arbeit wurde in diesem Zusammenhang von einer „volitionalen Voreingenommenheit" gesprochen.

Ausgehend von diesen Befunden wurde mit Annahme 1b vorhergesagt, dass in
der Phase der Zielrealisierung die für die Zielverfolgung sprechenden Anreize (Nutzen der Zielverfolgung, Kosten des Zielabbruchs) stärker kognitiv repräsentiert sein
sollten als die für den Zielabbruch sprechenden Anreize (Kosten der Zielverfolgung,
Nutzen des Zielabbruchs). In der Bewusstseinslagenforschung war diese Annahme
erst in einer Studie (Taylor & Gollwitzer, 1995, Studie 3) einer empirischen Prüfung
unterzogen worden.

Um so wichtiger sind die Ergebnisse der hier vorgelegten Untersuchungen, die
mit verschiedenen Operationalisierungen die postulierte volitionale Voreingenommenheit durchwegs sehr deutlich bestätigen, und zwar (a) in der Intensität, mit der
über die einzelnen Nutzen-Kosten-Aspekte einer partnerschaftlichen Beziehung
nachgedacht wurde (Studie 1 „Beziehungsszenario"), (b) in den frei produzierten
Gedanken zu Nutzen und Kosten eines persönlichen Alltagsziels (Studie 4 „Persönliche Alltagsziele"), (c) in den frei aufgelisteten Nutzen-Kosten-Aspekten des Fitnesstrainings bzw. des Studiums (Studien 5 „Sport im Studio" und 6 „Wieterstudieren
oder aufhören?") sowie (d) in der Häufigkeit, mit der an Nutzen und Kosten des Studiums und eines möglichen Studienabbruchs gedacht wurde (Studie 6 „Weiterstudieren oder aufhören?"). Im Vergleich zu den für den Zielabbruch sprechenden Anreizen traten die für die Zielverfolgung sprechenden Anreize in den zielbezogenen Gedanken und freien Nutzen-Kosten-Auflistungen häufiger auf; außerdem wurden sie
intensiver und häufiger bedacht.

Die Annahme einer volitionalen Voreingenommenheit wurde darüber hinaus jedoch um einen wichtigen Aspekt erweitert. Kernstück des Nutzen-Kosten-Modells
ist ja die Differenzierung von Nutzen und Kosten der Zielverfolgung und des Zielabbruchs. Wenn man davon ausgeht, dass die volitionale Voreingenommenheit ein volitionaler Mechanismus zur Unterstützung der Zielrealisierung ist, dann müsste sich
die Voreingenommenheit auch auf der Ebene der einzelnen Nutzen und Kosten zeigen. Im Zusammenhang mit der Zielverfolgung sollte der Nutzen stärker gewichtet
werden als die Kosten (weil Ersterer für die Zielverfolgung, Zweitere für den Zielab-

bruch sprechen) und im Zusammenhang mit dem Zielabbruch umgekehrt die Kosten stärker als der Nutzen (weil Erstere für die Zielverfolgung, Zweiterer für den Zielabbruch sprechen).

Die Befunde der genannten Studien (1, 4, 5 und 6) sprechen ganz klar für diese Annahme. Es war nicht etwa so, dass generell mehr Nutzen- als Kosten-Aspekte genannt (bzw. intensiver bedacht) wurden, was durchaus plausibel gewesen wäre, weil positive Inhalte stärker und negative Inhalte weniger stark kognitiv repräsentiert sind (z.B. Isen, 1987; Weiner, 1966). Es traten vielmehr jene Aspekte stärker in den Vordergrund, die die weitere Zielverfolgung nahe legen, d.h. der Nutzen der Zielverfolgung sowie die Kosten des Zielabbruchs. Dieser Nachweis einer volitionalen Voreingenommenheit ist um so überzeugender, als in den vorliegenden Studien die Versuchsteilnehmer/innen explizit aufgefordert wurden, *zu allen* Nutzen-Kosten-Aspekten Stellung zu nehmen – eine Instruktion, die ja eigentlich dazu prädestiniert ist, Ausgewogenheit zu erzeugen.

Kritisch könnte man einwenden, dass in den vorgelegten Studien zwar eine Voreingenommenheit für bestimmte Nutzen-Kosten-Aspekte nachgewiesen worden sei; ob diese als „volitional" bezeichnete Voreingenommenheit jedoch ein spezifisches Merkmal der Phase der Zielrealisierung ist, bleibe aufgrund des Fehlens einer „nicht-volitionalen" Kontrollgruppe offen, da es ja in allen Studien um ein bereits in Angriff genommenes Vorhaben gegangen sei. Diese Überlegung wäre tatsächlich in künftigen Studien stärker zu berücksichtigen. Obwohl es bereits einige empirische Belege dafür gibt (Gollwitzer, 1991, Studien 7 und 8; Heckhausen & Gollwitzer, 1987; Taylor & Gollwitzer, 1995, Studie 3), dass in der Vorentscheidungs-Phase die für den Entschluss und die für den Nicht-Entschluss sprechenden Anreize ausgewogen bedacht werden, sollte in Folgestudien dies auch für die Nutzen und Kosten des Entschlusses und des Nicht-Entschlusses überprüft werden. In einer solchen Studie könnte man Personen bitten, entweder ein noch offenes Entschlussproblem oder ein Ziel, für das sie sich bereits engagiert haben, zu nennen und in einem freien Antwortformat Nutzen und Kosten der Inangriffnahme bzw. weiteren Verfolgung ihres Projekts sowie Nutzen und Kosten eines Unterlassens bzw. Abbruchs desselben aufzulisten. Ebenso könnte man abfragen, wie intensiv und wie häufig Nutzen- und Kosten-Aspekte in der Vergangenheit bedacht wurden. Motivationale Ausgewogenheit sollte sich daran zeigen, dass für die Zielverfolgung und für den Zielabbruch sprechenden Nutzen-Kosten-Aspekte in gleicher Anzahl genannt bzw. gleich intensiv und gleich häufig bedacht werden.

Abschwächung der volitionalen Voreingenommenheit bei einer Handlungskrise (Annahme 1c). Eine weitere theoretische Differenzierung bisheriger Überlegungen zur volitionalen Voreingenommenheit wurde schließlich mit Annahme 1c vorgestellt. Es war argumentiert worden, dass die volitionale Voreingenommenheit nicht durchwegs bestehen kann, sonst würde der Weg für die Zielablösung so gut wie nie frei (vgl. D. Frey, 1982). Um eine flexible Anpassung an sich verändernde Handlungsumstände zu ermöglichen, müsste sich die Voreingenommenheit für die Aspekte, die die Zielverfolgung nahe legen, bei ernstzunehmenden Handlungsschwierigkeiten abschwächen.

Tatsächlich fand sich für diese Annahme nur schwache empirische Evidenz. In Studie 4 („Persönliche Alltagsziele") ergab sich zwar, dass Personen, die sich mit einem persönlichen Alltagsziel in einer Handlungskrise befanden (entrapment), wesentlich weniger voreingenommen über Nutzen- und Kosten-Aspekte der Zielverfolgung nachdachten als Personen, die ihre Gedanken zu einem unproblematischen Ziel nennen sollten. Für die Anreize des Zielabbruchs ließ sich diese Annahme jedoch nicht belegen. In Studie 5 („Sport im Studio") zeigte sich in der freien Auflistung von Nutzen und Kosten keinerlei Abschwächung der volitionalen Voreingenommenheit beim Vorliegen einer Handlungskrise, während sich in Studie 6 („Weiterstudieren oder aufhören?") zumindest für die Zielverfolgungsanreize ein nicht signifikanter Trend in der vorhergesagten Richtung andeutet. Darüber hinaus zeigte Studie 6 relativ klar für Zielverfolgungs- und Zielabbruchsanreize sowie Studie 1 („Beziehungsszenario") andeutungsweise für die Zielverfolgungsanreize beim Vorliegen einer Handlungskrise eine geringere Voreingenommenheit (gemessen an der Häufigkeit bzw. Intensität nutzen-kosten-bezogener Gedanken). Insgesamt lässt sich festhalten, dass die postulierte Abschwächung der volitionalen Voreingenommenheit im Falle einer Handlungskrise sich für Nutzen und Kosten der Zielverfolgung eher belegen lässt als für Nutzen und Kosten des Zielabbruchs. Dies ist möglicherweise u.a. darauf zurückzuführen, dass zielabbruchsbezogene Aspekte insgesamt weniger häufig auftraten bzw. weniger intensiv bedacht wurden als zielverfolgungsbezogene Aspekte. In zukünftigen Studien sollten die Bedingungen genauer analysiert werden, unter denen überhaupt zielabbruchsbezogene Aspekte bedacht werden. Möglicherweise treten Gedanken an die Anreize des Zielabbruchs erst bei viel gravierenderen Handlungskrisen auf, als dies in den berichteten Studien realisiert werden konnte.

Fazit. Die im Zusammenhang mit Annahme 1a bis 1c vorgetragenen theoretischen Überlegungen betreffen Fragen, die bislang in der volitionspsychologischen Forschung nicht systematisch bearbeitet wurden. Die gewonnenen Ergebnisse erweitern den Kenntnisstand der bestehenden Literatur zur kognitiven Repräsentation motivationaler Inhalte in der Phase der Zielrealisierung. Die Befunde weisen zum einen darauf hin, dass eine Unterbrechung des glatten Zielverlaufs (Handlungskrisen) abwägende Gedanken auslöst und zielbezogene Anreize (Nutzen und Kosten von Zielverfolgung und Zielabbruch) ins Bewusstsein treten lässt. Zum anderen bestätigen sie die Existenz eines die Zielrealisierung unterstützenden volitionalen Mechanismus, der als spezifische kognitive Repräsentation der Nutzen und Kosten von Zielverfolgung und Zielabbruch (volitionale Voreingenommenheit) in Erscheinung tritt. Darüber hinaus wurden Überlegungen dazu angestellt, dass mit zunehmender Stärke der Handlungskrise die volitionale Voreingenommenheit abgeschwächt wird, was eine wichtige Voraussetzung für die Zielablösung sein könnte. Dieser letztgenannte Aspekt hat sich jedoch in den vorliegenden Studien nicht eindeutig nachweisen lassen.

Persistenz und Zielablösung als Funktion des Nutzens und der Kosten von Zielverfolgung und Zielabbruch

Verhaltenseffekte zielverfolgungs- und zielabbruchbezogener Nutzen und Kosten (Annahme 2a).
Ausgangspunkt der vorliegenden Arbeit war die Frage nach den Bedingungen des Festhaltens an unbefriedigenden Handlungsverläufen. Die Durchsicht der einschlägigen Literatur zu „escalation of commitment", „entrapment" und zum „sunk cost"-Effekt (Kapitel 2 der vorliegenden Arbeit) sowie der motivationspsychologischen Forschung zu Persistenz und Zielablösung (Kapitel 3 und 4) machte vor allem zweierlei deutlich: Zum einen, dass Anreize insgesamt bei der Regulation

von Ausdauer und auch im Hinblick auf die Zielablösung eine zentrale Rolle spielen. Zum anderen, dass die Fokussierung auf die negativen Anreize des Zielabbruchs die Ablösung von einem unbefriedigenden Ziel erschwert.

Die im Rahmen des Nutzen-Kosten-Modells durchgeführten Untersuchungen 2, 3, 4, 5 und 6 analysieren Persistenz und Zielablösung aus einer anreiztheoretischen Perspektive. Dabei wurde eine Differenzierung des Anreizkonzepts vorgenommen und zwar in der Weise, dass positive (Nutzen) und negative (Kosten) Anreize der Zielverfolgung und des Zielabbruchs unterschieden wurden.

Es ging mit Annahme 2a nun zum einen auf einer allgemeineren Ebene um den Nachweis, dass der Nutzen der Zielverfolgung und die Kosten des Zielabbruchs sowie die Kosten der Zielverfolgung und der Nutzen des Zielabbruchs gleichsinnig auf verhaltensrelevante Parameter wirken. Zum anderen sollte speziell im Hinblick auf das „entrapment"- bzw. „escalation of commitment"-Phänomen der Nachweis geführt werden, dass die Fokussierung auf die Kosten des Zielabbruchs das Festhalten an einem unbefriedigenden Ziel begünstigt.

In den hier vorliegenden Studien wurde ein ganzes Spektrum verschiedener verhaltensrelevanter Variablen erfasst. So wurden die Bindung an das Ziel (commitment; Studien 2, 3, 4, 5 und 6), der Impuls zur Zielablösung (Studien 3 und 6), die Handlungsbereitschaft in bezug auf konkrete zielrealisierende Handlungen (Studie 3), rückblickende Bewertungen des Verhaltens (Studie 3) sowie selbstberichtetes (Studien 3, 5 und 6) und tatsächliches (Studien 3 und 5) Verhalten gemessen. Hinzuweisen ist auch darauf, dass die Nutzen-Kosten-Aspekte in den hier präsentierten Studien ganz unterschiedlich operationalisiert wurden. In den Studie 2 und 4 wurden sie in konkreter Form vorgegeben (als bisherige Investitionen, schlechte Alternative und negative soziale Sanktionen). In den Studien 3, 5 und 6 wurden hingegen für jede Person individuell ihre subjektiv wahrgenommenen Nutzen-Kosten-Aspekte erfasst.

Annahme 2a findet durch Studie 2, Studie 3, Studie 4, Studie 5 und Studie 6, in denen der Einfluss der zielverfolgungs- und zielabbruchbezogenen Nutzen-Kosten-Aspekte auf verhaltensrelevante Parameter geprüft wurde, sehr gute Unterstützung. Waren die für die Zielverfolgung sprechenden Nutzen-Kosten-Aspekte (d.h. der Nutzen der Zielverfolgung und die Kosten des Zielabbruchs) stark ausgeprägt (Studien 2, 4, 5, und 6), so ging damit höhere Zielbindung (Studien 2, 4, 5 und 6), geringerer Zielablösungsimpuls (Studie 6) und ausdauernderes Verhalten (Studien 5 und 6) einher, als wenn sie schwach ausgeprägt waren. Ganz Analoges fand sich für die Aspekte, die für den Zielabbruch sprechen (d.h. die Kosten der Zielverfolgung und der Nutzen des Zielabbruchs). Waren sie stark ausgeprägt, waren die Zielbindung geringer, der Zielablösungsimpuls stärker und das Verhalten weniger ausdauernd, als wenn sie schwach ausgeprägt waren.

Die vorhergesagten Effekte zeigten sich nicht nur in korrelativ angelegten Untersuchungen (Studien 4, 5 und 6), sondern auch in Studien, in denen die betreffenden Nutzen-Kosten-Aspekte experimentell (Studien 2 und 3) manipuliert worden waren, was für die postulierte Ursache-Wirkungs-Richtung spricht. Bemerkenswert ist, dass in Studie 3 die experimentell induzierte gedankliche Hervorhebung der für die Zielverfolgung sprechenden Aspekte (Nutzen der Zielverfolgung bzw. Kosten des Zielabbruchs) gegenüber den für den Zielabbruch sprechenden Aspekten (Kosten der Zielverfolgung bzw. Nutzen des Zielabbruchs) selbst nach mehreren Wochen noch

Effekte in der vorhergesagten Richtung aufwies. An den Nutzen der Zielverfolgung bzw. an die Kosten des Zielabbruchs zu denken, führte zu höherer Zielbindung, schwächerem Zielablösungsimpuls, größerer Handlungsbereitschaft, ausdauernderem Verhalten und einer positiveren Bewertung des Verhaltens als an die Kosten der Zielverfolgung bzw. an den Nutzen des Zielabbruchs zu denken.

Die Befunde sind umso überzeugender, als das vorhergesagte Ergebnismuster an ganz unterschiedlichen Stichproben (Studierende sowie Mitglieder von Sportstudios unterschiedlichen Alters und Bildungsstands), mit unterschiedlichen methodischen Vorgehensweisen (experimentell induzierte Fokussierung auf einen bestimmten Nutzen-Kosten-Aspekt, geschlossene Fragen zur Ausprägung der verschiedenen Nutzen-Kosten-Aspekts, freie Auflistung aller Nutzen- und Kosten-Aspekte) und in ganz unterschiedlichen Zieldomänen repliziert werden konnte. Ein deutlicher Einfluss der Nutzen-Kosten-Aspekte auf verhaltensrelevante Parameter fand sich sowohl im Kontext des Studiums als auch im Kontext des Freizeitsports[51]. Beides sind zentrale Lebensbereiche, die sich jedoch im Ausmaß des intrinsischen Anreizes (d.h., wie angenehm zielführende Handlungen sind) sowie hinsichtlich der an die handelnde Person gestellten Anforderungen unterscheiden (d.h., wie schwierig zielführende Handlungen sind). So fühlten sich Versuchsteilnehmer/innen in Studie 2 stärker an den im Szenario geschilderten Entschluss gebunden, ein Studienjahr im Ausland zu verbringen, wenn die Kosten des Zielabbruchs hoch als wenn sie niedrig waren. Ebenso berichteten Versuchsteilnehmer/innen in Studie 6 in bezug auf ihr reales Studium, stärker an ihr Studium gebunden zu sein, seltener an einen Studienwechsel oder -abbruch zu denken, mehr Zeit für ihr Studium aufgewendet und bessere Prüfungsleistungen erzielt zu haben, wenn die für den Zielabbruch sprechenden Aspekte (d.h. die Kosten der Zielverfolgung und der Nutzen des Zielabbruchs) gering ausgeprägt waren. Auch bei den von den Versuchsteilnehmer/innen der Studie 4 genannten problematischen Alltagszielen korrelierte das Ausmaß der Kosten des Zielabbruchs positiv mit der Zielbindung.

In Studie 3 und Studie 5 wurden Mitglieder eines Sportstudios zu ihrem Ziel, regelmäßig zu trainieren, befragt. Hier zeigte sich übereinstimmend, dass die gedankliche Hervorhebung der für die Zielverfolgung sprechenden Aspekte (d.h. Nutzen der Zielverfolgung und Kosten des Zielabbruchs) bzw. eine starke personspezifische Ausprägung dieser Aspekte verbunden war mit starker Bindung an das Trainingsziel, schwachem Zielablösungsimpuls, längerer Trainingsdauer und häufigeren Besuchen im Sportstudio (selbstberichtet und objektiv gemessen).

Die nachgewiesenen Effekte der Nutzen-Kosten-Aspekte beschränken sich also nicht auf selbstberichtete Indikatoren der Zielbindung, des Zielablösungsimpulses und des Verhaltens, sondern erstrecken sich auf tatsächliches Verhalten, das bis zu vier Wochen nach der Erhebung der Nutzen-Kosten-Aspekte gemessen wurde. Dem Einwand, dass die Effekte ausschließlich auf die zeitgleiche Erhebung der Prädiktor-

---

[51] In Studie 4 (Entrapment *bei persönlichen Alltagszielen*) waren die Versuchsteilnehmer/innen zwar aufgefordert worden, persönliche Ziele aus welchem inhaltlichen Bereich auch immer zu nennen; tatsächlich waren jedoch 80 % der Nennungen studien- bzw. berufsbezogen. Zwischenmenschliche Ziele und Ziele, die die persönliche Lebensführung betrafen, traten demgegenüber in den Hintergrund. Dennoch ist davon auszugehen, dass die gefundenen Zusammenhänge auch für nicht studienbezogene Ziele gelten.

und Kriteriumsvariablen innerhalb eines Fragebogens zurückgehen und damit eher implizite Theorien über die Wirkung von Nutzen und Kosten auf verhaltensrelevante Variablen abbilden, ist damit der Boden entzogen.

Wie insbesondere Studie 2 und Studie 4 demonstrieren, begünstigt die Wahrnehmung hoher Kosten des Zielabbruchs das Festhalten an einem unbefriedigenden Ziel, was für die Erklärung von „escalation of commitment" und „entrapment" von besonderer Bedeutung ist.

Ein Aspekt, der durch die hier vorgelegten Studien nicht abgedeckt wird, betrifft die tatsächliche Zielablösung. Es war ja in Annahme 2a formuliert worden, dass es dann zur Zielablösung kommt, wenn die für die weitere Zielverfolgung sprechenden Nutzen und Kosten (Nutzen der Zielverfolgung, Kosten des Zielabbruchs) schwächer sind als die für den Zielabbruch sprechenden Nutzen und Kosten (Kosten der Zielverfolgung, Nutzen des Zielabbruchs). Diese Facette des Nutzen-Kosten-Modells konnte in den vorliegenden Studien nicht untersucht werden. Es liegen keine Daten dazu vor, wer das Training im Sportstudio bzw. sein Studium über die Zeit aufgegeben hat. In zukünftigen Längsschnittuntersuchungen muss daher geprüft werden, ob die postulierte Nutzen-Kosten-Konstellationen von Zielverfolgung und Zielabbruch wie vorhergesagt zur Beendigung des Zielstrebens führt. Dieser Nachweis würde die Gültigkeit des Nutzen-Kosten-Modells für die Zielablösung weiter unterstreichen. Könnte man zuverlässig vorhersagen, wann jemand ein Zielstreben beendet oder in einem verlustreichen Handlungsverlauf gefangen bleibt (entrapment), wäre man einen wesentlichen Schritt weiter auf dem Weg zum Verständnis von Zielablösungsprozessen, die ein ganz zentraler Forschungsgegenstand der Motivationspsychologie des Zielstrebens sind. In methodischer Hinsicht wäre bei solchen Studien zu berücksichtigen, dass man entweder einen Zielbereich auswählt, bei dem die Zielabbruchquote bekanntermaßen hoch ist; oder man müsste eine große Stichprobe untersuchen, um genügend Fälle des Zielabbruchs zu erfassen.

Moderatorwirkung von Handlungskrisen (Annahme 2b). Die Effekte zielbezogener Nutzen und Kosten auf verhaltensrelevante Parameter sollten, wie im Zusammenhang mit Annahme 2b des Nutzen-Kosten-Modells ausgeführt, besonders dann in Erscheinung treten, wenn Nutzen und Kosten im Bewusstsein repräsentiert sind. Dies sollte wiederum nach Annahme 1a besonders beim Vorliegen einer Handlungskrise der Fall sein. Die empirischen Befunde der Studien, die dazu eine Aussage zulassen, sprechen zumindest teilweise für Annahme 2b. In Studie 4 („Persönliche Alltagsziele") und Studie 5 („Sport im Studio") zeigten sich eindeutig stärkere Zusammenhänge zwischen den Nutzen-Kosten-Aspekten und verhaltensbezogenen Variablen, wenn eine Handlungskrise vorlag, als wenn keine Handlungskrise vorlag. Ein weniger klares Bild ergeben hingegen die Ergebnisse von Studie 6 („Weiterstudieren oder aufhören?"). Dort zeigte sich das vorhergesagte Muster nur andeutungsweise.

In den drei Studien war das Vorliegen einer Handlungskrise ganz unterschiedlich operationalisiert worden. In Studie 4 wurde ein problematisches einem unproblematischen Alltagsziel gegenübergestellt. Bei dem zu nennenden problematischen Ziel sollten die Versuchsteilnehmer/innen insofern eine Handlungskrise erleben, als es Anzeichen dafür gab, besser vom Ziel abzulassen, sie es aber weiterverfolgten, obwohl sie sich der Sinnhaftigkeit ihrer Bestrebungen nicht sicher waren. Im Kontext des Sports (Studie 5) wurde dann von einer Handlungskrise gesprochen, wenn der intrinsische Anreiz des Sportstudiobesuchs nur relativ gering ausgeprägt war. Im Kontext des Studiums (Studie 6) wiederum wurde eine hohe subjektiv empfundene Schwierigkeit der Studiensituation als Handlungskrise betrachtet. Gemeinsam sollte diesen unterschiedlichen Operationalisierungen sein, dass es sich nicht um eine nur kurzzeitige Unterbrechung des glatten Zielverlaufs, sondern um anhaltende Schwierigkeiten bei der Zielverfolgung handelt. Möglicherweise galt dies in sehr viel stärkerem Maße für Studie 4 und Studie 5 als für Studie 6. Ein persönliches Ziel zu haben, bei dem man zu der Überzeugung gekommen ist, dass man es eigentlich aufgeben sollte (Studie 4), kann im o.g. Sinne als Handlungskrise verstanden werden. Ähnlich lässt sich der Fall interpretieren, bei dem den Mitgliedern eines Sportstudios der Aufenthalt im Sportstudio sogar und das Training selbst wenig angenehm ist (Studie 5). Diese Personen müssen sich im Grunde ständig überwinden, ihr Ziel (d.h. regelmäßig Sport zu treiben) zu realisieren. Möglicherweise stellt im Vergleich dazu die wahrgenommene Schwierigkeit des Studiums in Studie 6 weniger eine Handlungskrise im o.g. Sinne dar. Die Versuchsteilnehmer/innen von Studie 6 waren am Ende ihres ersten Semesters befragt worden. So kann es gut sein, dass die Einschätzung einer hohen Schwierigkeit stärker den Eindruck der gerade zu Ende gegangenen ersten Prüfungen und weniger anhaltende Schwierigkeiten widerspiegelt.

Fazit. Mit den vorliegenden theoretischen Überlegungen in den Annahmen 2a und 2b, in deren Mittelpunkt Zielbindung, Verhalten und Zielablösungsimpulse stehen, wird das vielfach zitierte „Handlungsloch" der Motivationspsychologie (H. Heckhausen, 1981) um ein weiteres Stück geschlossen. Die Phase der Zielrealisierung mit ihrem Zusammenspiel motivationaler und volitionaler Prozesse wurde in den Mittelpunkt der Forschungsbemühungen gestellt.

Die Ergebnisse der hier vorgelegten Studien zu den Annahmen 2a und 2b unterstreichen die Bedeutung zielbezogener Anreize für die Handlungsregulation. Als genuin *motivationales* Konstrukt und zentraler Bestandteil von Erwartung-Wert-Theorien waren im Zuge der sich Mitte der 80er Jahre formierenden Volitionspsychologie Anreize zugunsten *volitionaler* Konzepte (wie Strategien der Handlungskontrolle bei Kuhl, 1984; Bewusstseinslagen, zusammenfassend Gollwitzer, 1990; Implementierungsintentionen, Gollwitzer, 1993; Zielbindung, Brunstein, 1995) bei der Verhaltenserklärung in den Hintergrund getreten.

Mit der Differenzierung in Nutzen (positive Anreize) und Kosten (negative Anreize) von Zielverfolgung *und* Zielabbruch gehen die hier vorgestellten theoretischen Überlegungen über die Literatur zu Persistenz und Zielablösung hinaus, wo diese Unterscheidung nur implizit an manchen Stellen anklingt. So führt Kuhl (1984) als Beispiel für die Handlungskontrollstrategie der Motivationskontrolle die Fokussierung auf negative Konsequenzen (Kosten) der Handlungsunterlassung an. Ebenso spricht Gollwitzer (1991) im Zusammenhang mit der Analyse kognitiver Inhalte in der Abwägephase die positiven und negativen Anreize eines Entschlusses bzw. Nicht-Entschlusses an. Schließlich findet sich bei Brandtstädter und Renner (1990) der Hinweis, dass der Mangel an adäquaten Alternativen (Kosten des Zielabbruchs) die Zielablösung erschwert. In keinem dieser Ansätze wurden jedoch die Effekte der verschiedenen Anreiztypen auf Zielbindung, Zielablösungsimpulse und Verhalten systematisch untersucht. Die vorliegenden Ergebnisse zeigen, dass der Nutzen der Zielverfolgung ebenso wie die Kosten des Zielabbruchs im Gegensatz zu den Kosten der Zielverfolgung und dem Nutzen des Zielabbruchs Zielbindung und Ausdauer beim Handeln fördern. Es konnten darüber hinaus Belege dafür gewonnen werden, dass die handlungsleitende Funktion von Anreizen besonders in einer Handlungskrise gegeben ist, die – wie im Zusammenhang mit Annahme 1a ausgeführt – die motivationalen Charakteristika des Ziels ins Bewusstsein treten lässt.

Die Befunde zur Verhaltenswirksamkeit der verschiedenen Anreiztypen sind insbesondere für die Erklärung von „escalation of commitment" und „entrapment" von Bedeutung. Sie bestätigen die Vermutung, dass die Fokussierung auf die Kosten des Zielabbruchs die Zielbindung an und das Engagement für das betreffende Ziel deutlich erhöht, was gerade im Falle verlust- oder kostenreicher Handlungsverläufe zu dem vordergründig als „irrational" erscheinenden Festhalten am Ziel führen kann.

Annäherungs- und Vermeidungsorientierungen (Annahme 3)

Annäherung und Vermeidung werden als zwei grundlegende motivationale Orientierungen beim Handeln betrachtet, die sich hinsichtlich affektiver, kognitiver, und verhaltensbezogener Merkmale unterscheiden (zusammenfassend Higgins, 1997). Wie in Kapitel 5 ausgeführt, lag in der humanexperimentellen Forschung zu Annäherung und Vermeidung lange Zeit der Akzent auf persönlichkeitsbedingten interindividuellen Unterschieden in der Ausprägung der beiden Tendenzen (z.B. Gray, 1987; H. Heckhausen, 1963, 1982). Einige neuere Arbeiten vertreten demgegenüber einen eher situativen Ansatz; Annäherung und Vermeidung werden dort durch bestimmte Instruktionen experimentell induziert und in ihrer Wirkung auf Erleben und Verhalten untersucht (z.B. Cochran & Tesser, 1996; Roney, Higgins & Shah, 1995). So weiß man zwar, wie in Bezug auf ein konkretes experimentelles Aufgabenziel Annäherung und Vermeidung entstehen können und welche Wirkung sie haben, doch wenig ist bekannt zur Frage, wann sich im Hinblick auf ein persönliches Alltagsziel eine Annäherungs- oder eine Vermeidungsorientierung einstellt.

Einen Beitrag zur Klärung dieser Frage leisten die zu Annahme 3 des Nutzen-Kosten-Modells gewonnenen empirischen Befunde. Annahme 3 besagte, dass eine Annäherungsorientierung dann gegeben ist, wenn im Hinblick auf Zielverfolgung und Zielabbruch die Nutzen-Aspekte stärker ausgeprägt sind als die Kosten-Aspekte. Eine Vermeidungsorientierung ist hingegen dann gegeben, wenn die Kosten-Aspekte die Nutzen-Aspekte von Zielverfolgung und Zielabbruch überwiegen. Vorhergesagt wurde schließlich, dass Vermeidung im Vergleich zu Annäherung zu schlechterer Stimmung beim Zielstreben führt.

Die Ergebnisse der vier Studien, in denen diese Vorhersage getestet wurde, sprechen klar für die theoretische Annahme. In Studie 3 („Frauen im Fitnessstudio") war in der experimentellen Gedankenübung ein bestimmter Nutzen-Kosten-Aspekt in den Vordergrund gerückt worden. Die Fokussierung auf negative Anreize (Kosten der Zielverfolgung bzw. Kosten des Zielabbruchs) galt dabei als Vermeidungsorientierung, die Fokussierung auf positive Anreize (Nutzen der Zielverfolgung bzw. Nutzen des Zielabbruchs) als Annäherungsorientierung. Sich die Kosten von Zielverfolgung bzw. die Kosten des Zielabbruchs vor Augen zu halten, war tatsächlich mit negativeren Gefühlen als Reaktion auf ein vorgestelltes trainingsbezogenes Ereignis verbunden, als an den Nutzen der Zielverfolgung bzw. den Nutzen des Zielabbruchs zu denken. Dieses Ergebnis traf sowohl für den vorgegebenen trainingsbezogenen Erfolg als auch für den trainingsbezogenen Misserfolg zu.

Das gleiche Ergebnis fand sich in den Studien 5 („Sport im Studio") und 6 („Weiterstudieren oder aufhören?"), wo Annäherungs- und Vermeidungsorientierungen anders operationalisiert wurden. Nicht ein experimentell akzentuierter Nutzen-Kosten-Aspekt repräsentierte Annäherung bzw. Vermeidung, sondern die spezifische, natürlicherweise bei einer Person vorherrschende Nutzen-Kosten-Konstellation. Personen, die mehr subjektiv bedeutsame Kosten-Aspekte (für Zielverfolgung und Zielabbruch) als subjektiv bedeutsame Nutzen-Aspekte (wiederum für Zielverfolgung und Zielabbruch) nannten, galten als vermeidungsorientiert. Wer insgesamt bedeutsamere Nutzen- als Kosten-Aspekte auflistete, galt als annäherungsorientiert. Vermeidungsorientierte Versuchsteilnehmer/innen berichteten in Studie 5 als Reaktion auf einen vorgestellten trainingsbezogenen Misserfolg schlechtere Stimmung als annäherungsorientierte Versuchsteilnehmer/innen. Dasselbe Muster fand sich für die Studierenden der Studie 6. Vermeidungsorientierte Studierende gaben an, sich sowohl nach studienbezogenen Erfolgen als auch nach studienbezogenen Misserfolgen schlechter zu fühlen als annäherungsorientierte Studierende. Die Orientierung an negativen Anreizen (Vermeidungsorientierung) führt offensichtlich dazu, Erfolge weniger freudig, Misserfolg bedrückender zu erleben – ein Umstand, der sicherlich die Handlungsregulation nicht gerade fördert.

In den eben genannten drei Studien sollten die Versuchsteilnehmer/innen Angaben zu ihrer gefühlsmäßigen Reaktion auf *vorgestellte* Ereignisse machen. Wie sieht es nun aber mit Gefühlen in *realen* Situationen aus? Lassen sich dort auch unterschiedliche Effekte von nutzen-kosten-basierter Annäherungs- und Vermeidungsorientierung nachweisen? Die Studien 4 („Persönliche Alltagsziele") und 7 („Liebe über die Zeit") geben dazu Auskunft. In Studie 4 wurden Versuchsteilnehmer/innen gebeten, entweder ein problematisches oder ein unproblematisches persönliches Alltagsziel zu nennen. Das problematische Ziel trug Anzeichen von „entrapment" – reduzierte subjektive Erfolgswahrscheinlichkeit und hohe Zielbindung, die ihrerseits einen starken Zusammenhang mit den subjektiv wahrgenommenen Kosten des Zielabbruchs aufwiesen. Dieser zuletzt genannte Aspekt kann als Indikator für eine vermeidungsorientierte Handlungsregulation bei problematischen (entrapment)-Zielen interpretiert werden, die sich in schlechterer Stimmung beim Gedanken an das Ziel auswirken sollte im Vergleich zu Zielen, die keine Anzeichen von „entrapment" trugen. Tatsächlich fühlten sich Versuchsteilnehmer/innen, die ein problematisches Ziel nennen sollten, beim Gedanken an ihr Ziel schlechter als jene, die ein unproblematisches Ziel nennen sollten. Wichtiger als dieser (allzu) plausible Befund, der sich alternativ auch mit den Unterschieden in der subjektiven Erfolgswahrscheinlichkeit erklären lassen könnte, ist, dass die Kosten des Zielabbruchs die Vorhersage der Stimmung über die Erfolgswahrscheinlichkeit hinaus verbesserte und die Stimmung um so mehr beeinträchtigt war, je enger die Zielbindung an die Kosten des Zielabbruchs gebunden war.

Den überzeugendsten Beleg für Annahme 3 liefert jedoch Studie 7 („Liebe über die Zeit"), in der die Auswirkungen annäherungs- und vermeidungsorientierter Bindung an den Partner auf die Zufriedenheit mit der Partnerschaft und das Wohlbefinden beim Zusammensein mit dem Partner längsschnittlich untersucht wurden. Bei der annäherungsorientierten Bindung standen die positiven Anreize der Partnerschaft im Vordergrund, bei der vermeidungsorientierten Bindung die negativen Anreize einer Trennung. Es ließ sich zweifelsfrei nachweisen, dass eine annäherungsorientierte

Bindung an den Partner die sechs und 13 Monate später gemessene Zufriedenheit mit der Partnerschaft sowie das Wohlbefinden beim Zusammensein mit dem Partner fördert, während eine vermeidungsorientierte Bindung die generelle Zufriedenheit mit der Partnerschaft und das erlebte Wohlbefinden in Gegenwart des Partners beeinträchtigt.

Fazit. Annahme 3 thematisiert eine Fragestellung, zu der in der Forschung zu Annäherung und Vermeidung bislang keine Überlegungen vorliegen, nämlich wann sich bei einem konkreten persönlichen Alltagsziel eine Annäherungs- bzw. Vermeidungsorientierung einstellt. Bislang wurde die Tendenz, annäherungs- bzw. vermeidungsorientiert zu sein, entweder als relativ überdauerndes Persönlichkeitsmerkmal konzeptualisiert (z.B. Gray, 1987; Higgins, 1997), oder aber sie wurde im Hinblick auf eine experimentelle Aufgabe per Instruktion induziert (z.B. Cochran & Tesser, 1996; Roney, Higgins & Shah, 1995). Beide Ansätze lassen keine Aussage darüber zu, wann eine Person in Bezug auf ein konkretes Alltagsziel annäherungsorientiert ist, in Bezug auf ein anderes jedoch eher vermeidungsorientiert.

Die anreiztheoretische Analyse des Nutzen-Kosten-Modells erlaubt dazu hingegen eine Vorhersage. Aufgrund der individuellen Nutzen-Kosten-Konstellation eines bestimmten Ziels soll sich ergeben, ob die Handlungsregulation in Bezug auf dieses Ziel eher annäherungs- oder eher vermeidungsorientiert ist. Die Art der Handlungsregulation soll sich schließlich – wie in der einschlägigen Forschung vielfach nachgewiesen – in spezifischer Weise auf die Stimmung auswirken. Die vorliegenden Ergebnisse stützen die theoretische Überlegung, dass die Stimmung beeinträchtigt ist, wenn die Kosten-Aspekte von Zielverfolgung und Zielabbruch die Nutzen-Aspekte von Zielverfolgung und Zielabbruch übersteigen.

Theoretische Implikationen, offene Fragen und weiterführende Forschung zum Nutzen-Kosten-Modell

Implikationen für die „escalation of commitment"- bzw. „entrapment"-Forschung

Integrative Funktion des Nutzen-Kosten-Modells. Das vorgestellte Nutzen-Kosten-Modell der Persistenz und Zielablösung integriert die Erkenntnisse der sozial- und organisationspsychologischen Forschung zu „escalation of commitment" bzw. „entrapment" einerseits und der motivations- und volitionspsychologischen Forschung zu Persistenz und Zielablösung andererseits. Beide Forschungsbereiche haben in der Vergangenheit wenig Notiz voneinander genommen, obwohl sie in hohem Maße Überlappungen aufweisen. Wenn man – wie in der vorliegenden Arbeit vorgeschlagen – das Festhalten an verlustreichen Handlungen (escalation of commitment, entrapment) als spezifische Form des Zielstrebens versteht (siehe Kapitel 2 dieser Arbeit), eröffnet sich das Erklärungsinstrumentarium einer motivations- und volitionspsychologischen Analyse des Zielstrebens.

„Escalation of commitment" bzw. „entrapment" stellen sich aus dieser Perspektive als Situationen dar, bei der sich eine Person bereits für ein Ziel engagiert hat (sich also in der volitionalen Phase der Zielrealisierung befindet), gravierende und anhaltende Rückschläge (Verluste, hohe Kosten) erlebt, aber dennoch nicht von ihrem Vorhaben Abstand nehmen möchte. Zur Erklärung der hohen Persistenz und der ausbleibenden Zielablösung bieten sich die klassischen motivationalen Variablen Erwartung und Anreiz ebenso an wie volitionale Mechanismen zur Unterstützung der Zielrealisierung, zu denen u.a. eine spezifische kognitive Orientierung und eine reaktiv einsetzende Anstrengungserhöhung bei Schwierigkeiten im Handlungsverlauf zählen (siehe Kapitel 3 und 4 dieser Arbeit). Im Nutzen-Kosten-Modell der Persistenz und Zielablösung wurden die beiden erstgenannten Facetten einer zielpsychologischen Analyse aufgegriffen: erstens die handlungssteuernde Funktion von Anreizen und Erwartungen sowie zweitens die spezifische kognitive Orientierung in der Phase der Zielrealisierung.

Als erklärungskräftig für „escalation of commitment" bzw. „entrapment" hat sich die aus dem Nutzen-Kosten-Modell abgeleitete Überlegung erwiesen, dass eine Fokussierung auf die Kosten des Zielabbruchs Ausdauer fördert und Zielablösungsimpulse eindämmt. Mit dieser Erkenntnis lässt sich eine Vielzahl an relativ unverbunden nebeneinander stehenden „escalation of commitment"- bzw. „entrapment"-Studien unter einem theoretischen Konzept fassen. Die von manchen Autoren als zentral erachtete Tendenz zur Selbstrechtfertigung (vgl. Staw & Ross, 1987; Brockner, 1992), das Bestreben, nicht als verschwenderisch gelten zu wollen (z.B. Arkes & Blumer, 1985), Risikoaversion (z.B. Whyte, 1986, 1993) oder auch die Unterwerfung unter institutionelle Zwänge oder soziale Normen (z.B. Fox & Staw, 1979; Ross & Staw, 1986) können als Orientierung an den negativen Anreizen (Kosten) des Zielabbruchs interpretiert werden. Neben dieser integrativen Funktion steht ein weiterer Vorteil des Nutzen-Kosten-Modells.

Berücksichtigung kognitiver und affektiver Parameter. Der Forschungszugang zu „escalation of commitment" bzw. „entrapment" wird durch die gleichzeitige Berücksichtigung kognitiver, affektiver und verhaltensbezogener Parameter insofern erweitert, als in den einschlägigen Studien bislang fast ausschließlich Verhaltensdaten erhoben wurden. So macht das Nutzen-Kosten-Modell über die Spezifikation einer bestimmten „entrapment"-fördernden Anreizkonstellation hinaus auch Aussagen zu einem zentralen, diesen Anreizeffekt vermittelnden kognitiven Mechanismus. Die in der Phase der Zielrealisierung vorherrschende volitionale Voreingenommenheit für die Anreize, die für die Zielverfolgung sprechen (d.h. Nutzen der Zielverfolgung und Kosten des Zielabbruchs) ist letztlich dafür verantwortlich, dass die Kosten des Zielabbruchs so überpointiert wahrgenommen werden, und dies insbesondere in Situationen, in denen der Nutzen der weiteren Zielverfolgung unübersehbar geschwunden ist. Die Faktoren, die einen Abbruch des aussichtslosen Unterfangens nahe legen würden (d.h. die Kosten der Zielverfolgung und der Nutzen des Zielabbruchs), sind jedenfalls kognitiv unterrepräsentiert, was die Suche nach alternativen Betätigungsmöglichkeiten und damit die Ablösung vom Ziel hemmt.

Aussagen zu den affektiven Begleiterscheinungen von „entrapment" lassen sich ebenfalls aufgrund des Nutzen-Kosten-Modells treffen. Dominieren in der individuellen Nutzen-Kosten-Konstellation die Kosten des Zielabbruchs, sind also negative Anreize handlungsleitend (Vermeidungsorientierung), ist das subjektive Befinden beeinträchtigt. Die in einer „entrapment"-Situation durch die erlittenen Rückschläge bereits beeinträchtigte Stimmung wird also durch die gegebene Vermeidungsorientierung weiter verschlechtert.

Ist „entrapment" wirklich immer „entrapment"?. Die Grundannahme, dass die individuelle Nutzen-Kosten-Konstellation darüber Aufschluss gibt, welche Anreize handlungsleitend sind, führt aber noch zu einem anderen, ganz wesentlichen Punkt. Das von einer außenstehenden Warte als Festhalten an einem verlustreichen Handlungsverlauf erscheinende Verhalten muss nicht unbedingt auf eine Fokussierung auf die Kosten des Zielabbruchs zurückgehen. Subjektiv kann die handelnde Person vom Nutzen der weiteren Zielverfolgung voll und ganz überzeugt sein und deshalb an einem Ziel festhalten, das einem außenstehenden Beobachter als problematisch erscheint (vgl. Schulz-Hardt et al., 1999). Diese Überlegung wirft jedoch die Frage nach der Begriffsbestimmung von „escalation of commitment" und „entrapment" neu auf. Soll man tatsächlich einen Handlungsverlauf, der von außen betrachtet zwar fragwürdig erscheint, von dessen Sinnhaftigkeit die handelnde Person aber überzeugt ist, als „Gefangensein in einem Handlungsverlauf" bezeichnen? Wäre es für eine widerspruchsfreie Definition nicht günstiger, nur dann von „entrapment" zu sprechen, wenn ein Individuum trotz eines geringen *subjektiven* Nutzens der Zielverfolgung und *subjektiv* hoher Kosten der Zielverfolgung an einem Ziel festhält?

Damit ist im Grunde auch der Weg für eine wichtige theoretische Weiterentwicklung gewiesen. Die Spezifikation der subjektiven Kriterien dafür, wann es (höchste) Zeit ist, sich von einem Ziel zu lösen, würde die kontrovers diskutierte Frage der Funktionalität versus Dysfunktionalität von Ausdauer (z.B. Janoff-Bulman & Brickman, 1982) einer Klärung zuführen können, was vor allem auch praktische Relevanz für Motivationsförderprogramme hätte (siehe unten). Wie hoch die Kosten im Vergleich zum Nutzen der Zielverfolgung sein dürfen, wie lange das Missverhältnis von Nutzen und Kosten anhalten muss, um subjektiv einen Impuls zur Zielablösung auszulösen, ist eine wichtige theoretische Frage, die nur unter Einbeziehung differentialpsychologischer Konzepte zu lösen sein wird (vgl. Brandtstädter & Renner, 1990; Kuhl & Beckmann, 1994b).

Die hier vorgetragenen Überlegungen zu „entrapment" beziehen sich auf eine spezifische subjektive Anreizkonstellation – nämlich die Fokussierung auf die Kosten des Zielabbruchs – als Ursache für das Festhalten an verlustreichen Handlungen. Neben dieser *anreizabhängigen* Form lässt sich jedoch eine zweite, *anreizunabhängige* Form des „entrapment" unterscheiden. Das Verhaftetsein in einer verlustreichen Handlung geht in diesem Falle auf eingespielte Routinen oder Gewohnheiten zurück, die ohne Bezug zu den jeweils aktuellen Anreizen der Handlung ablaufen. Diese anreizunabhängige Form der Verhaltenssteuerung beschreibt Kuhl (2001) folgendermaßen: „Je stärker eine Gewohnheit herausgebildet ist ..., desto unabhängiger wird die Ausführung von der (momentan oder überdauernden) Anreizqualität der Handlung bzw. des relevanten Objekts" (Kuhl, 2001, S. 422). Unangenehme Gewohnheiten, Suchtverhalten oder Zwangshandlungen, die als störend empfunden werden, jedoch zu einem hohen Grade automatisch ablaufen und nur schwer unterbunden werden können (vgl. Ouellette & Wood, 1998), sind Beispiele für diese zweite Art von „entrapment".

Zukünftige Forschung. Eine offene Frage des Nutzen-Kosten-Modells betrifft die Entstehung und Auflösung von „entrapment". In zukünftiger Forschung müsste man den eng gesteckten Rahmen von Querschnittuntersuchungen, wie sie in der „escalation of commitment"- bzw. „entrapment"-Forschung vorherrschen, verlassen und in Längsschnittstudien das *Entstehen* einer „entrapment"-fördernden Nutzen-Kosten-Konstellation und die damit einhergehenden Veränderungen im emotionalen Erleben und in den eingesetzten Handlungsstrategien verfolgen. Dem erstgenannten Aspekt kommt besondere Bedeutung zu, als es nachzuweisen gilt, dass „entrapment" tatsächlich auf den in dieser Arbeit postulierten *Anreizwandel*, d.h. einen Wandel der motivationalen Orientierung von Annäherung zu Vermeidung zurückgeht (siehe Kapitel 2). Ganz wichtig wäre natürlich auch die Prüfung der Vorhersage, dass es dann zur Zielablösung (und damit zum Ablassen von einem problematischen Ziel) kommt, wenn die *für* die *Zielverfolgung* sprechenden Nutzen-Kosten-Aspekte schwächer als die *für* den *Zielabbruch* sprechenden Aspekte sind (weitere Ausführungen zu diesem Punkt siehe unten). Wie es im einzelnen zu einer Umkonfiguration der Anreizmomente kommt, die dann letztlich den Weg zur Zielablösung frei macht, ist bislang noch offen.

Die Frage nach den Bedingungen der Entstehung und den Bedingungen der Auflösung spezifischer Anreizkonstellationen lenkt den Blick auf dynamische Merkmale der Handlungssteuerung und damit auf die Bedeutung funktionaler Mechanismen. Die Betrachtung aktuell gegebener Anreizkonstellationen muss ergänzt werden durch eine Analyse des dynamischen Geschehens zwischen diesen motivationalen Parametern und volitionalen Funktionen. Einen ausgezeichneten Ansatzpunkt dafür bietet Kuhls PSI-Theorie, die sich von anderen Ansätzen zu Motivation und Handlungskontrolle gerade dadurch abhebt, dass sie ihren Fokus auf „.... functional relationships among affective and cognitive macrosystems, i.e., the dynamic processes that underlie human mental functioning" (Kuhl, 2000, S. 2) richtet. Eines der Kernpostulate der PSI-Theorie bezieht sich – wie in Kapitel 4 der vorliegenden Arbeit dargestellt – auf die modulatorische Wirkung von positivem und negativem Affekt auf die an der Handlungssteuerung beteiligten Makrosysteme. Im Zusammenhang mit der kognitiven Repräsentation zielverfolgungs- und zielabbruchsbezogener Anreize und ihrer Verhaltenswirksamkeit scheinen besonders die funktionalen Mechanismen relevant zu sein, die den Zugang zum Extensionsgedächtnis mit seinen ausgedehnten assoziativen Netzwerken an selbstrelevanter Information (z.B. übergeordnete Ziele, Interessen, Werte, Bedürfnisse) und selbstregulatorischen Prozessen (z.B. Selbstmotivierung) steuern. So ist aufgrund PSI-theoretischer Überlegungen anzunehmen, dass ein umfassender Überblick über alle Anreizmomente eines Ziels nur dann möglich ist, wenn das Extensionsgedächtnis aktiviert ist. Die Aktivierung des Extensionsgedächtnis ist seinerseits jedoch davon abhängig, inwieweit negativer Affekt herabreguliert werden kann. Für die Ablösung von einem problematischen, kostenintensiven Ziel bedeutet dies, dass erst das Herabregulieren des negativen Affekts gelingen muss, um alle Anreizmomente, also auch jene, die den Zielabbruch fördern, berücksichtigen zu können. Hier bietet sich eine Verbindung zu differentialpsychologischen Forschungsfragen, da sich lage- und handlungsorientierte Personen in ihrer Affektregulationskompetenz unterscheiden (Kuhl, 2001).

Implikationen für die motivations- und volitionspsychologische Forschung zu Persistenz und Zielablösung

Das Nutzen-Kosten-Modell der Persistenz und Zielablösung bietet auch interessante Perspektiven für die weitere motivations- und volitionspsychologische Forschung.

Impuls für die angewandte Motivationsforschung. Durch die nutzen-kosten-theoretische Analyse des Festhaltens an verlustreichen Handlungen wird ein Phänomen von hoher praktischer Relevanz in den Mittelpunkt des Forschungsinteresses gerückt, das bislang in der Motivationsforschung nur vereinzelt Erwähnung fand (z.B. Brunstein, 1993; Kuhl & Beckmann, 1994b). Die systematische Analyse des Festhaltens an verlustreichen Alltagszielen könnte der angewandten Motivationsforschung einen wichtigen Impuls geben. Man könnte sich dabei am Vorgehen der „escalation of commitment"- bzw. „entrapment"-Forschung orientieren, deren Vorzug ja ist, dass die in kontrollierten Laborexperimenten gewonnenen Erkenntnisse auf Problemstellungen in Wirtschaft und Verwaltung angewendet wurden. Die an den subjektiv repräsentierten positiven und negativen Anreizen von Zielverfolgung und Zielabbruch orientierte nutzen-kosten-theoretische Zugangsweise eröffnet dabei gerade die Möglichkeit, nicht-monetäre Alltagsziele aus den verschiedensten Lebensbereichen (z.B. Partnerschaft, Beruf, Studium, Freizeit) zu analysieren und Interventionsstrategien zu entwickeln, um problematische Zielbindung zu reduzieren (siehe unten).

Integration motivations- und volitionspsychologischer Erkenntnisse. Im Nutzen-Kosten-Modell werden wichtige Erkenntnisse der Motivationspsychologie einerseits und der Volitionspsychologie andererseits verknüpft. Die Bedeutung der klassischen motivationalen Variablen Erwartung und Wert für die Handlungssteuerung wird darin ebenso berücksichtigt, wie volitionale Prozesse, die nach der Intentionsbildung auf den Plan treten. Dies wird an Annahme 1a des Modells besonders deutlich, nach der in der Phase der Zielrealisierung motivationale Inhalte (z.B. zielbezogene Nutzen und Kosten) und Prozesse (z.B. Abwägen) u.a. bei Handlungskrisen wieder verstärkt ins Bewusstsein treten, also nicht generell ausgeblendet bleiben. Damit wird das „Postulat des Nicht-zurück-Könnens" (Kornadt, 1988, S. 209) nach der Überschreitung des Rubikons relativiert und die theoretischen Überlegungen des Rubikon-Modells der Handlungsphasen um eine wichtige, bislang fehlende Facette erweitert. Auf dieses Defizit des Rubikon-Modells weist auch Beckmann (1996) hin:

> „Sicherlich können Veränderungen in der Situation auftreten, die die Absicht als nicht mehr realisierbar erscheinen lassen. Hier sollte es zu einem „kontextadäquaten" Abbruch der Handlungsausführung kommen. Dazu wären aber bei Auftreten von Schwierigkeiten, die jenseits eines Grenzwertes liegen, realitätsorientierte Prüfungen, ob die Absicht noch ausführbar ist, erforderlich. Hierzu macht das Rubikonmodell jedoch keine Aussagen." (S. 24)

Die in diesem Zusammenhang vorgetragenen Überlegungen müssen jedoch noch präzisiert werden. In Zukunft wird es u.a. darum gehen müssen, das Konzept der Handlungskrise, die sie auslösenden Bedingungen und ihre Konsequenzen auf die Handlungsregulation theoretisch zu elaborieren. Dieser Aspekt ist um so wichtiger als er ebenfalls in anderen Ansätzen recht vage bleibt. Beckmann (1996) spricht beispielsweise von „Schwierigkeiten, die jenseits eines Grenzwertes liegen", ohne nähere Angaben zu machen, worin dieser Grenzwert bestehen oder wie er sich bestimmen lassen könnte. Ähnlich unspezifisch bleibt es bei Carver und Scheier (1990), die schreiben: „We believe that self-regulatory efforts are interrupted when obstacles to goal attainment are encountered" (S. 22)[52].

Als Handlungskrise galt im hier vorgestellten Nutzen-Kosten-Modell eine Situation, in der die Zielrealisierung durch *anhaltende* Schwierigkeiten beeinträchtigt bzw. sogar subjektiv in Frage gestellt ist. In dieser Situation sollte es – wie in Annahme 1a formuliert – zu einem erneuten Abwägen der Anreize des Ziels, vor allem auch der abbruchsbezogenen Anreize, kommen; die Ablösung vom Ziel sollte damit als Handlungsoption gedanklich in den Vordergrund rücken. Von dieser Situation zu unterscheiden sind nur kurzfristige Unterbrechungen des glatten Zielverlaufs durch vorübergehend auftretende Realisierungsschwierigkeiten, die nach Kuhl (1983) das Kriterium für den Einsatz volitionaler Prozesse darstellen. Hier wird die Selbstregulation in der Weise aktiviert, dass die Realisierung des momentan aktuellen Ziels unterstützt wird (z.B. durch Aufmerksamkeits-, Motivations- oder Emotionskontrolle; Kuhl, 1984). So beschreibt Kuhl (2000) beispielsweise die Selbstmotivierung (self-motivation) als eine selbstregulative Strategie, um bei Schwierigkeiten nicht zu sehr in negativem Affekt gefangen zu bleiben und sich die nötige Energie zum Handeln zu bewahren (z. B. sich selbst eine Belohnung für die Zielerreichung in Aussicht stellen).

Der markanteste Unterschied zwischen dem Vorliegen einer Handlungskrise und einer nur vorübergehenden Realisierungsschwierigkeit sollte demnach darin liegen, dass im ersteren Fall neben die Zielrealisierung der Zielabbruch als weitere Handlungsoption tritt, im zweiten Fall jedoch die Zielrealisierung der alleinige „Sollwert" des Handlungsregulationssystem bleibt. Inwieweit es im Falle einer Handlungskrise dann tatsächlich zu einer Ablösung vom Ziel kommt, sollte von verschiedenen Faktoren abhängen (siehe dazu die Ausführungen weiter unten).

Von Person zu Person dürfte es sehr unterschiedlich sein, wann in verschiedenen Handlungskontexten anhaltende Schwierigkeiten bei der Zielrealisierung tatsächlich eine Handlungskrise auslösen (z. B. aufgrund unterschiedlicher Frustrationstoleranz). Generell sollte jedoch gelten, dass eine Handlungskrise umso wahrscheinlicher wird, je schwieriger oder unbefriedigender der Verlauf der Zielrealisierung über einen längeren Zeitraum erlebt wird.

Eine weitere zentrale Erkenntnis der Volitionspsychologie, die im Nutzen-Kosten-Modell berücksichtigt wird, betrifft die in der Phase der Zielrealisierung herrschende volitionale Voreingenommenheit. Wenn, durch eine Handlungskrise ausgelöst, die motivationalen Merkmale eines Ziels erneut abgewogen werden, so geschieht das in anderer Weise als beim Abwägen in der Vorentscheidungsphase. In der Phase der Zielrealisierung werden in erster Linie jene Aspekte kognitiv repräsentiert, die für die weitere Zielverfolgung sprechen; die für den Zielabbruch sprechenden Aspekte bleiben unterrepräsentiert. In der Vorentscheidungsphase werden hingegen all diese Aspekte unparteiisch bedacht. In zukünftigen Studien sollten Ähnlichkeiten und Unterschiede zwischen beiden Formen des Abwägens systematisch exploriert werden.

---

[52] Carver und Scheier bringen in diesem Zitat zum Ausdruck, dass die Handlungsregulation durch Hindernisse *unterbrochen* wird, was ganz im Widerspruch zu den Erkenntnissen der Volitionsforschung steht.

Es sollten aber auch Untersuchungen durchgeführt werden, die – noch genauer als in den vorliegenden Studien geschehen – den Zusammenhang zwischen der Stärke einer Handlungskrise und der Ausprägung der volitionalen Voreingenommenheit analysieren. Es sollte sich dabei ein ähnlicher kurvilinearer Zusammenhang nachweisen lassen, wie dies für die Dissonanzhöhe und die Suche nach konsonanter bzw. die Vermeidung dissonanter Information gilt (D. Frey, 1982).

Annäherung und Vermeidung bei persönlichen Alltagszielen. Seit kurzem interessieren sich Motivationsforscher auch im Zusammenhang mit persönlichen Alltagszielen für Unterschiede zwischen annäherungs- und vermeidungsorientierter Handlungsregulation (z.B. Coats, Janoff-Bulman & Alpert, 1996; A. J. Elliot & Sheldon, 1997; A. J. Elliot, McGregor & Gable, 1999; Moffitt & Singer, 1994). In den bislang vorliegenden Studien wurde dabei die relative Anzahl an Annäherungs- (z.B. sich genau an seinen Zeitplan halten) bzw. Vermeidungszielen (z.B. belastende Situationen vermeiden) als Ausdruck einer Annäherungs- bzw. Vermeidungsorientierung herangezogen und in Beziehung gesetzt zu Indikatoren des psychischen Wohlbefindens. Was fehlt, ist eine Analyse von Annäherungs- und Vermeidungsorientierungen auf der Ebene konkreter persönlicher Alltagsziele, was präzisere Vorhersagen zu den kognitiven, affektiven und verhaltensbezogenen Merkmalen des Zielstrebens ermöglichen würde. Das Nutzen-Kosten-Modell leistet dazu einen Beitrag. Die subjektive Nutzen-Kosten-Konstellation eines konkreten Ziels zeigt an, ob primär positive oder negative Anreize handlungsleitend sind, ob man also ein Ziel in erster Linie deshalb verfolgt, weil die Zielverfolgung mit hohem Nutzen oder aber weil ein Zielabbruch mit hohen Kosten verbunden wäre.

Mit der Analyse von Stimmungseffekten wurde in den hier vorgelegten Studien nur eine Facette der möglichen Auswirkungen von Annäherungs- und Vermeidungsorientierungen betrachtet. Wie in Kapitel 5 dargelegt, beeinflussen die beiden grundlegenden motivationalen Orientierungen nicht nur affektive, sondern auch kognitive und verhaltensbezogene Prozesse. Hier eröffnet sich ein weites Feld für zukünftige Forschung. So wäre es interessant zu prüfen, ob die über die individuelle Nutzen-Kosten-Konstellation gegebene Annäherungs- bzw. Vermeidungsorientierung auch zu unterschiedlichen *Handlungsstrategien* führt, wie dies beispielsweise Crowe und Higgins (1997) für dispositionelle Annäherungs- bzw. Vermeidungsorientierung (*promotion* versus *prevention focus*) nachweisen konnten. Vermeidungsorientierte Personen waren in dieser Studie in ihren Aufgabenlösungen wesentlich weniger kreativ und erbrachten schlechtere Leistungen. Der Nachweis nachteiliger Effekte einer Vermeidungsorientierung auf die Handlungsgüte hätte u.a. weitreichende Implikationen für „escalation of commitment"-Situationen, in denen die Furcht vor den Kosten des Aufgebens die Fortsetzung eines Vorhabens motiviert. Das weiterhin bestehende hohe Engagement für das fragliche Ziel würde „an der Oberfläche" bleiben, d.h. es würden Handlungsschritte unternommen, die für die gegebene Problemstellung inadäquat sind und die Situation möglicherweise sogar noch verschlimmern.

Zielablösung als Forschungsthema. Mit dem Nutzen-Kosten-Modell wird ein erster Versuch unternommen, Persistenz und Zielablösung innerhalb desselben theoretischen Rahmens zu analysieren. Die Zielablösung wird dadurch aus ihrer eher randständigen Position in den Mittelpunkt motivationspsychologischer Forschung gerückt. Persistenz als klassisches Thema der Motivationspsychologie hat ja bislang weitaus mehr Aufmerksamkeit gefunden als Fragen der Zielablösung. Eigentlich wird nur in Klingers (1975, 1977) Ansatz die Zielablösung explizit in den Mittelpunkt des Forschungsinteresses gestellt. Klingers Ansatz ist jedoch rein deskriptiv, da die Bedingungen, unter denen die verschiedenen Phasen der Zielablösung einsetzen und die Zielablösung besser oder schlechter gelingt, nicht systematisch untersucht werden. Andere Arbeiten, in denen Zielablösungsprozesse thematisiert werden, betonen im Grunde nur den adaptiven Wert der Zielablösung angesichts schwindender Realisierungsaussichten und dokumentieren die negativen Konsequenzen misslingender Zielablösung für das emotionale Befinden (z.B. Brandtstädter & Renner, 1990; Brunstein, 1993; J. Heckhausen, 1997). Nur ganz wenige Arbeiten haben sich einer Bedingungsanalyse der Zielablösung verschrieben (z.B. Beckmann, 1994; Kuhl & Beckmann, 1994b; G. W. Maier & Brunstein, 1999).

Insgesamt scheint die Auffassung vorzuherrschen, wie dies in den Schriften zum SOK-Modell (Selektive Optimierung mit Kompensation; z.B. P. Baltes & Baltes, 1989), seiner Ausdifferenzierung im OPS-Modell (Optimierung durch selektive und kompensatorische primäre und sekundäre Kontrolle, J. Heckhausen & Schulz, 1995), in den Arbeiten zu assimilativen und akkomodativen Strategien der Bewältigung von Entwicklungsverlusten (z.B. Brandtstädter & Renner, 1990), aber auch im Modell der Selbstregulation von Carver und Scheier (1981, 1990) deutlich wird, dass die Zielablösung im Grunde ganz problemlos vonstatten geht, also quasi automatisch einsetzt, sobald die primären bzw. assimilativen Bewältigungsressourcen des Individuums erschöpft sind.

Dieser Position wird im Nutzen-Kosten-Modell der Fall misslingender Zielablösung (entrapment) entgegengestellt und es wird auf die fundamentale Bedeutung verwiesen, Bedingungen zu isolieren, unter denen sich jemand von einem Ziel ablöst oder die Zielablösung unterbleibt. Wie in Kapitel 5 dieser Arbeit in Annahme 2a formuliert (und wie auch von Thibaut und Kelley, 1959, im Zusammenhang mit dem Abbruch sozialer Interaktionen vorgebracht), soll die Ablösung von einem Ziel mit höherer Wahrscheinlichkeit erfolgen, wenn der Nutzen der Zielverfolgung und die Kosten des Zielabbruchs (Aspekte, die *für* die weitere Zielverfolgung sprechen) schwächer sind als die Kosten der Zielverfolgung und der Nutzen des Zielabbruchs (Aspekte, die *für* den *Zielabbruch* sprechen). Folgt man den Überlegungen der PSI-Theorie (Kuhl, 2000, 2001) ist genau diese umfassende Verrechnung aller relevanten Anreiz- und Erwartungsparameter an den Zugang zum Extensionsgedächtnis gebunden. Nur wenn es der handelnden Person gelingt, trotz Handlungskrise den negativen Affekt herabzuregulieren und gelassen zu bleiben, ist dieser Zugang zum Extensionsgedächtnis möglich. Sprechen die relevanten Anreiz- und Erwartungsparameter gegen eine Fortsetzung, kann in diesem Falle die nachhaltige und emotional erfolgreiche Ablösung vom Ziel erfolgen. Wie wichtig der Zugang zum Extensionsgedächtnis für die produktive Verarbeitung von Rückmeldung ist, macht folgende Textstelle aus Kuhl (2000) deutlich: „The flexibility with which alternative actions are found after failure should be facilitated when failure feedback is forwarded to EM because only this system provides alternative routes for action through ist extended knowledge base" (S. 24). Sollte die Anreizkonstellation gegen die weitere Zielverfolgung sprechen, so erleichtert die gedankliche Verfügbarkeit alternativer Ziele bzw. alternativer Realisierungswege die Ablösung vom aktuellen Ziel.

Ergänzend ist jedoch auf Folgendes hinzuweisen: Fortschritte bei dem Versuch, Zielablösungsprozesse besser als bisher vorherzusagen, sind sicherlich nur dann zu erzielen, wenn theoretische Überlegungen zu den Verlaufsstadien der Zielablösung berücksichtigt werden (z.B. Klinger, 1975). Eng damit verbunden ist die Forderung nach einer begriffliche Präzisierung des Konstrukts der Zielablösung. Es ist anzunehmen, dass die endgültige Ablösung von einem Ziel ein diskretes Ereignis darstellt, vergleichbar dem Überschreiten des Rubikon bei der Bildung einer Zielintention (J. Heckhausen, persönliche Mitteilung, 01.04.1999). Die Zielablösung sollte damit einen ebenso grundlegenden Wandel in kognitiver und affektiver Hinsicht nach sich ziehen, wie dies für die Intentionsbildung vielfach bestätigt werden konnte (zusammenfassend Gollwitzer, 1990). Das von Klinger (1977) beschriebene Erlöschen der Anziehungskraft bestimmter Anreize und die Neuorientierung auf neue Anreize deckt sich mit dieser Überlegung.

Das einschneidende Ereignis der endgültigen Zielablösung wird jedoch vermutlich in der Regel nicht von einem Moment zum Anderen auftreten. Vielmehr kann man davon ausgehen, dass sich die endgültige Ablösung von einem Ziel allmählich vorbereitet und sich anhand verschiedener Indikatoren andeutet (vgl. Martin & Tesser, 1989), so wie dies für das Auseinanderbrechen von Partnerschaften gilt (z.B. Levinger, 1979; Rusbult, Zembrodt & Gunn, 1982). Einen allererersten Anfang könnte die Zielablösung mit der gedanklichen Beschäftigung mit dem Zielabbruch und der gedanklichen oder realen Suche nach alternativen Zielen (Zielablösungsimpuls) nehmen. Diese Facette wurde in den hier vorgelegten Studien erfasst. Ein weiterer Schritt könnte sein, dass die Person ihre Bemühungen um das Ziel reduziert und schließlich ganz einstellt, das Ziel aber noch für verbindlich erachtet (degenerierte Intention, Kuhl & Helle, 1986). Ein gutes Beispiel dafür sind Personen, die keinerlei Anstalten machen, irgend etwas für ein bestimmtes Vorhaben zu unternehmen, aber immer wieder beteuern, es in Zukunft irgendwann (wieder) anzupacken. Eine weitere Stufe auf dem Weg zur Zielablösung könnte sein, dass man nur noch selten an sein Ziel denkt, es also nur noch schwach kognitiv repräsentiert ist. Das letzte Stadium der endgültigen Zielablösung könnte sich darin manifestieren, dass auf zielbezogene Reize keine erhöhte Reaktionsbereitschaft mehr nachweisbar ist (im Sinne des Ausbleibens einer Orientierungsreaktion oder emotionaler Reaktionen, vgl. Klinger, Barta & Maxeiner, 1980). In empirischen Untersuchungen zur Zielablösung muss also immer genau spezifiziert werden, welche Facette des Zielablösungsprozesses vorhergesagt werden soll.

Interessant wäre es nun in zukünftiger Forschung, die verschiedenen Verlaufsstadien der Zielablösung in Beziehung zu setzen zu Änderungen in der subjektiven Nutzen-Kosten-Konstellation eines Ziels, wobei hier sicherlich von wechselseitigen Einflüssen auszugehen ist. Die subjektive Nutzen-Kosten-Konstellation wird einerseits darauf einwirken, welches Stadium im Zielablösungsprozess erreicht wird; andererseits wird die subjektive Repräsentation der Nutzen und Kosten von der rückblickenden Rechtfertigung des eigenen Verhaltens (u.a. aufgrund von Dissonanzprozessen; siehe D. Frey & Gaska, 1993) sowie von persönlichkeitsbedingten Wahrnehmungsvoreingenommenheiten (z.B. aufgrund dispositionellem Optimismus, Scheier & Carver, 1985) gefärbt sein.

Interindividuelle Unterschiede. Dispositioneller Optimismus ist jedoch nicht die einzige Persönlichkeitsvariable, die im Zusammenhang mit dem Nutzen-Kosten-Modell relevant sein könnte. Es zeigen sich Persönlichkeitsunterschiede im Hinblick auf die Fähigkeit, sich von unrealistischen Zielen zu lösen (z.B. Hartnäckige Zielverfolgung vs. Flexible Zielanpassung, Brandtstädter & Renner, 1990; Handlungs- vs. Lageorientierung, Kuhl & Beckmann, 1994b). Die bei *lageorientierten* im Vergleich zu *handlungsorientierten* Personen beobachtete geringere Affektregulationsfähigkeit (siehe Kapitel 4 dieser Arbeit), sollte bei Handlungskrisen auf die subjektiven Nutzen-Kosten-Repräsentationen von Zielverfolgung und Zielabbruch und damit auf die Zielablösung Einfluss nehmen. In diesem Zusammenhang ließe sich die Hypothese formulieren, dass Handlungs- und Lageorientierte sich nicht in ihren Nutzen-Kosten-Repräsentationen unterscheiden, wenn die Zielverfolgung ohne größere Probleme verläuft. Im Falle einer Handlungskrise wäre hingegen mit Unterschieden in der Nutzen-Kosten-Repräsentation von Handlungs- und Lageorientierten zu rechnen. Ebenso wäre es interessant, die von Brandtstädter und Renner (1990) beschriebene Disposition zur hartnäckigen Zielverfolgung versus flexibler Zielanpassung in Beziehung zu subjektiven Nutzen-Kosten-Repräsentationen spezifischer Ziele zu setzen. Denkbar wäre, dass „hartnäckige" Personen insgesamt zu einer stärkeren volitionalen Voreingenommenheit (die für die Zielverfolgung sprechenden Anreize werden im Vergleich zu den für den Zielabbruch sprechenden Anreize überrepräsentiert) in der Wahrnehmung ihrer Ziele tendieren als „flexible" Personen. Damit wäre ein wichtiger vermittelnder Mechanismus für die postulierten personabhängigen Unterschiede in der Handlungsregulation nachgewiesen.

Zu berücksichtigen wären ebenfalls dispositionelle Annäherungs- vs. Vermeidungsorientierungen, wie dies beispielsweise im Kontext des Leistungshandelns mit der Hoffnung auf Erfolg bzw. der Furcht vor Misserfolg (z.B. H. Heckhausen, 1963), in der personspezifischen Reaktivität des Verhaltens-Hemmungs- bzw. Verhaltens-Aktivierungs-Systems; Gray, 1987; Carver & White, 1994) oder im Zusammenhang mit Ideal- vs. Soll-Selbstdiskrepanzen (ideal vs. ought self-discrepancies, Higgins 1997) als „promotion" vs. „prevention focus" dokumentiert ist. Interessant wäre hier zu prüfen, welchen Einfluss eine dispositionelle Annäherungs- versus Vermeidungsorientierung auf die Gestalt und die Veränderbarkeit der subjektiven Nutzen-Kosten-Konstellation hat, was insbesondere auch in Zusammenhang mit der Entstehung von „entrapment" relevant wäre. Es ist plausibel anzunehmen, dass vermeidungsorientierte Personen sehr viel anfälliger für „entrapment" sind, weil sie sich generell stärker an negativen Anreizen orientieren und damit empfänglicher für die Kosten des Zielabbruchs sein sollten als annäherungsorientierte Personen.

Ferner muss man davon ausgehen, dass es interindividuelle Unterschiede in der Toleranz für die Differenz zwischen „Zielverfolgungs"- und „Zielabbruchsbilanz" gibt. Das heißt, dass manchen Personen ein nur geringes Überwiegen der *für die Zielverfolgung* sprechenden Anreize gegenüber den *für* den *Zielabbruch* sprechenden Anreizen keine hinreichende Motivation sein wird, das Ziel weiterzuverfolgen, während andere selbst dann, wenn eigentlich mehr *für* den *Zielabbruch* als *für* die weitere *Zielverfolgung* spricht, noch an ihrem Ziel weiterarbeiten. Letztere würden erst dann ihr Ziel aufgeben, wenn die Zielverfolgung gegenüber dem Zielabbruch noch viel ungünstiger erschiene. Hier könnten differentialpsychologische Konzepte wie beispielsweise Frustrationstoleranz (Rosenzweig, 1944) hilfreich sein, um die theoretischen Vorhersagen des Nutzen-Kosten-Modells in diesem Punkt zu präzisieren.

Implikationen für psychologische Nutzen-Kosten-Modelle

Das Nutzen-Kosten-Modell der Persistenz und Zielablösung trägt auch zu einer Präzisierung und Erweiterung bestehender nutzen-kosten-theoretischer Ansätze in der Psychologie bei. Es führt die in verschiedenen Nutzen-Kosten-Theorien nur ansatzweise vorgenommene Differenzierung der Anreize von Zielverfolgung (Handlung) und Zielabbruch (Handlungsunterlassung) konsequent zu Ende. So werden beispielsweise im Anstrengungskalkulationsmodell von Meyer (1973) nur der Nutzen und die Kosten der Aufgabenbearbeitung, nicht aber die der unterlassenen Aufgabenbearbeitung berücksichtigt. Gleiches gilt für die nutzen-kosten-theoretische Entscheidungsanalyse (z.B. Gilliland et al., 1993), wo nur der Nutzen einer korrekten Entscheidung den dafür aufzuwendenden Kosten der Informationssuche gegenübergestellt wird. Im nutzen-kosten-theoretischen Modell des Hilfeverhaltens von Piliavin et al. (1981) werden Nutzen und Kosten des Helfens sowie die Kosten unterlassener Hilfeleistung, nicht jedoch der Nutzen unterlassener Hilfeleistung betrachtet. Ganz ähnlich verhält es sich beim Schutzmotivationsmodell von Rogers (1983). Nutzen und Kosten des *gesundheitsschädigenden* Verhaltens sind enthalten, während im Hinblick auf die *Aufgabe* des *gesundheitsschädigenden Verhaltens* nur die Kosten, nicht aber der Nutzen einbezogen werden.

Doch selbst da, wo die theoretische Formulierung alle verschiedenen Nutzen-Kosten-Aspekte beinhaltet wie in der Interdependenztheorie von Thibaut und Kelley (1959) und dem daraus abgeleiteten Investitionsmodell von Rusbult (z.B. 1980), bleibt die empirische Forschung hinter dem theoretischen Anspruch zurück. In den zu den verschiedenen Modellen durchgeführten Untersuchungen wurden nur ausgewählte Nutzen-Kosten-Aspekte abgefragt bzw. manipuliert und nicht in ihrem Zusammenwirken untersucht (z.B. Dovidio et al., 1991; Farrell & Rusbult, 1981; Rippetoe & Rogers, 1987; Rogers, 1983; Rusbult, 1980; Sturges & Rogers, 1996; Van Lange, Rusbult, Drigotas, Arriaga, Witcher & Cox, 1997). Außerdem wurden nicht – wie im hier vorgestellten Nutzen-Kosten-Modell der Persistenz und Zielablösung – die subjektiv repräsentierten, sondern für alle Versuchsteilnehmer/innen dieselben, oft hypothetischen Nutzen-Kosten-Aspekte erfasst. Schließlich wurden als abhängige Variablen in der Regel nur Verhaltens*intentionen* oder vorgestelltes Verhalten (z.B. Rippetoe & Rogers, 1987; Rusbult, 1980; Rusbult, Zembrodt & Gunn, 1982; Sturges & Rogers, 1996) gemessen. Die Nutzen-Kosten-Forschung könnte also von dem hier gewählten methodischen Zugang profitieren.

Eine Erweiterung der nutzen-kosten-theoretischen Forschung stellt insbesondere die hier vollzogene Anknüpfung an die Literatur zu Annäherung und Vermeidung dar. Es eröffnet sich dadurch eine Vielzahl an weiterführenden Forschungsfragen im Kontext von Partnerschaft, Hilfeleistung und Gesundheitsverhalten. Die Zufriedenheit mit einer Partnerschaft, die Güte der Hilfehandlung oder auch das emotionale Befinden beim Versuch, gesundheitsschädigendes Verhalten abzubauen, könnte ganz unterschiedlich sein je nachdem, ob man den Nutzen der Zielverfolgung oder aber die Kosten des Zielabbruchs vor Augen hat.

Die gängigen psychologischen Nutzen-Kosten-Modelle sind jeweils auf einen spezifischen inhaltlichen Kontext ausgerichtet (z.B. Entscheidungen, Hilfeverhalten, Partnerschaft, Gesundheitsverhalten). Das Nutzen-Kosten-Modell der Persistenz und Zielablösung ist im Vergleich dazu allgemeiner formuliert und lässt sich prinzipiell auf jegliche Form des Zielstrebens anwenden, sei es in persönlichen Lebensbereichen wie Beruf, Schule und Studium, Partnerschaft oder Freizeit, sei es in öffentlichen Bereichen der Wirtschaft und Verwaltung. Damit verbunden ist ein breites Spektrum von Praxisproblemen, zu deren Lösung das Modell einen Beitrag leisten könnte. Auf einige mögliche Anwendungsfälle soll im letzten Abschnitt dieser Arbeit eingegangen werden.

Praktische Relevanz des Nutzen-Kosten-Modells

Effektives Handeln verlangt sowohl ausdauernden Einsatz für die in Angriff genommenen Vorhaben als auch die rechtzeitige Ablösung von Zielen, deren Realisierungsaussichten zu ungünstig geworden sind. Im Hinblick auf beide Facetten erfolgreichen Zielstrebens lassen sich aus dem Nutzen-Kosten-Modell der Persistenz und Zielablösung Interventionsstrategien ableiten.

Förderung von Persistenz. Die Förderung von Ausdauer und Leistungsbereitschaft ist ein zentrales Anliegen gängiger Motivationsförderungsprogramme, wie sie insbesondere im schulischen (z.B. Heller & Ziegler, 1998; Rheinberg & Krug, 1999) und organisationalen Kontext (z.B. McClelland & Winter, 1969; Kehr, Bles & von Rosenstiel, 1999) Anwendung finden. Sie setzen an den relativ stabilen, personspezifischen Bedingungen des Leistungshandelns an, wie beispielsweise dem Leistungsmotiv (z.B. McClelland & Winter, 1969), der Bezugsnormorientierung (z.B. Rheinberg, 1980), dem Attributionsstil (z.B. Ziegler & Heller, 1998) oder der volitionalen Kompetenz (z.B. Kuhl, 1992). Aus dem Nutzen-Kosten-Modell der Persistenz und Zielablösung lassen sich zwei Interventionsstrategien ableiten, die diese Ansätze sinnvoll ergänzen können. Die eine bezieht sich auf die Diagnose der Nutzen-Kosten-Konstellation eines aktuellen Ziels, die andere auf die Förderung von Ausdauer durch die Fokussierung auf den Nutzen der Zielverfolgung bzw. auf die Kosten des Zielabbruchs.

Bevor man an der Veränderung der Handlungsbereitschaft ansetzt, könnte eine Analyse der individuellen Nutzen-Kosten-Aspekte des in Frage stehenden Zielbereichs (z.B. sich auf eine Prüfung vorbereiten, einen Arbeitsauftrag erledigen) sinnvoll sein, um die Ursache mangelnder Leistungsbereitschaft aufzudecken. Anhand der individuellen Nutzen-Kosten-Konstellation lassen sich für jede Person die förderlichen und hemmenden Handlungsbedingungen ablesen. Ist es das Fehlen positiver Anreize der Zielverfolgung, das der Person ein weiteres Engagement für ihr Ziel nicht mehr sinnvoll erscheinen lässt? Oder sind die negativen Anreize der Zielverfolgung so stark, dass die Person den Anforderungen ausweicht, wo sie nur kann? Oder üben gar die positiven Anreize des Zielabbruchs eine so starke Anziehung aus, dass die Ablenkungen vom Ziel überhand nehmen?

Die subjektive Nutzen-Kosten-Konstellation lässt sich einfach und ohne großen Zeitaufwand erfassen. Diese Technik ließe sich in betrieblichen Motivationsförderungsseminaren als zusätzlicher Baustein sehr gut einbauen. Die Teilnehmer/innen könnten dadurch zur Selbstreflexion angeregt werden; außerdem könnte die Nutzen-Kosten-Diagnose als Grundlage eines Mitarbeitergesprächs dienen. Anhand einer solchen individuellen Nutzen-Kosten-Diagnose könnte sich beispielsweise der Fall herausstellen, dass ein Mitarbeiter ein betriebliches Anreizsystem gar nicht für sich verbindlich erachtet und es folglich auch keinen motivierenden Effekt auf ihn ausübt (vgl. dazu das Weg-Ziel-Modell der Führung, Evans, 1970).

Die hier für den betrieblichen Alltag formulierten Überlegungen lassen sich ohne weiteres auf die Schule übertragen. Für Lehrer/innen könnte es hilfreich sein zu wissen, worin ganz konkret der Nutzen einer schulischen Aktivität für eine bestimmte Schülerin liegt – im Vollzug der Tätigkeit selbst (intrinsische Motivation) oder in den Ergebnis-Folgen (extrinsische Motivation). Auch ließe sich erkennen, ob bei einem Schüler eine Annäherungs- oder Vermeidungsorientierung vorliegt, ob also die Furcht vor den negativen Sanktionen bei Nicht-Ausführen der aufgetragenen Aufgabe oder aber positive Anreize der Aufgabenerfüllung zur Leistung motivieren. Insgesamt ließe sich anhand der Nutzen-Kosten-Konstellation ein gutes Bild der individuellen Motivationslage von Schülern gewinnen, auf Grundlage derer man flankierende Maßnahmen wie Förderung von Interessen im Unterricht (z.B. Krapp, 1998), Attributionstrainings zur Förderung der Erfolgszuversicht (z.B. Ziegler & Heller, 1998) oder ein volitionales Selbststeuerungstraining (siehe Rheinberg & Fries, 1998) durchführen könnte.

Neben der Diagnose der individuellen Nutzen-Kosten-Konstellation lassen sich aus dem Nutzen-Kosten-Modell Strategien zur Förderung von Zielbindung und Ausdauer ableiten. Fast im Sinne der verhaltenstherapeutischen Gedankenlenkung könnte man sich den Nutzen der Zielverfolgung oder die Kosten des Zielabbruchs ganz bewusst vor Augen halten – beides sollte die weitere Zielverfolgung unterstützen (vgl. die Strategie der Motivationskontrolle bei Kuhl, 1987). Aufgrund der Überlegungen der Annäherungs-/Vermeidungsforschung ist sicherlich der erstgenannten Strategie der Vorzug zu geben. Es sind aber Situationen denkbar, in denen die Fokussierung auf die Kosten des Zielabbruchs durchaus sinnvoll sein kann, nämlich dann, wenn es darum geht, eine sehr unangenehme aber notwendige Tätigkeit zu Ende zu führen und einen bereits starken Zielablösungsimpuls einzudämmen. Auf diesen Punkt weist Levinger (1979) im Zusammenhang mit Partnerschaften hin. Die Furcht vor den schmerzlichen Konsequenzen einer Trennung kann als regulatives Moment eine voreilige Trennung vom Partner verhindern.

Unterstützung bei der Ablösung von problematischen Zielen. Ein zweiter wichtiger Anwendungsbereich des Nutzen-Kosten-Modells ist die Unterstützung bei der Loslösung von subjektiv problematischen Zielen, die – wie in Kapitel 1 ausgeführt – in vielerlei Lebensbereichen zu bewältigen ist. Als erster Schritt könnte auch hier eine Bestandsaufnahme der Nutzen und Kosten der weiteren Zielverfolgung und des Zielabbruchs sinnvoll sein. Im organisationalen Bereich wäre es dabei ganz besonders wichtig, in regelmäßigen Abständen nicht nur die monetären Nutzen- und Kostengrößen zu erfassen, sondern sich auch Rechenschaft über die psychischen oder sozialen Nutzen und Kosten abzulegen. Anhand einer solchen detaillierten Nutzen-Kosten-Analyse ließe sich recht gut erkennen, ob ein Projekt aus ökonomischer Sicht eigentlich zum Scheitern verurteilt ist, aber aus Angst vor den sozialen Sanktionen eines Projektabbruchs weitergeführt wird.

Die Entscheidung, ein unökonomisches Projekt abzubrechen, eine zerbrochene Partnerschaft zu beenden, ein fragwürdiges Vorhaben aufzugeben, ist – folgt man Klingers (1977) Überlegungen – trotz aller Unannehmlichkeiten, von denen man sich durch die Entscheidung befreien könnte, schwierig zu treffen. Die Aufmerksamkeit nicht auf die Kosten des Zielabbruchs zu richten, sondern sich ganz bewusst den

Nutzen des Zielabbruchs und die Kosten der weiteren Zielverfolgung vor Augen zu halten, könnte in einer solchen Situation die Zielablösung erleichtern. Dies sollte jedoch nicht nur als kognitive Strategie verstanden werden. Auch in struktureller Hinsicht kann man aktiv dazu beitragen, die Kosten des Zielabbruchs zu reduzieren, wie dies Simonson und Staw (1992) unter dem Stichwort „threat reduction" (S. 422) für den organisationalen Bereich vorschlagen. Ein gutes Beispiel dafür ist die von D. Frey (1994) beschriebene *Fehlerkultur* in Unternehmen, bei der Fehler als Chance und nicht als Katastrophe betrachtet werden.

Sich aktiv mit dem Nutzen des Zielabbruchs auseinanderzusetzen, öffnet den Blick für Alternativen. Alternativen zu erkennen, die man vorher übersehen hat, und sie wertschätzen zu lernen, ist ein erster Schritt zur Zielablösung (Klinger, 1977; Thibaut & Kelley, 1959). Dies reduziert nicht nur die Furcht vor der Leere und Orientierungslosigkeit eines Zielabbruchs, sondern bündelt Energien neu. Die Person sieht sich vor die Aufgabe gestellt, zu überlegen, welche Alternativen es überhaupt gäbe. Im Zuge dessen werden dann möglicherweise Handlungsoptionen deutlich, die ihr so attraktiv erscheinen, dass das ursprüngliche, problematische Ziel an Bedeutung verliert. Gedanklich erste Realisierungsschritte für das neue Ziel durchzuspielen, kann die Entscheidungsfindung beschleunigen (Gollwitzer, Heckhausen & Ratajczak, 1990).

Ein Anwendungsfeld, in dem die systematische Exploration von Alternativen sinnvoll sein könnte, ist die pädagogisch-psychologische Beratung Studierender, die sich nicht dazu durchringen können, ein ihren Interessen und Fähigkeiten zuwiderlaufendes Studium abzubrechen. Nicht selten wird nämlich deshalb ein unbefriedigendes Studium fortgesetzt, weil man keine Alternative dazu sieht (siehe Bergmann, Brandstätter & Eder, 1994). Die Angst vor dem „Mit-leeren-Händen-Dastehen" ist sehr häufig auch dafür verantwortlich, wenn sich Frauen nicht von einem gewalttätigen Partner trennen (Strube, 1988). Gemeinsam mit diesen Frauen zu erarbeiten, worin der Nutzen einer Trennung bestünde, ihnen aufzuzeigen, dass es Alternativen zur bestehenden Partnerschaft gäbe, ist ein wichtiges Ziel klinisch-psychologischer Intervention in diesem Bereich.

Literaturverzeichnis

Abramson, L. Y., Seligman, M. E. P. & Teasdale, J. D. (1978). Learned helplessness in humans: Critique and reformulation. *Journal of Abnormal Psychology, 87*, 49-74.

Ach, N. (1910). *Über den Willensakt und das Temperament*. Leipzig: Quelle und Meyer.

Ach, N. (1935). Analyse des Willens. In E. Abderhalden (Hrsg.), *Handbuch der biologischen Arbeitsmethoden* (Band VI). Berlin: Urban und Schwarzenberg.

Allen, N. J. & Meyer, J. P. (1990). The measurement and antecedents of affective, continuance and normative commitment in the organization. *Journal of Occupational Psychology, 63*, 1-18.

Antonides, G. (1995). Entrapment in risky investments. *The Journal of Socio-Economics, 24*, 447-461.

Arkes, H. R. & Ayton, P. (1999). The sunk cost and Concorde effects: Are humans less rational than lower animals? *Psychological Bulletin, 125*, 591-600.

Arkes, H. R. & Blumer, C. (1985). The psychology of sunk cost. *Organizational Behavior and Human Decision Processes, 35*, 124-140.

Aspinwall, L. G. & Taylor, S. E. (1992). Modeling cognitive adaptation: A longitudinal investigation of the impact of individual differences and coping on college adjustment and performance. *Journal of Personality and Social Psychology, 63*, 989-1003.

Atkinson, J. W. (1957). Motivational determinants of risk-taking behavior. *Psychological Review, 64*, 359-372.

Atkinson, J. W. & Feather, N. T. (Eds.) (1966). *A theory of achievement motivation*. New York: Wiley.

Baltes, P. B. & Baltes, M. (1989). Optimierung durch Selektion und Kompensation: Ein psychologisches Modell erfolgreichen Alterns. *Zeitschrift für Pädagogik, 35*, 85-105.

Baltes, P. B. & Baltes, M. M.(1990). Psychological perspectives on successful aging: The model of selective optimization with compensation. In P. B. Baltes & M. M. Baltes (Eds.), *Successful aging: Perspectives from the behavioral sciences* (pp. 1-34). New York: Cambridge University Press.

Baltes, M. M. & Carstensen, L. L. (1996). Gutes Leben im Alter: Überlegungen zu einem prozeßorientierten Metamodell erfolgreichen Alterns. *Psychologische Rundschau, 47*, 199-215.

Bandura, A. (1977). Self-efficacy: Toward a unifying theory of behavioral change. *Psychological Review, 84*, 191-215.

Bandura, A. (1991). Self-regulation of motivation through anticipatory and self-reactive mechanisms. In R. A. Dienstbier (Ed.), *Nebraska symposium on motivation*, (Vol. 38, pp. 69-164). Lincoln: University of Nebraska Press.

Bandura, A. & Cervone, D. (1983). Self-evaluative and self-efficacy mechanisms governing the motivational effects of goal systems. *Journal of Personality and Social Psychology, 45*, 1017-1028.

Bandura, A. & Cervone, D. (1986). Differential engagement of self-reactive influences in cognitive motivation. *Organizational Behavior and Human Decision Processes, 38*, 92-113.

Bandura, A. & Schunk, D. H. (1981). Cultivating competence, self-efficacy, and intrinsic interest through proximal self-motivation. *Journal of Personality and Social Psychology, 42*, 586-598.

Bank, B. J., Biddle, B. J. & Slavings, R. L. (1992). What do students want? *The Sociological Quarterly, 33*, 321-335.

Bannock, G., Baxter, R. E. & Rees, R. (1985). *The Penguin dictionary of economics*. Harmondsworth: Penguin Books.

Bargh, J. A. (1990). Auto-motives. Preconcious determinants of social interaction. In E. T. Higgins & R. M. Sorrentino (Eds.), *Handbook of motivation and cognition* (pp. 93-130). New York: Guilford.

Bargh, J. A. & Chartrand, T. L. (im Druck). Studying the mind in the middle: A practical guide to priming and automaticity research. In H. Reis & C. Judd (Eds.), *Handbook of research methods in social psychology*. New York: Cambridge University Press.

Baron, R. M.& Kenny, D. A. (1986). The moderator-mediator distinction in social psychological research: Conceptual, strategic, and statistical considerations. *Journal of Personality and Social Psychology, 51,* 1173-1182.

Bazerman, M. H., Beekun, R. I. & Schoorman, F. D. (1982). Performance evaluation in a dynamic context: A laboratory study of the impact of a prior commitment to the ratee. *Journal of Applied Psychology, 67,* 873-876.

Bazerman, M. H., Giuliano, T. & Appelman, A. (1984). Escalation of commitment in individual and group decision making. *Organizational Behavior and Human Decision Processes, 33,* 141-152.

Beck, A. T. (1976). *Cognitive therapy and the emotional disorders*. New York: International Universities Press.

Becker, H. S. (1960). Notes on the concept of commitment. *American Journal of Sociology, 66,* 32-40.

Beckmann, J. (1987). Höchstleistung als Folge mißglückter Selbstregulation. In J. P. Janssen, W. Schlicht & H. Strang (Hrsg.), *Handlungskontrolle und soziale Prozesse im Sport* (S. 52-63). Köln: bps-Verlag.

Beckmann, J. (1994). Ruminative thought and the deactivation of an intention. *Motivation and Emotion, 18,* 317-334.

Beckmann, J. (1996). Aktuelle Perspektiven der Motivationsforschung: Motivation und Volition. In E. Witte (Hrsg.), *Sozialpsychologie der Motivation und Emotion* (S. 13-33). Lengerich: Pabst.

Beckmann, J. & Gollwitzer, P. M. (1987). Deliberative vs. implemental states of mind: The issue of impartiality in pre- and postdecisional information processing. *Social Cognition, 5,* 259-279.

Bergmann, Ch., Brandstätter, H. & Eder, F. (1994). *Studienberatungstests für Maturanten*. Universität Linz: Abschlußbericht zu einem vom FWF geförderten Forschungsprojekt.

Blankenship, V. (1992). Individual differences in resultant achievement motivation and latency to and persistence at an achievement task. *Motivation and Emotion, 16,* 35-63.

Bobocel, D. R. & Meyer, J. P. (1994). Escalating commitment to a failing course of action: Separating the roles of choice and justification. *Journal of Applied Psychology, 79,* 360-363.

Boehne, D. M. & Paese, P. W. (2000). Deciding whether to complete or terminate an unfinished project: A strong test of the project completion hypothesis. *Organizational Behavior and Human Decision Processes, 81,* 178-194.

Bornstein, B. H. & Chapman, G. B. (1995). Learning lessons from sunk costs. *Journal of Experimental Psychology: Applied, 1,* 251-269.

Brackhane, R. (1982). Motivationale Aspekte des Sports. In A. Thomas (Hrsg.), *Sportpsychologie: Ein Handbuch in Schlüsselbegriffen*. München: Urban & Schwarzenberg.

Brandstätter, V. (1998). Von der Schwierigkeit, Ziele aufzugeben: Wenn sich das Streben nach Erfreulichem in Vermeiden von Unerfreulichem verkehrt. In O. L. Braun, (Hrsg.). *Ziel und Wille in der Psychologie: Grundlagen und Anwendungen* (S. 51-68). Landau: Verlag Empirische Pädagogik.

Brandstätter, V. & Frank, E. (2001). *Entrapment with personal goals: When avoidance motivates further goal-striving*. Manuskript zur Veröffentlichung eingereicht.

Brandstätter, V. & Frank, E. (2002). Effects of deliberative and implemental mindsets on persistence in goal-directed behavior. *Personality and Social Psychology Bulletin, 28,* 1366-1378.

Brandstätter, V. & Frank, E. (in Vorbereitung). *A cost-benefit analysis of commitment to and disengagement from personal goals.*

Brandstätter, V., Lengfelder, A. & Gollwitzer, P. M. (2001). Implementation intentions and efficient action initiation. *Journal of Personality and Social Psychology, 81,* 946-960.

Brandtstädter, J. & Greve, W. (1994). The aging self: Stabilizing and protective processes. *Developmental Review, 14,* 52-80.

Brandtstädter, J. & Renner, G. (1990). Tenacious goal pursuit and flexible goal adjustment: Explication and age-related analysis of assimilative and accommodative strategies of coping. *Psychology and Aging, 5,* 58-67.

Brandtstädter, J. & Rothermund, K. (1994). Self-percepts of control in middle and later adulthood: Buffering losses by rescaling goals. *Psychology and Aging, 9,* 265-273.

Brehm, J. W. & Self, E. A. (1989). The intensity of motivation. *Annual Review of Psychology, 40,* 109-131.

Brehm, J. W., Wright, R. A., Solomon, S., Silka, L. & Greenberg, J. (1983). Perceived difficulty, energization, and the magnitude of goal valence. *Journal of Experimental Social Psychology, 19,* 21-48.

Brendl, C. M., Higgins, E. T. & Lemm, K. M. (1995). Sensitivity to varying gains and losses: The role of self-discrepancies and event framing. *Journal of Personality and Social Psychology, 69,* 1028-1051.

Brickenkamp, R. (1981). *Test d2: Aufmerksamkeits-Belastungstest* (7. Auflage). Göttingen: Hogrefe.

Brickman, P. (1987). *Commitment, conflict, and caring.* Englewood Cliffs, NJ: Prentice-Hall.

Brockner, J. (1992). The escalation of commitment to a failing course of action: Toward theoretical progress. *Academy of Management Review, 17,* 39-61.

Brockner, J., Nathanson, S., Friend, A., Harbeck, J., Samuelson, C., Houser, R., Bazerman, M. H. & Rubin, J. Z. (1984). The role of modeling processes in the 'knee deep in the big muddy' phenomenon. *Organizational Behavior and Human Performance, 3,* 77-99.

Brockner, J., Rubin, J. Z. & Lang, E. (1981). Face-saving and entrapment. *Journal of Experimental Social Psychology, 17,* 68-79.

Brockner, J. & Rubin, J. Z. (1985). *Entrapment in escalating conflicts: A social psychological analysis.* New York: Springer-Verlag.

Brockner, J., Shaw, M. C. & Rubin, J. Z. (1979). Factors affecting withdrawal from an escalating conflict: Quitting before it's too late. *Journal of Experimental Social Psychology, 15,* 492-503.

Brody, R. G. & Bowman, L. L. (1997). Prior commitment and information recall. *Perceptual and Motor Skills, 85,* 19-27.

Brunstein, J. C. (1993). Personal goals and subjective well-being: A longitudinal study. *Journal of Personality and Social Psychology, 65,* 1061-1070.

Brunstein, J. C. (1995). *Motivation nach Mißerfolg.* Göttingen: Hogrefe.

Brunstein, J. C. (1996). Entwicklung und Stand der Hilflosigkeitsforschung. In J. Kuhl & H. Heckhausen (Hrsg.), *Motivation, Volition und Handlung.* Enzyklopädie der Psychologie (Band C/IV/4, S. 847-873). Göttingen: Hogrefe.

Brunstein, J. C. & Gollwitzer, P. M. (1996). Effects of failure on subsequent performance: The importance of self-defining goals. *Journal of Personality and Social Psychology, 70,* 395-407.

Brunstein, J. C. & Maier, G. W. (1996). Persönliche Ziele: Ein Überblick zum Stand der Forschung. *Psychologische Rundschau, 47,* 146-160.

Brunstein, J. C. & Olbrich, E. (1985). Personal helplessness and action control: Analysis of achievement-related cognitions, self-assessments, and performance. *Journal of Personality and Social Psychology, 48,* 1540-1551.

Caldwell, D. F. & O'Reilly, C. A. (1982). Responses to failure: The effects of choice and responsibility on impression management. *Academy of Management Journal, 25,* 121-136.

Carpenter, P. J., Scanlan, T. K., Simons, J. P. & Lobel, M. (1993). A test of the sport commitment model using structural equation modeling. *Journal of Sport and Exercise Psychology, 15,* 119-133.

Carver, C. S., Blaney, P. H. & Scheier, M. F. (1979). Reassertion and giving up: The interactive role of self-directed attention and outcome expectancy. *Journal of Personality and Social Psychology, 37,* 1859-1870.

Carver, C. S. & Scheier, M. F. (1981). *Attention and self-regulation: A control-theory approach to human behaviors.* New York: Springer-Verlag.

Carver, C. S. & Scheier, M. F. (1982). Outcome expectancy, locus of attribution for expectancy, and self-directed attention as determinants of evaluations and performance. *Journal of Experimental Social Psychology, 18,* 184-200.

Carver, C. S. & Scheier, M. F. (1990): Principles of self-regulation: Action and emotion. In E. T. Higgins & R. M. Sorrentino (Eds.), *Handbook of motivation and cognition* (Vol. 2, pp. 3-52). New York: Guilford.

Carver, C. S. & White, T. L. (1994). Behavioral inhibition, behavioral activation, and affective responses to impending reward and punishment: The BIS/BAS scales. *Journal of Personality and Social Psychology, 67,* 319-333.

Cervone, D. & Wood, R. (1995). Goals, feedback, and the differential influence of self-regulatory processes on cognitively complex performance. Cognitive *Therapy and Research, 19,* 519-545.

Christensen, A. & Heavey, C. L. (1999). Interventions for couples. *Annual Review of Psychology, 50,* 165-190.

Coats, E. J., Janoff-Bulman, R. & Alpert, N. (1996). Approach versus avoidance goals: Differences in self-evaluation and well-being. *Personality and Social Psychology Bulletin, 22,* 1057-1067.

Cochran, W. & Tesser, A. (1996). The „what-the-hell effect": Some effects of goal proximity and goal framing on performance. In L. L. Martin & A. Tesser (Eds.), *Striving and feeling: Interactions among goals, affect, and self-regulation* (pp. 99-120). Mahwah, NJ: Erlbaum.

Cohen, J. & Cohen, P. (1983). *Applied multiple regression/correlation analysis for the behavioral sciences.* Hillsdale, NJ: Erlbaum.

Conlon, D. E. & Garland, H. (1993). The role of project completion information in resource allocation decisions. *Academy of Management Journal, 36,* 402-413.

Conlon, E. J. & Parks, J. (1987). Information requests in the context of escalation. *Journal of Applied Psychology, 72,* 344-350.

Crowe, E. & Higgins, E. T. (1997). Regulatory focus and strategic inclinations: Promotion and prevention in decision-making. *Organizational Behavior and Human Decision Processes, 69,* 117-132.

Csikszentmihalyi, M. (1975). *Beyond boredom and anxiety.* San Francisco: Jossey-Bass.

Davis, M. A. & Bobko, P. (1986). Contextual effects on escalation processes in public sector decision making. *Organizational Behavior and Human Decision Processes, 37,* 121-138.

Deci, E. L. & Ryan, R. M. (1985). *Intrinsic motivation and self-determination in human behavior.* New York: Plenum.

Derryberry, D. & Reed, M. A. (1994). Temperament and attention: Orienting toward and away from positive and negative signals. *Journal of Personality and Social Psychology, 66,* 1128-1139.

Diener, C. I. & Dweck, C. S. (1978). An analysis of learned helplessness: Continuous changes in performance, strategy, and achievement cognitions following failure. *Journal of Personality and Social Psychology, 36,* 451-462.

Dietz-Uhler, B. (1996) The escalation of commitment in political decision-making groups: A social identity approach. *European Journal of Social Psychology, 26,* 611-629.

Dovidio, J. F., Piliavin, J. A., Gaertner, S. L., Schroeder, D. A. & Clark, R. D. III (1991). The arousal: cost-reward model and the process of intervention. A review of the evidence. In M. S. Clark (Ed.), *Prosocial behavior. Review of personality and social psychology* (Vol. 12, pp. 86-118. Newbury Park, CA: Sage.

Dörner, D. (1989). *Die Logik des Mißlingens.* Hamburg: Rowohlt Verlag.

Drigotas, S. M. & Rusbult, C. E. (1992). Should I stay or should I go? A dependence model of breakups. *Journal of Personality and Social Psychology, 62,* 62-87.

Duda, J. L. (1992). Motivation in sport settings: A goal perspective approach. In Roberts, G. C. (Ed.), *Motivation in sport and exercise* (pp. 57-91). Champaign, IL: Human Kinetics Books.

Düker, H. (1975). *Untersuchungen über die Ausbildung des Wollens.* Bern: Huber.

Duval, S. & Wicklund, R. A. (1972). *A theory of objective self-awareness.* New York: Academic Press.

Dweck, C. S. (1991). Self-theories and goals: Their role in motivation, personality, and development. In R. A. Dienstbier (Ed.), *Nebraska symposium on motivation* (pp. 199-235). Lincoln: University of Nebraska Press.

Dweck, C. S. & Leggett, E. L. (1988). A social-cognitive approach to motivation and personality. *Psychological Review, 95,* 256-273.

Dweck, C. S. & Reppucci, N. D. (1973). Learned helplessness and reinforcement responsibility in children. *Journal of Personality and Social Psychology, 25,* 109-116.

Elliot, A. J. & Church, M. (1997). A hierarchical model of approach and avoidance achievement motivation. *Journal of Personality and Social Psychology, 72,* 218-232.

Elliot, A. J. & Harackiewicz, J. M. (1996). Goal setting, achievement orientation, and intrinsic motivation: A mediational analysis. *Journal of Personality and Social Psychology, 66,* 968-980.

Elliot, A. J. & McGregor, H. A. (1999). Text anxiety and the hierarchical model of approach and avoidance achievement motivation. *Journal of Personality and Social Psychology, 76,* 628-644.

Elliot, A. J., McGregor, H. A. & Gable, S. (1999). Achievement goals, study strategies, and exam performance: A mediational analysis. *Journal of Personality and Social Psychology, 91,* 549-563.

Elliot, A. J. & McGregor, H. A. (2001). A 2 X 2 achievement goal framework. *Journal of Personality and Social Psychology, 80,* 501-519.

Elliot, A. J. & Sheldon, K. M. (1997). Avoidance achievement motivation: A personal goals analysis. *Journal of Personality and Social Psychology, 73,* 171-185.

Elliot, A. J. & Sheldon, K. M. (1998). Avoidance personal goals and the personality-illness relationship. *Journal of Personality and Social Psychology, 75,* 1282-1299.

Elliot, A. J., Sheldon, K. & Church, M. (1997). Avoidance personal goals and subjective well-being. *Personality and Social Psychology Bulletin, 23,* 915-927.

Elliott, E. S. & Dweck, C. S. (1988). Goals: An approach to motivation and achievement. *Journal of Personality and Social Psychology, 54,* 5-12.

Ellis, A. (1984). Rational-emotive therapy. In R. J. Corsini (Ed.), *Current psychotherapies* (3rd ed.). Itasca, IL: Peacock Press.

Emmons, R. A. (1989). The personal strivings approach to personality. In L. A. Pervin (Ed.), *Goal concepts in personality and social psychology* (pp. 87-126). Hillsdale, NJ: Erlbaum.

Emmons, R. A. & Kaiser, H. A. (1996). Goal orientation and emotional well-being: Linking goals and affect through the self. In L. L. Martin & A. Tesser (Eds.), *Striving and feeling: Interactions among goals, affect, and self-regulation.* (pp. 79-98). Mahwah, NJ: Erlbaum.

Emmons, R. A. & King, L. A. (1988). Conflict among personal striving: Immediate and long-term implications for psychological and physical well-being. *Journal of Personality and Social Psychology, 54,* 1040-1048.

Evans, M. G. (1970). The effects of supervisory behavior on the path-goal relationship. *Organizational Behavior and Human Performance, 5,* 277-298.

Farrell, D. & Rusbult, C. E. (1981). Exchange variables as predictors of job satisfaction, job commitment, and turnover: The impact of rewards, costs, alternatives, and investments. *Organizational Behavior and Human Performance, 27,* 78-95.

Fazio, R. H. (1986). How do attitudes guide behavior? In R. M. Sorrentino & E. T. Higgins (Eds.), *Handbook of motivation and cognition: Foundations of social behavior* (pp. 204-234). New York: Guilford.

Feather, N. T. (1961). The relationship of persistence at a task to expectation of success and achievement related motives. *Journal of Abnormal and Social Psychology, 63,* 55-561.

Feather, N. T. (1962). The study of persistence. *Psychological Bulletin, 59,* 94-115.

Feather, N. T. (1963). Persistence at a difficult task with alternative tasks of intermediate difficulty. *Journal of Abnormal and Social Psychology, 66,* 604-609.

Feather, N. T. (1982). Actions in relation to expected consequences: An overview of a research program. In N. T. Feather (Ed.), *Expectations and actions: Expectancy-value models in psychology* (pp. 53-94). Hillsdale, NJ: Erlbaum.

Festinger, L. (1957). *A theory of cognitive dissonance.* Stanford, CA: Stanford University Press.

Fishbein, M. & Ajzen, I. (1975). *Belief, attitude, intention, and behavior: An introduction to theory and research.* Reading, MA: Addison-Wesley.

Flammer, A. (1990). *Erfahrung der eigenen Wirksamkeit. Einführung in die Psychologie der Kontrollmeinung.* Bern: Huber.

Förster, J., Higgins, E. T. & Idson, C. L. (1998). Approach and avoidance strength during goal attainment: Regulatory focus and the „goal looms larger" effect. *Journal of Personality and Social Psychology, 75,* 1115-1131.

Försterling, F. & Schuster, B. (1987). Some determinants of persistence and performance. *Archiv für Psychologie, 139,* 37-48.

Fox, F. V. & Staw, B. M. (1979). The trapped administrator: Effects of job insecurity and policy resistance upon commitment to a course of action. *Administrative Science Quarterly, 24,* 449-471.

Frank, E. & Brandstätter, V. (2002). Approach versus avoidance: Different types of commitment in intimate relationships. *Journal of Personality and Social Psychology, 82,* 208-221.

Frese, M. & Sabini, J. (Eds.) (1985). *Goal-directed behavior: Psychological theory and research on action.* Hillsdale, NJ: Erlbaum.

Frey, B. S. (1994). Ökonomie und Psychologie: Die wirtschaftswissenschaftliche Perspektive. In Ch. Smekal & E. Theurl (Hrsg.), *Stand und Entwicklung der Finanzpsychologie* (S. 107-120). Baden-Baden: Nomos Verlagsgesellschaft.

Frey, D. (1982). Different levels of cognitive dissonance, information seeking, and information avoidance. *Journal of Personality and Social Psychology, 43,* 1175-1183.

Frey, D. (1994). Bedingungen für ein Center of Excellence. *IBM Nachrichten, 44*(319), 50-57.

Frey, D., Brandstätter, V. & Schuster, B. (1994). Das ökonomische Modell aus psychologischer Sicht. In Ch. Smekal & E. Theurl (Hrsg.), *Stand und Entwicklung der Finanzpsychologie* (S. 65-106). Baden-Baden: Nomos Verlagsgesellschaft.

Frey, D. & Gaska, A. (1993). Die Theorie der kognitiven Dissonanz. In D. Frey & M. Irle (Hrsg.), *Theorien der Sozialpsychologie* (Band I: Kognitive Theorien, S. 275-324). Bern: Huber.

Frey, D. & Schulz-Hardt, S. (1997). Eine Theorie der gelernten Sorglosigkeit. In H. Mandl (Hrsg.), *Bericht über den 40. Kongreß der Deutschen Gesellschaft für Psychologie in München 1996* (S. 604-611). Göttingen: Hogrefe.

Garland, H. (1990). Throwing good money after bad: The effect of sunk costs on the decision to escalate commitment to an ongoing project. *Journal of Applied Psychology, 75,* 728-731.

Garland, H. & Newport, S. (1991). Effects of absolute and relative sunk costs on the decision to persist with a course of action. *Organizational Behavior and Human Decision Processes, 48,* 55-69.

Garland, H., Sandefur, C. A. & Rogers, A. C. (1990). De-escalation of commitment in oil exploration: When sunk costs and negative feedback coincide. *Journal of Applied Psychology, 75,* 721-727.

Geen, R. G. (1995). *Human motivation: A social psychological approach.* Pacific Grove, CA: Brooks/Cole.

Gemünden, H. G. & Lechler, Th. (ohne Jahr). *Der bewußte Projektabbruch - ein verborgener Erfolgsfaktor.* Institut für Angewandte Betriebswirtschaftslehre und Unternehmensführung an der TH Karlsruhe.

Gilliland, S. W., Schmitt, N. & Wood, L. (1993). Cost-benefit determinants of decision process and accuracy. *Organizational Behavior and Human Decision Processes, 56,* 308-330.

Gollwitzer, P. M. (1987). Suchen, Finden und Festigen der eigenen Identität: Unstillbare Zielintentionen. In H. Heckhausen, P. M. Gollwitzer & F. E. Weinert (Hrsg.), *Jenseits des Rubikon: Der Wille in den Humanwissenschaften* (S. 176-189). Berlin: Springer-Verlag.

Gollwitzer, P. M. (1990). Action phases and mind-sets. In E. T. Higgins & R. M. Sorrentino (Eds.), *Handbook of motivation and cognition* (Vol. 2, pp. 53-92). New York: Guilford.

Gollwitzer, P. M. (1991). *Abwägen und Planen: Bewußtseinslagen in verschiedenen Handlungsphasen.* Göttingen: Hogrefe.

Gollwitzer, P. M. (1993). Goal achievement: The role of intentions. In W. Stroebe & M. Hewstone (Eds.), *European Review of Social Psychology* (Vol. 4, pp. 141-185). Chichester: Wiley.

Gollwitzer, P. M. (1996). The volitional benefits of planning. In P. M. Gollwitzer & J. A. Bargh (Eds.), *The psychology of action* (pp. 287-312). New York: Guilford.

Gollwitzer, P. M. (1999). Implementation intentions: Strong effects of simple plans. *American Psychologist, 54,* 493-503.

Gollwitzer, P. M. & Brandstätter, V. (1997). Implementation intentions and effective goal pursuit. *Journal of Personality and Social Psychology, 71,* 186-199.

Gollwitzer, P. M. & Heckhausen, H. (1987). *Breadth of attention and the counterplea heuristic: Further evidence on the motivational and volitional mind-set distinction.* Unveröffentlichtes Manuskript. Max-Planck-Institut für psychologische Forschung, München.

Gollwitzer, P. M., Heckhausen, H. & Ratajczak, H. (1990). From weighing to willing: Approaching a change decision through pre- and postdecisional mentation. *Organizational Behavior and Human Decision Processes, 45,* 41-65.

Gollwitzer, P. M., Heckhausen, H. & Steller, B. (1990). Deliberative and implemental mind-sets: Cognitive tuning toward congruous thoughts and information. *Journal of Personality and Social Psychology, 59,* 1119-1127.

Gollwitzer, P. M. & Kinney, R. F. (1989). Effects of deliberative and implemental mindsets on illusion of control. *Journal of Personality and Social Psychology, 56,* 531-542.

Gollwitzer, P. M. & Liu, Ch. (1996). Wiederaufnahme. In J. Kuhl & H. Heckhausen (Hrsg.), *Motivation, Volition und Handlung*. Enzyklopädie der Psychologie (Band C/IV/4, S. 209-240). Göttingen: Hogrefe.

Gollwitzer, P. M. & Moskowitz, G. B. (1996). Goal effects on action and cognition. In E. T. Higgins & A. W. Kruglanski (Eds.), *Social psychology. Handbook of basic principles* (pp. 361-399). New York: Guilford.

Gonzalez, R. & Griffin, D. (1997). On the statistics of interdependence: Treating dyadic data with respect. In S. Duck (Ed.), *Handbook of personal relationships* (pp. 271-302). Chichester, England: Wiley.

Goschke, T. & Kuhl, J. (1993). Representations of intentions: Persisting activation in memory. *Journal of Experimental Psychology: Learning, Memory, and Cognition, 19*, 1211-1226.

Gottman, J. M. (1998). Psychology and the study of marital processes. *Annual Review of Psychology, 49*, 169-197.

Gray, J. A. (1987). *The psychology of fear and stress*. Cambridge, England: Cambridge University Press.

Gunsch, D. (1996). *Selbstbestimmung und Persönlichkeitsstile in der Zweierbeziehung*. Unveröffentlichte Diplomarbeit. Universität Osnabrück.

Hallermann, B. & Meyer, W.-U. (1978). Persistenz in Abhängigkeit von wahrgenommener Begabung und Aufgabenschwierigkeit. *Archiv für Psychologie, 130*, 335-341.

Hassebrauck, M. (1991). ZIP - Ein Instrumentarium zur Erfassung der Zufriedenheit in Paarbeziehungen. *Zeitschrift für Sozialpsychologie, 22*, 256-259.

Hatfield, B. D. (1991). Exercise and mental health: The mechanisms of exercise-induced psychological states. In L. Diamant (Hrsg.), *Psychology of sports, exercise, and fitness: Social and personal issues* (S. 17-49). New York: Hemisphere.

Heath, C. (1995). Escalation and *de*-escalation of commitment in response to sunk costs: The role of budgeting in mental accounting. *Organization Behavior and Human Decision Processes, 62*, 38-54.

Hecker, G. (1984). Möglichkeiten der Motivationsförderung im Sportunterricht. In D. Hackfort (Hrsg.), *Handeln im Sportunterricht: psychologisch-didaktische Analysen*. Köln: bps.

Heckhausen, H. (1963). *Hoffnung und Furcht in der Leistungsmotivation*. Hain: Meisenheim/Glan.

Heckhausen, H. (1977). Achievement motivation and its constructs: A cognitive model. *Motivation and Emotion, 1*, 283-329.

Heckhausen, H. (1980). *Motivation und Handeln*. Berlin: Springer.

Heckhausen, H. (1983). An excavator who „digs and thinks deeper". *Contemporary Psychology, 29*, 774-777.

Heckhausen, H. (1981). Neuere Entwicklungen in der Motivationsforschung. In W. Michaelis (Ed.), *Bericht über den 32. Kongreß der Deutschen Gesellschaft für Psychologie, Zürich 1980* (S. 325-335). Göttingen: Hogrefe.

Heckhausen, H. (1982). Task-irrelevant cognitions during an exam. In H. W. Krohne & L. Laux (Eds.), *Achievement, stress, and anxiety* (pp. 247-274). Washington: Hemisphere.

Heckhausen, H. (1984). *Bruchstücke für eine vorläufige Intentions- oder Volitionstheorie*. Unveröffentlichtes Manuskript: Max-Planck-Institut für Psychologische Forschung, München.

Heckhausen, H. (1987a). Intentionsgeleitetes Handeln und seine Fehler. In H. Heckhausen, P. M. Gollwitzer & F. E. Weinert (Hrsg.), *Jenseits des Rubikon: Der Wille in den Humanwissenschaften* (S. 143-175). Berlin: Springer-Verlag.

Heckhausen, H. (1987b). Perspektiven einer Psychologie des Wollens. In H. Heckhausen, P. M. Gollwitzer & F. E. Weinert (Hrsg.), *Jenseits des Rubikon: Der Wille in den Humanwissenschaften* (S. 121-142). Berlin: Springer-Verlag.

Heckhausen, H. (1989). *Motivation und Handeln*. Berlin: Springer-Verlag.

Heckhausen, H. & Gollwitzer, P. M. (1987). Thought contents and cognitive functioning in motivational versus volitional states of mind. *Motivation und Emotion, 11*, 101-120.

Heckhausen, H. & Kuhl, J. (1985). From wishes to action: The dead ends and short cuts on the long way to action. In M. Frese & J. Sabini (Eds.), *Goal-directed behavior: Psychological theory and research on action* (pp. 134-160). Hillsdale, NJ: Erlbaum.

Heckhausen, H., Schmalt, H.-D. & Schneider, K. (1985). *Achievement motivation in perspective*. New York: Academic Press.

Heckhausen, J. (1997). Developmental regulation across adulthood: Primary and secondary control of age-related challenges. *Developmental Psychology, 33*, 176-187.

Heckhausen, J. (1999). *Developmental regulation in adulthood: Age-normative and socio-structural constraints as adaptive challenges*. Cambridge: University of Cambridge Press.

Heckhausen, J., Dixon, R. A. & Baltes, P. B. (1989). Gains and losses in development through adulthood as perceived by different adult age groups. *Developmental Psychology, 25*, 109-121.

Heckhausen, J. & Schulz, R. (1993). Optimization by selection and compensation: Balancing primary and secondary control in life span development. *International Journal of Behavioral Development, 16*, 287-303.

Heckhausen, J. & Schulz, R. (1995). A life-span theory of control. *Psychological Review, 102*, 284-304.

Heckhausen, J., Wrosch, C. & Fleeson, W. (2001). Developmental regulation before and after a developmental deadline: The sample case of „biological clock" for childbearing. *Psychology and Aging, 16*, 400-413.

Heller, K. A. & Ziegler, A. (1998). Motivationsförderung im Unterricht. Einführung in das Themenheft. *Psychologie in Erziehung und Unterricht, 45*, 161-167.

Hendrick, S. S. (1988). A generic measure of relationship satisfaction. *Journal of Marriage and the Family, 50*, 93-98.

Higgins, E. T. (1997). Beyond pleasure and pain. *American Psychologist, 52*, 1280-1300.

Higgins, E. T., Roney, C. J. R., Crowe, E. & Hymes, C. (1994). Ideal versus ought predilections for approach and avoidance: Distinct self-regulatory systems. *Journal of Personality and Social Psychology, 66*, 276-286.

Higgins, E. T., Shah, J. & Friedman, R. (1997). Emotional responses to goal attainment: Strength of regulatory focus as moderator. *Journal of Personality and Social Psychology, 72*, 515-525.

Hillgruber, A. (1912). Fortlaufende Arbeit und Willensbetätigung. *Untersuchungen zur Psychologie und Philosophie, 1, 6*.

Hollenbeck, J. R. & Klein, H. J. (1987). Goal commitment and the goal-setting process: Problems, prospects, and proposals for future research. *Journal of Applied Psychology, 72*, 212-220.

Hiroto, D. S. & Seligman, M. E. P. (1975). Generality of learned helplessness in man. *Journal of Personality and Social Psychology, 31*, 311-327.

Isen, A. M. (1987). Positive affect, cognitive processes, and social behavior. In L. Berkowitz (Ed.), *Advances in experimental social psychology* (Vol. 20, pp. 203-253). San Diego, CA: Academic Press.

Jacobs, B., Prentice-Dunn, S. & Rogers, R. W. (1984). Understanding persistance: An interface of control theory and self-efficacy theory. *Basic and Applied Social Psychology, 5*, 333-347.

Janoff-Bulman, R. & Brickman, P. (1982). Expectations and what people learn from failure. In N. T. Feather (Ed.), *Expectations and actions. Expectancy-value models in psychology* (pp. 207-237). Hillsdale, NJ: Erlbaum.

Johnson, M. P. (1991). Commitment to personal relationships. *Advances in Personal Relationships, 3,* 117-143.

Jungermann, H., Pfister, H.-R. & Fischer, K. (1998). *Die Psychologie der Entscheidung. Eine Einführung.* Heidelberg: Spektrum Akademischer Verlag.

Kahneman, D., Wakker, P. P. & Sarin, R. (1997). Back to Bentham? Explorations of experienced utility. *The Quarterly Journal of Economics, May,* 375-405.

Kahneman, D. & Tversky, A. (1979). Prospect theory: An analysis of decision under risk. *Econometrica, 47,* 263-291.

Kahneman, D. & Tversky, A. (1984). Choices, values, and frames. *American Psychologist, 39,* 341-350.

Kameda, T. & Sugimori, S. (1993). Psychological entrapment in group decision making: An assigned decision rule and a groupthink phenomenon. *Journal of Personality and Social Psychology, 65,* 282-292.

Kehr, H. M., Bles, P. & Rosenstiel, L. v. (1999). Zur Motivation von Führungskräften: Zielbindung und Flußerleben als transferfördernde Faktoren bei Führungstrainings. *Zeitschrift für Arbeits- und Organisationspsychologie, 43,* (N.F. 17), 83-94.

Kelley, H. H. & Thibaut, J. W. (1978). *Interpersonal relations: A theory of interdependence.* New York: Wiley.

Kenny, D. A. (1996). Models of non-independence in dyadic research. *Journal of Personal and Social Relationships, 13,* 279-294.

Klinger, E. (1975). Consequences of commitment to and disengagement from incentives. *Psychological Review, 82,* 1-25.

Klinger, E. (1977). *Meaning and void.* Minnesota: University Press.

Klinger, E. (1996). Selbstverpflichtungs-(Commitment)-Theorien. In J. Kuhl & H. Heckhausen (Hrsg.), *Motivation, Volition und Handlung.* Enzyklopädie der Psychologie (Band C/IV/4, S. 469-483). Göttingen: Hogrefe.

Klinger, E., Barta, S. G. & Maxeiner, M. E. (1980). Motivational correlates of thought content frequency and commitment. *Journal of Personality and Social Psychology, 39,* 1222-1237.

Kornadt, H.-J. (1988). Motivation und Volition. Anmerkungen und Fragen zur wiederbelebten Willenspsychologie. *Archiv für Psychologie, 140,* 209-222.

Krapp, A. (1998). Entwicklung und Förderung von Interessen im Unterricht. *Psychologie in Erziehung und Unterricht, 44,* 185-201.

Kuhl, J. (1981). Motivational and functional helplessness: The moderating effect of state vs. action orientation. *Journal of Personality and Social Psychology, 40,* 155-170.

Kuhl, J. (1982). Handlungskontrolle als metakognitiver Vermittler zwischen Intention und Handeln: Freizeitaktivitäten bei Hauptschülern. *Zeitschrift für Entwicklungspsychologie und Pädagogische Psychologie, 14,* 141-148.

Kuhl, J. (1983a). *Motivation, Konflikt und Handlungskontrolle.* Berlin: Springer-Verlag.

Kuhl, J. (1983b). Handlungs- und Lageorientierung als Vermittler zwischen Intention und Handeln. In W. Hacker, W. Volpert & M. von Cranach (Hrsg.), Kognitive und motivationale Aspekte der Handlung (S. 76-95). Berlin: VEB Deutscher Verlag der Wissenschaften.

Kuhl, J. (1984). Volitional aspects of achievement motivation and learned helplessness: Toward a comprehensive theory of action control. In B. A. Maher & W. B. Maher (Hrsg.), *Progress in experimental personality research* (Vol. 13, pp. 99-171). New York: Academic Press.

Kuhl, J. (1987), Action control: The maintenance of motivational states. In F. Halisch & J. Kuhl, *Motivation, Intention, and Volition.* Berlin: Springer.

Kuhl, J. (1992). A theory of self-regulation: Action versus state orientation, self-discrimination, and some applications. *Applied Psychology: An International Review, 41,* 95-173.

Kuhl, J. (1998). Wille und Persönlichkeit: Funktionsanalyse der Selbststeuerung. *Psychologische Rundschau, 49*, 61-77.

Kuhl, J. (2000). The volitional basis of personality systems interaction theory: Applications in learning and treatment contexts. *International Journal of Educational Research, 33*, 665-703.

Kuhl, J. (2001). *Motivation und Persönlichkeit.* Göttingen: Hogrefe.

Kuhl, J. & Beckmann, J. (Eds.). (1994a). *Volition and personality: Action versus state orientation.* Göttingen: Hogrefe.

Kuhl, J. & Beckmann, J. (1994b). Alienation: Ignoring one's preferences. In J. Kuhl & J. Beckmann (Eds.), *Volition and personality: Action versus state orientation* (S. 375-390). Göttingen: Hogrefe.

Kuhl, J. & Eisenbeiser, T. (1986). Mediating versus meditating cognitions in human motivation: Action control, inertial motivation, and the alienation effect. In J. Kuhl & J. W. Atkinson (Eds.), *Motivation, thought, and action* (pp. 288-306). New York: Praeger.

Kuhl, J. & Fuhrmann, A. (1998). Decomposing self-regulation and self-control: The volitional components inventory. In J. Heckhausen & C. Dweck (Eds.), *Motivation and self-regulation across the life-span.* (pp.15-49). New York: Cambridge University Press.

Kuhl, J. & Helle, P. (1986). Motivational and volitional determinants of depression: The degenerated-intention hypothesis. *Journal of Abnormal Psychology, 95*, 247-251.

Kuhl, J. & Kazén-Saad, M. (1988). A motivational approach to volition: Activation and deactivation of memory representations related to uncompleted intentions. In V. Hamilton, G. H. Bower & N. H. Frijda (1988), *Cognitive perspectives on emotion and motivation. NATO ASI series D: Behavioral and social sciences* (Vol. 44, S. 63-85). Dordrecht: Kluwer Academic Publishers.

Kuhl, J. & Kazén, M. (1994). Self-discrimination and memory: State orientation and false self-ascription of assigned activities. *Journal of Personality and Social Psychology; 66*, 1103-1115.

Kuhl, J. & Kazén, M. (1997). *Persönlichkeits- Stil- und Störungs- Inventar (PSSI).* Göttingen: Hogrefe.

Kuhl, J. & Wassiljew, I. (1985). An information-processing perspective on intrinsic task-involvement, problem-solving, and the complexity of action plans. In G. d'Ydewalle (Ed.), *Cognition, information-processing, and motivation* (pp. 505-522). Amsterdam: North-Holland Publishing.

Kuhl, J. & Weiß, M. (1994). Performance deficits following uncontrollable failure: Impaired action control or global attributions and generalized expectancy deficits? In J. Kuhl & J. Beckmann (Eds.), *Volition and personality: Action versus state orientation* (pp. 317-328). Göttingen: Hogrefe.

Kukla, A. (1972). Attributional determinants of achievement-related behavior. *Journal of Personality and Social Psychology, 21,* 166-174.

Lent, R. W., Brown, S. D. & Larkin, K. C. (1984). Relation of self-efficacy expectations to academic achievement and persistence. *Journal of Counseling Psychology, 31*, 356-362.

Levinger, G. (1979). A social psychological perspective on marital dissolution. In G. Levinger & O. C. Moles (Eds.), *Divorce and separation. Context, causes, and consequences* (pp. 37-60). New York: Basic Books.

Lewin, K. (1926). Untersuchungen zur Handlungs- und Affekt-Psychologie. II.: Vorsatz, Wille und Bedürfnis. *Psychologische Forschung, 7*, 330-385.

Lewin, K. (1931). *Die psychologische Situation bei Lohn und Strafe.* Leipzig: Hirzel.

Lewin, K. (1936). *Principles of topological psychology.* New York: McGraw-Hill.

Lewin, K., Dembo, T., Festinger, L. & Sears, P. S. (1944). Level of aspiration. In J. McHunt (Ed.), *Personality and the behavior disorders* (Vol. 1, pp. 333-378). New York: Ronald Press.

Little, B. R. (1983). Personal projects: A rationale and method for investigation. *Environment and Behavior, 15*, 273-309.

Little, B. R. (1989). Personal projects analysis: Trivial pursuits, magnificent obsessions, and the search for coherence. In D. M. Buss & N. Cantor (Eds.), *Personality psychology: Recent trends and emerging directions* (pp. 15-31). New York: Springer.

Locke, E. A. & Latham, G. B. (1990). *A theory of goal setting and task performance.* Englewood Cliffs, NJ: Prentice-Hall.

Lund, M. (1985). The development of investment and commitment scales for predicting continuity of personal relationships. *Journal of Social and Personal Relationships, 2*, 3-23.

Lydon, J. (1996). Toward a theory of commitment. In C. Seligman, J. Olson, & M. Zanna (Eds.), *Values: The 8th Ontario Symposium* (pp. 191-213). Hillsdale, NJ: Erlbaum.

Lydon, J., Pierce, T. & O'Regan (1997). Coping with moral commitment to long-distance dating relationships. *Journal of Personality and Social Psychology, 73*, 104-113.

Lydon, J. E. & Zanna, M. P. (1990). Commitment in the face of adversity: A value-affirmation approach. *Journal of Personality and Social Psychology, 58*, 1040-1047.

Mahoney, M. J. (1974). *Cognition and behavior modification.* Cambridge, MA: Ballinger.

Maier, G. W. & Brunstein, J. C. (1999). Action vs. state orientation and disengagement from unrealistic goals. *Poster presented at the 107th annual meeting of the American Psychological Association, 1999 August, Boston.*

Maier, S. F. & Seligman, M. E. P. (1976). Learned helplessness: Theory and evidence. *Journal of Experimental Psychology: General, 105*, 3-16.

Marcus, B. H. & Owen, N. (1992). Motivational readiness, self-efficacy and decision-making for exercise. *Journal of Applied Social Psychology, 22,* 3-16.

Markus, H. R. & Kitayama, S. (1991). Culture and the self: Implications for cognition, emotion, and motivation. *Psychological Review, 98*, 224-253.

Markus, H. & Nurius, P. (1986). Possible selves. *American Psychologist, 41*, 954-969.

Marsiske, M., Lang, F. R., Baltes, P. B. & Baltes, M. M. (1995). Selective optimization with compensation: Life-span perspectives on successful human development. In R. A. Dixon & L. Bäckman (Eds.), *Psychological compensation: Managing losses and promoting goals* (pp. 35-79). Hillsdale, NJ: Erlbaum.

Martin, L. L. & Tesser, A. (1989). Toward a motivational and structural theory of ruminative thought. In J. S. Uleman & J. A. Bargh (Eds.), *Unintended thought* (pp. 306-326). New York: Guilford.

Martin, L. L. & Tesser, A. (1996). Some ruminative thoughts. In R. S. Wyer (Ed.), *Advances in social cognition* (Vol. 9, pp. 1-47). Mahwah, NJ: Erlbaum.

Martin, L. L., Tesser, A. & McIntosh, W. D. (1993). Wanting but not having: The effects of unattained goals on thoughts and feelings. In D. M. Wegner & J. W. Pennebaker (Eds.), *Handbook of mental control* (pp. 552-572). Englewood Cliffs, NJ: Prentice-Hall.

McAllister, D. W., Mitchell, T. R. & Beach, L. R. (1979). The contingency model for the selection of decision strategies: An empirical test of the effects of significance, accountability, and reversibility. *Organizational Behavior and Human Performance, 24*, 228-244.

McCain, B. E. (1986). Continuing investment under conditions of failure: A laboratory study on the limits to escalation. *Journal of Applied Psychology, 71*, 280-284.

McClelland, D. C., Atkinson J. W., Clark, R. A. & Lowell, E. L. (1953). *The achievement motive.* New York: Appleton-Century-Crofts.

McClelland, D. C. & Winter, D. G. (1969). *Motivating economic achievement.* New York: Free Press.

McFarlin, D. B. (1985). Persistence in the face of failure: The impact of self-esteem and contingency information. *Personality and Social Psychology Bulletin, 11*, 153-163.

McFarlin, D. B., Baumeister, R. F. & Blascovich, J. (1984). On knowing when to quit: Task failure, self-esteem, advice, and nonproductive persistence. *Journal of Personality, 52*, 138-155.

Meyer, J. P., Allen, N. J. & Smith, C. A. (1993). Commitment to organizations and occupations: Extension and test of a three-component conceptualization. *Journal of Applied Psychology, 78,* 538-551.

Meyer, W. U. (1973). Anstrengungsintention in Abhängigkeit von Begabungseinschätzung und Aufgabenschwierigkeit. *Archiv für Psychologie, 125,* 245-262.

Mikula, G. (1993). Psychologische Theorien des sozialen Austauschs. In D. Frey & M. Irle (Hrsg.), Theorien der Sozialpsychologie (Band II: Gruppen- und Lerntheorien, S. 273-305). Bern: Huber.

Miller, N. E. (1944). Experimental studies of conflict. In J. McV. Hunt (Ed.), *Personality and the behavior disorders* (Vol. 1, pp. 431-465). New York: Ronald Press.

Moffitt, K. & Singer, J. A. (1994). Continuity in the life-story. Self-defining memories, affect, and approach/avoidance personal strivings. *Journal of Personality, 62,* 21-43.

Moon, H. (2001). Looking forward and looking back: Integrating completion and sunk-cost effects within an escalation-of-commitment progress decision. *Journal of Applied Psychology, 86,* 104-113.

Mowday, R. T., Porter, L. W. & Steers, R. M. (1982). *Employee-organization linkages: The psychology of commitment, abesenteeism, and turnover.* New York: Academic Press.

Nicholls, J. G. (1984). Conceptions of ability and achievement motivation. In R. Ames & C. Ames (Eds.), *Student motivation* (pp. 39-73). Orlando, FL: Academic Press.

Nichols, A. L., Whelan, J. P. & Meyers, A. W. (1991). The effects of children's goal structures and performance feedback on mood, task choice, and task persistence. *Behavior Therapy, 22,* 491-503.

Northcraft, G. B. & Neale, M. A. (1986). Oppurtunity costs and the framing of resource allocation decisions. *Organizational Behavior and Human Decision Processes, 37,* 348-356.

Northcraft, G. B. & Wolf, G. (1984). Dollars, sense, and sunk costs: A life cycle model of resource allocation decisions. *Academy of Management Review, 9,* 225-234.

Nygard, R. (1982). Achievement motives and individual differences in situational specifity of behavior. *Journal of Personality and Social Psychology, 43,* 319-327.

Oettingen, G. (1997). *Psychologie des Zukunftsdenkens.* Göttingen: Hogrefe.

Ogilvie, D. M. (1987). The undesired self: A neglected variable in personality research. *Journal of Personality and Social Psychology, 52,* 379-385.

Ouellette, J. A. & Wood, W. (1998). Habit and intention in everyday life: The multiple processes by which past behavior predicts future behavior. *Psychological Bulletin, 124,* 54-74.

Ovsiankina, M. (1928). Die Wiederaufnahme unterbrochener Handlungen. *Psychologische Forschung, 11,* 302-379.

Payne, J. W., Bettman, J. R. & Johnson, E. J. (1993). *The adaptive decision maker.* New York: Cambridge University Press.

Pervin, L. A. (Ed.) (1989). *Goal concepts in personality and social psychology.* Hillsdale, NJ: Erlbaum.

Pervin, L. A. & Rubin, D. B. (1967). Student dissatisfaction with college and the college dropout: A transactional approach. *Journal of Social Psychology, 72,* 285-295.

Peterson, C. & Seligman, M. E. P. (1984). Causal explanations as a risk factor for depression: Theory and evidence. *Psychological Review, 91,* 347-374.

Piliavin, J. A., Dovidio, J. F., Gaertner, S. L. & Clark, R. D., III. (1981). *Emergency intervention.* New York: Academic Press.

Ramb, B. T. (1993). Der universale *homo oeconomicus.* Die allgemeine Logik menschlichen Handelns. In B. T. Ramb & M. Tietzel (Hrsg.), *Ökonomische Verhaltenstheorie* (S. 1-31). München: Vahlen.

Rheinberg, F. (1980). *Leistungsbewertung und Lernmotivation.* Göttingen: Hogrefe.

Rheinberg, F. (1989). *Zweck und Tätigkeit: Motivationspsychologische Analysen zur Handlungsveranlassung*. Göttingen: Hogrefe.

Rheinberg, F. (1995). *Motivation*. Stuttgart: Kohlhammer.

Rheinberg, F. & Fries, S. (1998). Förderung der Lernmotivation: Ansatzpunkte, Strategien und Effekte. *Psychologie in Erziehung und Unterricht, 44*, 168-184.

Rheinberg, F. & Krug, S. (1999). *Motivationsförderung im Schulalltag* (2. Auflage). Göttingen: Hogrefe.

Rippetoe, P. A. & Rogers, R. W. (1987). Effects of components of protection-motivation theory on adaptive and maladaptive coping with a health threat. *Journal of Personality and Social Psychology, 52*, 596-604.

Roberts, G. C. (1984). Achievement motivation in children's sport. In J. G. Nicholls (Hrsg.), *Advances in motivation and achievement: Vol. 3. The development of achievement and motivation* (pp. 251-281). Greenwich, CT: JAI Press.

Roberts, G. C. (1992). Motivation in sport and exercise: Conceptual constraints and convergence. In G. C. Roberts (Ed.), *Motivation in sport and exercise* (pp. 3-29). Champaign, IL: Human Kinetics Books.

Rogers, R. W. (1983). Cognitive and psychological processes in fear appeals and attitude change: A revised theory of protection motivaton. In: J. T. Cacioppo & R. E. Petty (Eds.), *Social psychophysiology: A sourcebook*, (pp. 153-176). New York: Guilford.

Roney, C. J. R., Higgins, E. T. & Shah, J. (1995). Goals and framing: How outcome focus influences motivation and emotion. *Personality and Social Psychology Bulletin, 21*, 1151-1160.

Rosenstiel, L. v. (1975). *Die motivationalen Grundlagen des Verhaltens in Organisationen. Leistung und Zufriedenheit*. Berlin: Duncker & Humblot.

Rosenthal, R. (1978). Combining results of independent studies. *Psychological Bulletin, 85*, 185-193.

Rosenzweig, S. (1944). *Rosenzweig P-F study*. Pittsburgh, PA: Western State Psychiatric Hospital.

Ross, J. & Staw, B. M. (1986). Expo 86: An escalation prototype. *Administrative Science Quarterly, 31*, 274-297.

Ross, J. & Staw, B. M. (1993). Organizational escalation and exit: Lessons from the Shoreham nuclear power plant. *Academy of Management Journal, 36*, 701-732.

Rothbaum, F., Weisz, J. R. & Snyder, S. S. (1982). Changing the world and changing the self: A two-process model of perceived control. *Journal of Personality and Social Psychology, 42*, 5-37.

Rothermund, K., Dillmann, U. & Brandtstädter, J. (1994). Belastende Lebenssituationen im mittleren und höheren Erwachsenenalter: Zur differentiellen Wirksamkeit assimilativer und akkomodativer Bewältigung. *Zeitschrift für Gesundheitspsychologie, 2*, 245-268.

Rothman, A. J. & Salovey, P. (1997). Shaping perceptions to motivate healthy behavior: The role of message framing. *Psychological Bulletin, 121*, 3-19.

Rotter, J. B. (1954). *Social learning and clinical psychology*. Englewood Cliffs, NJ: Prentice-Hall.

Rubin, J. Z. & Brockner, J. (1975). Factors affecting entrapment in waiting situations: The Rosencrantz and Guildenstern effect. *Journal of Personality and Social Psychology, 31*, 1054-1063.

Rubin, J. Z., Brockner, J., Small-Weil, S. & Nathanson, S. (1980). Factors affecting entry into psychological traps. *Journal of Conflict Resolution, 24*, 405-426.

Rusbult, C. E. (1980). Commitment and satisfaction in romantic associations: A test of the investment model. *Journal of Experimental Social Psychology, 16*, 172-186.

Rusbult, C. E. (1983). A longitudinal test of the investment model: The development (and deterioration) of satisfaction and commitment in heterosexual involvements. *Journal of Personality and Social Psychology, 45*, 101-117.

Rusbult, C. E. (1991). Commentary on Johnson's 'commitment to personal relationships': What's interesting, and what's new? *Advances in Personal Relationships, 3*, 151-169.

Rusbult, C. E. & Buunk, B. P. (1993). Commitment processes in close relationships: An interdependence analysis. *Journal of Social and Personal Relationships, 10*, 175-204.

Rusbult, C. E. & Martz, J. M. (1995). Remaining in an abusive relationship: An investment model analysis of nonvoluntary dependence. *Personality and Social Psychology Bulletin, 21*, 558-571.

Rusbult, C. E., Zembrodt, I. M. & Gunn, L. K. (1982). Exit, voice, loyalty, and neglect: Responses to dissatisfaction in romantic involvements. *Journal of Personality and Social Psychology, 43*, 1230-1242.

Sandelands, L. E., Brockner, J. & Glynn, M. A. (1988). If at first you don't succeed, try, try again: Effects of persistence-performance contingencies, ego involvement, and self-esteem on task persistence. *Journal of Applied Psychology, 73*, 208-216.

Schaubroeck, J. & Davis, E. (1994). Prospect theory predictions when escalating is not the only chance to recover sunk costs. *Organizational Behavior and Human Decision Processes, 57*, 59-82.

Schaubroeck, J. & Williams, S. (1993). Type A behavior pattern and escalating commitment. *Journal of Applied Psychology, 78*, 862-867.

Scheier, M. F. & Carver C. S. (1985). Optimism, coping, and health: Assessment and implications of generalized outcome expectancies. *Health Psychology, 4*, 219-247.

Schlenker, B. R. & Weigold, M. F. (1992). Interpersonal processes involving impression regulation and management. *Annual Review of Psychology, 43*, 133-168.

Schoorman, F. D. (1988). Escalation bias in performance appraisals: An unintended consequence of supervisor participation in hiring decisions. *Journal of Applied Psychology, 73*, 58-62.

Schoorman, F. D., Mayer, R. C., Douglas, C. A. & Hetrick, C. T. (1994). Escalation of commitment and the framing effect: An empirical investigation. *Journal of Applied Social Psychology, 24*, 509-528.

Schroeder, D. A., Penner, L. A., Dovidio, J. F. & Piliavin, J. A. (1995). *The psychology of helping and altruism. Problems and puzzles.* New York: McGraw-Hill.

Schulz-Hardt, S., Thurow-Kröning, B. & Frey, D. (1999). T*he responsibility effect as an artifact: Evidence against a self-justification explanation of entrapment and escalation of commitment.* Unveröffentlichtes Manuskript, Universität München.

Schwarzer, R. (Ed.) (1992). *Self-efficacy: Thought control of action.* Washington, DC: Hemisphere.

Seligman, M. E. P. (1975). *Helplessness: On depression, development, and death.* San Francisco: Freeman.

Seligman, M. E. P. & Maier, S. F. (1967). Failure to escape traumatic shock. *Journal of Experimental Psychology, 74*, 1-9.

Sheldon, K. M. & Elliot, A. J. (1998). Not all personal goals are personal: Comparing autonomous and controlled reasons for goals as predictors of effort and attainment. *Personality and Social Psychology Bulletin, 24*, 546-557.

Simonson, I. & Staw, B. M. (1992). Deescalation strategies: A comparison of techniques for reducing commitment to losing courses of action. *Journal of Applied Psychology, 77*, 419-426.

Simpson, J. A. (1990). Influence of attachment styles on romantic relationships. *Journal of Personality and Social Psychology, 59*, 971-980.

Skinner, E. A., Chapman, M. & Baltes, P. B. (1988). Control, menas-ends, and agency beliefs: A new conceptualization and its measurement during childhood. *Journal of Personality and Social Psychology, 54*, 117-133.

Srull, T. K. & Wyer, R. S. (1986). The role of chronic and temporary goals in social information processing. In R. M. Sorrentino & E. T. Higgins (Eds.), *Handbook of motivation and cognition* (pp. 503-547). New York: Guilford.

Statman, M. & Caldwell, D. F. (1987). Applying behavioral finance to capital budgeting: Project terminations. *Financial Management, Winter*, 7-15.

Staw, B. M. (1976). Knee-deep in the big muddy: A study of escalating commitment to a chosen course of action. *Organizational Behavior and Human Performance, 16*, 27-44.

Staw, B. M. (1981). The escalation of commitment to a course of action. *Academy of Management Review, 6*, 577-587.

Staw, B. M. (1997). The escalation of commitment: An update and appraisal. In Z. Shapira (Ed.), *Organizational decision making. Cambridge series on judgement and decision making* (pp. 191-215). New York: Cambridge University Press.

Staw, B. M., Barsade, S. G. & Koput, K. W. (1997). Escalation at the credit window: A longitudinal study of bank executives' recognition and write-off of problem loans. *Journal of Applied Psychology, 82*, 130-142.

Staw, B. M. & Fox, F. V. (1977). Escalation: The determinants of commitment to a chosen course of action. *Human Relations, 30*, 431-450.

Staw, B. M. & Hoang, H. (1995). Sunk costs in the NBA: Why draft order affects playing time and survival in professional basketball. *Administrative Science Quarterly, 40*, 474-494.

Staw, B. M. & Ross, J. (1978). Commitment to a policy decision: A multitheoretical perspective. *Administrative Science Quarterly, 23*, 40-64.

Staw, B. M. & Ross, J. (1980). Commitment in an experimenting society: An experiment on the attribution of leadership from administrative scenarios. *Journal of Applied Psychology, 65*, 249-260.

Staw, B. M. & Ross, J. (1987). Behavior in escalation situations: Antecedents, prototypes, and solutions. *Research in Organizational Behavior, 9*, 39-78.

Sternberg, R. J. (1986). A triangular theory of love. *Journal of Personality and Social Psychology, 93*, 119-135.

Stiensmeier-Pelster, J. (1988). *Erlernte Hilflosigkeit, Handlungskontrolle und Leistung*. Berlin: Springer.

Strube, M. J. (1988). The decision to leave an abusive relationship: Empirical evidence and theoretical issues. *Psychological Review, 104*, 236-250.

Strube, M. J. & Lott, C. L. (1984). Time urgency and the Type A behavior pattern: Implications for time investment and psychological entrapment. *Journal of Research in Personality, 18*, 395-409.

Sturges, J. W. & Rogers, R. W. (1996). Preventive health psychology from a developmental perspective: An extension of protection motivation theory. *Health Psychology, 15*, 158-166.

Tan, H.-T. & Yates, J. F. (in press). Financial budgets and escalation effects. *Organizational Behavior and Human Decision Processes*.

Taylor, S. E. & Brown, J. D. (1988). Illusion and well-being: A social psychological perspective on mental health. *Psychological Bulletin, 103*, 193-210.

Taylor, S. E. & Gollwitzer, P. M. (1995). Effects of mindset on positive illusions. *Journal of Personality and Social Psychology, 69*, 213-226.

Teger, A. (1980). *Too much invested to quit*. New York: Pergamon Press.

Thaler, R. (1980). Toward a positive theory of consumer choice. *Journal of Economic Behavior and Organization, 1*, 39-60.

Thibaut, J. W. & Kelley, H. H. (1959). *The social psychology of groups*. New York: Wiley.

Tolman, E. C. (1959). Principles of purposive behavior. In S. Koch (Ed.), *Psychology: A study of a science* (Vol. II, pp. 92-157). New York: McGraw-Hill.

Trope, Y. (1975). Seeking information about one's own ability as a determinant of choice among tasks. *Journal of Personality and Social Psychology, 32,* 1004-1013.

Tversky, A. & Kahneman, D. (1973). Availability: A heuristic for judging frequency and probability. *Cognitive Psychology, 5,* 207-232.

Vallacher, R. R. & Wegner, D. M. (1985). *A theory of action identification.* Hillsdale, NJ: Erlbaum.

Vallacher, R. R. & Wegner, D. M. (1987). What do people think they're doing? Action identification and human behavior. *Psychological Review, 94,* 3-15.

Vallerand, R. J. & Losier, G. F. (1999). An integrative analysis of intrinsic and extrinsic motivation in sport. *Journal of Applied Sport Psychology, 11,* 142-169.

Vandenberg, R. J. & Lance, C. E. (1992). Examining the causal order of job satisfaction and organizational commitment. *Journal of Management, 18,* 153-167.

Van der Pligt, J. (1995). Prospect theory. In A. S. R. Manstead & M. Hewstone (Eds.), *The Blackwell Encyclopedia of Social Psychology* (pp. 460-463). Oxford: Blackwell.

Van Lange, P. A. M., Rusbult, C. E., Drigotas, S. M., Arriaga, X. B., Witcher, B. S. & Cox, C. L. (1997). Willingness to sacrifice in close relationships. *Journal of Personality and Social Psychology, 72,* 1373-1395.

Vroom, V. H. (1964). *Work and motivation.* New York: Wiley.

Weiner, B. (1966). Effects of motivation on the availability and retrieval of memory traces. *Psychological Bulletin, 65,* 24-37.

Weiner, B. (1986). *An attributional theory of motivation and emotion.* New York: Springer.

Weiner, B. (1992). *Human motivation.* Newbury Park, CA: Sage.

Weiner, B., Frieze, I. H., Kukla, A., Reed, L., Rest, S. & Rosenbaum, R. M. (1971). *Perceiving the causes of success and failure.* New York: General Learning Press.

Whyte, G. (1986). Escalating commitment to a course of action: A reinterpretation. *Academy of Management Review, 11,* 311-321.

Whyte, G. (1993). Escalating commitment in individual and group decision making: A prospect theory approach. *Organizational Behavior and Human Decision Processes, 54,* 430-455.

Wicker, F. W., Wiehe, J. A., Hagen, A. S. & Brown, G. (1994). From wishing to intending: Differences in salience of positive versus negative consequences. *Journal of Personality, 62,* 347-368.

Wicklund, R. A. & Frey, D. (1993). Die Theorie der Selbstaufmerksamkeit. In D. Frey & M. Irle (Hrsg.), *Theorien der Sozialpsychologie* (Band I: Kognitive Theorien, S. 155-173). Bern: Huber.

Wicklund, R. A. & Gollwitzer, P. M. (1982). *Symbolic self-completion.* Hilllsdale, NJ: Erlbaum.

Wieselquist, J., Rusbult, C. E., Foster, C. A. & Agnew, C. R. (1999). Commitment, prorelationship behavior, and trust in close relationships. *Journal of Personality and Social Psychology, 77,* 942-966.

Wortman, C. B. & Brehm, J. W. (1975). Responses to uncontrollable outcomes: An integration of reactance theory and the learned helplessness model. In L. E. Berkowitz (Ed.), *Advances in experimental social psychology,* (Vol. 8, pp. 277-336). New York: Academic Press.

Wright, R. A. (1996). Brehm's theory of motivation as a model of effort and cardiovascular response. In P. M. Gollwitzer & J. A. Bargh (Eds.), *The psychology of action. Linking cognition and motivation to behavior* (pp. 424-453). New York: Guilford.

Wright, R. A. & Brehm, J. W. (1989). Energization and goal attractiveness. In L. A. Pervin (Ed.), *Goal concepts in personality and social psychology* (pp. 169-210). Hillsdale, NJ: Erlbaum.

Wrosch, C. & Heckhausen, J. (1999). Control processes before and after passing a developmental deadline: Activation and deactivation of intimate relationship goals. *Journal of Personality and Social Psychology, 77*, 415-427.

Ziegler, A. & Heller, K. A. (1998). Motivationsförderung mit Hilfe eines Reattributionstrainings. *Psychologie in Erziehung und Unterricht, 44*, 216-229.

Autorenregister